問津文庫

「十三五」國家重點圖書出版規劃項目

津沽筆記史料叢刊第五種

主編 王振良

周武壯公遺書

（上）

周盛傳 原著

劉景周 整理

天津出版傳媒集團
天津古籍出版社

圖書在版編目(CIP)數據

周武壯公遺書 / (清) 周盛傳原著 ; 劉景周整理.
-- 天津 : 天津古籍出版社, 2017.5
(津沽筆記史料叢刊 / 王振良主編)
ISBN 978-7-5528-0510-9

Ⅰ. ①周… Ⅱ. ①周… ②劉… Ⅲ. ①周盛傳
(1833-1885)—文集 Ⅳ. ①Z425.2

中國版本圖書館 CIP 數據核字(2017)第 077602 號

周武壯公遺書(上下册)
周盛傳原著　劉景周整理

出版人/ 張瑋
*
天津古籍出版社出版
(天津市西康路 35 號　郵政編碼:300051)
http:// www.tjabc.net
今晚報社印刷廠印刷
全國新華書店發行
開本 880×1230 毫米　1/32　印張 25　字數 432 千字
2017 年 5 月第 1 版　2017 年 5 月第 1 次印刷

ISBN 978-7-5528-0510-9
定　價: 128.00 圓

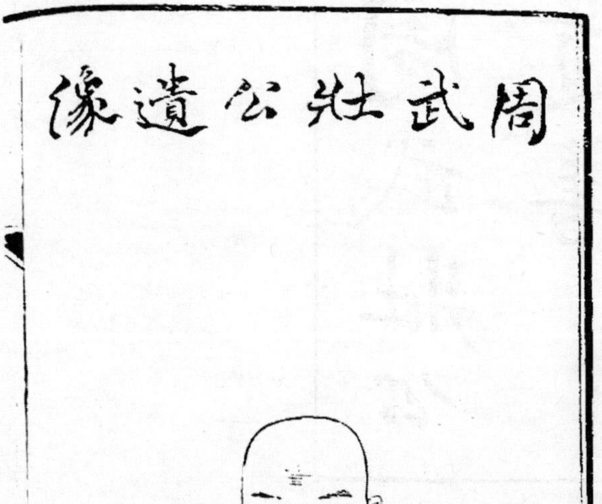

周武壯公遺像

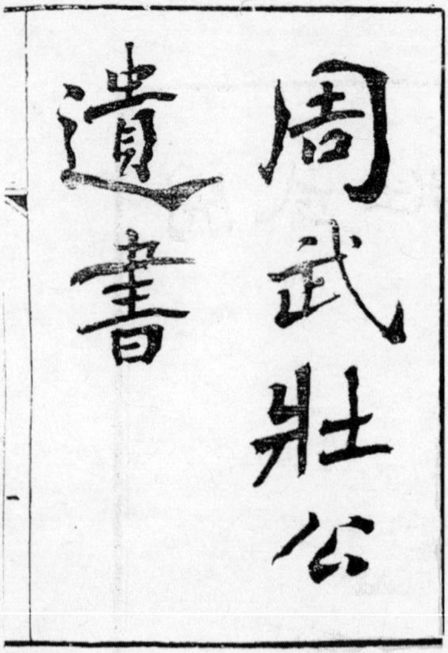

周武壯公遺書

《周武壯公遺書》内封

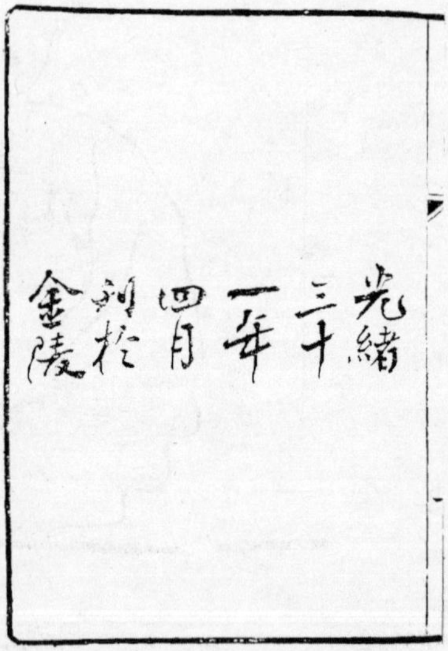

光緒三十一年四月刊於金陵

《周武壯公遺書》牌記

津沽筆記史料叢刊總序

陶慕寧

三津之地，舊稱直沽。地當九河津要，路通七省舟車。其域在漢屬渤海、漁陽二郡，隋屬河間、渤海二郡，唐爲瀛、滄二州地，宋金爲清、滄二州地，元因之。明建文初，燕王朱棣啟「靖難之役」，經三汊河口襲取滄州。越三載登基，遂敕名其地爲天津，喻「天子津渡」之意也。永樂二年，置天津三衛，屬河間府。清初設關，置總兵鎮守。雍正三年，改天津衛爲州，至九年陞府，領州一縣六。咸豐十年，天津開埠，漸成列強争逐貿易之洋場，今則巋然爲中國之直轄市矣。然則自建衛以迄於今，都六百餘年，考之地理河渠，其所以爲重鎮者實有二端：一則處畿輔要衝，海疆門户，此地不守，鼎湖危殆，故又稱之「津門」；二則處漕運樞紐，南接淮泗，北達通州，東吴之稻，長蘆之鹽，或經海路，或付漕舡，皆賴此地轉輸入京。元人王懋德《直沽詩》云「極目滄溟浸碧天，蓬萊樓閣遠相連。東吴轉海輸粳稻，一夕潮來集萬船」，即當日天津海漕之實録也。

金元以降，天津之隸屬、轄區雖屢更易，而魚鹽之利、商賈之繁、居人之雜、風俗之盛，固未嘗大變。明正統初，始建天津衛學，其後科舉漸興，膺進士之選者代不乏人。其早者，若汪來，嘉靖二十年進士，官至慶陽知府，撰有《北地紀》四卷；若張愚，嘉靖二十九年進士，仕至右副都御史；若劉燾，嘉靖三十八年進士，仕至兵部右侍郎、右都御史。又，隆慶五年一科會試，即有劉鈺、張佑、任天祚三人登第。是知其地不獨商貿繁衍，人文亦頗有可稱者。逮清季民國，政局傾頹，西潮澒洞，外人雲集。大賈居豪，舞長袖而吸金；失意政客，憑租界以窺勢。而承學之士、詞客報人，亦矍然蔚起，斥清廷之昏瞀，揭時政之危局。天津乃漸成消息之淵藪，政治之策源矣。

今之天津爲工業重鎮，襟帶華北，遠接大洋，經濟之繁榮，民生之富庶，殆亙古所未嘗有。而未來之前景，正未可限量。然一地一城之聲譽，非盡可以經濟之榮悴衡之，天津若欲立於中國城市之林，尚需發弘卓然獨特之文化。而欲發弘文化，則需爬梳董理相關之史料，若人文之聚散，古跡之存堙；若張氏遂閑堂，查氏水西莊；若梅樹君之梅花詩社，嚴範孫之城南詩社；若天妃宫之遞嬗，稽古寺之重修，大悲院之沿革，楊柳青之題詠；進而長蘆鹽場之種賣，銀魚鐵腳之烹炒；甚乃方言之特異，風俗之淳澆，皆有待詳爲稽考揭櫫於世者。而後激濁揚清，乃可發揚之，光大之。

王振良君，籍屬長白，早年肄業於南開大學，後就職今晚報社。其爲人謙退揖讓，有古君子風；爲學則鉤沉索隱，爬羅剔抉，有東原、實齋之致，兼高郵、嘉定之勤。十數年來，篤志於天津文獻之蒐集編訂，遍訪地方耆宿，覓求稀見古籍，焚膏繼晷，殫慮竭精，以羅致地方先賢著述、發煌沽上人文風俗爲使命。其所編訂之《問津》《天津記憶》，本已頗具規模。復又推出《問津文庫》，更自琳琅滿目。今文庫之《津沽筆記史料叢刊》又將付剞劂，屬余爲弁言。余何幸如之，草此數言爲振良君賀，亦爲天津歷史文化之彰宏賀。

甲午歲末於南開大學範孫樓

（陶慕寧，南開大學文學院教授，博士生導師）

周武壯公遺書整理本序

郭鴻林

劉景周先生，地方史專家，夙諳津南歷史沿革和民間風尚，辨章學術，考鏡源流，著述立論每有新見。為便利讀者閱讀，景周先生標點了金陵版《周武壯公遺書》，即將付梓，與今晚報社王振良先生囑我寫序。我末學膚受，不揣冒昧，欣然為之走筆。

《周武壯公遺書》（以下簡稱《遺書》），即周盛傳的遺書。周盛傳，字薪如，晚號北海老農。清道光十三年六月十八日（公元一八三三年八月三日）生，清光緒十一年六月十四日（公元一八八五年七月二十五日）卒。安徽合肥西鄉紫蓬山陽人。「武壯」是清廷按照謚法在周盛傳死後賜予的「謚號」。稱「武壯」不稱盛傳，就是以謚號改換生名。而「公」字為敬稱。《遺書》中祭文有的稱「武壯周公」的，同此解。謚法的建立並施行始於西周，廢於秦朝，西漢復舊，沿至清代末年廢止。周盛傳趕上了謚法實施的尾聲。《遺書》是周盛傳的長子周家駒整理編輯的，於光緒三十一年（一九○五）四月刊於南京。全書共分二十七個子目，內容豐富。周盛傳一生主要經歷在兩個方面，清同治十年（一八七一）之前，他作為淮軍主要將領之一，極力鎮壓太平軍、捻軍；同治十年起，他奉令率盛字軍移屯直隸青縣馬廠、天津南部潦水套，扼守海防，衛戍畿輔，鎮守天津兼辦小站一帶屯墾。這兩方面的經歷為《遺書》的主要內容，大量篇幅出自周盛傳本人，少量篇幅為他人代筆。前一方面的文字，凡溢美之言者，想必讀者自有所見；其後一方面內容的文字，甚為樸實，可信度更高。通覽《遺書》，確在天津小站一帶農業土地開發工程史、淮系盛字軍軍史專題上，具有重要的史料價值。今僅就盛字軍小站一帶屯墾初期（光緒元年至十一年）的來龍去脈，依據《遺書》及有關歷史資料簡單談幾個問題，以此充作整理本《遺書》的序文。

屯墾背景　清代咸豐三年（一八五三），周盛傳隨其三兄周盛華、四兄周盛波在家鄉辦「團練」，與太平軍為敵。轉年，周盛華戰死，他與四兄一同接領「團練」，屢敗陳玉成、石達開、陳德才所部太平軍，使其「西鄉團練」出了名。咸豐十一年，李鴻章受曾國藩之命回家鄉合肥編練「淮軍」，周盛傳、周盛波率領西鄉團練投向李鴻章，轉年從李鴻章潛入上海。從此，作為淮軍四大主力之一盛字軍統領的周盛傳、周盛波，力保清王朝，轉戰十八行省，極力鎮壓太平軍、捻軍。同治九年八月初三日（一八七〇年八月二十九日），李鴻章就任直隸總督兼北洋通商大臣，經奏准調盛字軍駐屯畿輔。自古有例，「二子從軍，一子歸養」，此前周盛波已回籍侍母，盛字軍由周盛傳一人統領。同治十年，時任「統帶盛仁等營遇缺題奏提督廣西右江鎮總兵」（未赴任）的周盛傳，統領盛字全軍從東阿渡河移屯於直隸青縣馬廠（為明朝屯衛養馬區）。

小站由來　盛字軍從移屯至青縣馬廠起，便由行戰之師轉為防軍或稱防兵，其性質、任務為「分防直隸保定天津海口護衛親軍」。同治十二年（一八七三），周盛傳派員領兵重築天津海河下遊右岸之新城城垣和炮臺，以固海防。同治十三年（一八七四）二月，興修馬廠大營至新城的大道（以下稱「新墊大道」），長一百四十華里，二十餘日完工。「又慮中途無廛宿所，因量地設站，四十里大站一，十里小站一……凡設大站四所，小站十一所，皆置屋數楹，風晨雨夕可以暫憩。三月赴新城接修前工，九月告成。」位於鹹水沽迄南二十華里，當時叫做北口子窪地的地方，有個潘永安墳地（今稱潘家墳），地勢略高，在其西偏設的「小站」，就是此後「小站鎮」的前身。本文所謂「小站一帶」，即以此「小站」為中心，泛指東至與新城搭界的楊家岑子、鄧家岑子，南至港邊，西南至韓姓城場，西至西小站，西北至楊松口之孟家窪，北接近鹹水沽南郊，東北接近泥沽這一範圍。當時這一帶泛稱「潦水套」（或「南窪水鄉」），俗稱「老鼠套」），而「小站一帶」占潦水套面積的大部分，所以本文稱「小站一帶」者，即指潦水套。

盛軍移屯　光緒元年（一八七五）二月，盛字軍除馬隊留駐馬廠外，其各營移屯至潘永安墳地西偏之「小站」左近，在此「小站」北側設「親軍營」，以親軍營為中心，按矩形布營盤二十座，與新城及炮臺遙連一片，南扼祁口，東控大沽，聲氣相接，以張遠勢。光緒元年七月四日，周盛傳調補天津鎮總兵官，仍統領盛字全軍。新的任職對墾地購置十分有利。

墾地購置　早在同治九年（一八七〇），同治帝便命新任直隸總督兼北洋通商大臣的李鴻章，在天津「查看情形，妥籌試辦」水利營田。同治十二年（一八七三）冬季，周盛傳和周馥等官員，自馬廠大營同赴新城籌看海防。沿途周盛傳見「津靜之交，俗稱為『南窪水鄉』今年悉已涸出，而彌望荒廢百里，內外盡為石田，益慨然於土曠民稀，非可衛津輔」。同治十三年（一八七四）周盛傳派員領兵在新城南門外「誠墾萬畝……獲稻不下數千石」，便決心在「小站一帶」屯墾。「小站一帶」的土地，本是海濱沮洳，斥鹵之區，積澇縱橫。鹽堿低窪，雜草叢集，荒廢不耕，土曠民稀。只是北部接近鹹水沽南郊左近，有小面積熟田。「小站一帶」土地的業主，每年或收刈草之利，略認草課；或寄糧於灶，熬制食鹽；或系海灘，本無業主。正常年景，每歲輸課「不過一百二十九兩四錢有奇」，「大率偶一輸課，水至則免」。

原天津市歷史博物館收藏一件《盛字全軍屯田圖》，一堂八條，為第一手資料，估計是盛字軍營務處繪於光緒五年（一七八九）。此圖記載了小站墾區和新城墾區原來每塊土地的名稱、四至、畝數、價格、業主姓名、業主居住地名、購置手續完成年月，條分縷析。今細檢此圖，作如下統計：

小站墾區和新城墾區總共購置土地為一千三百六十五頃八畝五分二毫九絲四忽八微（此數字與《遺書》所載相符），總共發給地價大錢四萬二千六百九十串零八百三十一文。其中屬於小站墾區購地總數為一千一百三十八頃六十三畝九分二厘二毫二絲四忽四微，計發地價大錢三萬五千零二十七串零二百文。小站墾區土地的原業主為家居鹹水沽的四十三家，葛沽的十六家，楊家岑子的二十九家，鄧家岑子的六家，徐家圪子的一家，汪家圈的一家，共是九十六家，另有無業主的荒地。小站墾地購置手續完成的時間是光緒元年（一七八五），其中屬於規劃中的營地、引河所經地，均於八月初完成，其他則在十一月完成。屬於新城墾區購地總數為二百二十六頃四十四畝五分七厘九毫七絲四微，計發地價七千六百六十三串零六百三十一文。新城墾地的原業主有的家居新城，有的家居葛沽。新城墾地購置手續完成的時間最早為光緒元年八月初十日，最晚在光緒元年十一月二十五日。所購土地，分別給價：「鹹水沽至新塾大道，每畝給津錢四百文；過大道以南，城氣更深，五里以內，每畝給津錢三百文；再過五里，則斥鹵不毛，每畝給津錢二百文。」

小站建鎮 盛字軍的新營地本是海濱沮洳，居人寥寥，鋪肆不設，負販絕跡，士兵購物需赴數十里外。為此，光緒元年移屯不久，便在潘永安墳地西偏之小站東側，親軍營之南側築城，建立一個新的鎮子，命名為「新農鎮」，後來當地人習稱為「小站鎮」，延續至今。新農鎮北東西三面設城門，城內設東西走向「行營買賣街」一條。爾後，墾區遷民來領種，新農鎮便成為「小站一帶」的貿易中心。同年，又以開屯兵勇五方萃處，於是將新農鎮西南二里許之「泉神畝」改成「新農寺」，供奉大禹、後稷、關羽，用以教化。寺院外建「盛軍屯田會館」（即今日會館村的前身），凡八十餘楹房屋，以為集事之用。每月初一、十五，民兵來寺燒香祈福。每年三月二十八日前後、七月二十八前後，分別做廟會七天。這一習俗延續到一九四八年。

興修水利 小站墾區水利工程是分兩期進行的。第一期是引海河水，主幹工程如下：先是於光緒元年開新農鎮南側至新城出海河的減河，計三十餘里。又開新農鎮至鹹水沽海河右岸（即南岸。時為海河舊形）的引河，長二十餘里，稱為小閘子引河。光緒二年，接開減河下遊，即手新城南坎開至西大沽出海河，長約三十里。又開新農鎮南側接開減河至常流莊，長三十五里。複於減河左右岸各開橫向溝河，共六條，名為四丈河、五丈河、四合堂河、大公河、南雙閘子河、中堂河。另開墾區環溝，在環溝東南端開大溝東通新城出海河，以泄鹹水。於光緒三年完成。光緒七、八年複挑寬挑深。第二期工程是引南運河水，這是最重要的水利工程，由南運河唐官屯河段之九宣閘（大張屯西南，馬廠左近）起至常流莊掘減河長六十里，與第一期工程的減河銜接，直通距西大沽三里之三里墳出海河。銜接後的減河，從九宣閘至西大沽全長約一百五十華里，時稱「南運河減河」，又稱「南運減河」，習稱「馬廠減河」。光緒六年二月初興工，同年四月二十日竣工。由周盛傳統一籌劃、決定、指揮。由盛字軍步隊十一個營，銘軍軍（劉銘傳部）步隊十個營，古北口、保定、大名、正定、河間等防兵來小站的所謂「練軍」十三個營，共計三十四個營合力挖成的。據說，投入步兵共四萬九千人。

屯墾性質及部分條例　盛字軍在同治十年前為行戰之師，此時為防軍或稱防兵，不是屯軍。小站屯墾，是防兵墾田，或稱防兵屯墾，或稱防兵營田，而不是屯軍屯田。盛字軍小站駐屯，練則為兵，耕則為農，兵農兼資。其月糧、冬衣布花等皆由政府按例制供給，墾田所獲，以充裕軍糧軍餉，購置洋槍洋炮，創興街市。至光緒七年，小站墾區與新城墾區墾熟之田合計「不下六百餘畝」，其中新城墾熟之田僅占六千餘畝。

盛字軍小站屯墾，受田墾種以營為單位。最大的耕作單位叫「圍」，一圍為一里見方，合地五百四十畝，內中除去開溝留路所占田一百二十七畝外，實積墾田四百一十三畝。又將實積田分為十六等份，每份田約為二十五畝，稱為一田，或稱一份。墾治一田的計劃投入為：水牛車一輛，合時價大錢二十吊；車棚一間，合時價大錢十六吊；莊房四間，合時價大錢一百二十吊；車水造田牲口一頭，合時價大錢三十吊；犁耙鍬杠筐繩索全副，合時價大錢八吊；耕牛放喂需人工三名，需付工費大錢七十二吊；所需草糧合時價大錢二十吊六百文；水涵木橋約計需費大錢十吊，即墾治一田計劃投資約共需大錢二百九十七吊六百文。規定每營自打水車五十架，連同發給每營水車三十架，每營共有水車八十架。計劃灌田，每牛車一架日可灌田二十五畝，或騾馬車一架日可灌田三十畝。

募民領種 軍能墾而不能盡種，民能種而不能自墾。「光緒三、四年直隸水旱遍災，八年安徽水災」，直隸、山東、安徽到小站落戶的不少。特別是安徽農民給小站帶來了先進的稻作技術，而盛字軍士兵絕大多數系安徽籍農民出身，這對小站一帶成為稻作區起了重要作用。光緒七年，盛字軍營務處設局，「募民領種，或富認墾，或流民來歸，或兼募南人為之倡導」。自光緒六年十月至光緒七年十二月，盛字軍營務處將距營盤較遠的墾田，招徠民人領種，「領去上中下熟田共一萬四千五百七十餘畝」，每畝分別等則酌收大錢一百文、二百文不等。車屋等項，照時估計繳價給領。所收領費除分別發給各營弁勇藉償勞役外，餘俱添作新城義學之用。凡民人領田，盛字軍營務處即發給局照，復由天津縣衙門換發給田照，作為永遠為業的憑證，以資安民耕種。

小站稻生長的條件和米質 一九五七年我下放到北馬集村勞動鍛煉。一九五八年跟村中青年小分隊到新橋參加「大兵團深翻土地」。中秋節那天放假，幾個人去會館村參觀，見馬廠減河的禦河水是深黃色的，有些發紅。老農們介紹說：「這水才肥呢！」午飯在小站鎮上一家小飯鋪吃米飯，是用當地生產的純小站稻米蒸的，真是清香啊，都不想就菜吃了。服務員說：「這米還是去年的呢。」一九七九年六月，單位領導人要我完成自報的研究課題——《清季周盛傳小站屯墾述略》，我便再次去津南區，分別訪問了坨子地村、會館村幾位老農和津南區水利局水利科的專業技術幹部，我提問，由他們分別回答的，歸納我們的談話如下。他們主動說：「小站一帶的鹽城地，澆上了禦河水，是最好的了，再加上我們這裏的小氣候，就出標准的小站稻。」我說：「明朝有位學者叫陳子龍，他在《農政全書則例》中說：『水利者，農之本也，無水則無田。』我循陳子龍的思路，引申了想：『有什麼樣的水，就有什麼樣的田。』請問，這想法對嗎？」他們都說：「對！」我說：「您提到的小氣候，是指這裏的空氣與地面接觸的濕氣、地氣、雨量、地溫、氣溫、日照強度、日照時數嗎？」他們說：「是。」我說：「有人說：『小站稻不就是個商品糧嘛。』這話對不對？」他們說：「小站稻是商品糧，這不假。但是，小站稻作區不是糧店，糧店裏的米，躉來什麼樣，賣出去還是什麼樣。我們這裏用的稻種，歷年來有小紅芒子、大白芒子、銀坊、水源、金剛、露雨、崩珠等等，這些粳稻稻種，經過我們小站一帶栽培，由於受到鹽城地、禦河水、小氣候聚合作用，它的品質就改了，它的生米呈淡黃色，清亮；蒸出飯來，味道非常清香，口鹹不黏不疏，肉頭，有油性（指含油度）；剩下的米飯，次日熱了再吃，口鹹一點兒也不酸。這就是我們小站稻米的品質。從用稻種養芽子，到收獲，品質改了，你能瞧不起這商品糧嗎？」

餘論 光緒元年（一八七五年）盛字軍開始在小站一帶屯墾，到今天已有一百四十年的歷史了。自一九四九年以來小站稻作區的稻作技術有了進一步提高，小站稻名氣超過了葛沽稻。小站稻作區稻作技術，今日仍在傳承著。如果要概括盛字軍小站屯墾的歷史意義和現實意義，那麼我想起碼應該包括以下幾點：（一）小站稻作區開墾成功具有農業土地開發工程學意義。（二）馬廠減河為盛字軍小站屯墾標志性工程，其泄洪排澇、輸水灌溉功能至今仍然具備。（三）小站稻本土是小站稻作區。（四）小站稻為我國北方著名商品糧，以「特二級優質粳米」的品級出口。（五）小站稻是津南區和小站鎮標志性美食，也是天津市標志性美食之一。

一九八一年三月，中國社會科學院歷史研究所研究員、著名經濟史專家王毓銓先生審閱了我寫的論文《清季周盛傳小站屯墾述略》後，寫給我一封長信，其中有這兒幾句話，他寫道：「明末屯墾失敗，周氏之建樹成功，除歷史傳統及保守思想之障礙外，主事者事業心專，組織力強，講求技術實際條件，又有李鴻章政治上之直接支持，似是重要原因……促使其成功之因素缺一不可，不然即使屯墾告成，恐被官僚界異己所排斥，更難免權豪所侵奪，而且官辦事業難免官場諸弊，清末建設如漢冶萍公司等等之失敗，均因之而不可救藥。」這一論斷，十分精辟。王先生認為促使盛字軍小站屯墾成功的主要因素，是「主事者事業心專，組織力強，講求技術實際條件。又有李鴻章政治上之直接支持」。的確如此，我舉兩個例子來說明。

先談第一個。光緒元年四月十八日，周盛傳呈李鴻章稟帖，力促李鴻章將小站屯墾開始籌劃情形「先附片奏聞」，討光緒帝旨意，以拒「浮議阻撓」。十二天後，李鴻章便在一具奏疏後附上了《防軍誠墾鹹水沽一帶情形片》。奏准。五月十二日，周盛傳便以「奉旨飭辦」名義公告被圈定界地的業主速赴盛字軍營務處領取地價，不准無故拖延。果然，不僅墾地購置進行順利，而且為日後各項工程項目的開展鋪開了道路，使官僚權豪不敢幹擾。

再談第二個。周盛傳早就認識到，「南運河會漳河濁流，本有『石水門泥』之喻，其肥尤可化城而成腴矣。」實際情況確是如此。南運河上遊受水之一的漳河，其北支流叫清漳水，南支流叫濁漳水，二水在交漳口合流，以下稱漳河。濁漳水流經之地攜帶大量泥沙，匯入南運河。據有關單位測定，濁漳水流經之地黃土，每噸含氮零点八至一点五公斤，磷一点五公斤，鉀二十公斤。這些有機肥是拉荒刷城、改造鹽城地的絕好條件。所以，周盛傳早就打算開一條河引南運河水入墾區。南運河減河，在當時行文又稱「南運減河」，這兩個都是最初的名稱，都是「南運河減水河」的縮略語。後來習稱「馬廠減河」，延續至今。「減水河」，意思是用以宣泄水勢的河道。就是說馬廠減河是條殺南運河盛漲水勢的河道，這是當初工程項目設計上的第一個功能要求。其實最初想的還是引南運河甜水灌溉墾田，過渡到開一條減水河「既殺盛漲」「亦滌積鹵」，一舉兩得。清代對於黃河、運河、永定河河道的掌管，有制度，南運河直隸河段，以直隸總督兼管。故此，開馬廠減河必須由李鴻章裁定並奏聞光緒帝，方可開工。所以說沒有李鴻章的支持，馬廠減河工程項目就被拿下了。連頭閘、尾閘設置地點和閘制都會請示李鴻章的。再者，調劉銘傳的銘字軍步隊十個營，命令已在小站的各地「練軍」十三個營，都出河工，充作勞力，同樣沒有李鴻章命令，是辦不到的。有的事，上奏、裁定是李鴻章的事；有的事需具體落實、統一指揮、監督，是周盛傳的事。

盛字軍是李鴻章一手組建的，是他創立的准軍的四大主力軍之一。從光緒元年起，盛字軍為「分防直隸保定天津海防護衛親軍」，是他調到自己跟前的親軍。周盛傳是他任命的天津鎮總兵官。在盛字軍小站屯墾的目的和利益上，二人是完全一致的。墾田所獲，以充裕軍餉、軍糧，購置洋槍洋炮，創興街市，以充實盛字軍實力，安撫士兵。其次，募民領種墾田一萬四千五百七十餘畝，對災民、流民、移民的安置，也是有益之舉。

綜上所述，盛字軍小站屯墾的成功，是當時與此事相關的不同職務、不同級別、不同身份的人，各自起到各自的作用，形成一股合力推動同一事物運動的結果，缺哪方面的作用也不成。難得的是，百四十年前的盛字軍小站屯墾還能有益於今天。金陵版《周武壯公遺書》，現存很少了。經有關各方面通力合作，標點版《周武壯公遺書》正式出版了！這便利了廣大讀者閱讀和利用，定會受到廣大讀者贊譽。

二〇一五年十一月二十二日

前言：粗品武壯書

劉景周

甲午年一個春江水暖的日子，《今晚報》王振良先生，囑將《周武壯公遺書》録爲電子檔。原書是光緒三十一年成秩的木板印本，每頁十行，豎排無圈點。録入之時，須同時予以斷句標點。我於當年西曆四月十四日起，花十周時間完成了這部書的録入工作，等於讓我逐字通讀了這部近三十萬字的清季文獻，再次品味了周盛傳其人。

《周武壯公遺書》是淮軍將領周盛傳生前身後的文獻彙編。周盛傳是天津小站（原名新農鎮）的創立人，是李鴻章麾下的親軍營——淮軍傳字營的總統領，天津鎮總兵。曾受職廣西右江鎮總兵、湖南提督。因功勳卓著，屢次得到光緒皇帝的敕封和獎賞。直到其身後，光緒皇帝還爲他寫了感情深摯的祭文和碑文。賜予他「武壯」謚號，并詔國史館立傳，因被後世稱爲周武壯公。

周盛傳是太平軍起兵佔領安慶後，爲保護本籍莊圩，由辦團練進而加入淮軍的。

太平軍和捻軍退出歷史舞臺後，周盛傳由山陝調守海防，隨新任直隸總督的李鴻章，駐軍青縣馬廠，主辦天津海防防務。其間經歷了創建新城炮臺、小站屯田建鎮和備戰中法戰爭三件大事。周盛傳爲人至孝，因軍務持續緊張，十餘年不能回家探視母親，乃至老母病故，只能苦塊追悔，悲痛引發舊創迸發，竟遽爾去世。

周盛傳去世二十一年後，其子周家駒將其保存的先父遺澤，整理鑄版，刊印了十秩本《周武壯公遺書》。所謂遺書，都是周盛傳向李鴻章呈遞的工作稟帖。包括軍謀、禦兵、簡器、練法、屯政、河務、行實等九卷。在這九卷稟帖之前，又增入周盛傳身後的李鴻章奏稿、皇帝祭文碑文、太后諭祭文、國史館傳稿、地方官祭文，還有孫家鼐、吴大澂、王士鐸撰文的神道碑、墓誌銘等，以及周家駒所作的周盛傳身世行述，并列入周盛傳生前自撰的編年體實録《磨盾紀實》。九卷稟帖之後，又復收入生活俚言、書牘、家書等三卷外集，《格物瑣記》一卷别集，還有附録詩詞、贈聯、挽聯。全書總共二十二類文稿。這其中，除九卷稟帖和《磨盾紀實》確屬周盛傳遺作外，其餘幾乎占全編的一半的部分，多是社會人士及家人對周盛傳的評價。因此全編名爲《周武壯公遺書》定名遺書，似略顯不確。如果不是他兒子編書，而由社會人士組稿的話，似應稱其爲《周武壯文獻》更覺合適。

這部清人遺作，雖是一個人的歷史資料，卻能從中透視出從太平軍起義到中法和議簽約，一個歷史時期内，晚清政治、經濟、軍事，内亂外侮和災荒等狀況的概貌。周盛傳是李鴻章十分倚重的人才。周盛傳晋升廣西右江鎮總兵，李鴻章仍把周留在天津海防，言聽計從，多年不使周到廣西任。周盛傳屢次請假省親，李也終不見允。還勸慰周盛傳説，「我亦有老親，不能回去，并我亦年老，須再幫我數年，將來一同回去。」可見周盛傳與李鴻章的關係如何密切。李鴻章所致力的引進先進槍炮，籌劃津浦鐵路，開辦武備學堂，開挖南運減河等，無不從周盛傳的建議而來。從周盛傳的處境中，讀者可以想見，李鴻章是在怎樣一個滿目瘡痍、落後多事、左支右絀的封建王朝裏，夢想圖强和思齊先進的。

周盛傳部是淮軍中首先裝備前門進子槍炮的行戰之師，是中國軍隊從冷兵器向熱兵器過渡的最先嘗試之師，是其後的袁世凱小站練兵借鑒的先例和推進的基礎。没有周盛傳推助的李鴻章的洋務運動，就不可能有袁世凱對中國軍隊的軍制改革。一如蠶的由蛹化蛾而不是由蠶化蛾一樣。

周盛傳小站屯墾給天津農業和水利建設，留下了寶貴遺産。經過改造的沃壤和許多水利設施，今天仍在發揮作用，造福人民。其文獻的存在，也給天津城鎮的開發歷史留下了詳實記載，給改造濱海鹽漬土壤，化城爲腴提供了寶貴範例。除此之外，該文獻志録中所展現的周盛傳的人格魅力，仍具有多點現實意義。

周盛傳是一位任事實幹的有心人。凡一事當先，必加意考究。講求實事，不尚虛文。九卷稟帖出現頻率最高的字眼就是「加意講求」。不論是建炮臺修閘橋，還是試用槍械，佈雷，打靶，都有自己獨特的見識和認真地實踐。研究本軍，也洞察敵情，以萬無一失爲追求目標。甚至對遠在廣西中越邊境劉永福黑旗軍的處境，也能分析透徹，指點得失。對海防任務看的尤其重要。警醒中法或有一戰，緊張嚴峻如臨大敵地督練槍法打靶，甚至仿照俄國人製作麵包的辦法，爲行戰準備了餱糧。那些密封保存的麵包，竟然在周盛傳去世九年後的中日甲午戰爭中，還没有變質，仍可做軍糧食用。

周盛傳善於接受新鮮事物，不僅自己軍中千方百計更換前膛槍炮，還不斷向同袍將領極力推介洋制槍械的精利，不甘落後於洋人。於格致之學情有獨鐘，對民間所謂怪异事件，努力要作出理性解釋。他對兒子説：「我生平最不信者三事，講天文星斗，三煞太歲之災，一也；堪輿家言，二也；卜卦算命，三也。此等事全無道理，最宜受人愚弄，萬不可信。」

周盛傳廉政勤民，幾次動員同袍捐資助賑。自己每每傾囊爲公，不讓家裏指望他的薪俸。他對兒子説，「直境連年荒旱，設立粥廠用費頗多，各統領營官捐資放賑，以期救活三萬人，亦一快事也。我雖無銀錢添置家産，但願爾能體我之心，毅然自立，愈於財富多矣！」

周盛傳與人爲善，薦才舉能，反復褒揚行有所長的上下級將領。對下級軍官吕本元，周幾次向李鴻章推薦，列舉他督率弁勇堵趙扶村決口的表現，説他廉樸勤勇，辦事實心，并能講求時務，洞悉事理。實屬得力之員，爲騎將出色之選。對同級軍官吴長慶，周盛傳的評價是：吴故軍門生平儉素自持，絶無聲色之好。所得廉奉，悉分給將士。生平尤好經史，每喜講明古義，以決戰陣之機。憶嘗同役信陽州，見慶軍後車累累所載皆經籍。偶抽一秩，吴故軍門琅琅背誦，不遺一字，聞者無不驚服。對長者軍官，詞林而帶兵的吴卿清，周盛傳屢次對人談起，説：「清翁講求利器，勤練打靶，孜孜不倦。其裁并勇餉，節省經費，傾囊而出，全購軍械。以詞林帶兵能如此講求，文臣中洵不多見。」

周盛傳身爲省級的軍事重臣，對子侄晚輩要求卻能極其嚴苛。他的侄兒周家德從安徽老家到小站來投奔他，他爲侄兒擺明了四種立身之法。第一進機器局務工，學洋人機器。第二在軍營易服變裝充當勇丁，有工隨衆作工，無工隨衆操練。第三在周盛傳身邊自學，日則學習拳棒，夜則進帳值宿，省覽夷務諸書。胸中不可有少爺二字，口中不可説少爺二字。第四苦讀走科舉老路。特別警告侄兒説：「若欲侍從滿前，衣輕策肥，以少爺自居，以紈絝自命，則趕緊回里，毋以身試予法也！」

綜上諸端，令人覺得，該部著作的教育功能，與今天的人格規範，無多差异，仍能令人捫心深省，良被陶冶，不失爲一部認知古人的好書。

甲午夏至前三日録書後記

例言

一、原刊行文有尊卑格式，凡涉及皇帝、國家、地方皆另一行之首，自稱名字或卑部等謙詞，皆用小號字靠邊署寫。本次點校不復採用，只以行文通順之；並原刊不分段，本版適當予以分段。

二、原刊文中用字，同一字兩種寫法，如彼文用「予」，此文用「余」，諸如此類還有臺、臺，恤、恤，涸、個等，這是因為原刊刻字皆依原手寫檔，其檔又爲不同時期而寫，故此不同。字形字體，本版完全予以統一。

三、原刊文中，偶作者加注，用小號字綴列行間，新版仍其舊。

四、原刊文中偶有錯字，如「上」誤爲「土」，「下」誤爲「金」等，本版均予改正，並在錯字後加注，標示以「整理者注」。

五、原書對農民起義多有貶抑之詞，整理時一仍其旧以存歷史原貌。

周武壯公遺書序

同治初元，李文忠督師至滬，余與周武壯昆仲率偏師以從。余由浦東進規嘉興各屬，以通江浙之氣。武壯昆仲則鏖戰於太倉、昆山、無錫、常州之間。批實擣虛，功最偉。

平捻之役，余始與武壯合軍，稔其忠勇奮發，益心欽之。

中原底定，武壯遂從文忠駐畿輔。爲環衛之師，垂二十餘年。武壯曩平吴寇，與洋將習，周知其情僞。至是，益較量器械之良楛，彼我之長短。無日不討軍實而申儆之，苦心焦思，至廢寢食。所部盛軍，屹然爲東北長城。

又以畿輔水利，我朝屢舉屢輟，思改弦而更張之。生平故習農家，言麾下又多力南畝者，乃開河築閘，滌鹹引甘，胼胝灌溉，輒以身率。共墾田數萬畝，歲收粟數萬石，費省而功鉅。坐是積苦久勞，盡瘁以歿。而津海亦自此多事矣！

今者，文忠騎箕，同袍諸君又先後成名以去，獨餘儽然一老，困臥荒江，寂寞之間，聞京師不守，乘輿播遷。輒中夜起立，北望以涕。又痛三輔糜爛，盛軍舊部，往往喋血苦戰，殺敵致命。曩武壯所經營規劃者，一旦掃地以盡，益悽愴傷懷。適武壯哲嗣子昂觀察，篤念舊誼，自江甯來視余，抱先人遺書，求序其簡端，循覽再四，則整軍、營田諸務，瞭如指掌。後之人讀武壯遺書，以求武壯之用心，專其責任。假以歲月，國雖積弱，事尚可爲，抑觀察年方壯，胸負經世才，撫摩手澤，證以趨庭所聞見，賡武壯之緒，而光大之，非异人任也。觀察勉乎哉！

光緒壬寅十二月，廬江劉秉璋，時年七十有七

周武壯公遺書序

兵法曰：「器械不精，以其卒予敵。卒不可用，以其將予敵。將不知兵，以其主予敵。君不擇將，以其國予敵。」嗟乎！將才之難得也久矣。

咸豐之季，湘軍最著。淮軍亦始萌芽。同治初，李文忠公以偏師援上海，進克蘇州——舒城程。忠烈實爲軍鋒，冠於時。淮肥英傑勃興，人自爲戰，劉壯肅、張勇烈、潘撫部及周剛敏、武壯兄弟，各建一軍，皆即其名爲軍號。天下所謂「銘、樹、鼎、盛」四軍者也。粵捻既平，淮軍聲聞中外。銘、樹、鼎，三軍分防各省，惟盛軍全部萬餘人，從李文忠畿輔最久。剛敏謝兵符矣，而武壯獨留。同治乙丑冬，余過江，泊常州。按行戰地遺民説，武壯裹創血戰，搴旗先登狀，爲之拔劍起舞。

庚辰季春，俄防亟。文忠延余至津，始及軍事。嘗策騎歷大沽，涉岐口道，興農鎮屯田萬頃，兵民雜作，井里晏然，皆盛軍所經營者。文忠亟稱其才，曰：「此魏之棗祇，宋之何承矩也。」余益心儀其爲人。

自泰西以船堅礮利入擾中國，遂成互市之約。中國日務增兵，火器仍狃舊式。益陽胡文忠圍武昌，久不下，乃自粵購洋礮攻堅，武漢遂復。是爲我軍用洋礮之始，亦未能推行各軍。李文忠久於兵間，習知兵械利鈍，蒞上海即兼取格林礮、來復槍佐軍，部分既明，而又用外國長技，故縱横盪決，不數年而粵捻以次戡定。及以使相鎮燕，天下號爲無事矣。而武壯獨居深念，若重有憂者。聞英德各國，精器日出，江南製造，不足敵之。則以選器練軍之説，密請諸文忠，文忠益設北洋機局，廣徵洋械，礮則克虜伯，槍則毛瑟、哈乞開思。奇名詭制，畢致諸武庫。武壯日討軍實而申儆之，嘗悚然若大敵之將至。其治下，如束濕薪。士之簡佚者苦之，而勁樸敢死之材，咸樂爲用。短衣匹馬，嚴察部伍，或循行田間，未嘗少自縱逸。

癸未冬，余以法越事承命至津，有密陳津防難恃者，上面諭考察，及偕文忠演盛軍礮隊，則礮發三十二出，無不洞穿。歸奏便殿，聖心釋然。當是時，北洋兵最精，餉械皆足，士氣飽騰。故法雖敗盟，終不敢越渤海一步。

朝鮮之役，文忠以淮軍宿將凋謝，不欲輕戰，廷議趣之。衛爾貴出防平壤，棄師而潰。於是，言者争詬病盛軍。然曹提督克忠，以鄉兵據小棧，因盛軍精械，尚足爲津沽重。文忠太息，謂「武壯如在，日本烏能至此」！庚子之亂，沿海礮臺悉毁，獨武壯所建新城礮臺各壘，聯軍攻之竟不能下，相顧慄然。然則武壯之亡，非惟文忠與淮軍之不幸，抑亦中國之不幸歟！

余甲申使閩，始於文忠座上與武壯遇，一見恨相識晚。其明年，武壯歸持母喪，旋以毁卒。公子家駒，輯其自撰年譜并遺書，都爲十卷，述先命求序於余。侵尋七八年，自念敗軍之將，無以應也。辛丑春，起廢入都，重過天津，則北洋軍資壁壘掃地無餘。瀕海營田溝軌僅存，狌鼯出没，憑軾踟躕，惻然淚下。盟書方歃，文忠遽薨。衆口忘仇，以戰爲厲，而余亦病且老矣。烏乎！文忠憂國之深衷，籌兵之勝算，與夫時事變遷之迹，人才消長之機，口不能言也，言亦孰能喻之！至於淮軍，干城、腹心之寄北洋三十餘年所艱難創造者，父老咨嗟，終未能得其竅要。是非恩怨，將生异同。讀武壯之書，猶庶幾存其仿佛、不及。余之未死，稍有所發明，後百十年，誰復能鑒其苦心者，噫！豈獨爲武壯一人慨哉！

參武壯戎幕者，江甯何延慶、溧水朱紹頤，皆奇士，故奏記、教令多可觀。

光緒壬寅夏四月豐潤張佩綸撰序，乙巳春三月錢塘張預書

敘

咸豐壬子冬，予乞假省親族，丁先父憂。明年春，髮逆過境，捻匪復起，慚無捍衛桑梓之術。及官隴右，督辦甘南，逆回三載始就肅清，而蘭省回逆披猖，城幾陷。使淮軍早抵隴上，則甘涼以西逆氛立靖，何至糜餉數千萬，竭天下脂膏哉！

薪如軍門，忠貞材武，獨出冠時，中原百戰，大難平焉。海上一軍，畿輔賴之。大丈夫以身許國，不當如是邪？

肥西有書院，故軍門倡議與張振軒、劉省三、唐俊侯諸公所建。以培植此邦之人士者，余解組後，主講其中。其子子昂，出軍門平昔軍中盾墨之猶存者，謂必將付諸梓，囑爲敘之，余素欽軍門之爲人，今讀其稿，見其整軍經武，直比烈於漢之趙營平、唐之郭汾陽、宋之韓忠獻、明之戚南塘，愈益心折不已。至敬節、育嬰、牛痘、義塾，諸善舉，規制尤善。仁人用心可以風矣！

甲申四月，賜進士出身，前護理陝甘總督，懷遠林之望敘於肥西書院

敘

嗟乎！兵無強弱，視將之強弱爲強弱。方周武壯公之練團禦賊也，非有尺寸之柄，外內之援，憑藉以自固。徒以桑梓所關，患難相保。集千百耰鋤襏襫之衆，激以義憤，峙餱糧，備器械，聯村堡，遠偵探。賊來則禦，賊去則耕。其始，賊藐之，不爲意，及屢爲所創，乃驅數萬衆，環而攻之。公與其兄剛敏公，運謀決策，且戰且守，或伺便設伏，迫於險而殲之，或單騎奮擊，出奇制勝。賊相視錯愕，莫敢攖其鋒。相持近十年，死傷且萬計，卒不能得志而去。由是，周氏團練之名聞江左。洎奉檄剿賊，由皖而吴，而齊魯，而晉豫，而燕秦，霆擊飆舉，轉戰數千里，奏功常爲諸將冠。論者謂，淮南土厚水深，風氣樸勁，故其人勇敢善戰。迺去歲三韓釁起，距公騎箕才十年，朝廷以淮軍戍邊，連營數十，曾未得其一用，甚且執冰以嬉，望影奔潰。致邊事日棘，貽廟堂東顧憂。夫淮軍猶是也，何以昔強而今弱若此？

及讀公遺集，乃喟然而歎曰：「信乎，兵無強弱，其強弱者，將耳！今夫藥之愈疾也，若者補，若者瀉，若者寒，若者熱，良醫用之，衆醫未嘗不用，然而效不效殊焉者，豈藥之故哉！是故治兵者，將得其人，則弱者強，不得其人，則強者弱。」

公之待士卒也，威而慈，嚴而明，拊循而噢咻之，蒐討訓練，甘苦與同。蓋兢兢以得軍心爲念，而人亦遂樂爲之用。憶甲戌秋，謁公於新農營次，公方創理礮臺、營田諸務，經營規劃，昕夕不遑。嘗於酒酣耳熱時，顧謂嗣賢曰：「方今他族逼處，門户盡闢，事機萬變，正我輩戮力之秋，雖折衝之用在臨時，而牖户之謀則在平日。此間，拱衛畿輔，淮軍更戍久，暮氣宜防，不敢不待旦枕戈，爲綢繆未雨計。非好爲此無病呻吟也。」

迨越南告變，公投袂而起，條陳至數十事，志氣激揚，謀劃精密，迄今讀之，猶凜凜有生氣。會以撫議成，公之鋒，未獲一試，而公亦以毀終。

嗟乎！將軍一去，大樹飄零，東望滄溟，鯨波無極，使得天假之年，奮揚威武，不難繫單於之頸而飲樓蘭之頭。如淮軍者，又何至強弱無常，令名莫保哉！是以君子聞鼓鼙之聲，而思將帥之臣也。

光緒乙未夏四月，儀徵年愚侄詹嗣賢謹序

序

予嘗謂，洵亮論兵，初非親歷行伍，衛霍善戰，未聞手著韜鈐，隨陸無武，絳灌無文，亦丈夫之羞也。夫兵書萌柢，黄農稱首，向略所列，晦闇難稽，惟孫子十三篇、武侯十八策，起而握節，坐而搦豪，功績既宣於疆埸，謀略複炳於觚翰，後有作者，邈乎難繼。嗚呼！若周武壯公，磨盾紀實，豈不偉哉！

蓋兵家者流，蔽以四種，陰陽一家，其法久湮，外此三家，罺罛萬變，歷代名將，兼之者稀。惟公，生負奇氣，少韞義憤，糾集精夫，捍衛鄉里。藺石渠答，折衝於眴息之交，兼舍環龜，喋血於漭瀁之野。既而騰躍皖吴，聊浪齊魯，馳晋驟豫，掖燕起秦。斧螳鋒蝟，所向披靡。拉朽摧枯，生俘無算。群寇以次蕩平，衆匪於焉殲滅。故其爲書也，包形勢，用技巧，上權謀，浩浩虖不可測焉。

予觀其杓窊夜發，羽檄晨馳，先鋒駁其黄驄，飛渡奮其蒼兕，淮陰背水之壁，箕翼呈奇，長平環車之營，衿喉扼險。或策慮愊億，冥若遊魚之負深潭，或獷獶趁趯迅於疾風之振槁葉。蹀躞五千里之廣，大小四百戰有奇。其合於兵書形勢家言者一也。器械不便，則攻守無以制勝，機關不積，則聲威爲之潛損。公故蒐討軍實，儲待利兵，火器采於海外，望遠連弩不足奇，武庫冠於淮軍，革抉醎芮不爲固。其合於兵書技巧家言者二也。夫以正治國，乃軍志之要言，寓兵於農，斯三代之茂榘。公故纂營平之緒，踵應蛟之蹟。決渠致雨，侔水利於吳中，荷鍤成雲，駐屯營於郊甸。而又綢繆牖户，拱衛畿疆，築堤防、建城垣、修道路、濬河流，以固揵扃，以福萌庶。其合於兵書權謀家言者三也。

若其編纂盡美，體例顥若，以時爲經，以事爲緯。李荃慷慨，遂成閫外春秋，劉氏倜儻，爰著軍中月令。其秩然有序，如讀年譜之編，其簡而能明，若披功臣之表。則是書也，非特司馬之遺槼，抑良史之極規也。古稱，有文事者，必有武備，今則以武功而擅文學，奇勳鉅製，不亦炤映千祀矣乎！

余幼嗜談兵，謬被光睞，辱與紀群之游，夙景璘玠之烈，細柳森其紀律，竟容揖客之狂言，大樹愴其飄零，獨憶中興之偉績。循省斯編，愈益悵惘云爾。

光緒戊戌十二月，世愚侄蒯光典琴撰

敘

古人之所以大過人者，無他焉，其事業勳名卓然，足以名世。當其時，民相與歌頌之，百世而下，聞風者猶將讀其書而想見其爲人。

如我武壯周公者，事業勳名何多讓古人哉！始而避亂奉母也，高王陵之節，繼而有志澄清也，效張綱之忠。奮勇殺賊，所向披靡，則宋之韓、劉也。功成受爵，位冠群僚，則唐之李、郭也。至於治河，方諸賈讓，屯田，不亞充國。置田贍族，矜恤孤寡，則又與范文正之良法美意後先輝映。

是故，古人亦人也，今人亦人也，公之勳名事業，足以信當時，施後世，是即今之古人也。抑吾聞周氏，代不乏人，漢之絳侯、晉之孝侯、吴之公瑾，類皆間世而生，赫赫照人耳目。越數百千年，得公而益增族姓光矣！公今雖往，讀公之書，想見公之爲人，雖謂公百世存可也。謹綴數語，以志景仰。

丹徒年愚侄陳鳳藻捧跋

周武壯公遺書

男 家駒 編輯

侄 家謙 家琳 義子 張連芬 婿 阮貞瑞 張雲墉 校對

孫 行濬 行湜 繕字

侄孫 行邍 魯 行藻 行藩 校字

參校姓氏

戴宗夔 孝侯 壽州
郭春煦 静潭 合肥
朱紹頤 子期 溧水
何延慶 善伯 江甯
秦際唐 伯虞 江甯
朱紹亭 豫生 溧水
江雲龍 潤生 合肥
陳澹然 静潭 桐城
吴鼎雲 錚甫 合肥

目録

卷首

卷一 軍謨編上

卷一 軍謨編下

卷二　禦兵編上

卷三　簡器編

卷四　練法編

卷五　戰事編

卷六　城工編

卷七　屯政編

卷八 河務編

卷九 行實編

外集卷一　教令編

明法類

外集卷二 書牘

外集卷三 家書

別集 格物瑣記

附録

詩

詞

贈聯

輓聯

卷首

敘

古今之推名將者，曰戰勝攻克也，信賞必罰也，與士卒同甘苦也。苟如是，是亦足矣。然書不云乎，有百夫之將，有千夫之將。推而及之於天下之將，則其量固有不同者，又況其力可以任重致遠，其功同於開物成務，其效至於十世百世，而欲以前數説賅之，則論之者固未極其致，而受之者將猶有憾焉。

合肥周武壯公，少以團練起家，從今大學士李公，蕩平髮捻，肅清陝西北山土匪，人多偉之。然考其戰績，固無以異於淮部諸將也。軍旅大定，海事肇興，公率所部移防畿輔者十餘年，而後公之名乃獨震於天下。

公之治軍也，以練兵爲主，而以其餘力，講求樹藝屯墾諸事，如古營田之法。畿南地故廣斥，公又習農家言，精心究治，月异而歲不同，遂得熟田億萬餘畝。而兵以習勞，故手足輕健益驍，果可用，四方稱勁旅無异辭。延慶遊公幕最久，受公知亦亦最深。嘗見公考求器械，良楛所在，細入微茫。至於興作一橋一閘，又皆規畫遠大，不惜費，不循常法，務以堅且久者爲主。每具一文稿，必窮思達昏旦，往復數改易，以求其至當而後已，抑何其用心精而致力勤也。

公軀故短小，面深黑，又以勤勞庶務不暇自休逸，日益憔悴。嘗語延慶曰：「吾所爲，絶艱苦，世無知我者，他日，子必爲我傳之。」嗚呼！公所爲，彰彰若是，是能任重致遠者也，是能開物成務者也，是其效至於十世百世者也。而猶慮湮没無所見，豈不以世之輝爍顯赫，自詡爲名將者，類皆以殖財利，厚聲色爲事。一旦有警，則氣拍張壹，若真可以殲敵者，而世或以此推重之，以爲是固能成大功者也。苦身焦思以憂天下如公者，固宜其自危而不信耶？抑功高心下歉然而不自足耶？

是卷，爲公文告之屬，公子子昂觀察，於公没之次年，屬延慶校而敘之，以諗後人。説者每以公未享大年以爲憾事，屯田一事，僅止於是。延慶謂不然，夫古今之治運，賡續而成，非一手一足之烈，使後之人，心公之心，則一開卷而成法具在，循而行之，雖謂公存可也。否則，如明之左忠毅，本朝之朱文端諸公，亦嘗從事於斯，歷年既遠，繼起無人，考其成績，大半澌滅於荒煙蔓草間。徒使後之人唏嘘憑弔而不能自已也。悲夫！

光緒十三年冬十月，江甯何延慶謹撰。

御製碑文

朕惟躬擐甲胄，武臣以禦侮爲能，氣作山河，國典以教忠爲重，緬懷偉烈。特表新阡爾原任湖南提督周盛傳，角藝超群，顔行就伍。練團而禦青犢，募勇而擊黃麠。功在三吴，身經百戰，旌旂變色，鴨城之勁敵先摧，鼓角生威，雉河之重圍立解。上下江欃槍并掃，東西捻氛祲全消。轉旆而漢上肅清，傳檄而關中底定。遂乃翠翎耀武，黃褶增榮。勳勇錫以嘉名，巖疆建夫專閫。復以俾提舊旅，上衛神京。旋移節於湘南，仍留屯於薊北。春風樓櫓，百重峙此金湯，秋水溝渠，萬衆飽夫玉粒。近以鯨波之不靖，命宣虎士以嚴防，持滿披堅，士有犯難之色，投石超距，人懷必死之心。雖軍未交綏，而氣吞強敵，謂長城之可恃，庶甸服之永安。何期揮戈已殫其勞，陟屺復傷其志。撫杯棬而增慟，千里星奔，抛弓矢而云徂，三軍雨泣。憫虎臣之凋謝，賁龍綍以褒嘉。揆厥生平，謚之「武壯」。嗚呼！聞鼙鼓而思將帥，素旐式憑，撫鐘鼎而念勳猷，丹忱共鑒。勒諸貞石，昭示來兹。

御製祭文

朕維星弧靁鼓，特彰禦侮之材。桂醑椒漿，爰著飾終之典，式頒奠醊，用答前勞。爾原任湖南提督周盛傳，學裕韜鈐，性成勇敢。荷戈拒寇，始自衛其身家，捧檄募軍，遂別開夫壁壘。吳門拔幟，大敵頻摧。皖水援枹，重圍立解。青、齊、兗、豫，率勁旅以馳驅，黃、鄖、鄘、延，奮壯猷於步伐。恩綸頻沐，勇號榮膺。創薊北之營屯，授湘南之節鉞。練兵足食，效趙充國之良規，治水明農，法虞道園之成議。方深倚畀，遽告淪殂。嗚呼！百戰曾經，著聲名於草木，四方誰守？寄慨想夫風雲。爾其有知，尚克歆享。

光緒十五年正月二十二日内閣欽奉慈禧端佑康頤昭豫莊誠皇太后懿旨

從前軍務繁興，封疆將帥之臣，運籌決策，戮力同心，或未蕆全功，或始終勤事，論其謀國之忠，均屬聲施爛然，勳名相埒。茲當歸政之始，追念勞臣。所有功績最著之原任大學士，官文大學士，兩江總督曾國藩、協辦大學士，四川總督駱秉章、盛京將軍都興阿、吉林將軍富明阿、荊州將軍巴揚阿、福州將軍穆圖善、福州將軍善慶、伊犁將軍金順、四川總督吴棠、漕運總督袁甲三、四川總督丁寶楨、兩廣總督張樹聲、雲貴總督劉長佑、鑲紅旗蒙古都統穆騰阿、鑲黄旗蒙古都統明慶、察哈爾都統西淩阿、察哈爾都統色爾固善、湖北巡撫胡林翼、安徽巡撫李續宜、貴州巡撫曾璧光、浙江提督鄭魁士、直隸提督郭松林、湖北提督傅振邦、雲南提督湖中和、廣東水師提督吴長慶、福建水師提督吴全美、署湖南提督周盛傳、湖南提督鮑超、福建陸路提督唐定奎、湖南提督周寬世、湖南提督周盛波、甘肅寧夏鎮總兵譚拔萃、福建建甯鎮總兵張得勝，均著賜祭一壇。烏魯木齊都統英翰，著開復總督該衙門知道。欽此。

諭祭文

偉望聿昭寄閫，重幹城之選，壯猷丕著書勳，增鐘鼎之光。謳思不絕於行間，追念彌殷於事後。

爾原任湖南提督周盛傳，素嫻武略，熟習戎機。率勁旅以馳驅，志存戡定。慰深宫之兢業，洽奏敉平。熊羆既張，鯨鯢盡剪。兹值禮成歸政，典尚酬庸。慈闈重念乎殊勳，温綍特頒乎异數。懋嘉藎瘁，用賚椒馨。於戲！劍戟銜鋒，猶想見前茅敵愾，幾筵錫奠，最難忘大樹聲威。惟靈鑒兹，尚克歆受。

本籍地方官祭文

維皇清光緒十四年，歲次戊子，仲秋月庚辰朔，越祭日甲辰，謹以清酌庶饈致祭於誥授建威將軍、光禄大夫武壯周公之靈曰：惟公經文緯武，克壯其猷，移孝作忠，聿修厥德。披堅執鋭，奠磐石於苞桑，布惠施仁，拯斯民於水火。誦《蓼莪》而終養，名教亦有完人，銘竹帛以垂勳，身後猶留生氣。荷九重之寵錫，表純孝以慰精魂，隆百代之馨香，報令功而崇碩德。兹届仲秋之吉，守土肅展明禋，攸建崇祠，以歆靈爽。尚饗！

李爵督奏請給假回籍治喪摺

奏爲湖南提督周盛傳，聞訃丁憂，籲懇天恩，給假百日，回籍治喪，仍留周盛波在營兼統以資鎮轄，恭摺仰祈聖鑒事。

頃據總統盛字新軍及前敵各營遇缺題奏提督，前甘肅涼州鎮總兵周盛波、總統盛軍湖南提督周盛傳等呈稱，接家信，親母粟氏於四月二十五日在籍病故，提督等係屬親子，例應丁憂。請遴員接統新舊各軍，俾得奔喪回籍。并請開缺等情。

前來，臣查周盛傳自同治九年，隨臣由陝西移軍來直隸，督所部布置海防，歷年築新城，造礮臺，濬河屯田，具有成效。盛軍弁勇，於西洋後堂槍礮用法尤極嫻熟，足爲各省防軍之冠，皆該提督勤苦訓練而成。周盛傳駐津以來，僅於同治十一年歸省一次，其後屢以母老乞假南旋，臣以接替乏人，未之許也。周盛波剿平捻逆，即解兵歸養，去秋海防戒嚴，經臣奏請，敕令募勇來津，以資臂助。并聲明，法事定後，再懇恩准於兄弟二人中分一人歸養。周盛波因母年已逾九旬，無人侍奉，不願遠離。臣再四敦促，責以大義，始勉強就道。抵津後，臣檄飭統領盛字新軍，并總統海口前敵各軍。聯絡將領，整頓操防，深資得力。夏初，該提督等，以母氏衰病日甚，請酌准一人南歸，臣以法約尚未簽押，堅不放行。擬俟軍務大定，再申前說，代懇恩施，而不意其遂成終天之憾矣！

周盛傳辭親十餘年而不能養，周盛波養母十餘年而不能終。絶裾之痛，皆臣迫之使然！今稟請離營，情詞悲切，聲淚俱下。臣愧無言可以慰解。惟盛軍新舊二十餘營，分紮小站、馬廠等處，拱衛畿疆，責任綦重，若統將同時離營，遇事無人主持，涣散可慮。該提督等兄弟二人，必須留一於此，俾資鈐束。周盛波勇略兼優，勳望夙著，而寬和馭下，深得士心。盛軍新舊各營將弁，均係舊部，恩信相孚，必能指揮如意。周盛傳在營十數載未歸，遽遭大故，情尤可憫，應懇天恩，賞假百日，周盛傳回籍治喪，以遂孝思。所有盛軍新馬步各營，即令周盛波在營穿孝，暫行兼統，以專責成。俟周盛傳假滿回營，再行酌辦。

至周盛傳係實任湖南提督，可否俟百日期滿改爲署理，俾資彈壓之處，出自逾格慈施。所有統兵大員聞訃丁憂各緣由，理合繕摺由驛具陳。伏乞皇太后、皇上聖鑒訓示，謹奏。

奏請優恤摺

奏爲統兵大員甫經奔喪回籍，因傷發病故，謹臚陳事蹟請旨優恤恭折仰祈聖鑒事。

據總統盛字新舊各營遇缺題奏提督，前涼州鎮總兵周盛波呈稱，胞弟盛傳前奉恩旨，賞假百日回籍治喪，遵即星奔就道。頃接家信，知於六月馳抵里門，日伏苫次，哀痛過甚，以致牽發舊傷，創痕迸裂，嘔血數升，竟於六月十四日酉刻出缺等情。前來，伏查周盛傳籍隸安徽合肥縣，咸豐初年，偕胞兄盛波在籍辦團，值僞英王陳玉成、僞孚王陳得才等大股悍匪麕至，盛傳以少擊眾，屢獲大捷，以驍勇著名。同治元年，臣督師赴滬，檄令帶隊東下，是年七月，率師攻克青浦，八月回援上海，擊敗僞慕王譚紹洸之眾於北新涇。九月，攻克嘉定。復會諸軍馳解四江口之圍。二年二月，攻克太倉州城，先是，賊酋蔡元濊，獻城僞降，我軍倉猝中伏，盛傳以嚴兵斷後，賊不敢逼。七月，攻克江陰縣城。十一月，攻克無錫縣城，生擒僞潮王黃子濊父子，乘勝進攻常州，受礮子傷甚重。三年春，常州守賊，僞護王陳坤書，由城中分竄揚庫，以擾官軍之後。盛傳抽隊回剿，盡殲之。復率所部，踹毁城外賊壘。

逕薄城根與賊搏戰。城上礮石如雨，頭面又受重傷，昏暈竟日，猶裹創強起，與諸軍并力猛攻，奮勇先登，遂克常州府城。旋移住溧陽，收復廣德，逐賊於湖州徽州之交。江浙皖南逋寇，以次蕩定。而逆匪大股由楚串擾英霍，臣與前大學士曾國藩商調該軍，渡江迎剿。四年五月，前安徽撫臣英翰，被困於雉河，盛傳麾兵立解其圍，遂獲奇捷。五年三月，連敗賊於考城、鉅野、城武、菏澤等處，拜翎管搬指刀鐮荷包之賜。五月，擊牛洛紅於亳州龍王廟，大破之。六月，又解柘城之圍。六年二月，奉旨補授廣西右江鎮總兵。四月，蹙賊於信陽之譚家河，斬馘逾萬。旋由豫入東，轉戰至江蘇徐海，賊勢漸衰。東捻尋即肅清。而西捻張總愚一股，蔓延河朔。七年正月，臣檄調該軍，隨同北上，追賊於直東豫之交。屢有斬擒。五月，賊竄吴橋，盛傳時駐該縣毛家莊，值賊將至，設伏狙擊，大破其眾。乘夜追至德州之楊丁莊，四面合圍，縱擊搜斬殆盡，陣斃張逆之侄張之彪，生擒逆首李老懷及大小諸賊目，西捻不復能軍，遂以殲滅。九年，臣督師赴陝，盛傳剿平北山股匪。旋移軍來直，調補天津鎮總兵。創築新城，仿造洋式礮臺，以實大沽後路。又於津東之新農鎮至大沽海口，創開新河九十里，分辟支河十數條，上接南運減河。又於減河兩旁多開溝渠，以便農民引灌。其新農鎮以下，又開橫河六道，添建橋閘三十餘處。分運河盛漲，下匯海潮借淡刷鹹，營成稻田六萬餘畝。其瀕河兩岸，可墾田地奚止億萬畝，居民賴之。一變從前斥鹵之舊，屯田水利，百廢具興。沿海一帶，畎澮交錯，樹木成蔭。兼可限戎馬之足。工作餘暇，日以教練爲事，而於西洋後堂槍礮尤能深窺秘奧。手著操槍章程十二篇，訓迪弁勇，三令五申，每合各營打靶，取准校其優劣，捐廉獎賞。以故士自濯磨，技藝精熟。盛軍利器足與西洋相埒，爲各省防軍之冠，非偶然也。平日治軍，專以不擾民爲主，駐軍之處，紀律肅然，秋毫無犯。比歲薦飢，集將佐捐資設廠賑粥，遠近窮民，全活無數。日短衣匹馬巡視各營，與士卒同甘苦。醫藥有資，殯葬有所。人憚其嚴，又未嘗不感其恩。生性至孝，同治十一年，由津假旋，值母病，刲股和藥以進。嗣後，屢以親老乞歸，臣適因畿防重要，堅不放行。光緒八年，擢授湖南提督，盛傳感激恩知，益思自效。不敢復以家私爲念。惟頻年在營，病劇方慮其困憊難支。夏初聞訃，不忍不令其奔喪，藉資休養。仍與約定，百日期滿，即須遵旨回營。不意哀慼奔馳，觸發舊傷，遽爾身故。該提督隨臣剿賊辦防近三十年，實與兵事相終始，今幾輔失一干城，微臣少一臂助。顧時局之日艱，痛將材之凋謝，不能不爲朝廷惜此人也。

合無仰懇天恩，敕部將湖南提督周盛傳，照提督軍營病故例，從優議恤，并將郭松林、吴長慶等，均蒙恩准建祠予謚，周盛傳勳蹟與程學啟諸人相等，而約束軍士，講求操防，堅忍耐苦，興利通變，其經綸智略尤過之。應否賜謚，并准其於安徽原籍及立功省分建立專祠之處，出自逾格恩施，非微臣所敢擅擬，所有統兵大員傷發病故，謹繕摺由驛具陳。伏乞皇太后、皇上聖鑒訓示。謹奏。

七月初八日奉上諭

李鴻章奏，統兵大員奔喪回籍後，傷發病故，臚陳事蹟請旨優恤一摺。署理湖南提督周盛傳，前隨李鴻章各軍剿辦髮捻各匪，轉戰數省，卓著戰功。嗣經駐軍天津，約束軍士，講求操防，克勤厥職。前因丁憂，賞假百日回籍治喪，遽因傷發病故，實深憫惜。周盛傳着照提督軍營病故例，從優議恤，所有戰功事蹟，著宣付國史館立傳。并著加恩予謚，在安徽原籍及立功省分，建立專祠以彰忠藎。欽此。

同日奉上諭

湖南提督著周盛波署理。欽此。

李爵督奏請青縣專祠列入祀典片 庚寅

據署理青縣知縣朱湛然詳稱，據紳士前任定州訓導劉楓林等聯名呈稱，原任湖南提督周盛傳，於同治七年，追剿捻匪，由天津傍運河而南蹙之山東境內，津南州縣賴以保全。十年，統軍來津，駐紮青縣之馬廠地方，十餘年來，兵民相習。青縣毗連滄景濱海要區梟匪出没，巡查保護，商民帖然。光緒三年，直境旱荒，該提督首倡義賑，全活萬衆。厥後頻遇災歉，施衣施食，貧民多免飢寒。其最有功地方者，尤在督軍創辦減河各工，洩盛漲以歸海，變斥鹵之舊爲久遠之利。身殁之日，遠近奔向設位私祭者，相屬於途。該提督已奉旨准予立功省分建立專祠，仰見聖朝憫念勞臣有加無已，況於屯防之地，功德在人，宜有祠祀以慰民望。該紳等，正在集議捐建，而臨近之文安、大城、交河、獻縣、静海、滄州各屬紳民，不期來會，咸願列名出資，共爲該提督建立專祠，懇由地方官春秋致祭等情，呈請具奏。前來，臣維已故湖南提督周盛傳，戰功事蹟迹久在聖明洞見之中，西捻一役，轉戰畿南，論功甚偉，自調至津沽，統領防軍十餘年，紀律嚴明，士民信服，駐軍之地，營田水利，百廢并興。復於居民之間，濬河賑濟，施粥散錢，遠近戴德，綽有古名將風就。其經畫成績，業經臣於該提督出缺請恤案内詳細上聞。青縣紳民感其舊恩，臚列實政，呈請捐建專祠，附近各州縣，聞風而集，萬口一聲，足見遺愛在民，公論允協。合無仰懇天恩，俯准所請，爲已故提督周盛傳在青縣捐建專祠，列入祀典。由地方官春秋致祭，以順輿情而彰藎烈。理合附片陳請，伏乞聖鑒訓示。謹奏。

奉朱批：著照所請。禮部知道。欽此。

劉督部會同剛撫部奏請江寧專祠列入祀典片 辛卯

再，前署湖南提督周盛傳，於光緒十一年六月傷發病故，經直隸督臣李鴻章臚陳事蹟奏蒙恩准，在立功省分建立專祠等，因轉行欽遵在案。茲據該故提督舊部，甘肅寧夏鎮總兵衛汝貴等，以江蘇爲周盛傳血戰立功之地，捐貲在江甯省城建立專

祠，稟請奏明，列入祀典，由地方官春秋致祭等情。前來，臣復合無异，合無仰懇
天恩俯准，將已故署理湖南提督周盛傳專祠，敕部列入祀典，由地方官春秋致祭，
以彰忠藎。除咨部查照外，謹會同江蘇巡撫臣剛毅，附片具陳。伏乞聖鑒訓示。

再，該故提督專祠係由捐建，應請邀免造報，合并聲明，謹奏。八月二十五日

奉朱批：著照所請。該部知道。欽此。

國史館列傳

纂修官嚴家讓纂輯　總纂官馮汝騤覆輯　提調官陸繼輝總校

周盛傳，安徽合肥人，咸豐三年，粵匪由湖廣竄江皖，陷廬州府。土匪蠭起，盛傳偕兄盛華、盛波等，集丁壯團練守禦。賊酋僞翼王石達開等，屢擾西鄉，盛傳時率百數十人，旁出擊之輒勝，以計擒僞監軍馬千禄等。五年，安徽巡撫福濟，嘉其功，給六品功牌。嗣盛華陣亡，遂與盛波分領各隊，誓必復讎。六年，旱，出倉穀殺牛馬饗眾。既而賊酋陳玉成、陳德才等數十起，先後分擾華子岡、唐家岡、董家岡，盛傳等以練丁二千，隨方迎剿，持二三年，大小數百戰。後越境攻潛、太、六、霍等縣，糗糧藥丸輒自備，戰績甚多。九年，安徽巡撫翁同書，咨保，以把總拔補。

十一年，欽差大臣袁甲三，敘援壽州功，以千總拔補。會兩江總督曾國藩，遣師援蘇，道員李鴻章創募淮軍，檄調盛傳充親兵哨官，盛傳始隸淮軍。同治元年五月，隨軍赴上海，七月，克青浦，八月，回援上海，破僞慕王譚紹洸之衆。九月，署江蘇巡撫李鴻章，彙案請奬，升守備，賞戴藍翎。旋克嘉定，進營江橋，擊退四江口大股援賊，越河攻賊壘，右肋中槍子傷。十月，赴皖募勇，二年二月回營，敘克嘉定及四江口戰功，得旨免補都司，以遊擊留於兩江補用。時太倉鉅逆蔡元漋，以城僞降，諸軍至，倉猝遇伏。盛傳逆測其詐，有備，得全軍歸。越數日，遂偕諸將一鼓克之，築壘雙鳳鎮。四月，我軍攻崑山急，賊分股來撲雙鳳且犯嘉定，冀解城圍。盛傳連戰三晝夜，大破之，遂克崑山。五月，會攻萬水橋、北澠一帶，破賊營百餘座。松太肅清，賞勳勇巴圖魯名號。七月，攻江陰，先毁東門外石營三，破其援賊，餘壘次第悉毁，八月克之，進規無錫。九月，自東亭鎮興隆橋、鴨城橋節節進剿。十月，毁西倉賊營二十餘座，偪城而陣，十一月克之，獲僞潮王黄子漋父子。時盛傳已保升參將加副將銜，换花翎。至是，鴻章疏上無錫戰績，得旨交軍機處記名，遇有總兵缺出，請旨簡放。旋攻常州，營城之南，屢攻不下，三年二月，進偪小南門城下，立營未畢，賊分股突出，盛傳麾衆禦之，一面搶築營牆，右腕中礮子傷。

三月，守城賊潛出擾後路，盛傳抽隊回剿，殲其衆，又督隊毀沿城石壘，城賊守益堅，礮石如雨，頭面皆傷。方登石橋指麾諸軍，橋經火燬猝圮，盛傳墜水中，甎石交下，遍體皆血。將校扶掖至營，幾絶者屢，越數日，裹創強起，約諸軍環攻之，四月，躬冒煙焰，攀城先登，大隊繼進，復其城。捷聞，命以總兵交軍機處先行題奏，加提督銜。六月，李鴻章以撫標親兵三營，改爲傳字三營，屬諸盛傳，盛傳始自領一軍。移次溧陽，遏蘇常敗賊。七月，奉令偕銘盛兩軍協攻安徽廣德州，拔之。時江浙皖南逋寇以次蕩定。

捻匪大股由楚竄英霍，勢張甚，兩江總督曾國藩奉命督師。四年四月，檄盛傳率所部往剿。時捻逆張總愚、任柱、賴汶洸、牛洛紅等，全股據宿、蒙、亳三州縣爲老巢，安徽布政使英翰軍，駐雉河集被圍急，巡撫喬松年，飛函催盛傳往援，遂自睢寧、宿州賊林中轉戰而進，將抵雉河，突遇任逆率悍黨至，馳驟若風雨。盛傳以連環槍礮禦之，陣堅，賊數衝突不動，欲回顧巢穴，盛傳從賊後出奇兵夾擊之，大潰。河南北賊營數十皆遁去。六月，解雉河圍，命以提督遇缺簡放。十月，移防歸德，剿竄捻於甯陵，敗之。五年二月，疊敗賊於考城、鉅野、城武、菏澤，賊數被創，兇焰少戢。四月，移師亳州。 上嘉盛傳與兄涼州鎮總兵周盛波，苦戰奮勇，各賞白玉翎管一，白玉搬指一，火鐮一，大小荷包各二。五月，破牛洛紅大股於亳州之白龍王廟，牛逆中創，夜奔尋道死。七月，追賊扶溝、鄢陵、許州，屢敗之。扼防周家口，築賈魯河長牆。十月，奉調督隊遊擊。十一月，解柘城羅山之圍。六年二月，授廣西右江鎮總兵。四月，蹙賊信陽、譚家河叢山中，斬馘逾萬。轉戰入山東，偪賊至江蘇海州界，捻勢日衰。十二月，任、賴匪股悉數撲滅。而張總愚一股，自陝還竄黃河，蔓滋河朔。七年正月，奉調渡河迎剿，追賊東、直、豫之交，屢有斬擒。二月，敗賊於臨清、德、景諸州，東昌、大名等府。五月，賊由武定馳至吴橋，撲運河防牆，盛傳先伏炸礮於毛家莊，而縱馬隊當賊衝，以步隊掩其後，偪賊入伏，炸礮發，賊奔潰不可止，伏屍蔽野，精鋭略盡。復夜襲揚丁莊，暨孫世官莊，誅張總愚之侄張三彪，獲逆酋李老懷及大小頭目。賊自此不能成軍。六月，諸軍合圍於茌平之南鎮，張總愚投水死。捻患肅清。

欽差大臣湖廣總督李鴻章上其功，七月，賞黄馬褂。時盛波以親老乞終養，盛字軍歸盛傳接統。十二月，李鴻章調盛傳赴鄂。八年，營於黄岡。九年正月，李鴻章督師貴州，檄盛傳援黔，適回騎内犯，全陝戒嚴，上改命李鴻章督辦陝西軍務，調盛傳隨征，添募馬隊，立盛字飛騎一軍。四月，以續查西捻肅清，請獎，換拉里巴圖魯名號。五月，入潼關，回逆懾先聲不敢東竄，而北山潰勇土匪蔓延綏德、延安、同州境，盛傳馳扼韓城、澄城、郃陽間，上書鴻章，請乘賊未備，即派速攻滅之。六月，偵賊在宜山山中，即派隊分道進剿。自督親軍，連破悍股於河兒川、孔巖寨，賊瓦解，乃分哨分隊，遍佈宜、洛、鄜、延數百里，作遠勢兜圍，不使漏網。先後擒匪酋馬意龍、戴得勝等，北山悉平。

七月，下部優敘，時李鴻章移督直隸，疏調盛傳所部屯衛畿輔，十年，營於青縣馬廠。十二年，奉檄遍勘海口形勢，盛傳建議，以故明之新城上蔽津郡，旁臨大沽、北塘附近，扼要莫與比，舊有土城已圮，宜興築。舊式城用甎甓，質脆易毀，且門必有樓，累棟連楹，敵礮所及糜不摧。礮臺舊式寬至七丈而極，守兵與子藥皆無所蔽。今礮位長丈餘，尤形偪仄，請許隨宜不拘常法。遂築內外城一，城內大礮臺三，城上環置小礮臺七十有一，此外，兵房、藥庫、倉廒、義塾及城外溝河橋閘惟備。十三年九月工竣，皆所部任其役，而捐盛軍欠餉以濟工費。十二月，事聞，有旨交軍機處另行存記，遇有提督缺出，先行簡放。

先，上敕大學士直隸總督李鴻章，興復京東水利，鴻章檄盛傳任津沽屯田事。盛傳因新城之役，往來津靜間，見海河潮汐一日兩至，既由運河起，節節較量高下，又測步海河南岸，知其利確然可行。而天津東南縱橫三百餘里，一片沮洳，蕪廢可惜，乃議先疏引河溝洫，以去積潦，多設橋閘涵洞，以資蓄洩。仿前明汪應蛟葛沽營田遺跡，條陳大略，謂有三利五難，洩南運盛漲，澹畿南十數州縣蕩析之災，利一；海濱棄地數百里，若引甜滌鹹，斥鹵可變膏腴，利二；川澮縈洄，蹊徑曲折，可限戎馬之足，以助海防，利三。其五難，則以地本斥鹵，土更浮鬆，河以多泥善淤，民以創見猜阻，又北省稻田屢興屢廢，實因工大費多，久難爲繼，浮議因之而興，乞持定見，專委任，則功可成。書上李鴻章，韙其議，疏請敕盛傳董其役。

光緒元年，移屯天津新農鎮，督將士經營之。二年，調天津鎮總兵，督工至六年。開南運減河，自靳官屯抵大沽海口。減河兩岸各開支河一，又濬橫河六，溝澮川渠悉如法。建大小橋閘五十餘處。蓄洩有時，又分別甜水鹹水，不相滲溷。成稻田六萬餘畝。濱河斥鹵，地沾水利，可墾者，以億計。八年，補湖南提督。十年，慈禧端佑康頤昭豫莊誠皇太后，五旬萬壽，盛傳母粟氏年逾九旬，賞御書匾額一方，紫檀玉鑲如意一柄，大卷江紬袍褂料，小卷八絲緞袍褂料各二件。十一年，李鴻章以命婦五世同堂，聞，賞盛傳之母粟氏御書匾額一方。十一年五月，丁母憂，有旨，改爲署理湖南提督，回籍治喪，六月到籍。

盛傳咸豐初年，以練總拒悍匪，能以少勝眾，嗣隨李鴻章剿賊辦防，近三十年，與兵事相終始，其屯軍天津也，工作餘暇，日事教操，於西洋後堂槍礮深窺秘奧，著《操槍章程》十二篇，訓迪弁勇，令各營以打靶取准較其優劣，捐廉獎賞。以故士卒爭自濯磨，技藝精熟。盛軍利器，足與西洋埒。治兵專以不擾民爲主，駐軍之處紀律肅然，秋毫無犯。津屬洊饑，集將佐捐資設廠賑粥，活遠近窮民無數。日短衣匹馬巡視各營，與士卒同甘苦。醫藥有資，殯葬有所，人懍其嚴，又未嘗不感其惠。生平至孝，嘗乞假省母，母病，刲股和藥以進，至是，以哀毀嘔血創痕迸裂而卒。李鴻章臚陳事蹟以聞，諭曰，署湖南提督周盛傳，歷年隨李鴻章各軍剿辦髮捻各匪，轉戰數省，卓著戰功，嗣經駐軍天津，約束軍士，講求操防，克勤厥職。前因丁憂賞假百日，回籍治喪，遽因傷發病故，實堪憫惻。周盛傳著照提督軍營病故例，從優議恤，平日戰功事蹟，宣付史館立傳，并著加恩予謚。在安徽原籍及立功省分建立專祠，以彰忠藎。尋賜祭葬。予謚武壯，子家駒，三品銜，江蘇候補道。

周武壯公神道碑

壽州孫家鼐撰

公諱盛傳，字薪如，合肥周氏。淮軍之興，剗粤鏺捻，轉戰遍十八行省，所向有功。今大學士李公鴻章爲之創，而周氏昆季實羽翼之。聲績爛然右諸將，則公與海舲提督也。

咸豐三年，粤賊始東，江北諸郡縣之不逞者蠭起，公與第三兄盛華暨海舲提督，籍丁壯自衛。時廬州爲賊有，公居西鄉，賊之來攻者日且萬，不少動。四年，盛華戰没，公内撫夷傷，外禦方張之寇，戰守繕完，士氣彌厲，屢敗陳玉成、石達開、陳德才之衆，合肥西鄉團練名天下。安徽巡撫福公濟，翁文勤公同書，并欲上其功，將軍忠武公多隆阿，書來相招，皆婉謝之。同治元年，李公督師至上海，規復江蘇，挾公俱東。七月，克青浦，九月，克嘉定，又解四江口之圍。二年三月，賊目蔡元漋僞以太倉降，諸軍多爲所乘，公有備獨完。遂下太倉、江陰、無錫三城。獲賊目黄子漋父子，積階至總兵。十一月，攻常州，礮中公創甚。三年二月，城賊潛犯楊厙，撓我後，公逆殲之。既而反攻，公登橋，橋毁，石雨墜。聲隆隆如奔雷，公與俱墮。將校掖歸營，昏不知人者竟日，少蘇，裹創戰益力，卒先登克之。論者謂廓清江蘇之功，常州爲艱，而公其最也。

粵夷而捻張，曾文正檄公討之，既又隸李公麾下，馳驅潁六間，而徐海而曹沂而南汝光，三年數百戰，摧堅刈彊，當之者靡。雉河一役，尤爲世所稱。初，僧邸没於菏澤，捻益肆。張總愚、任柱、賴文光、牛洛紅，并穴宿、蒙、亳三州縣，而圍果敏公英翰於蒙城之雉河，皖帥徵諸路援師，先後至者數萬，相顧莫敢發。公既至，度賊已驕，且倚其巢，可一鼓破也。麾軍進，任柱以騎來犯，殊死鬭，公嚴勒所部，數突數卻，賊將遁，公以輕騎裹之，柱奔，河南北賊數千壘，同時潰。諸軍解嚴，益歎公爲不可及也。以功進提督，旋授廣西右江鎮總兵，并賜翎管、搬指諸物。捻之西也，公躡之東，直，豫之交，我軍憑運河爲防，七年五月，賊攻之急，公伏礮於吴橋之毛家莊，使騎步夾軍其前後，迫賊入隘，礮作，自相踏藉，賊死無算。夜半再戰，獲張之彪、李老懷等。之彪，總愚從子也，而賊鋒用是大挫。六月，環諸茌平南，遂盡殪之。捷聞，拜黄馬褂之賜。九年，公從李公征逆回，五月，至潼關。六月，斃北山賊馬意龍、戴得勝。鄜延綏榆之間，群醜以殄，出師不一月也！

十年，李公移督直隸，公亦屯青縣之馬廠。十二年，海上有警，李公檄公相形勢修守備，具故明新城，屏蔽天津而旁控大沽、北塘，公首議，城之凡有，興作不主故常，始是年三月，終明年九月，爲内外城各一，環城一周，礮臺大者三，小者七十一，既堅既完，昔所未有。於泰西器械必窮其良楛所在，克虜伯礮、哈治開斯槍，初未异之也，公力請於李公多購以爲備。手訂《操槍章程》十二篇，陰陽向背，風雨晦明之數，剖析微芒。於是，北洋練法，恒爲他軍則。丙戌，醇邸視師天津，亦謂公所部第一，而公不及見矣！

初，廷議規畿東水利，論者持异同，公以新城之役往來津静久，其地濱海，潮汐日再至，一疏瀹之，與南中沃野比。乃上書李公，請開南運減河，并陳三利，其言曰：「洩南運盛漲，澹畿南十數州縣蕩析之災，一也；引甜滌鹹，變斥鹵爲膏腴，二也；濱海數百里谿磵繚曲，足以阻車騎，蹙敵糧運，爲海防一助，三也。」李公韙其議，奏以屬公。光緒元年，調天津鎮總兵，移屯潦水套，今新農鎮也。自乙亥至庚辰，役之時，凡六年，自靳官屯至大沽口，役之地，凡百四十里。又夾南運減河兩岸，濬支河二，横河六，橋堨五十餘所。溝洫畎澮之屬，不可勝算。洩蓄以時，穡事大興，凡墾六萬畝有奇。士飽馬騰，緩急有藉。然公之精力則少少衰矣！壬午遷湖南提督，仍留屯田。乙酉六月，以母憂歸，十四日卒毁也。春秋五十有三。詔立功所在建專祠，予謚武壯。公先世籍江西，明正德中，有曰福德者，辟宸濠之難，始還合肥，曾祖有成，本生曾祖有益，祖文彬，考方嚴，并以公兄弟貴。累贈建威將軍，曾祖妣衛，本生曾祖妣粱，祖妣粱，并累贈一品夫人。妣栗，累封一品夫人。娶於袁，孝共勤儉，稱公爲人，後公一月卒。子二，家駒，附貢生，三品銜，分發補用道。次家澤，二品廕生，先公卒。女二，同縣附貢生袁州府知府阮貞瑞、附貢生員外郎張雲墉，其婿也。孫二，長，行浚，光緒丁酉舉人，次，行湜，二品廕生。

公在軍十餘歲，出入吳、楚、齊、秦、魯、宋之郊，大小數百戰，屢瀕於危，嘗解衣示家鼐，刀彈之痕，斑斑若刻畫。而果毅不撓，卒成大功。馭下嚴而甘苦共之，有疾苦死喪者，矜哀之，過其家人。故士卒憚其威稜，而愈樂爲用。凡所規劃，務遠且大，不爲苟且目前計，假公不死，所效豈有量耶。

公卒之次年，家駒葬公合肥西鄉戴村之原。家鼐獲交公，知公，諗敬。次公戰績之大者及屯田本末揭諸墓道，其他行義更綴以銘。銘曰：

凡民有生，曰忠與孝，緊彼哲人，維躬是蹈。公之始孩，母疾瀕危，步禱紫蓬，右股一刲。師干之試，公北母南，别母十載，中心如惔。母存公存，母死公死，存爲忠臣，死爲孝子。畿輔薦饑，賑之翼之，寒被之纊，飢哺之糜。下逮交河，全活尤遠，五萬餘人，蘇槁蠲困。嫠者有堂，孤者有塾，何戚何疏，義正仁育。下燭無竟，上光日星，後有考者，請視斯銘。

周武壯公墓誌銘

吴縣吴大澂撰

公諱盛傳，字薪如，世居合肥縣西鄉。咸豐三年，粤匪陷廬州，公與其兄，今湖南提督盛波，結鄉團禦賊，以驍勇著名。西安將軍忠武公多隆阿，以書招之，謝不往。同治元年，今大學士肅毅伯李公，募鄉里壯健，創立淮軍，航海赴滬討賊，公兄弟并從。七月，克青浦，八月，回援上海，敗僞慕王譚紹洸於北新涇，九月，克嘉定，復馳解四江口之圍。每戰，兄弟迭先後，所向有功。二年二月，太倉賊蔡元灐僞降，我軍猝中伏，賴公嚴兵殿后以免，卒克其城。七月，力戰復江陰。十一月，攻克無錫，獲僞潮王黄子灐父子，公兄積功擢提督，公擢總兵。是月，攻常州，逼城下，受礮子傷甚劇。三年二月，僞護王陳坤書，分股潛出，犯揚庫，擾我軍後路。公抽軍回殲其衆，復返攻城，毀城外石壘。方登橋指揮，橋先煆於賊火，忽中斷，墮公水中。石甓隨墜下，擊傷遍體。昏暈竟日，公力疾復戰。四月城克，公以先登功，奉旨交軍機處記名，遇缺題奏，并加提督銜。旋移壁溧陽，又逐賊廣德，復州城。於是，江蘇皖南寇皆平。四年春，曾文正公檄公率軍渡江剿捻匪，時忠親王新戰殁於曹州，匪勢大熾，圍安徽布政使英翰於雉河集甚急。張總愚、任柱、賴汶洸、牛洛紅諸逆首，咸萃於渦河兩岸，援軍莫敢先進，公勒所部擊之，大敗諸悍賊十數萬眾，圍立解。初，公軍在江蘇，咸偕諸軍進止，至是，獨當大敵，以少擊眾，稱奇捷，諸軍相顧愕然。八月，進軍歸德。十月，追賊於甯陵。曾公奏報，有「記名提督周盛傳，素善夜戰」之語。五年三月，敗賊於遊莊寨，曾公奏報有「周盛波兄弟，竭力苦戰，膽智俱優」之語。由是，公兄弟并拜翎管、搬指、刀鐮、荷包之賜。五年大敗牛洛紅於永城，又敗任、賴等鉅匪於太和。是年秋，李公奉命代曾公督師，囑公兄弟往來遊擊，其時匪蹤分合靡常，蹂躪齊豫皖鄂之境，諸軍罷於奔命，僨蹶相續，隨公擊賊於柘城羅山，又蹙之於信陽潭家河，斬獲逾萬。復由豫逐賊入山東，轉戰於江淮徐海之間，兵未嘗稍挫，東捻盡平。七年正月，張總愚等擾河朔，逼畿南，李公調公軍北援，而公兄不及從。三月，公由德州逐賊至開州。四月，從李公赴東昌，籌濬張秋引黃水入運河，爲圈賊計。閏月，公兄統銘軍馬隊，公統盛軍步隊，偕擊賊於陵縣，敗之。五月，追賊至吴橋，設伏狙擊，殲其精鋭殆盡。斬總愚從子之彪，擒逆首李老懷，總愚不復能軍，遂殲滅。公以功賞穿黃馬褂，旋奉調赴鄂防江。九年，從李公赴陝西，五月，抵潼關，六月，剿北山馬意龍、戴得勝等，平之。秋，李公移督直隸，公軍回駐臨汾。十年，軍青縣之馬廠。光緒元年移屯天津之新農鎮。公治軍嚴而有恩，勤訓練，力戒婾惰，軍行頓次必警備，戰必詳審敵勢，思出奇蹈，抵其瑕隙，偶不得當，必救敗以圖全軍。故壯士少傷亡，軍鋒久而不頓。任事尤勇，規畫必冀垂久遠，不肯苟且目前。在天津籌海防，遍察沿海形勢，以前明所築新城地最扼要，請改築堅牆，爲內外城，建大礮臺三，小礮臺七十有一，兵房藥庫倉廒咸備。工堅而費省。又開鑿南運減河，自靳官屯達大沽海口，於減河兩岸開支河一，横河六，多爲溝渠便農民引灌。借淡刷鹹，變斥鹵爲膏腴。開稻田六萬餘畝，使畎澮交錯，可限戎馬之足，由是，水利屯田功效大著。

公於同治六年，補授廣西右江鎮總兵，以捻匪未平，未赴任，調補天津鎮總兵。八年，簡授湖南提督。以海防事要，仍留天津。直隸頻年飢饉，公捐資設男女粥廠，分賑遠近災黎，全活甚眾。忌者嗾言官劾公，朝廷命大臣察其事，竟無所得。時朝廷方倚公障海口，公屢求退不獲。公事母栗太夫人孝，嘗刲股以愈母疾，遠近稱之。從軍二十餘年，惟同治己巳、辛未得請假歸省母。尤善體母好善之心，在本籍創義學、育嬰、敬節諸善舉。十年春，病頭目昏眩，擬請假省母，會法人搆釁，海疆戒嚴，不敢以私請。力疾籌備戰守，心力益瘁。十一年春，款議成而公病已困憊矣。是年五月，聞母栗太夫人之喪，號慟幾絶，李公爲籲恩，賞假百日治喪，六月初五日抵家，哀毁甚，牽引舊傷，十四日，嘔血卒。春秋五十有三。

李公具疏入告，奉旨從優議恤。詔立功所在及本籍建專祠，國史館立傳。尋予謚武壯。

公曾祖有成，本生曾祖有益，祖文彬，考方巖，皆以公兄弟貴，贈建威將軍。妣，皆贈一品夫人。配袁氏，有賢德，後公一月卒。子二，長，家駒，三品銜分發補用道，次，家澤，二品廕生，早卒。女二，孫一，行濬。

光緒十三年十二月初三日，公子家駒，合葬公於合肥西鄉之戴村。因而請銘於予，予於光緒九年秋，由甯古塔，奉命統邊兵入衛畿輔，駐新城，與公時相過從，商榷軍事，公軍最先習用西洋槍礮，見新制，必審其機括，務得其命中之法。由是北洋軍械爲天下最。手訂操槍程式十二篇，日課軍士演練，而破格以賞能者。使争自勸勉。公嘗語予曰：「西洋尚機巧，火器堅利絶倫，我若狃於往者剿匪之常勝，恃舊有之軍械，思與之敵，則言戰固不如言和矣！」其言雖激，其智慮有過人者。

因爲之銘。銘曰：世變綱極，憂患隨之，昔爲內寇，今在外夷，公歷兵間，爲時最久，奮我矛戟，屢殲群醜。及防北海，壁壘一新，金堅火烈，雷掣雷煅，如斤如削，曰宋曰魯，大匠斲木，擇利而取，取人之善，而不自賢。用人宜爾，用兵亦然，識時務者，謂之俊傑，詎狃故習，昧昧自悅，惟公知變，變則思通，因時制宜，日起有功，世稱公勇，我謂公智，以銘昭之，永詔後世。

周武壯公墓誌銘

江甯汪士鐸撰

皇朝誕荷天庥，超越三代，神聖繼承，光被八表。時則有若，旦望畢榮。弼亮夾輔，亦越先後，禦侮爪牙之士，效命於外，若南宮之八士。勳伐光乎旂常，慶祚衍於無窮者，則武壯周公其一也。

周以國氏，其望有八，臨川一望，光於章水。明正德中，有諱福德者，辟宸濠之亂，始遷廬州合肥之西鄉。若干傳而至公。公諱盛傳，字薪如。昆季六人，而公第五，曾祖諱有成，本生曾祖諱有益。祖諱文彬，考諱方嚴。耕讀繼業，戢德隱曜，今皆贈建威將軍。妣皆贈一品夫人。

咸豐初，粵西逆匪，盜有江左，當是時也，粵匪捻匪，與爲聲息。公與鄉人，結團自衛。公第三兄諱盛華者戰死，鄉人遂欲四散。公堅持不可，曉以利害，團得如故。終咸陽中，公之練勇名天下，大吏上其功，弓旌趾錯。公度其無成，咸婉謝之。向張殉難，蘇垣魚爛。曾侯薦今伯相李公援之。李公亦合肥人，募勇士，召豪傑，簡軍實，申號令。桓桓赫赫，成師東下。素耳公名，招之，敵愾同仇，時同治初元也。至則身先士伍，扼譚紹洸於上海，剪蔡元潹於太倉，擒黃子潹於無錫。江浙皖南，蕩滌底定。膚功入告，公爲首庸。曾文正奉命剿捻，檄公率軍轉戰六安、邳州、宿州、宿遷以至考城、鉅野、城武、菏澤。捻之兇焰爲之戢。而雉河集之戰，尤爲近世之殊績。蓋自僧邸既終，北軍瓦解，集居渦水北，今渦陽縣是也。賊據爲巢穴，以宿州、蒙城、亳州爲犄角。渦水導源汳水，南入淮湖。私梟倴匪，彼此勾結。爾時，楚豫皖諸軍來援者，率壁便利地，皆自固，莫敢攖其鋒。公後至，度賊驕且戀巢，犯兵家大忌，乃麾軍深入，塞其衝衢。别以奇兵洋礮，往來誘之，賊怒索戰，伏發，霆擊飆舉，呼聲震天地。自踐踏，屍塞渦水，聲若崩坻，捻黨大潰。各軍從壁上觀，戰慄莫敢正視。令人想項王救趙焉。既又敗牛洛紅於亳州。五年之秋，曾公回督兩江，合肥李公實繼其任。公隨之剿捻於楚、豫、河、濟、滄、景、菏、濮之交。草刈獸獮，梟馘無算。然後，東西捻、張、牛、任、賴各支，蕩滅無遺。關中黔中，回夷惕息，海宇晏安。公亦以列校致位提督。疊受翎管、搬指、刀鐮、荷囊、黃馬褂之賜。功名威望一時莫能及。

既又隨李公屯師津門，拱衛京輔，營於青縣之馬廠，遂建新城。新城上蔽天津，旁控大沽、北塘，形勢最要。乃商於伯相，凡築內外城各一，城內大礮臺三，城上環置小礮臺都七十有一。兵房藥庫之屬惟備。回環周衛，迥异常制。洋人歎愕，謂泰西所不及。及屯議興，公請開南運減河下達大沽，以興京東水利。其利有三，既洩南運之盛漲，而畿南無蕩析之憂。又以淡水刷鹹，斥鹵變爲腴壤。溝洫曲折，足禦馳驟。伯相偉而奏行之。今新農鎮獲稻秋成，已六萬餘畝。後能推行，萬世利也。公深密沉静，於西人軍火及克鹿卜後膛礮、哈治開司兵槍，咸多購以教士。手訂訓練槍法十二篇，後醇邸閲兵，以盛軍爲北洋最。

公之騎箕，予謚武壯，論者謂無愧云。公內行真摯，少嘗刲股以愈母栗太夫人疾。既貴，時殷望雲之慕。惟太夫人勉以盡忠，不敢率請耳。其他救災恤鄰，視如己痌，惠鮮矜寡，不吝廉奉，在公爲小節矣。

公生於道光癸巳年，薨於光緒乙酉年，春秋五十有三。娶袁氏，誥封一品夫人。孝恭勤儉，實能助公爲理。後公一月薨。子二，家駒附貢生，三品銜，江蘇候補道。家澤二品廕生，早卒。女二，孫一，孫女二，咸婚宦族。家駒卜於十三年十二月三日，奉公葬於戴大村之原，禮也。今先以狀來乞銘，餘謂公之功既不朽，然非伯相不足盡公才，非聖人不能信伯相，成周才爲極盛。龕亂諸大賢，視此爲何如也？乃不辭而爲之銘曰：

才既十亂，世始需才，陽九之厄，至德難廻。蝗蝻造逆，鳳麟不來，天策風後，締構雲臺。元侯疇咨，頗牧禁裏，招賢淮淝，拔擢杞梓。十二諸侯，六千君子，建大將旗，下吴淞水。前師損威，賊潰長圍，吏趣和藥，士歎采薇。嗷鴻在野，旅燕無歸，壺漿筐篚，迎我旌旗。藻鑒虚堂，惟公鍼芥，驥德超群，鳳儀曠代，髮捻廓清，回苗懲乂，野無庬鳴，士亦犢佩。一碧毵毵，柳外停驂，郡鄰海北，人話江南。夏畦紆緑，秋汛澄藍，飲和有萬，利豈捧云三。步伐止齊，起伏擊刺，訓練虎羆，成書十二。借箸鄰封，陳義十四，世服其勇，我仰其智。

西人酷毒，以火鑠金，其屈其直，有陽有陰。師厥機巧，加以實心，時如臨敵，翼翼欽欽。馬步是程，蚓曲有跡，臺高甕深，沙白土赤。敵礮如林，我甓逾石。若踐華城，若天德栅。趙薑議屯，湟中沓中，兑和制器，有鍔有鋒。閉户竭知，蒸土論功，滄海飄轉，太倉粟紅。帝嘉公功，百禄是總，何以舟之，容刀鞞琫。蟒玉煌煌，孔翠菶菶，馬甲元黄，百辟傾動，葛藟孔懷，莪蒿繫思，昨登北堂，忽失母儀，天之兀我，我何生爲，撫棺泣血，落如綆縻，寂寂陰堂，敻敻武庫，月黯佳城，霜彫玉樹，部曲不相，弓刀無厝，鬱鬱蒼蒼，將軍之墓。

誥授建威將軍湖南提督予謚武壯顯考薪如府君行述

府君諱盛傳，字薪如，晚號北海老農。周氏自明正德中，福德公避宸濠之難，由江西遷居安徽合肥縣之西鄉，耕讀相承，世有隱德。曾祖有成公，本生曾祖有益公，祖文河公，考廷揚公，皆累贈建威將軍。曾祖妣衛，本生曾祖妣粱，祖妣粱，妣栗。皆累贈一品夫人。栗太夫人生六子，府君次第五，長伯父愛三公諱盛餘，次伯父萬春公諱盛選，三伯父含英公諱盛華，在籍辦團禦賊殉難。奉恤贈遊擊銜，原籍建立專祠。四伯父海舲公，名盛波，現官署湖南提督。六叔父錦三公諱盛春，官遊擊，以從戎日久，積勞病故，奉旨賜恤。

府君生而孝友，廷揚公捐館後，家計遂窘，粟太夫人訓子嚴，府君與諸伯叔父，力田服穡，能先意承志，以得堂上歡心。粟太夫人嘗染疾危甚，醫皆束手，府君步禱於紫蓬山，歸而封右股以進，服之而愈，鄉里稱之。

咸豐三年癸丑，髪逆蔓延及廬郡，盜賊蠭起，江北諸郡，始辦團練，三伯父素嫻武事，有烈丈夫風，乃協四伯父及府君，集附近丁壯，捍衛鄉里。是時郡城已不守，城賊來攻圩者以萬計。日日鏖戰無稍息。四年二月，三伯父殉難。鄉人洶懼，欲散練爲苟免計。四伯父偕府君涕泣誓衆以敵愾復仇之義，又奮力擊破賊衆，斬馘無數。於是人心始定。戰守之具擒備，而賊之率衆來攻者仍無虚日。計八九年間，府君屢蹈險出奇，以少擊衆，僞英王陳玉成，僞翼王石達開，僞扶王陳得才之股，屢爲府君所挫。合肥西鄉團練之名震天下。皖撫福中丞濟、翁中丞同書，屢欲上府君功，將軍多隆阿公，又以書招，府君皆謝卻之。

同治建元，今爵相李公，由安慶成軍，統師赴滬，招府君募勇東下。是年七月，克青浦，八月回援上海，擊僞慕王譚紹洸之衆，敗之。九月克嘉定縣。時四江口圍甚急，復偕諸軍馳解之。二年二月，太倉賊酋蔡元灉，以城僞降，初九日，諸軍至太倉，倉猝遇伏。府君既逆測其詐，又以師徒屢捷，益申戒儆，以先有備故得全。軍歸，連日蒐乘補卒，十五日復進，偪城下，一鼓遂克。是役也，微府君幾殆。七月，復江陰縣，十一月，攻無錫，克之。獲僞朝王黃子瀧父子，積功擢總兵。時四伯父已敘功至提鎮矣。從軍未逾兩年，兄弟皆不次超擢，同列以爲榮。府君益自奮勉。是月，進攻常州，受礮子傷甚劇。三年二月，常州守賊分股潛出，犯揚庫，擾我軍後路，府君抽隊回剿，殲其衆。十八日又督隊往，毁城外石壘。斃賊無算。城賊率衆力爭府君方登石橋指揮，詎橋先煆毁於賊，甫及其巔，橋忽中斷，萬石飛舞，聲如雷霆，府君陡墮水中。又爲磚甓擊傷，遍體血污。將校扶掖至營，昏暈者竟日。數日即裹創彊起，與諸軍四面環攻。四月初六日，今爵相李公援枹督戰，府君奮不顧身，率隊自小南門先登，城遂克。論者謂，蘇省肅清之功，以常州爲最，而府君之戰爲尤力云。捷聞敘功，以原官交軍機處題奏，并加提督銜，得旨俞允。旋移壁溧陽，收復廣德州，江浙皖南逋寇，以次蕩定。

時捻匪大股由楚竄英霍，勢張甚。曾文正公奉命督師，檄調府君督隊渡江迎剿，轉戰於六安、邳州、宿遷之間，而尤以雉河解圍爲奇捷。先是，僧邸戰殁，北軍新失大帥，莫敢攖賊鋒，捻益縱橫肆擾，張總愚、任柱、賴文光、牛洛紅等全股，據宿、蒙、亳三州縣爲老巢，圍英方伯翰軍甚急。喬中丞松年，函請府君往援。是時皖帥徵兵諸路，豫、皖、楚各軍先後至者數萬，壁便利地，莫敢先發。府君至，度賊勢已驕，且戀巢穴，可一戰破也。遂督衆進攻，任逆率馬隊，悍賊奄忽而至，馳驟若風雨，府君嚴勒所部，以連環槍礮抵禦，賊數衝突，我軍堅不可動。欲回巓巢穴，而奇兵從賊後突出，賊不能支，遂閧然大潰。河南北數十賊營皆遁去。四年六月初二日，雉河重圍立解。諸軍相顧駭愕。捷聞，晋提督。五年三月，疊敗賊於考城、鉅野、城武、菏澤等處，賊一再被創，兇焰始稍戢。蒙優詔褒嘉，拜翎管、搬指、刀鐮、荷包之賜。五月，擊牛洛紅大股於亳州龍王廟，大破之。牛逆受創死。是秋，曾文正公回江督任，爵相李公復奉命視師。十月，奉調督隊遊擊，遂解柘城、羅山之圍。六年二月，奉旨補授廣西右江鎮總兵。四月，蹙賊於信陽之譚家河，斬獲逾萬。旋由豫入東，轉戰至江蘇之徐海界，賊勢日衰。東捻尋即蕩平。而西捻張總愚一股仍蔓滋河朔，七年正月，復奉調北上追賊於東直豫之交，屢有斬擒。時以賊蹤靡定，乃濬張秋運河，引黄入運。諸軍列戍河隄，千里相望，賊不得渡。府君隨爵相李公駐德州，每視賊鋒所向，往來剿擊，驅賊而南。二月，敗賊於臨清、景德諸州。四月，逐賊於陵縣土橋。五月，賊冒暑由武定馳至吴橋、臨津間，猛撲運河防牆，府君度賊已疲困，先伏炸礮於毛家莊，而使馬隊當賊衝，又出步隊掩其後，逼賊入伏，俄炸礮齊發，賊奔潰不可止。自相騰藉，伏屍蔽野。賊之精鋭斬殺略盡。是夜三更，復擊之於楊丁莊暨孫世官莊，乘昏黑叫噪入，酣戰逾時，擊斃張總愚從子之彪，獲逆首李老懷及大小頭目等，賊自此遂不能軍。六月二十八日，諸軍合圍賊於茌平之南鎮，遂將全股撲滅。

捷聞七月初十日，奉上諭，周盛傳著賞穿黃馬褂，欽此。

中原底定。七年六月，爵相李公赴任湖廣，檄府君赴鄂。道經里門，乞假歸省，時栗太夫人七旬有六，母子不相見者七年矣。至是悲喜交集，府君乃有終焉之志。冬，爵相來書，以貴州逆苗負隅日久，川楚各軍久無功，朝命爵相督師。促府君赴軍，栗太夫人又曉以大義，府君遂星夜就道，嗣回騎内犯，全陝戒嚴，廷旨改命爵相督辦陝西軍務，檄府君增募馬步各營，簡閲訓練，勤勞倍至。九年三月，由鄂啟行，時秦中麥熟，懼賊竄擾，請兵之使，相屬於道，爵相屢檄趣府君，乃剋日西發。五月初抵潼關，回逆懾先聲，不敢東竄。陜民得及時刈麥，人心大定。六月，督隊剿平北山股匪馬意龍、戴得勝等。鄜、延、綏、榆之間，宿患以平。先是，北山道險，糧運難繼，陜、楚各軍，戰數不利，議者多欲遷延，冀成撫局。府君力持進剿之説，縋幽鑿險，備嘗艱苦。出師甫一月而賊平，陝人獲安枕焉。秋，爵相移節直隸，籌辦海防。十年，奏定以府君所部屯衛畿輔。遂由臨汾移屯直隸青縣之馬廠。十二月，議海防，府君奉爵相檄，遍勘海口形勢，以故明新城爲最。其地上蔽津郡，旁控大沽、北塘，附近扼要之區，殆莫與媲。因繪圖鳩工，建議興築。舊制城垣，但用甎甓，質脆易毀，且門必有樓，累棟連楹，敵礮所及，靡不摧壞，轉撓守局。至礮臺舊式大率寬至七丈而極，守兵與子藥皆無所蔽。方今礮位長且丈余，尤形偪仄。府君念城濱海澨，綢繆門户，拱衛神京，關係綦重。因請於爵相，凡有興作不拘常法，三月興工，至次年九月告成。計築內外城各一，城內大礮臺三，城上環置小礮臺都七十有一。樸素渾堅，异於曩制。此外，兵房、藥庫、倉廒、義塾、及城外溝河橋閘之屬惟備。後有洋員至新城閲視，歎爲得未曾有，與西國最精之法無异。府君用心精密，爲遠人所推服，皆此類也。

初，廷議以興復京東水利爲亟。爵相屢檄府君，料理津沽屯田事務。府君因新城之役，督工往來津静之交，見其地偪近海河，潮日兩至，略一穿鑿，便可成南方水田。既由運河起，節節較量其高下，又測步海河南岸，知其利確然可行。因上書爵相，請開南運減河。下達大沽海口，以興京東水利。大略謂，其利有三，洩南運盛張，滄畿南十數州縣蕩析之災，一也；減河兩岸數百里皆蕪廢不治，若引甜滌鹹，可變斥鹵爲膏腴，二也；川澮瀠洄，蹊徑曲折，戎馬既難馳驟，轉運尤不通行，實爲海防一助，三也。爵相韙其議，乃奏飭府君督隊疏挑減河，兼主辦屯墾焉。

光緒建元乙亥二月，府君拔隊移屯天津之南窪，地名潦水套，即今之新農鎮也。遂督率將士陸續興辦，計自乙亥至庚辰，閲年凡六，先後開南運減河自靳官屯起至大沽海口止，一百四十餘里。又於減河兩岸各開支河者一，又開濬橫河者六，其他溝澮川渠之屬，多至不可數計。創建大小橋閘五十餘處。大旨在蓄洩有時。又分别甜水鹹水不相滲混，於是屯效漸著。計已熟稻田六萬餘畝。其瀕河田地可墾闢者，逾億萬畝。府君又於營之四旁及畎澮間，植柳數十萬株。每當春夏之際，一水護田，濃蔭夾道，宛然江南風景。先是，地盡鹹鹻，成效不易。覯議者或以爲疑，至是，又咸服府君任事之勇，而不知府君心力亦於是交瘁矣。二年，調補天津鎮總兵，八年，補授湖南提督，益圖報稱。

府君好爲深沉之思，於西人軍火，尤有心得，每獲新式槍礮，必反復研求，得其良楛之所在，克鹿卜後膛礮，哈治開司兵槍，初出時，論者間有异同，府君力請於爵相，多購以爲之備，於是，北洋軍械爲天下最。四方咸取則焉。府君治軍以操練爲急務，手訂操槍章程十二篇，於陰陽向背風雨晦暝之數，析入微芒。又諸營打靶，取準較其優劣，捐廉優獎，不拘常格。以故士爭濯磨，技藝精熟。今春，醇邸親臨天津閲操，以盛軍馬步隊爲第一。謂非旦夕之功，而府君已不及見矣。嗚呼！痛哉。

丁丑、戊寅、甲申諸年，直省饑饉頻仍，流亡至營屯附近者踵相接，府君爰集僚佐捐貲，分設男婦粥廠，收養災黎無數。又籌賑交河一邑，全活至五萬餘人。其他山西、河南、安徽各行省，以遍災告者，無不解囊助賑。其仁心濟物不遺餘力，類如此。

府君統兵二十餘年，中惟同治八年暨十年，請假省親。家居僅年餘，得少休息。然猶爲三伯父含英公、八叔父緯堂公及亡侄行發，擇地建祠，并死事員弁之昭忠祠，以宣國恩。又捐膏腴田四千畝，制錢四萬串，首建敬節堂，專恤忠良苗裔，嫠孀弱息之貧無依者。次第建立義塾、育嬰、牛痘各局，以惠鄉鄰。先後共構屋百餘楹。躬自相度，惟日不足。蓋粟太夫人以行善爲樂，藉以仰體親心，而不肯一日暇逸者，又素性使然也。在軍中，日短衣匹馬，巡視各營，嚴懲奢靡偷墮之習，然能與士卒同甘苦。凡醫藥之資，殯葬之所，籌畫周至。人憚其威，又未嘗不深感其惠。初，府君以力攻常州受傷甚劇，遂有頭目眩暈之證，惟氣體素強，時發時止。府君治事如常，不以病爲急，不孝問由籍來省視，竊見鬢髮漸皤，偶以節勞爲言，府君輒曰：「吾起自田間，忝竊閫寄，若一事不盡心，負疚滋重矣。」十年三月，舊恙復發，擬乞假歸省，兼謀醫治。當以法人肇釁，海口戒嚴，不敢以私請，猶力疾料簡器械，籌備軍實，前後上書爵相言兵事，悉中機要。又致書廣西提督黄蕙亭軍門，言關外戰守事宜，有五可勝，十可慮之説，洋洋數千言。其後，關外諸軍潰敗如府君言。蓋府君忘身憂國，用心過度，有如此者。

十一年春，款議成，方擬力請歸里，以遂十數年思親之願，不圖四月二十五日，栗太夫人在籍棄養。府君聞訃，雞斯徒跣，痛不欲生。蒙爵相疏籲天恩，賞假百日，星夜航海奔喪。於六月初五日抵里。撫棺長號，昏暈幾絶。哀毁逾恒，遂致牽發舊傷，勢甚危劇。不孝延醫診治，連進補益之劑。冀可復原。十四日，猶親詣靈前，哭奠如禮。歸室後，突嘔血數升，創痕迸裂，至酉刻，竟棄不孝而長逝矣！臨殁時，言不及私，惟以未報君恩，未見親面爲憾。嗚呼痛哉！訃聞爵相入告，七月初八日，奉上諭：

李鴻章奏，統兵大員奔喪回籍後，傷發病故。臚陳事蹟，請旨優恤一折，署理湖南提督周盛傳，前隨李鴻章各軍剿辦髮捻各匪，轉戰數省，卓著戰功，嗣經駐軍天津，約束軍士講求操防，克勤厥職，前因丁憂，賞假百日，回籍治喪，遽因傷發病故，實深憫惻。周盛傳著照提督軍營病故例，從優議恤，所有戰功事蹟，著宣付國史館立傳，并著加恩予謚。在安徽原籍及立功省分建立專祠，以彰忠藎。欽此。

尋奉旨予謚「武壯」。

飾終之典，備極優隆。痛思府君一生，實與兵事相終始。鄉居則辦團禦賊，及統兵在外，剿定髮捻各逆，吴、楚、閩、陝、海、岱之間，矛淅盾炊，不下十數載，出入虎穴，萬死一生，嘗解衣自視，刀彈之痕，斑斑如刻鏤。近歲移屯直隸，鄰疆思逞，時有責言。府君自惟受國厚恩，涓埃未報。北洋爲神京門户，備禦尤不容疏。日與諸將士謀訓練，肄器械，繕城隍，築礮臺，爲自強之策。而以餘力講求營田水利樹藝諸事。凡所經始，皆規模遠大，不苟苟爲目前計。天假之年，其建立或更有大於是者。詎意千里奔喪，哀毁遽卒。不孝侍奉無狀，罹此酷罰，尚何言耶！

配吾母袁夫人，年二十來歸我府君，實能以孝恭勤儉之德佐我府君。咸豐初，府君辦團治賊，凡糗糧膽幟之需，賴先慈縫紉操作，供給無乏。及督軍在外，粟太夫人滫瀡旨甘之奉，以及賓祭之儀，必多方飭備。府君治軍垂三十年，無内顧憂者，先慈力也。先慈治家久，事務繁劇，心血日耗，時有不寐心悸之證。今夏四月，粟太夫人逝世，先慈晝夜哭慕，體益不支，重以府君毀卒，伏枕哀號，疾遂日篤。不孝延醫診視，參苓罔效，慘於七月二十八日寅刻去世。不孝叢愆積咎，疊覯鞠凶，不孝之罪，擢髮難數，痛哉痛哉！

子二，長即不孝家駒，三品銜，分發補用道。娶同邑吴氏，山東候補道諱秉權公長女。次家澤，二品廕生，早卒。娶同邑黄氏，甲子舉人，廣德州學正，諱瑞芝公長女。又撫故人之子爲義子，命名曰蓮芬，同知銜，江蘇候補縣。女二，長適同邑阮氏，四品銜，湖北候補縣，名忠輔公次子，江西候補知府貞瑞。次字同邑張氏，四品銜，分部行走郎中，名樹玉公之子。孫一，行濬。孫女二，俱不孝家駒出。不孝家駒，將以十三年十二月初三日，奉柩合葬於邑之戴大村。新阡，謹次生平事略如右。伏乞當代大人先生，立言君子，賜之碑銘，以昭不朽。不孝世世子孫感且靡既。孤哀子周家駒泣述。

賜進士出身，誥授奉政大夫，翰林院編修，國史館協修，加一級，世愚侄檀璣頓首拜填諱。

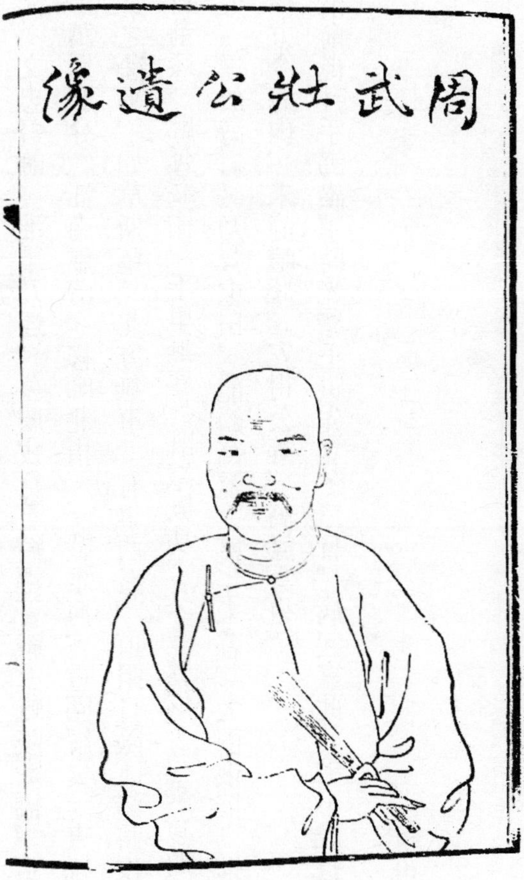

周武壯公遺像

周武壯公像讚

偉矣武壯，氣淩秋雲。始搏衆力，保衛榆枌。鼓我義憤，掃彼狂氛。肥水團練，海内咸聞。文忠督師，淮軍乃達。公履戎行，崎嶇百戰。毗陵斷橋，墮水彌健。是飛將軍，萬衆服弁。江南肅清，移師北指。一戰雉河，重圍解矣。東捻既夷，西捻奚恃？蹙之茌平，如草斯薙。北方無事，有事西秦。道阻且險，諸將逡巡。惟公主剿，躬冒荊榛。鄜延綏榆，千里無塵。既戡厥功，又善厥後。乃築新城，外人俯首。乃開河渠，達於海口。乃營屯田，龍鱗萬畝。盛年未暮，大樹俄摧。惟忠惟孝，生榮死哀。方今海内，未静喧豗。安得公等，高議雲臺。

德清俞樾拜手謹讚，時光緒壬寅先立冬三日，病起寫此，劣不成書。

年譜

原名《磨盾紀實》

予以布衣遭世多故，從事戎馬，幸得隨諸將後。所向成功，兄弟蒙恩，并膺節鉞，非始願所及也。

予先世居合肥六十墩，同產兄弟六人，予次第五。家有田數頃，力農自食。先君子善治生，督家人力作，太夫人勤於機杼，燈火不繼，猶隨月紡織，終夜軋軋，雞鳴未已。故食指雖繁，疊能自給。使非時阸兵燹，一門之中，事親教子，遑慕其他。屬自癸丑而後，辦團禦賊，以迄靖赭寇，平西捻，轉戰吴、楚、關、陝、海岱之間。盾炊矛淅，萬死一生。每解衣自視，刀彈之痕，斑斑如刻鏤。當裹創血戰時，豈意有今日耶！近歲以來，中原耆定，而強鄰思逞，每有責言。自維受國厚恩，當圖報稱。駐軍海上，惟日與諸將士勤訓練，肄器械，修城垣，築礮臺，墾營田，興水利，課樹藝，幸軍民綏靖，上下志符，差免咎戾。爰於蒐討之暇，追念生平所歷之境，疊舉大綱，按年敘述，非敢以自表揚，聊以示我子孫，俾知起家之不易耳。

道光十三年　癸巳　一歲

六月十八日亥時生。余先世本江西撫州府臨川縣人，當前明中葉始遷。祖諱福德公，卜居肥之西鄉紫蓬山陽，遂占籍焉。以耕讀世其家，未有顯宦。至余兄弟爲國宣勞，門閥始大。子姓及族人，亦多有擢科名登仕籍者，里中人咸謂，余先世有隱德，克昌厥後云。

二十年　庚子　八歲

出就村塾，從竇先生讀書。

二十二年　壬寅　十歲

從孫先生讀書。

二十三年　癸卯　十一歲

先府君卒。府君爲人尚義氣，好施予，與人交，坦白無欺。鄉里咸敬服焉。

二十九年　己酉　十七歲

袁夫人來歸，是歲髮逆起廣西。

咸豐元年　辛亥　十九歲

長女生。

三年　癸丑　二十一歲

粵氛日熾，安慶江寧相繼陷，人心蠢動，盜賊蜂起。江北諸郡始創團練。三兄少負奇氣，性剛好武，方集附近丁壯，爲保鄉里計。會十二月郡城失守，土賊焚掠無虛日，大吏諭辦團剿賊，於是三兄激於義憤，擒匪數人斬之。匪黨怒，聚千人，圖報復。三兄亦集丁壯禦焉。

四年　甲寅　二十二歲

群匪連接城賊，日來攻擊，三兄與相持五月餘，卒以眾寡不敵敗。於是六十墩故宅皆燬。先世蓄積一旦灰燼。幸六弟先期侍太夫人避他所，而闔門百口棲止公祠，貸食親族，流離顛沛，亦云極矣。時官軍圍城，日與賊戰，吾鄉爲桐、舒援賊往來孔道，又距城遠，爲官軍號令所不及。人心摇惑，附賊者日益眾。僞鄉官有爲賊來説者，峻拒之。益集壯丁數百人在周興店築圩禦賊。初慮費絀，適上派河人募義佽助，眾志乃堅。而僞鄉官銜予梗議，導賊來擾，予與三四兄協力防守，殺賊頗多。賊益怒，十月間，遂率賊萬眾來攻，日日鏖戰無稍息。是年，長子家駒生。

五年　乙卯　二十三歲

二月初四日，賊眾破圩入，時予與六弟先奉太夫人居他所。三兄督練守禦。力不支，猶手刃數賊，乃被害。四嫂李夫人亦罵賊死。四兄力戰突圍出，親屬練丁死者數十人。蓋予家至是再遭殘破矣。薦罹禍患，昆季頗欲散練歸農，予察人心猶可用，而鄉父老亦僉謂，賊尚據上派河，若遽解散，孔受害滋劇。因請於皖撫福元修中丞濟，重辦團練。賊聞憤甚，七月十二日以數千人壓宗祠而陣，聲言盡滅周族。會築牆未完，又鑒於二月之敗，眾懼，退半里許，伏小河灣下。賊火予屋，予謂族人曰，賊恨周氏深矣，祖祠恐不保。今賊眾雖號數千，然散兵搜掠，留此者不過二三百人。請收合餘燼，爲背城借一之計。眾然之，各持械乘煙焰突入，敗賊二里許。至張家灣，賊復糾掠糧之眾來攻，勢方危急，適四兄六弟各以數十人來援，而賊殊死鬭，予兄弟退至旱塘，適煦亭二兄率吳建昌等百餘人從老油坊村攻而入，賊腹背受敵，始相率遁。因逐之，賊屢北，至吳團山，一賊酋極偉岸，忽反戈鬭。時賊已近前，火器不及發，予乃以鳥槍付從者，持匕首飛身向賊猛撲，賊遽顛，予擬刓其心歸奠三兄，甫下刃，而援賊已近，乃以足踏賊肩，手挽賊髮，割其首而回。援賊亦終不敢近，於是復在羅壩築圩。族長方策公，助以山中竹木，起鄉民二千人，晝夜運轉，築牆掘濠，不三日而工竣。七月，上派河賊及僞翼王石達開，率眾援廬，分布蜀山下暨金家店，三面來攻，勢極猛惡。時吾圩與官軍路隔絶，苦戰兼旬，殺賊三百餘，賊始遁回上派河。又乞石達開增悍賊數萬來圍攻，八月朔，予督練逆戰，至周興店張二房村，予練小挫，賊亦尋退。有馬千禄者，郡西南五十鋪人也，受僞監軍職，糾賊數百，踞上派河，斂民錢穀，衆憤之而莫能制。十六日，馬至朱家岡，會予出偵，與相值。率練與鬬，馬賊避入民舍，乃火其屋，冒煙焰親縛之複壁中。甫至圩，已有爲之居間願以萬金贖者。予不允，與諸兄謀，獻之中丞大營。賊爲氣奪，九月，復率練攻上派河賊壘，平之。十月，官軍復廬州，賊蹤漸遠，予亦遣丁壯各還安業。時鄉里有忌予者，構於當道，賴伯兄出爲剖別，事尋解。

六年　丙辰　二十四歲

歲大旱。四兄應滁全音統領募督練剿賊，復和州、來安。予與諸兄弟亦出外謀食。四月，四兄以在軍受暍病歸，車行烈日中三百里，暈絶復甦者再，十月始愈。會李采臣觀察元華，招剿潛太賊，時歲飢，斗米錢數千。四兄稍摒擋家計，遽慨然力疾往，予恐其憊，偕之軍。未幾，潛太皆復，而是時鄭軍門魁士，亦督師攻桐城，援賊麕集，斷其餉道，軍飢困瓦解，賊圍愈固，安廬之路遂絶。

七年　丁巳　二十五歲

正月二十三夜，予銜賊巢出。攀山逾谷忍飢行，繞湖北境八百里，始達吾郡。

甫卸裝，賊已擾六安、舒城、派河等處。所至焚掠，村居老稚每日率以五更出避賊，入夜始返。予兄弟恐其爲賊乘，無遠近皆率練護之，如是月餘。保全者，以數千計。賊退，李采臣觀察又商予兄弟圖六安屬，糧藥俱乏，軍食麥粥幾三月。勖以大義，眾皆誓死不退。是秋，賊糾合捻匪，撲郡城，馬太守新貽，商請帶練助剿，予維桑梓之誼，不容坐視，兵食不足，則自籌接濟。十月，由華子岡進逼舒城，時賊愈眾，餉亦愈不給，乃不得已退。爲自保計。

八年　戊午　二十六歲

七月望，僞英王陳玉成，率十數萬眾，再陷郡城，屠戮尤慘。賊騎四出，所至糜爛。尋設僞官，脅民納糧，無敢抗者，予獨力拒之。賊怒，十一月，率大股賊來攻。焚我燒麥岡房屋及油坊住宅。

九年　己未　二十七歲

春，移居方夏村今之壽萱莊，甫謀築圩，會李方伯孟群軍，覆於長城鎮。賊眾乘勝來攻，時圩牆未成，無險可守，因盡護男婦萬餘人，避登紫蓬山，山巔廟已前燬，萬眾露處，賊踵至，勢危甚。而董岡賊趙廣勳，又率眾來，迤山南北緣，附如螘。眾愈恐，予謂，坐以待斃，不如且一戰幸獲全。乃奮臂大呼，得敢死士可數百，皆願從予。度賊覆長城軍而遠來，其力必憊，且已近山半，先擊走之，則趙賊可不戰而退。計既定，衆呼噪乘賊，賊登陟方疲，見我衆自上壓下，知不敵，乃返身狂竄。斬馘及墜崖死者無算。趙逆亦遁去。轉危爲安，衆謂神助。二月中，賊復困胡有民圩，礮彈雨集，當者立斃。衆猶堅守，賊益決外濠水，直灌牆下，會迫暮，火光燭天，賊衆如牆而進，守陴者皆哭，危在呼吸間。予聞警，選壯士三百，夜半襲賊後，刀矛咸舉，值者輒殪。賊不意我衆猝至，且昏黑不辨多少，互相驚駭，踐踏狼藉，餘衆悉鳥獸散。重圍立解，難民獲全者萬餘人。時，僞儀天福、趙廣勳，仍據董岡，三月，予往擊之，毀其壘，賊棄馬匹器械走三河，我師大獲旗幟、耳級，載之六車。賊又合廬郡五屬黨與數萬至，先攻唐岡四兄宅，兄慮不敵，乃乘夜潛以眷屬出，而虛植旗鼓於垣內，天明，賊諗知無人，火其屋，旋追至方夏村。逼近予宅，予與四兄計，令郭傳發率練誘敵，四兄亦領數十騎，各持大旗往來道上，以爲疑兵。予以百餘人伏村左大堰下。煦亭二兄亦以百數十人伏袁家莊，約俟賊近出擊。俄傳發誘賊至堰埂，予與二兄各執短兵突起，入賊隊合戰，一時許，賊不支，乃大潰。追至離圩十五里之潘家灣，伏屍轔藉。此四月十四日事也。次日，賊由紅石山竄楊家店，築壘爲固守計。予計賊營果立，則擾我無已時。當乘其初至，迫逐之。率勇士四百，銜枚進擊，其附近小莊諸賊，次第擒斬略盡，練丁受傷者亦數十人。時天漸明，我師單弱形勢畢見，進既不可，退又恐爲賊乘。乃故作攻營之勢，而先護傷勇回圩。全軍亦以次徐退。賊竟不敢守壘，復退至董岡。於是，父老見予兄弟擊賊衛民，可恃無恐，始各築堡禦寇。百里内互相聯絡，以爲聲援。僞英王深患之。九月中，賊衆分股擾刮汗岡，予督練猛戰，相持半日，賊隊猶整。適練丁二十餘人受圍急，予令排槍疊擊之，陣小動。楊安典、周盛化，即乘勢突入，拔被圍練丁出，因痛擊之，賊始敗去。是役也，被創練丁以十數計，而賊竟未遺一尸。予惑不能解，後檢所購鐵子，則半皆空心，乃悟賊所以不死之故。自是，予益留心軍械焉。十月，僞英王糾大股賊竄至高劉集，僞示有盡燬民圩之語。俄攻破高、王兩圩，予懼輔車失倚，率百人往偵之，至棗林岡，遇賊之出掠者，見予驚走，予追至分路口，猝與賊數千遇。予卻之六十墩之井塘，又有賊數百，自西南掠糧來歸，路亦梗，衆大恐，予激以義憤，回戈反戰，分路口之賊先敗，餘亦盡靡。既抵圩，度賊未逞於我，行且復至，亟葺治爲堵禦計。部署甫定，賊果以萬人來攻。予隨宜禦之凡三日夜，賊不能越濠一步，圍乃解。方賊之退也，以老弱殿，衆謂可擊，予曰，剿之良是，但恐爲餌我之謀。空壁逐利，徒取敗耳。儆備而出，追至東岡距圩二里許，果有賊數千伏方河灣，反攻圩，圩以有備不敗，賊計竭，旋竄潛太去。

十年　庚申　二十八歲

二月，僞英王陳玉成自太湖縣小池驛，爲楚軍敗回。踞郡城外之西偏三十餘里，賊巢皆滿，高原下隰，遍支行帳。民相率就予圩避。予督練至刮汗岡保護之。遥見相距三里之陡岡，獨樹大黑旗。向晚，鄰村諸賊多策馬向旗立。予度居此者必賊酋。其紛赴者則聽令之群賊也。因謂練衆曰，爾輩誠願殺賊乎？衆曰願甚，顧安所爲計？予曰，賊雖多，強半皆裹脅，但殪其首，余衆何能爲。衆欣諾。皆就岡飽飯。會入夜雷雨交作。衆皆氣沮，予曰，我輩殺賊衛民，天豈不能鑒其誠而轉以風雨相困？必無慮。俄雨止，乃皆銜枚疾走，至陡岡，聞柝聲隱隱，令楊安典、袁洪恩等，分帶數十人，由前門掩入。賊恃風雨輕我軍不能至，支更賊或坐或臥，鼾聲如雷。室内燈火熒然，群賊偃息縱横遍地，竟無覺者。安典等刃捌數人，應手皆斃。群賊驚起，向屋後狂竄，值予越牆入，當者輒斃。紛呶叫噪，賊間有逸出者，皆斷肢折臂，血肉模糊，驚爲神兵天降。其實，予衆不滿百人也。是夜，賊退十餘里。我軍得帳房旗幟牲畜無算。臨圩之附賊者，每乘夜至燒脈岡刦掠，至是氣懾，盡歸其所虜。

六月，苗沛霖分黨，刈六安馬灣稻，大肆淫掠。予偕各練擊敗之。又回殲上派河仰家灣以上諸賊卡，鄉里少靖。而郡賊復聯捻首孫葵心馬步賊數萬，分部小蜀山下，既三日，予率百餘人登東嶽廟高處覘之，見山南孫染坊村屋上植紅旗二，運穀往者獨絡繹，知捻首必據此。思出奇破之。先是，賊所屯處，必於附近村落燒望火以疑我軍，而其營必無火。予諗知其情，夜倩土人丁姓爲前導，二更時，見鄰村火熾，因分數十人故向有火處攻撲，引賊出巢，予乘暗率練直搗染坊村。復鼓勇連破三大莊，獲賊輜重甚夥。蓋賊自破清江、光州，以至於皖，久未受此創矣。此十月初二日事。自後，賊巡徼益嚴，予歎無攻剿策，因度吾鄉地形崎嶇，林木叢雜，極不利騎戰，矧賊無紀律，以此制之，必獲全捷。會初八日，有賊騎數百，至距圩數里外之劉千總莊掠糧，予即率眾往。先伏暗處覘之，見賊馬泛泛如鶩，及近莊屋，見賊或挈囊而入，或負囊而出，或聚地叢坐，甚或偃仰休息，予知其無備，叫噪突前，人聲鼎沸，群賊驚逸，有繫韁於腰而遭蹴踏者，有繫韁於腕而被牽僕者。屋中之賊，亦猝不及避，倉皇奔走被殲者大半，餘者狂竄僅免。因悟，師貴有備，馬隊尤當察地利也。賊既敗，回小蜀山，餘黨始至城西橋岳大村，諸處焚掠。予督練八百至魏張大村擊退之。乘夜築壘二，令楊安典、陳文達、岳守高守之。民賴少息。十一月二十三夜，予督練數十人，襲孫先旺村賊營，斬首數級，獲馬十餘騎。歸甫就寢，倏難民紛至，蓋賊已猝抵汪、高諸村，肆焚掠，距圩僅里許，時予馬猶未解鞍。遽起飛馳出赴援，乘煙焰揮衆入，賊遽驚潰。相持於莊外水田，予挺矛猛刺，踏冰而僕。衆賊蝟集，欲生致予。予棄矛，出腰間匕首，騰身起，遽刺殺數賊。練丁亦至，賊復敗走。時賊熟聞予名，是月杪，有悍賊遇予於黃家塘，約隻身鬭，且誓不以火器弋取，予諾之，乃各舍馬而步，俱以標槍進。初格鬭時，賊甚猛鷙，予旋撥旋退，以覷其隙，退約數十步，賊氣稍餒，擊刺之法亦漸亂，予忽猱進，連刺十三槍，皆中賊左臂，賊力竭倒地，練丁汪兆發就取其首級焉。自是，賊益忌團。十二月，糾周油坊、吕灣、張灣、吴大村之衆，約合戰於紅土地廟之旁，且約以力角，無用奇。予佯許之，伏百餘人於許小村。又恐賊隊麕至，覘見伏。請四兄督周盛忠、楊長有、栗萬和，四百余人由大道逆戰。時賊向各村調來者二三千人，纔及辰，兩軍相遇，兵刃相接，予率伏從旁徑突出，賊衆披靡。追奔二三里，而賊大隊已集。予度衆寡不敵，與四兄分路繞還，以牽賊勢，四兄退及坎岡左側，預伏鳥槍十餘枝，賊近槍發，斃捻首陳老保之弟，捻中所稱二堂主者，又獲所乘大青馬，俊物也。以示販者，謂值千金。後四兄剿平髮捻，是馬之力居多，四江口之戰，傷其一目，戊辰，兄假旋，馬始老死，因於東岡爲甎壙葬之。

十一年 辛酉 二十九歲

是夏，匪圩結城。賊僞孚王陳德才、嘯天福、陳志廣，軍政司高玉成，擁賊萬餘，至上派河。甫築數壘，予急督練至劉石橋涼亭等處，分屯兩營，以撓其勢。五月初三日，將督隊往攻，度圩賊必響應，乃先分軍禦援賊，既某某兩圩果率眾來，與賊會，陒於防，不得進。予料賊圩未逞，志必乘夜趨營而協以謀我。因伏百人於隘以伺之，漏再下，匪果由詹油坊領其眾潛赴。賊寨伏發，擊斃甚眾。賊恨甚，復糾郡內餘賊，增築二十餘壘，晝夜圍攻。千總郭傳發戰死，糧藥俱盡而圍不解。度不可支，因撤前兩圩退，屬時薦饑，人無固志，恐流離者爲賊誘，乃貸他處粟，擇難民之不能存活者，賑救之。又間以囊裝鉛錫，雜真銀其中，故於眾前持示人。諭有能刺殺賊酋或襲得匪圩者，當舉以相畀。賊聞之，謂圩中固未困。且不敢納我遊蕩奸民。適楚軍東下安慶，圍日急，賊遂遁歸郡城。七月，苗逆攻壽州，餘黨分掠六安，予派隊守西陽集，而自與四兄援壽。戰方酣，聞賊自麻城犯六安，復星馳回援，賊尋退。八月朔，官軍復安慶，進取桐、舒。僞輔王楊輔清、幹王洪仁玕、侍王李侍賢，合眾自雷麻店南竄，將赴援。予意賊援果達必撓桐、舒全局，乃先伏練丁於河灣，而令周家春、陳恒有等，以步卒三百雜數騎，爲敗軍狀，遠道往來，若偵賊蹤跡者。予效其酋狀，以黄巾帕首，單騎入賊隊。賊方就數大村午飯，予忽呼：「官兵至！」賊信之，競前赴鬭，其遅疑觀望者，予故以刀擬之。於是，賊盡出，至河灣，練伏齊起，擒斬甚衆。賊終不得赴救。多帥遂連復桐、舒。時僞英王以諸圩與官軍相犄角，視爲腹心患。十一月，又遣大股賊來攻。予力戰兼旬，連獲大捷。而賊終無退志。一日，僞左小隊馬逆，糾衆數千來毀燒脈岡村落，值予於井岡，有賊目，乘竄皮青馬者，恃勇力願與予一决强弱，約勝彼彼即率衆去，不復來。予念兵事既久長，淮南北稱雄者多，若非示之以勇，必不足以懾衆志，即單騎與戰於陳塘，數決盪，賊不能敵，乃收其衆去。十二月，予就刮汗岡伏練三百，藉壞牆以自蔽，而遣周盛培策馬誘賊。球天儀者，僞英王叔也。以爲官軍偵馳騎，追之入伏。伏發，獲僞將軍陳姓及僞燕豫各官馬十餘騎，送多將軍隆阿大營，將軍極嘉許，給以火藥鉛彈。旋見招，予婉謝之。十二月，賊退，由壽州竄河南，各圩解嚴。予自維以團練禦賊，起癸迄辛將十載，爲戰者二百九十有六，殺賊以數萬計。而未請一餉，未受一職，徒以義憤所激，與衆并命，上報國家下全鄉里。設少有自利之心，是以萬人之性命，搏一己之功名，不惟衆口沸騰，抑亦寸心負疚矣。故五年，以擒僞監軍馬千禄功，福中丞濟，給予六品頂戴；九年，以破走僞英王功，翁中丞同書，保授把總；今年七月，以援六安功，袁大臣甲三，保晋千總，予皆力辭不受。不獲已，則以保札委公所。而予集合諸團，仍以恩信相結。每論時事，則亹亹勸以忠義。用能并一心力上下聯貫撐拄全局，轉危爲安，又，予與賊戰，除擒獲賊目申報外，餘雖蹈險出奇，以少擊衆，皆恥自表暴。故戰事見於公牘者，十不一二，見諸奏報者百不一二也。今賊氛漸遠，汔可小休，而天下未平，時思自效，值今爵相少荃李公鴻章，募淮軍於安慶，招予兄弟往，予兄弟之許國，爰自此始矣。

同治元年　壬戌　三十歲

四月，爵相署蘇撫，統兵赴滬，予與四兄并奉檄充撫標親兵營哨官。時上海孤城四面皆賊兵衆，航海至，聞者橋舌，賊亦輕之。既連戰皆捷，賊始懼。會四五月間，南匯、川沙相繼復，軍用益饒。乃大募兵。七月，予壁唐橋，進薄青浦縣城，一戰而下。八月，僞慕王譚紹光，糾常熟賊攻北新涇，分擾徐家匯，七寶衆十餘萬，距上海裁十數里。勢頗岌岌，予奉調回援，與諸軍夾擊之，群賊敗遁，九月，移軍虹橋攻嘉定，下之。調壁江橋，十二、三日，賊圍官軍於四江口，予隨隊赴援，奮力鏖戰，右肋中槍彈，幾落馬。治半月始痊。是月，以復青浦功，擢守備，賞戴藍翎。十月，帶江蘇撫標前營，四兄亦統帶盛字各營。予時奉札回籍招募。是歲，次子家澤生。

二年　癸亥　三十一歲

正月成軍赴滬，二月，擢遊擊，留兩江補用。以復嘉定及北新涇、四江口解圍功也。旋調壁外岡鎮，進圖太倉。三月，賊首蔡元灉，以僞降誘我軍，初九日，我軍至太倉，伏發，師小挫。予先有備，嚴兵殿後，護統帥歸，連日蒐乘補卒，十五日，復進逼城下，士氣百倍，一鼓遂克。未幾，調屯雙鳳鎮，時官軍攻昆山，援賊四五萬眾，由雙鳳窺嘉定，冀官軍回援，則昆山之圍自解。四月，初八初九日，屢撲營濠，予親冒矢石，力戰三晝夜，群賊敗走，官軍得并力攻城，昆山遂拔。五月，由直塘進壁大河鎮，二十二、三日，毀萬水橋，至北漍，破賊壘百餘座，追奔六七十里，境內肅清。七月初四日，進攻江陰，十二日，毀東門外三石壘，生擒賊首十餘名。十六日，援賊蠭擁至，予連戰十三晝夜，目不交睫，二十九日，擊退援賊，盡毀其城外營卡。八月初一日夜，攻克江陰縣城。先是，克復太倉，已擢參將，加副將銜，至是，敘功蒙恩，賞給勳勇巴圖魯名號。養兵數日，調壁芙蓉山，進攻無錫。九月初二日，僞侍王來援，與戰於東亭鎮，奪其土卡。進壁興隆、鴨城等橋，十月初，追賊至西倉，平其壘二十餘座。遂由塘墩鎮進壁北門，晝夜攻城，十一月初二日，攻破城外長城石卡。乘勝復縣城，獲僞朝王黃子瀠父子，敘功擢總兵。時四兄亦積功至提鎮矣。從軍未逾兩年，兄弟皆不次超擢，受恩至重，益自奮勉。是月進攻常州府，壁大南門外。

三年　甲子　三十二歲

常州守賊僞護王陳坤書，負嵎久不下，予念非逼城而軍，不足制賊死命。二月朔，進逼小南門外，賊出城死拒。礮石雨下，彈傷予右腕，予猶負痛裹創指揮諸將士，壘卒以成。初六日，賊分股潛出，犯揚庫，擾我後路，覬分軍勢，以待外援。予抽隊回剿，殲其眾。時賊尚有四壘，與我夾橋而軍，予維壘不盡除，則城終不可克。十八日，督隊往毀其石營及營外濠牆，殺賊千餘級。餘賊遁入南門，方調軍駐守，忽城中賊復率眾來爭營，予登橋指揮，詎橋先煅燬於賊，忽中斷，萬石飛墜，聲如巨霆，予墮水中，又爲甎甓擊傷，偏體血污，將校扶掖至營，昏暈者竟日。爵相遣醫療治，數使慰問，半月傷痊，感禮遇之隆，圖報尤切，四月初六日，各軍四面環攻，爵相親援枹督戰，午後萬號齊發，礮火震天，而賊猶登陴死拒。槍丸火箭，星馳電激，予奮不顧身，帶隊自小南門先登城，遂克。捷聞，敘功以原官交軍機處，遇缺先行題奏，并加提督銜。得旨俞允。六月，改撫標親兵各營爲傳字營，以予統其眾。旋調駐溧陽。七月，蘇浙竄出之賊麕集廣德。奉令會銘盛諸軍兜剿。二十六日，由金牛嶺流桐橋，節節進攻，二十七日，合諸軍一戰復廣德。賊勢既蹙，乃蔓衍於梅溪、吉安、孝豐、徽州之間，予乘勝窮追，自是月之晦至八月初四日，計往返千餘里。斬馘無算。江浙皖南，十餘年之寇，一旦肅清。士民歌舞。時捻匪由楚竄擾英霍，曾滌生相國受命督師，調予往援。十二月朔，移軍六安，扼要防堵。

四年　乙丑　三十三歲

四月，捻匪北竄，十一日，奉調赴徐、宿迎剿，行抵宿遷，又派往濟寧助戰。方整隊行，賊復東竄。五月十八日，吳仲宣漕帥棠，請我軍駐桃源縣，屏蔽清淮。閏五月初，又奉曾帥調赴徐。行抵邳境，是時，僧親王既戰没，北軍新失主帥，莫敢攖賊鋒。捻益縱横肆擾。張總愚、任柱、賴文光，牛落紅等，全股據宿、蒙、亳三州爲老巢。英西林方伯翰，軍在雉河被圍急，皖撫喬鶴儕中丞松年，函請往援。是月望，發邳州境，沿途賊巢相錯，予且戰且進，二十四日，抵宿州。賊乘我遠來疲憊，是晚，潛師襲營，予先有備，督師奮擊，賊眾披靡，乘夜追殺數里。二十九日，由蒙城毀西陽集進逼，雉河兩岸皆賊營，而河北壘尤密。先是，皖帥徵兵諸路，豫、皖、楚各軍先後至者數萬。壁便利地，莫敢先動。予度賊眾雖盛，然恃勝氣驕，且戀巢穴無遠圖，可一戰破也。遂督隊先由河北進，任逆率馬隊悍賊，奄忽而至，馳驟如風雨。予嚴勒所部，以連環槍炮抵禦。賊數衝突，見我軍不可動，欲回顧巢穴，予乘勢揮兵直進，賊不能支。乃閧然大潰。奪其營數十，而河南之賊猶死拒不動。六月初二日，予令小隊以遊騎誘賊，而親率大軍掩其後，賊前後不相顧，於是，亦棄營而遁。掃蕩數十里，雉河重圍立解，諸軍相顧駭愕。捷聞，晋提督。七月二十五日，調赴亳州，未幾赴豫。十月，賊圍甯陵，予由歸德進兵擊之，解其圍。

五年　丙寅　三十四歲

三月，賊竄山東曹縣，擾及河南考城，予督所部追剿。二十二日，擊賊於鉅野西北，勝之。追至城武縣西，斃賊二百餘，遂克菏澤縣之遊莊寨，殲其守賊。尋攻毀方埠賊巢。斬馘數百。賊一再受創，兇焰始少戢。時四兄督軍會剿，并著戰績，曾帥入告，四月在亳州防次，欽奉四月十一日上諭：「涼州鎮總兵周盛波、提督周盛傳，竭力苦戰，奮勇可嘉，著發去白玉翎管各一枝，白玉搬指各一涸，火刀鐮各一把，大荷包各一對，小荷包各二涸，賞給袛領，以示優异，欽此。」疆場微勞，上蒙眷遇，賜賚優渥，感激無涯。未幾，奉調往來遊擊，徐、宿、潁、壽之賊。五月十七日，擊牛落紅大股於亳州白龍王廟，大破之。斃賊無數，俘獲亦多，牛逆受傷，未幾死。七月杪，追賊於扶溝、鄢陵、許州，屢有擒斬。月杪回防周家口，就沙河築堤守之。是秋，曾帥回江督任，李爵相復督師。十月，奉調督隊遊擊，二十六日，賊圍柘城，擊敗之，賊遁。十一月初十日，追賊至羅山縣境，大破其眾。羅山獲全時，賊雖受創，尋復勾結蔓延楚、豫間，他軍當之輒敗。

六年　丁卯　三十五歲

春，予督所部在德安、安陸、黄州諸郡往來遊擊，謹刁斗，遠斥堠，每遇賊，嚴陣以待，復時出奇兵鵰剿，故未嘗稍挫。賊亦嚴憚我軍。二月，奉調駐宿松，捍皖省門户。十五日，奉諭旨，補授廣西右江鎮總兵。四月，初四日，追賊抵信陽，偵知任柱、賴文光、牛落紅子李允，諸股分據臺子畈、譚家河、西山河、平靖關各隘次，晨與四兄分部進，鏖賊萬山中，槍礮雨發，山谷雷震，賊眾阻於險，不能出，我軍剿殺，無慮萬計，生獲賊目汪老魁、陳大狗、祝老福等十八人及髮逆千餘，難民拔出者皆慶更生。所獲旗械亦夥。五月，追賊入豫，直抵運河。六月，築汶上之開河隄，守之。七月，由開河進剿賴逆。八月，剿賊於濟南泰安、沂州諸郡，九月初，追賊至沭陽之高家鎮，以炸礮擊斃賊眾無算。是夜，營距賊僅四五里，親督所部潛師往襲，連奪賊巢三，獲賊十餘人，馬四十餘騎。次日追賊抵海州之阿湖鎮，遇大股賊衆，縱兵奮擊，斃賊千餘，我軍既連戰皆捷，賊始恇懼，其衆漸瓦解。二十日，壁韓莊暨得勝閘，防守河隄，予晝夜儆備，賊無一人一騎得渡者，僅延喘與於運河以東，日就窮蹙。十二月間，任、賴全股遂滅。

七年　戊辰　三十六歲

先是，撚首張總愚分股竄陜，是爲西捻。是年春，由陜境延安府屬之封門口，乘冰堅渡黄，擾山西境，出華清鎮，間道趨畿輔，爵相督兵赴援。正月，由東阿之魚山北渡河，予以師從。二月，逐賊於臨清、景德諸州。各省援師皆集，别軍戰饒陽、深、衡間，數不利。三月，賊趨滹沱而南，蔓延漳、衛之交，予率隊追剿。十四日，抵開州，時恭親王與神機營王大臣，奉命巡防，居中調度。十八日，檄以臨清新起之賊，擾及朝城鉅鹿，飭往剿辦。予以開州距臨清遠，往恐無及。請於爵相得不行。捻之初出陜也，騎尚少，暨入直境掠馬逾萬，遂剽突不可制，於是各軍議，就漳、衛築牆限之，未就而賊至，軍倉遽退，騎將程振邦，在滑縣戰殁，賊勢愈張。予請於爵相，率隊往剿，二十二日，追及於内黄之侯村寨，斬七級，斃賊無數，生擒賊目許善、王坤、杜秋等十餘人。次日追賊於清豐南樂之陶堡城，暨楊郭大村，會已薄暮，賊萬騎奄至，夾以步賊，長矛林立，予揮軍更番疊戰，人人殊死鬭，決盪數四，賊始大潰。陣斬馬賊數百，盡獲其騎，擒賊目徐老滑等數十人。四月，追賊抵德州，時以賊蹤流竄靡定，乃濬張秋運河，引黄入運。諸軍列戍河隄，千里相望，賊不得渡。亟在運東諸州縣奔突，烽火達於天津。予隨爵相駐德，每視賊鋒所向，往來剿擊，驅賊而南。閏四月，逐賊於陵縣土橋，連以炸礮摧擊，當者皆殪。俘獲尤多。五月，河水泛溢，張逆屢争渡，輒爲我軍所扼。予計賊騎尚衆，不大創之，賊且將潰圍出，適二十五六兩日，官軍追擊者皆失利，賊益以驕。二十七日，賊道武定，冒盛暑疾馳一百六七十里至吴橋、臨津間，猛撲運河防牆，予度賊已疲困，先伏炸礮於毛家莊，而使馬隊當賊。數衝盪，賊漸不支，又出步隊掩其後，逼賊使入伏。俄炸礮齊發，我軍氣百倍，賊奔潰不可止，自相騰藉，伏尸蔽野，窮追十餘里，賊之精鋭斬殺略盡。獲羸馬二千餘騎，降三百人以歸。予知賊已膽落，是夜三更，復擊之於楊丁莊暨孫世官莊、方家莊，乘昏黑叫噪入，酣戰逾時，銃斃張總愚從子之彪，驚竄之賊，半膏鋒刃。生擒逆首李老懷及大小諸賊目，俘其家口數百。天明復督隊追剿，賊已疲極，不能戰，我軍一人或得數人數騎，計獲羸馬三數千，張逆收餘衆，數日不復成軍，降者踵至，僅餘數百騎。六月二十八日，諸軍合圍賊於茌平之南鎮，遂將全股殲滅。總愚投河死。十餘年悍賊，流毒數省，一旦蕩平，誠可慶幸。捷聞，七月初十日，奉上諭：「周盛傳著賞穿黄馬褂，欽此。」一時中原底定，奉文裁撤營勇，爵相慮遣散非易，八月杪，飭予督隊回徐駐防，以資彈壓，且謀裁并。九月中旬抵徐，至歲終，計散遊勇六七千，皆按程遠近給資回籍，并飭馬隊護出境外，商民賴以安焉。

八年　己巳　三十七歲

正月，爵相赴任兩湖，檄予兄弟隨赴鄂。道經里門，兄弟并乞假歸省。時太夫人七旬有六，拜見之餘，悲喜交集。蓋予自壬戌至今，八年在外，轉戰六省，違色笑久矣。春暉之戀，便依依不欲復出，又念兄弟并受國恩，今中原甫平，邊圉猶未靖謐，身非衰老，何敢息肩。因請於太夫人，命四兄督隊往，予暫留侍奉，定省多暇，間過戰地，輒爲慨然。念予初創團練，期保鄉里耳，繼以勢不可已，又徇知己之召，出入行間，凡平土豪，剗髮逆，盪捻匪，大小四百餘戰，其間，或彼衆我寡，或糧盡援絶，或事多掣肘，或勢成孤注，險阻備嘗，而幸獲不敗者，則以予兢兢秉先訓，待人不敢不誠，臨事不敢不慎，不敢薄人厚己，不敢因私廢公，出危而安，或職是故。而予兄弟已忝膺閫寄，先人祠宇顧仍荒廢，心滋疚焉。爰捐資倡修公祠，又因餘力，爲紫蓬山增拓禪院，存古蹟也。且兵凶戰危，予以戰功起家，良非得已，不可爲子孫訓，爰作書屋三所，俾我子孫抑方剛之氣，讀有用之書，承先啟後，或於是乎在。又作住宅數十楹，爲奉親教子之地。經營稍勞，意境頗適。乃八月奉爵相書，以假滿敦促赴軍。不得已，拜別太夫人，束裝就道，越月抵鄂，先渡江遍覽武漢形勝，九月回營任事，四兄馳歸侍養。予乃嚴訓部伍備徵調。十二月，以貴州逆苗負嵎日久，川楚各軍不能制，朝命爵相督師往剿焉。

九年　庚午　三十八歲

元旦會議南征，以黔中山險，不利騎兵，乃變置馬隊，圖形勢，募鄉導。規進取計，甫就，忽聞隴軍潰，劉軍門松山中礮卒。回騎内犯，全陝戒嚴。廷旨改命爵相督辦陝西軍務，檄予增募馬步各軍，勳、仁四營并歸節制。三月初，新軍未集而西警沓至，爵相乃改派湖北提督郭松林率新舊武毅等營，取道襄樊，進剿紫關，而命予率所部，由豫會并新募馬隊，道鞏洛以趨潼關。十九日，由鄂啟行，三十日至河南之周家口，時秦中麥熟，懼賊竄擾，請兵之使，相屬於道。爵相連檄催往，予不及俟馬隊成軍，克日西發，五月初抵潼關。先是，金積堡官軍既退，回騎出入陝境，南侵乾、鳳，北擾同、朝，山中土匪潰勇應之，烽火達於渭南，自我軍入關，回逆懾先聲，不敢東竄，隴軍運道以通，陝民得及時刈麥。人心大定。五月十二日，軍由三河口渡渭，次同州。偵知北山匪股倚險負嵎，蹂躪及數百里，陝楚各軍屢戰不利，莫敢深入。

潰勇首逆爲馬意龍、戴得勝，土匪首逆爲趙玉、陳大帥，眾皆數千，梟猛健鬬。鄜、延、綏、榆之間，饟道猶梗，爵相患之，檄予先剪此二股，徐議進屯陝邊。予念同州距匪遠，非扼要地不足以制賊，自挾百餘騎往偵視，一日夜馳抵韓城，詢知韓城久苦賊，乃調隊往屯。而令仁軍左軍分駐郃陽、澄城，時相節已入關，予親詣幕下陳機宜，以爲議者皆言，北山艱於糧運，缺水草，不宜速進。陝中官吏又多欲遷延，覬成撫局。不知不能力剿則撫必無成，不清腹地則邊境難固。且宜川、洛川諸村堡，受害尤深，望兵甚切，更無觀望之理。因力請以時進取。爵相可予言，六月初二日，馳返韓原。途中撲得哥老會匪數名，供出教黨蕭老冒等，搜斬以數十計。初四初五兩日，催集河東軍糧，連發哨探，賊仍出没宜洛山中，馬蹶掌、老澗坡諸地。遂調仁軍及左右兩軍，分道而進，自率小隊及親兵兩營，副後兩營，於初九日五鼓入山探剿。道經柏谷鎮，柳溝城巘底。十一日進至宜川，偵知土匪一股據孔巖寨，去城不及百里。時天已薄暮，因挑選先鋒八百，踰山而進，比至寨，匪望見我軍，不戰而遽遁。我軍已一晝夜未食，乃令傳餐。復恐峰巒回合，尾追不及，覓土人爲前導，由河兒溝小路抄出賊前。十三日申刻，遇賊於老澗鋪，逆眾方椎牛釃酒，聞官軍至，急起迎戰，勢甚悍。予揮親軍奮擊，而令兩正營張翼以待，鏖戰逾時，賊已漸不支，兩正營忽自左右騰入，賊益大潰，追殺四十餘里，連越九峰，峰皆峭壁，弁勇悉猱附而上，賊隕谷墜崖死者枕藉。擒斬四百餘名，牲畜器械遺棄遍山谷。予酌釋擒賊使歸，諭降以涣其黨，而率隊從南山回，俾軍士暫休息。十五日，右軍衛提督汝貴，夜襲土匪於十梅溝，敗之。時軍士入山裹十日糧，予恐日久不繼，乃擇韓、宜之交，得柳溝故城，調右軍使修復。屯糧於茲，使之駐守。又飭韓城侯令鳴珂，備贏運。會前軍周提督壽昌，馬隊統帶張提督景春，於十八日各率所部至，予隨飭前軍馳赴龍王辿，連營至宜川，接運河東吉州之糧。馬隊以次負糧助運，軍食日充，遂以後路轉輸。委吳提督殿元經理，而自率隊入山督剿焉。賊自十三日之敗，不能成隊，往往擇險狙伏。予知其已恇怯，飭諸軍分屯列戍，作遠勢困之。起韓城四十五里之薛峰鎮，至宜川東南之老集蟒頭山，并迤東秋林、瓦窰諸險，周迴三百餘里，多樹徽幟儆飭，刁斗防守之軍，星羅棋布，設置之後，乃分隊入山，窮其蹊徑。賊不辨官軍多寡，甫一奔突，便入羅網。勢益窮蹙。二十一日，仁軍唐提督仁廉，率隊即敗土匪全股於騾子梁，生擒匪首趙玉，斬殺頗多。二十六二十七日，左軍賈提督起勝，復連破股匪於甎廟鎮、白雲洞諸隘。同日，仁軍又有關家山之捷，獲賊目王馬成及其餘眾。前營營官姚鎮士禮，右營營官周鎮盛鼎，亦各出隊，搜擒賊目王三辮子、強老八等，百數十名，降者踵至。土匪一股，蒐薙殆盡。時賊伏深谷密箐中，多宵聚曉散，我軍冒暑弋獲，夜以繼日，或以降賊，或以土人前引，望火撲之，百不失一。賊始竄伏無所。予偵知宜川東南蟒頭諸山，逕路猶幽險，馬戴諸逆，度必伏其中。即日督隊往，而賊已聞風遠遁矣，乃屬右軍衛提督設計殲之。初二日，聞賊之另股三百餘，屬集蟒頭山東二十餘里之洛兒川各處，遂分軍爲三，先設伏於隘，而以一枝出，不意乘夜襲入，賊勉強迎戰，不勝遂墮伏中，斬戴得勝之弟戴三於陣，餘迫入崖澗。顛躓相繼，幾盡殲焉。自是，賊氣益餒，遇兵乞降。先是，我軍初入山，士卒每苦澹食，又日涉巉巖荊棘中，足破履穿，艱苦萬狀。予念薄賊於險，不可曠日持久，老我士氣，乃令，有獲馬、戴諸賊，賞各千金。又飭後路，收買鹽菜，分遺將校，以逮卒伍。由是，士心益奮。初四日，左軍賈提督乘賊勢渙散，以計擒戴得勝，降其衆百餘人。初八日右軍衛提督飭宋副將冠軍，密派心腹易民裝，躡賊首馬意龍後，行至半山，我軍伏發，盡執以歸。馬意龍者，賊中稱爲大帥，驍勇倍諸賊，至是被擒。遊勇一股亦俘斬無遺。又飭各營搜除萌蘖，旋據報，諸軍巡徼宜洛，延長數百里，不見一賊。計自出師至是，首尾甫一月，而賊平。方擬斂軍休息，經理善後。忽奉爵相飛檄，以津門事棘，中旨徵軍入衛。相節先發，飭即撥隊啟行，時患出意外，義不容須臾緩。即日傳飭諸將，整隊返韓原，又飭營務處吳提督先戮匪首，擒賊降衆，分別斬、釋。并招山中難民，令其復業。剋日整軍北上，韓原官民遮道請留，予溫詞慰藉，暫留右軍鎮撫，而飛咨陝撫，派兵接防。自十六至十八日，馬步各軍由夏陽廟分起渡河，至臨晋，爵相於途次馳陳北山捷狀，七月二十日，奉上諭：「陝西北山土匪潰勇，糾聚宜川、洛川一帶，股數衆多，經周盛傳等督隊進攻老澗鋪、十梅溝等處，疊獲勝戰，擒賊逆首多名，餘衆潰散，復經各營分路抄洗，地方漸就肅清，剿辦尚爲得手，所有出力之周盛傳等，均著交部從優議敘等因，欽此。」予維西征一役，深賴將士用命，速蕆巨功，而海上氛塵方廑宸扆，疆場之事，何敢瀆陳。因不復陳戰狀，且亟督諸軍星馳北發，至平陽，知款局可成，遵旨緩進。遂就襄陵、臨汾、洪洞、趙城諸邑暫屯操練。九月，海疆事靖，奉調移駐濟寧就糧運。二十日拔隊由茅津濟河，十月抵防。奉爵相行知，以敘剿平張總愚功，於本年四月初二日，奉上諭：「周盛傳賞著換拉理巴圖魯，欽此。」時爵相已改督直隸，兼管北口通商，駐節天津，以函見招，予遂輕騎赴津，遍勘大沽、北塘各海口，繪圖以進。十一月返濟甯。

十年　辛未　三十九歲

爵相奏以我軍屯衛畿輔，二月朔，次第飭諸軍北發，由東阿渡河，既望，抵滄州，相度營基於青縣、静海之交，地名馬廠，詢之土人，蓋明屯衛養馬區也。地勢高坦平曠，宜駐軍。遂調各營，夾河築壘，牆廣三丈餘，環以長垣，所用民地按丈給租，嚴禁侵擾，居人安之。五月，乞假省親，四兄赴營任事。既抵里，太夫人即命竟已巳未成之願。先是，三兄於同治四年，蒙爵相奏，建立專祠，而從弟盛武，從孫行發暨程鎮廣和，劉鎮啟福，亦先後奉恩命，顧以絀於經費，屢年未就，爰請於爵相，撥欠餉三萬九千餘兩，資版築。乃合予宗三人爲一祠，程劉兩鎮爲一祠，其規，隨死事員弁兵勇。又爲盛軍昭忠祠。俎豆既具，復念忠良苗裔，孤孀弱息不絶如縷，歲暮之錢米，荒年之饘粥，猶煩太夫人垂念贈送，亦終非長策，乃綜歷年節省薪費，并舊産所入，先購田一千餘畝於舒城之三溝驛，復於桃溪鎮建置倉房，次擇永濟鋪前，構敬節堂房屋四十餘楹，以處死事之婦及族鄰孀居不能自存者，又於其旁建立義塾，教本族子弟及節婦之子、死事之孤。另置育嬰堂，六十餘楹，藉挽鄉人溺女之習。其側亦立義塾，可容學徒六十人。專課鄰里子弟之貧不能學者。而本族不與焉。旁置别屋，爲牛痘局，以拯痘疟。四項共捐置田四千餘畝。又附大錢四萬千，於合肥西鄉永濟鋪及舒城，分設代典，月取息錢，以彌縫其不足。敬節支用四之一，義塾而下，共支其三。各爲之立規制凡七十餘則，呈明爵相，并牒皖撫，請行府縣，以垂永久。是歲，直隸大水，四兄先集僚屬捐糧七千石，復陳於爵相，得米二萬餘石，以賑其窮。於是獲濟者數萬人。

十一年　壬申　四十歲

春，四兄於營中種榆柳五萬餘株，又植荷數頃。非以適情，取養氣也。初漕運既罷行，河上歲修幾成故事，至是，四兄奉爵相飭修築，三月興工，四月竣事。歷滄、静、青、三州縣兩岸分地三百餘里，所用長短木樁將二千株。土以方計，不下四十餘萬。其他秫秸薪草蘆柴之屬皆稱是，而用款不過一萬三千餘兩。河干父老歎爲數十百年未有之工。十月，余假滿到營，四兄回籍侍養，是歲長子家駒入邑庠。

十二年　癸酉　四十一歲

二月，議海防，爵相以三策問，曰隄黄河，曰挑減河，曰建城垣。予維三者皆切要，而海防所急尤在堅城與礮臺營壘之制。爵相是余議。然經費實大絀，不可成。予請督所部弁勇助役，以省僱募，又捐歷年欠餉爲集工購料之資，議甫定。先度地於西沽，估需銀百八十餘萬，費用過鉅，不能施工。繼訪得明新城舊址，在大沽後三十里，明代守以總兵官，國朝雍正初年，猶鎮以水師都統。嗣爲直督方敏愨觀承奏裁，其城亦因之而廢。予率營務處吴提督殿元，輕騎往勘，土圩斷續，荒地沮洳，舊址已無可憑藉，而揆其形勢，則上蔽津郡旁控大沽、北塘，附近扼要之區，殆莫與比。於是先築内外二隄，外禦海潮，内截湖水，填土數尺，始免沉墊之患。舊制城垣，但用甎甓，規模雖峻，然質脆易毁，且門必有樓，累棟連楹，非不壯麗，而礟火所及摧如焚如，轉足以撓守局。至礟臺舊式大率寬至七丈而極，守兵無以存身，子藥并將露積。近今礟位，長且丈餘，尤形偪仄。予念城濱海澨，綢繆門户，屏翼神京，豈容拘守成法，因請於爵相，凡有興作俱參用外國制。三月遂興工。右軍衛提督汝貴，率所部正營及左右兩營官，總兵張兆海、宋冠軍，分築西門城垣。其城門則杜副將萬青督役。仁軍唐軍門仁廉，率所部正營接右軍繞角而北。其左營，初總兵發祥，即接築北門城垣。城門則由前軍周提督壽昌，正營督築。所部左右二營，營官提督張海龍、張九林分段續作，銜接而東。城門之工，督之者爲左軍賈提督起勝。左軍兩營，營官提督劉安泰、總兵鄭才盛，在左右分段興築。又令副將周盛佑，帶傳字正營督築南門城門。而以盛字正營副將周佳泰在左，右營總兵周家瑞在右，副營提督王正國又緊接正營興築。其由東角接左軍者，則總兵姚士禮也。由西角接右軍者，則總兵孫顯寅也。於是，環城授工籤分既定，拊循督勸，士皆奮興。顧需用石灰至夥，而東西山，皆在數百里外，轉運甚艱，經費甚鉅。餘訪知蛤蜊之甲，聚燒成灰，其功用與石堊等。乃集匠開窰，逐漸推廣，其用源源不竭，每斤甫值三錢，省費可數十萬。九月工息回防，令軍士學習打靶，初，髮捻之亂，我軍洋械之盛，即甲於一時，既而西人製造愈精，近所用後門槍礮，其迅利，百倍於前門。余陳於爵相，請購士乃得兵槍八千枝，二磅克鹿卜礮十二尊。已與洋商成説，會摇於浮議事，竟中沮。餘因自購士乃得槍二百枝，邊火呍啫士得馬槍百二十枝。冬初運到。爰萃營哨諸官，日日講求，凡外國口令，所謂蘇嚨乃得保非司，即華言槍左右扛，各轉三匝，槍不相觸也。發威馬齊，即華言快走，此用於一字斷鋒者。眾病其難者。皆練演使熟。其後，復綜核營中操法，陳於爵相，以爲程式語，具稟牘。是歲長孫行濬生。

十三年　甲戌　四十二歲

春初，在營肄洋槍，河冰漸融，將赴工所，余以其地距營百四五十里，水潦隔絕，勇夫頗病徒涉。去秋，繞滄州回，有觸寒殁者，心竊傷之。二月杪，乃興修大道，就海灘墊築，高出平地數尺，斜偃而上，略如隄埂，既利車騎，亦禦沖刷，共一百四十里，二十餘日而成。合土方六十餘萬。又慮中途無尖宿所，因量地設站，四十里大站一，十里小站一。大站置車二輛，馬勇十人。資傳送，被巡徼。小站則招徠民人貿易，熟食以備餱糧之乏。凡設大站四所，小站十一所，皆置屋數楹，風晨雨夕可以暫憩。既成之後，非惟勇夫賴之，商旅亦嘖嘖稱便。三月，赴新城接修前工，九月告成。溯自經始凡十閱月，所築內城，一周千餘丈，垣腳密排木樁，木樁之外，復以灰樁四層，重疊滿布。灰樁者，以木樁釘地作孔，深至數尺，復行拔去，以石灰貫滿其中也。上砌條石以蔽於外城，故兩層而上，皆甃以甎。計高一丈五尺，甎厚七尺五寸，每八尺遠，又聯以丁字齩牆垛，牆高五尺五寸，築以灰土，避攻擊也。作斜坡式，計厚二丈二尺，裏隍之高，凡二丈五寸。外包三合土，厚五尺。每八尺遠亦以灰土爲丁字齩牆。城腳共寬七丈。城上海漫走道，寬三丈三尺，合之垛牆，爲五丈五尺。每十丈許，築一隔堆，上置礮一。隔堆之下，一庫，一洞，庫儲子藥，洞藏礮兵。凡燃礮時，連環攻擊，既恐煙燄蔽障，瞭望易淆，又恐火藥太偪，易於失慎，故每礮必離十丈也。城之四嵎，各築大隔堆三。兩堆之間，置大礮一具，每嵎計大礮二。隔堆內面，庫房、券洞，并同上制。城上礮位都七十一。城下四隅又各爲大庫一，以儲城上大小礮位之子藥。上下皆築馬道，使便搬轉。城上門樓，不用舊式，就甎券之頂築基，方十餘丈，當中安設礮房，上削下侈，形如覆斛。其面以三合土厚填之，植八尺徑之木於兩隅，別以槿木貫榫，環附其上，銜接排比如輻輳。轂上施松板，板上又覆三合土數尺，圍以灰牆，厚逾一丈，房頂四周暨城垣外面，皆安大鐵環，備臨敵懸濕絮、輭簾，以禦礟火。房中可容二百許人，房外三方皆築三合土子牆，均用斜坡式，厚五丈，下留三洞，以其二，儲臨敵之子藥。其一藏兵可數十人。子牆頂角能架礟二具，門樓子牆之間，活輪大礟足轉四轍。每城門向內，皆有走礟大道二。大凡礟火之力，以直而猛，門闉洞達，敵軍施礟，易受其弊，因創爲轉環券洞，屈曲而入，形如半規，計十八丈。內設重門，一爲推槽，一爲闔扇。東西南北四門同式，築外城一周，一千一百二十八丈。高減內城八尺，以避內城之礟。築以灰土。中無寸甓，錘煉堅韌，足禦礟彈。城上四隅各安轉盤大礟一，小礟三；小礟之旁，券洞凡三，儲藥藏兵如城樓子牆之制。其下皆有馬道，城上斜坡式并走道，合寬五丈餘。隅隈之間，環以圓礟臺四，約二十丈。四門并置月城，月城之內，留其餘地，以爲礟洞，能藏活輪大礟二尊。內城之內，立圓礟臺三，每臺之址，週六十丈。縮蹬而上，頂週四十八丈二尺，上築三合土斜坡式隔堆三，皆厚七丈有奇。每頂置轉盤礟一，大田雞礟三，安設鐵環及次層礟房，其式略同內城，券頂次層房外，復置一門三孔，以備傳送守具。由此至巔，亦有馬道，兼以飛橋聯絡，呼應通靈。外則繚以圍垣，純用灰土，其厚徑丈，內用松板及槿木排柱，三隔堆下，又有三券橋，券橋首尾各置一洞，一儲子藥一駐礮兵。其外子牆，以三合土築成斜坡式，寬四丈餘。牆內礮門凡五，皆覆以松木，築以灰土，既厚且堅。礮門站牆，以松木巨植，及數寸鐵板聯合而成。站牆之旁，亦有券洞，可備儲藏。牆內臺外，又有夾道，可馳輪架之礮。再下一層，則爲螺旋走道，盤屈而上，迤及次層。以丈計深，爲數十五。中間車馳卒驟，綽然有餘。旁置小券洞二，一安行礮，一蓄子藥。最下一層，券洞、伏道，周廻六十餘丈，內外并甃以甎，中實三合土，其寬，容行車小礮十八尊，儲藥藏兵。亦置券洞六，自下至頂，共高五丈二尺，眺望之，遠及數十里。凡所容受，可至千人。又於城內濬河，周八百四十丈，深丈，寬四丈。外河通海，週一千八百七十一丈有奇，深一丈七尺，寬十二丈。此外，礮臺之濠，內城之東西水關，南門外之大橋，次第工作，至是皆竣。勇夫固傷瘏瘁，官弁亦歎拮据矣。初估之價，需銀七八十萬兩。城周僅八百餘丈，且擬置三門，他費猶不與。今城既恢於原議，而礮臺橋閘暨收買民地，犒賞勇夫，官署民房所增之工，奚啻三倍，乃費僅五十六萬，省於原估者幾及三分之一。蓋由爵相指授之詳，將校經營之力，非予所敢引以爲功也。城既成，爵相上其事於朝，得旨：「交軍機處另行存記，遇有提督缺出，先行簡放，在事文武，升賞有差。」先是，爵相囑予治津沽屯田，余因新城之役，督工往來津靜之交，見其地空曠百餘里，潮日兩至，開畦穿澮，便可擬南方水田，惜土人不知也。去年回防，既乘冰由運河起，節節較量其高下，又測步海河南岸，知其利確然可興。今春乃督率將士先濬葛沽下引河二十里，由楊輝莊繞南而東通於城，河寬五六丈，又於城東北西北兩隅量置水閘二座，一引甜水，一去鹹水，灌輸既易，因使勇夫試墾，約得萬畝。至秋，亦薄有所穫焉。是年，日本在臺灣搆釁，劉爵撫因前此購械未成，予又力言其利，於是允購諸洋械，冬，仍回馬廠操練。

光緒元年　乙亥　四十三歲

二月，留馬隊駐馬廠，余拔隊移屯天津之南窪。地名潦水套，即今新農鎮也。南扼祁口，東控大沽，與新城聲氣相接。非惟適屯墾之宜，尤足以張遠勢。初，爵相以辛癸之間津南數遭蕩析，謂澮災之計，莫若開減河，會估工者言，非五十萬不可，議以中輟。予軍既移屯，爵相乃囑，屯防之暇，兼爲減河計。余先開新農鎮至新城出海河計三十餘里，河底寬十丈，面二十餘丈。自營直北，又開引河二十餘里至鹹水沽與正減河寬深略同。引甜刷鹹，非惟屯墾之利，即人馬亦資汲食。猶患鹹甜合流，因安大石閘三座。其閘皆分內外兩門，或用闔扇，或用吊閘，水之出入，各自爲道。故味亦不相犯也。三閘，一在鹹水沽十里許，一在新農鎮頭，一在新城之南官港。計費二萬餘金，又於鹹水沽之西置木橋一，葛沽祁口南北之間，亦各爲木橋一，三橋之費，減於閘者三分之二。先是，營地本海濱沮洳，居人寥寥，負販絶迹，勇夫購物於數十里外，道途僕僕，稽查難周。爰就營前隙地，購材築屋以止商旅。既成，命之曰新農鎮。又以開屯勇夫五方萃處，於鎮外建盛軍屯田會館，凡八十餘楹，以爲集事之地。暨五月杪，爵相來勘工，嘉其節省，乃奏飭我軍，疏挑減河。兼辦屯墾焉。自新河既開，田間溝洫縱横，皆可行水，餘念荒蕪日闢，農具當益修治，爲購外洋火輪水車四架，又造風車、手車、腳車、騾馬車，共二千三百餘架。又委員赴山左濰縣，買牛八百餘頭，以資耕耨。若稻種、耰鋤之屬，則歲有增補，予非好爲其勞，特以承乏海疆整軍衛民，皆分内事，今爲小民興利，即爲兵勇肄勤，胼胝之勞，所不敢恤。且川澮瀠洄，蹊徑曲折，以限戎馬，尤可興城郭爲輔車，自是之後，屯田歲有增矣。是年又於新城設義學，修街衢，來商賈，海濱荒陬，遂屹然爲重鎮。冬，奉發格林四磅各炮暨士乃得呍啫士得槍萬枝，海灘平曠，器械精良，乃益爲蒐討計。

二年 丙子 四十四歲

接開減河下游，自新城至大沽入海，而於南坎別開支河，通入海河。共不下三十里。上游則自新農鎮開至小興莊，疏濬遠近同。於下游建石閘三，一在西沽，一在南坎，一在西小站。其新農鎮之西，亦建木橋一，又自智字站西開減河三十五里，以達於新農鎮。九月甫畢工，回防操練。而予以頻年督役，沖犯寒暑，簡閱各軍，又須親歷，遽患眩暈之證，兼以夜不得眠，乃請於爵相暫假調攝，病纔痊可，而歲已迫暮矣。是冬，滄州迤南與東省濱海各屬，年穀不登，流民相率赴營求賑，予急集文武僚屬及幕中賓佐，出資得萬金，因擇平曠之地，架木爲棚，覆束葦其上，又以泥塗附，以防火患。分路列號，界以圍牆，使男女异廠而居，人各兩餐，計口授之，日約米五合。夜爲司守，領粥探問，皆有定時，别其尤窘乏者，給以棉衣，所活者幾萬衆。先是，四兄駐馬廠，憫勇夫物故者，飄泊异鄉，不時歸葬，既爲購義地，予復增置二百畝，植松柏近千株。建祠數十楹，以垂永久。移軍新城，又另購地百畝，暨上年開屯議成，全赴新農鎮，距義地且數十里，或至百里外，不便盤往，乃即道旁築堤，綿亘數十里，内縮外衺，夾護以溝，其上遂成義地焉。

三年　丁丑　四十五歲

正初，訪聞近有哥匪混跡，當飭中軍查緝，盤獲何松桂一匪，正在研訊，乃該匪黨於初三日夜，潛赴營外，見各軍有備，不敢犯，遂乘間焚仁軍及左軍右營、中軍前營、前軍右營，營外積柴，又焚掠買賣街而遁。余度其必循海南走，檄馬隊兜擊，而自率親軍百數十人，由甜水井、大蘇莊，度娘娘河，沿途追剿，藉以安撫村舍。次日日晡，至小韓村，賊遂殲盡。蓋自起事至撲滅，曾不崇朝也。初，鹹水沽通天津大道僅造獨孔木橋，出水終不暢。二月，乃改建鐵柱三孔橋。以巨木爲樁，排列數百築成橋基，上覆三合土，再上甃以石條，然後置柱其上。橋高河廣，容納萬派，自是下流無阻。又西南約五里，增建五孔木橋一。夏，又開新城東南減河四十里，達西小站。寬五丈，深一丈。建閘一座，以出鹹水。又建三孔橋一，上用松槿木板，下以生鐵鑄成。橋腳形如圓箭，植木其中，非惟堅固，亦便將來修補。余又令減河出土皆布於河隄之外，以備海濤盪激。秋，自新城小西河上游傍減河南隄外，開支河，進甜水，凡四十里，達於西小站，寬四丈五尺，深九尺。其下建石閘一座。中近蚌蛤堤處，又建三孔橋一，制同前橋。此外，西通河南各營，皆隨地遠近建橋數座，而於西小站左側又建石灰閘一，寬一丈四尺，高一丈二尺。畢工之後，屬歲薦饑。將佐捐資助賑過於往昔，既設廠於會館，施粥已將萬人，又分賑各村落，如中塘窪、西南坨、中和臺、甜水井及大孫、小韓、楊郭、楊劉、王文、劉唐諸莊，殆以數十計。賑粥而外，費不下四五千金，所濟亦萬餘口。

四年　戊寅　四十六歲

二月，天漸融，津郡既撤賑廠。去冬就食難民，余亦謀資遣之。其隸籍河間、東光、獻縣、交河、青縣、滄州不一，其地近者，酌給資糧，遠者以車載送，皆委誠樸之員護歸。比送者返，則云災區未復，滿目蕭條，遣回難民不能存活，嘑哭之聲幾於遍野。余聞之，乃馳陳爵相，奏請續賑，而交河青縣之間其苦尤倍他屬，余軍屢經捐賑，力已不支，因謀之通永鎮唐沅圃軍門，大名鎮徐傳宗軍門，開花礮隊統領趙培齋總鎮，練軍統領黃麗川軍門，皆助以糧千石或數百石，余以諸軍之糧賑青縣，而獨賑交河災黎五萬餘口，會爵相奏准加賑，災區乃賴以甦，方賑之將設也，嗷嗷之衆已不及待，呼籲軍前，爰命右軍衛提督汝貴，急設粥廠於鹹水沽，左軍賈提督起勝，設廠於葛沽，馬隊呂副將本元，設廠於唐官屯，仿江南擔粥法，盌粥二文，以杜聞風冒濫而來者，其實開廠以後，就食之輩幾如溝中瘠，雖一錢亦不忍令出。四月，余度其可活，乃復送之回籍，資遣部署一如春初。既而遠方寅好，聞設賑廠，皆捐廉來助，唐俊侯、吳筱軒兩軍門皆千金，李漢春軍門六百金。會已撤廠停賑，爰囑吳清卿太史歸入直賑，以溥其惠。是歲河南災尤甚，袁小午少司寇，函募助賑，余復濟以千金。夏，中軍合右軍接開泥沽通海河二十里，由潘家溝以達於道字站，寬五丈，深一丈。又建石灰木閘三道，道各一孔。又分軍續開上年仁營所濬之河，自鹹水沽繞過潘家溝，計里亦二十。寬自五丈至三丈有差，深皆八尺。又建石閘灰閘各一，皆重門分內外，北通海河，西南通新開之橫減河，又繞鹹水沽減河東隄腳迤南，貫新農鎮街東西，置石券閘二，中間安灰土木橋一，皆顏之，曰匯新。中軍兩正營，又會右軍於河西開河二十里，東北通鹹水沽減河，西南通西小站減河，復建石閘灰閘各一，於鹹水沽減河之西岸。前軍左軍又繞大站開河十餘里至於新農鎮。九月，爵相議裁各軍，先是以餉源不濟，去年南北各軍已統減二成，今年春，唐軍們仁廉赴通永鎮任，又遣散仁軍一營，至是餉猶不給，於是各軍皆議裁汰。我軍全裁者，前軍正左右三營，左右兩軍皆裁其左營，計撤營凡五，余維軍貴精練，雖奉文指裁某營，而去弱留強，事資綜覈，乃集閱諸勇，惟汰老弱，以符裁額。軍數稍減而士氣益奮，其被裁之勇，由營給餉三關半，委員護送，以車載至黃河南岸，另派委員又給以節存之餉一關，俾旅人不困資斧，其從前曾著戰績者，又酌加饋贈，去者皆流涕被面，依依戀惜焉。

五年 己卯 四十七歲

二月，開泥沽迤西出鹹水溝，自潘家溝繞過仁營之西，蟠曲縈洄幾二十里，寬三丈，深七尺。又由泥沽分開支河，旋折二十里至於鹹水沽減河東大溝，深八尺，寬四丈，又改建鹹水沽、新農鎮中間石閘，增孔爲三，以暢水道。其制，閘下以七八寸徑丈餘長槿木數百株根，用火炙，排列密釘，上覆三合土，厚五尺，再上以大青石版爲海漫，金剛牆及兩碼頭，皆用大青石、豆渣石壘砌。其外，而以糯米汁調碎石子蛤蜊灰嵌使粘固。其內，又用青甎攙砌龍骨裏層，再以三合土鑲成之，厚至丈餘，以禦盪激。中孔一門以大松木斵成，內外凡二副，門上紐扣縫門帶四道，皆以外國四寸寬五分厚之鐵條爲之，每隔六寸便穿一孔，中紐以釘，螺旋穿貫，堅不可脫。其下門閾，全以生鐵鑄成，重四百餘斤，下鋪青石，户樞以鉄梨木，門之上壁，以大榆木固以螺螄釘，上安鐵管，與門扇相紐合。門貼地處，安小鐵輪二，闢闔之便如機應。括重雖千鈞，一夫可任啟閉。門之平面以大木爲檽，門間上下合縫，皆塞以橡皮，用木螺螄鉗之，熨貼周固，不洩纖滴，橡皮出自外洋，聞以樹汁熬成者，亦云有此種樹。閘之左右孔皆用弔閘，每一孔中別植二柱，區而爲三，推槽閘版俱用整木，取其無滲漏也。其上鋪木版，再上覆三合土，淋以米汁，與凡橋制同。惟中間欄杆用木，兩頭欄杆皆以鐵鑄，差爲异耳。同時又築新城西北角大閘一，構造規模并同前閘。先是，我軍軍米自丙子後，皆由火輪船北運於新城交卸。南來輪舶急於赴津，不及守候，搬運露積兩岸，棄置狼藉。間遭陰雨則裝載守視官弁皆苦不可堪，餘乃飭張副將銀龍，率馬隊正營幫帶胡光華，就水次建造糧倉一，屋形正方有如覆斗。高大宏敞，足容萬石，其旁，繚以崇垣，官弁住屋環其左右，海舟到岸便可入倉，既不慮其悤迫。而去秋所飭，張副將在新農鎮建置之倉亦成，容納之廣，較此惟倍，於是軍糧充裕，暫儲久儲皆綽有餘地焉。初，新城南門外通水木涵，歲須更置，築以素土費用不貲，而大雨時降猶致漂没，乃議改建灰閘，上年步隊既成閘二，至是，令馬隊各營一律改作法，先以糯米熬汁澆淋石灰，外植木板，使汁不得流，數日之後灰固汁乾，凝結如石矣。又於西小站之西，減河之南隄外，接上年所濬洩水溝築閘二道，其中塘窪以下，循岸左右亦各建一閘。左軍又於大站之東建大石閘一，孔廣一丈八尺，其減河北岸，又建小石灰閘一，制皆與新城同。工程既畢，適大名鎮徐傳宗軍門來述爵相意，以文、大，積年患潦，欲於下流擇要開濬，以紓其患。余謂惟自靳官屯接開減河庶費省而工易，議未及上，十一月，爵相飭吴觀察毓蘭、史觀察克寬、務關吴司馬廷斌，來會勘，踏冰而行，凡十餘日，有主開捷地議者，有言當自芥園開河横減入海者，各抒己見，辯論鋒起，余乃同詣省垣，面陳爵相，較地勢之高下，核人工之繁簡，估物料之省費，於是，靳官屯開河之議始決。

六年　庚辰　四十八歲

春二月，減河興工，自靳官屯至達字站，接我軍前開之河，凡六十五里，傅相檄調外軍暨我軍步隊十一營，分地開濬，而靳官屯大閘并沿河橋四，則專以屬之我軍，以營務處戴宗騫爲提調，時客軍雲集，余不時往巡視，又分饋甜水、篛笠，以恤其勞。至畢役，無敢譁者。三月，我軍工先竣，初，河身地窪下，多積潦，余飭勇夫預於正河兩面開渠戽水，水竭，挑河築隄以次興作，至三月十五日，所分河身地二十餘里，皆告成。又恐新隄積土未堅，夏潦時至泥隨水下，易於淤淺，令將隄腳裁削加於隄上，又於隄裏開築小溝埝各二道，截淤旁注，不使入河。其隄身新舊銜接處，復裁新培舊，以期黏固。計凡十里，又續濬新河兩岸子溝下游四十八里，以洩民地潦水。諸工凡土數十萬方。并爲原估所未及，余念勇力過瘁，爲之籌傭民夫以相佽助。衆志踴躍，故不及兩旬咸告蕆事。四月，各軍工皆完，傅相親臨閱視，疏聞於朝。先是，新城城河亦於去年冬，定議挑濬，兼建西關外河口三孔石閘一，予乃分飭營務處陳鎮連陞，暨張副將銀龍董其役，至是，河工畢。八月而閘工畢。作法視上年西北角之閘。是月，周鎮盛朝偕馬隊左營營官萬建勳、口營營官口口口督造減河石橋二，并同時告成。一在小辛莊曰惠豐，一在灣頭曰朝宗。方減河之開濬也，有言河頭宜築減水壩者，余謂壩口高低，一成而不易，閘版啟閉，隨水爲權衡，水涸則蓄水以送船，汛漲則開閘以洩溜，閘之與壩，功用實不相侔。陳於傅相始定計建閘。顧以南運河上游，會衛挾漳，勢已猛迅，伏秋盛漲，濁黄灌入，尤極奔騰，水口不寬則不足容受，乃議用五孔閘，方集工購料，戴直牧奉調赴吉林三姓駐防，余因以閘工屬馬隊統領吕副將本元。余又親往督之，十月工成。爲金門五，各寬一丈九尺，金剛牆四，各高口丈口尺，寬一丈九尺。其他海漫碼頭雁翅之屬悉稱是。工程之鉅爲他閘所未有，而堅固尤倍前。其上，又爲板橋，碧欄朱楯，白石爲楹，蹲獅冒首，參差相接，風景頗類江南也。周鎮盛朝偕馬隊後營營官吴永發，右營營官栗萬傳，續造五孔鐵橋二，亦竣事。其腳如丁丑鹹水沽所造橋式。惟中孔通舟，其旁四孔紐以鐵條，縱横交午，俾相維制，法蓋益密，一在燒窯棚，曰濟運；一在十八户，曰開成。於是東、直兩省，行旅往來皆稱便焉。是年有俄釁，予請於傅相購哈喫開司兵槍六千枝，以爲之備。

是歲，次女生。

七年　辛巳　四十九歲

春二月，督率步隊各營，挑寬南運減河下游河身，南北兩岸共九十餘里，緣新開減河繫專洩南運盛漲，中槽寬敞均以十丈爲式，以期宣洩暢旺，而我軍前開之河，寬僅三丈，不獨相去懸絶，且恐收束過緊或有漫溢民地之患，現飭一律挑濬寬深以新河爲度。所挑之土，添築河隄，俾與新隄銜接一片。計土五十餘萬方，余念土工過鉅，仍爲各營籌僱民夫，并賞發各營米一月，以相佽助。四月杪竣工，又於減河上游，添修石柱橋二，鐵柱橋一，以符原議。新農鎮前之鐵柱橋，東大沽之石柱橋，分飭周鎮盛朝、張副將銀龍，董其役。西大沽之石柱橋，因距營較遠，則商同葉提督志超，飭令徐鎮志雄就近督役。余仍往來監視。六月，先後蕆事，其規模則視惠豐、開成各橋之式焉。又，原議減河隄外應造橋樑二十有四，以消積水。本年春間，分飭馬隊建造。於八月間畢役。於是，減河隄外村居數十，乃無積潦之患。秋收遂倍。初，我軍於乙亥年移屯新農鎮，即以試辦屯墾爲事，頻年以來，逐漸推廣，計自新城一帶，上至駐軍之所，成熟者不下六萬餘畝。遂將距營較遠之處，招徠民人領種，自去年十月至今年二月，共領種熟田一萬四千餘畝。每畝分別等則，酌收大錢二百文、一百文不等。車屋等項，照時估計，繳價給領，所收領費除分别發給各營弁勇藉償勞勩外，餘俱添作新城義學之用。蓋數年以來，屯墾之事至此稍一結束。是冬，法越之事始萌芽焉。

八年　壬午　五十歲

春正月二十六日，拔隊修築減河隄身，中軍六營分築上游河隄，自惠豐橋至朝宗橋，南北兩岸，合長六十餘里。左右軍五營，分挑下游河身。自履新橋至大沽，南北兩岸合長四十餘里。河堤兩旁開寬小溝，并挑濬新城一帶田河各溝，屈曲計算不下一百七十餘里。綜計各工，合土方七十萬有奇。三月初八日，一律告竣。弁勇胼手胝足，深可憫念。而籌僱民夫賞給食米，則仍如舊制焉。又於附近南開地方改建石閘一，添建石閘二，以利鹽船往來，又改建新城東門外石柱橋一，以利行旅。又中塘窪旁添建木閘六，以備分洩減河盛漲之水，兼使淤泥所積，變瘠爲腴。使附近民田藉資灌溉。自春以來，分投興作，惟日不足。而六七月間，大雨時行，子牙河水盛漲，大城縣南趙扶村，於七月十六日，決開西岸，灌入文、大各州縣，數百里窪地，盡成澤國。該處距馬隊駐防之所僅止三十餘里，救災恤鄰義固不容恝視，當飭馬隊統帶吕副將本元，督隊前往堵築。詎該處決口寬三十餘丈，深一二三丈不等，經勇丁兩次搶堵，仍被衝決，水勢漫漶，施工非易，經呂副將訪有前曾堵築河工之夫頭數人，僱募來工，仿照黃河、永定河工程，兩面進佔之法，始覺稍有把握。余亦於二十七日親赴工次督率，并將工夫加給工資，以期集事。又經額觀察勸經額將需用料件源源接濟，不虞缺乏，遂於八月十一日子時，兩壩合龍，水歸正河。行駛被淹處所，俱即涸出，秋收無害，樂歲聲含，蓋非始願所及矣。九月，復飭步隊各營將減河兩岸，一律添挑土牛，期於盛漲，工程取土不致費力。又修補隄身被暴雨沖刷之處，共土方十四五萬，月杪竣工。是歲，皖省水災情形較重，太夫人在籍已籌助米石解交善局，余復商同各將領量力佽助，當集有成數，解皖以資賑濟。冬，督率各營操練，余更請於傅相，發給五品六品功牌，以將給槍礮有准者，士氣爲之益奮。是歲，次子家澤卒。

九年　癸未　五十一歲

二月，復督率步隊各營添補減河隄身，估需土方十八萬有奇。又於灣頭橋下至新農鎮兩岸河隄每里挑土牮十八個，以防沖刷隄埂，兼引河水歸槽。使河身愈刷愈深，自無積淤之患。計長一百三十二里，估需土二萬二千餘方。兩項共土二十餘萬方。至三月杪竣工。是時，法事漸警，越南已有戰事，五月，傅相奉旨經略越南事宜。予上書力請，率隊從征，乃不果行。因益講求操練，以備不虞。八月，復將前裁槍隊八營之二成隊伍，一律補足。飭衛總兵汝成，前往徐、潁一帶招募，十月杪成軍。是年直省夏秋之間，霪雨過甚，積水成災，津、静、青、滄各屬村莊，情形尤爲困苦，來營求賑者共四百二十餘村之多，以同治十年、光緒三四年，營中屢次賑濟故也。余乃商同諸將領，捐集鉅數，又請於傅相，在籌賑局撥款接濟。復飭馬隊於靳官屯閘口修築土圩一所，以作粥廠，東西寬一百餘丈，南北長一百二十餘丈。圩中築隔牆一，分爲兩圩以别男女，每寬三丈，長六丈。地面安設一棚，寬一丈五尺，長二丈五尺，共設七百餘棚。每棚可收三十餘人，棚外直處，見空三丈五尺，横處見空一丈五尺，以防擁擠，而慎火燭。又於圩之四角另設多棚，以便病人及産婦居住。其有死者，給以棺木掩埋。於十月二十六日開廠，計收二萬四千餘人。時法事愈亟，余屢上書傅相，條陳戰守事宜，多蒙采擇，山海關一帶，宿重兵，祈口海口亦派樂字營李總兵扼守。北洋布置，稱周密焉。

十年　甲申　五十二歲

春二月，天氣融和，粥廠飢民群聚一處，慮生疾疫，因一律裁徹。大口給糧二斗，大錢二百文，小口减半，於初四日裁畢。民氣極爲安静。廠中存積大米高粱兩項，尚四千餘石，因呈明傅相，撥歸南皮疏濬宣惠河，爲以工代賑之用。三月，挑選軍中精壯，送津考試懸靶。先是，去歲冬間，奉傅相檄行，飭令挑選二三百人，考試八寸寬，一尺二寸長之懸靶，於三百步能五槍全中者，給銀五十兩，中四槍三槍者，獎賞有差。我軍本以操練爲事，至是挑選三百餘人，請傅相親閱。計中全紅者，六十餘人，四槍三槍者尤夥。合成數總在八成以上，傅相喜甚。獎勵有加。四月，督隊修築大沽以上至南開三閘止，長隄一，緣該處道路低窪，每至夏秋之間雨水時行，潮汐泛漲，往往爲積潦所苦，若有戰事，不獨礮車重載轉運維艱，即率隊赴援幾無駐足之所，實爲海防緊要之工，當飭步隊各營分段修築，并於隄上添築子牆，間設礮臺，預備行戰往來，及隨時防守瞭望之用，計土工二十餘萬方。於五月初竣工。是時法人敗盟，夏秋間有攻毁基隆礮臺，及以兵船闌入福建馬江等事，沿海戒嚴，余益蒐簡軍實，并督飭弁勇講求安雷放雷諸法，以備戰事。七月，添募新軍十營，以厚兵力。奏由四兄統領。時四兄尚在籍奉親，爰飭各管帶，分赴徐、潁、歸、汝等處招募，并飭分辦軍食、器械、旂幟、號褂、棉衣等件，維日不足。至八月杪成軍，會同老軍逐日操練，不敢自逸。

十一年　乙酉　五十三歲　續增

春正月，制行軍鏟，仿俄國製法，取其便於臨陣攜帶，且經久不壞。盛以木匣中，襯紙數層，外以螺絲釘扭緊，使氣不得洩，而又不漬木氣。經始於去年十月，至是成。足資行軍之用。皆捐廉爲之。和議既定，此鏟久儲軍中，至辛卯天津水災，發以充賑，其猶有存者，甲午藉供東征之食，色味均爲變，可見當日制法收法之精。又作木帳房，其式以木作人字形，以便支架，盛軍駐防久，兵士雖經操練，未習馳驅，命所部更番操行軍隊，每日陣行數十里，如臨大敵，雖風雪雨晴無間。又恐法艦乘隙擾及北洋，而海灘水窪之地，往來援應，每多病涉，請於李爵相，修築戰道以利師行，爵相韙之。北岸由天津達大沽口及北塘、蘆臺、山海關；南岸由小站達大沽口及祁口。并於南岸加修子牆隔堆焉，一如公之所籌。蓋其時，法事未大定，公無日不以戰事爲念，故料軍食、簡器械，昕夕不遑。而銘軍、綏軍及大名練軍，皆知公軍中食裕，先後來乞糴，公悉分儲峙予之。既款議將成，遠近交相慶，公獨憂之。謂諸將曰，法人未大受創，今雖就撫，未必海上遂無事也。時，四伯父統新軍，爵相奏派家駒充營務處。公以栗太夫人年高，兄弟皆從王事，無人恃晨昏，乞假歸省。書再上，情詞愈切，爵相留益堅。五月，太夫人訃音至，公日夜號泣，悲不自勝，爵相請於朝，有詔賞假百日治喪，假滿後，改爲署理湖南提督。四伯父仍留營。公得旨，遂兼程行，與六月初三日抵里，時公不食者十餘日，病已不支，及入門撫棺長慟，聲淚俱竭。於是當年征戰所受傷，遍體皆裂。既瀕危，復強起哭奠，曰，予寢戈枕干數十年，原以備馳驅，今天下多難，欲求一戰以報國家，而不可得，又不可早告歸，盡一日鷄豚之養。能不悲哉，能不悲哉！已而嘔血數升而殁。時六月十四日也。爵相以狀聞，并臚陳生平戰績，天子震悼。賜祭葬，詔立功所在建專祠以祀。國史館立傳。尋予謚「武壯」。公性忠孝，禦將士嚴而有恩，用兵不主故常，故隸麾下者受公指揮，所向皆能成功，曾文正嘗奏稱，公善以少擊衆，又云素善夜戰。蓋知公深矣！生平尤好獎藉人物，振拔沉滯，急人之急，敦尚誼氣，義行善舉不可指數，卒之日，聞者無不墮淚。天津、河間兩府十七州縣，民持楮帛，哭於故壘者，趾踵交錯，如喪所親。先是，巢縣大水災，民流離，公奔喪見之，爲之惻然，易簀時遺命籌本洋三千元助賑。諸侄中有早殀者，所聘妻在室而未婚，將守節焉，公以非古禮，遺命資以遺之。義兄蓮芬姓張氏，浙人也，數歲時隨其父兄避亂相失，公憐其慧，命名家驥，撫爲子，歷保知縣，遺命納貲爲道員。俾之歸宗，又以戚屬多貧窶，遺命皆量爲資助。公仁恕慈惠而持躬貞介，雅以干謁請托爲恥，生平與人無私書，凡事務持大體明大義，蓋有古昔明賢之風規焉。

是編爲先武壯手自編輯，按年繫事，始於癸巳，終於甲申，原名《磨盾紀實》。歲壬寅，家駒編輯遺書既竟，將爲年譜。張幼樵京堂謂：「公生平事蹟，全括此編，且公所自著，情真事實，异於後人之摭拾爲之。」用即以是爲年譜，而敬續公歿年之事略以終之。遺澤猶存，箕裘莫繼，不禁泫然。男家駒謹識。

卷一 軍謨編上

擬覆陳總署籌辦海防條議

竊奉密飭，抄示九月二十九日寄諭并總理衙門原奏，仰見朝廷廑念邊防，力圖自強之至意，查目前江海各口，門户洞開，已爲我與敵人公共之地，鑒於疊次夷案創鉅痛深，誠不可一息而忘自治，目下當務之急，與日後久遠之圖，總署原奏業經綜括無遺，所未易猝辦者，人才之難得，經費之未充，畛域之未化，故習之難除。循是不改，雖日事設防，亦屬徒成畫餅。今日所急，惟在力破成格，以求實際而已。何以言之？歷代備邊多於西北，近來邊防移在海疆，群夷麕我腹心，爲數千年來未有之創局。輪船電報之速，瞬息逾千萬里，礮彈所到，無堅不摧，水陸城關渺無限制，又爲數千年來未有之強敵，外患之乘，變幻如此，而我猶欲以成法制之。譬如醫者療疾，不問何證而蓋投以古方，誠未見其效也。庚申以後，夷勢駸駸内向，舉凡薄海冠帶之倫，論及夷事，莫不發憤太息，局外之臆論，既莫識局中之艱難，及詢以自強何術，禦海何方，則茫然靡所依據。所以然者，風氣未開。上之所以進退人才者，不在此數，士大夫平日聰明智慧，悉以功令驅之，使入於他途，而欲臨事收專精之效，固已難矣。及今而不思變通之法，造就之方僅就一隅一事補苴彌縫，無論地廣備多，必難處處得法，即使器精防固暫可無虞，將來樞闥更代，主持乏人，其可憂必有更甚於今日者。愚昧之見，竊願朝廷破除成例，創立用人一格，收羅人才，寬免文法，不限資格，使天下有志之士，無不明於洋務，則練兵制器造船各事，可以漸講漸精，日生新意，較之暗室捫物，久而無著，收效直不啻倍蓰矣。明知百年憲章難以驟改，且以衆人不諳之務力事更張，必至騰爲浮議以撓其成，而掣其肘。然居今日而建議防海，舍變法用人別無下手之方。不揣冒昧，僅就總署原奏已及稍有所見者，略爲引伸，以備芻蕘之獻。伏候采擇。

謹擬覆陳總署籌辦海防原奏六條

一，原奏練兵一條，竊謂宜統籌水陸戰守，以求實際也。中國兵與民分，相沿已久，勢不能不養兵以衛民。然舊制額多餉少，分汛忘操，即無海防已不勝其弊，而器之不利，尤爲通病而不可療。自淮軍創用西人洋槍，開花礮攻堅克敵，人始知西洋軍火之利，而各省兵勇仿而效者仍屬無多。一由舊規之難以驟更，一由製造之未能充擴。竊以爲現在沿江濱海各省之兵，宜一例改用洋槍，礮隊應設礮臺，口岸須一例添設守將守兵，各專責成。平日布置臺堡，操習礮槍，習放水雷等器，此外，須籌陸路戰兵，以現在防務緩急而論，自以畿輔第一，南洋次之，如閩，如廣，如浙，又次之。然一處空虛，全局皆震。如本年東洋之事，若我要地處處有備，彼亦何敢輕兵闌入？竊以爲濱海各省除防兵外，皆須另練兩枝遊擊戰兵，以五六千人爲一枝，簡派心精力果之將，擇近口要地屯紮操練，加重口糧規制，略仿勇營，日夜研求戰事，不准分調。有暇即於登陸要路分布堡壘，將與兵皆不分心外事，自然愈練愈精。其應如何簡察舉劾之處，責成帶兵大員妥議，呈請欽差詳定，應去其繁文，簡其科條而信其賞罰。此外冗營額兵一律裁減以節經費。至輪船水師，南北洋似各宜遴選統領大員，配齊礮位，立爲一定操法。每月出洋幾次，應如何戰於外洋，守於內河及衝擊敵船，保護己船之法。應令輪船水師，隨時考究。至內地省分營制，亦宜一例裁改。每省只須槍隊三四營，礮隊三營，馬隊一二營，分紮重地，小寇斷不敢竊發。其冗營額兵全行裁徹地方官撲盜，可以悉用民壯鄉團，以節餉糈而期實效。

一，原奏簡器一條，查西洋槍礮愈於土槍礮，新式後門進子槍礮，愈於前門進子槍礮。此人所共知也。此項軍器本以限準及遠，施放快捷爲最精，然必須製造子彈合膛，外包鉛皮，使之緊逼而從前口出，徑直力猛，乃能取準及遠，就已購得之器而論，現在布國後門進子克鹿卜礮，最爲攻堅利器。又新式呍啫士得十三響自來火槍，一安十餘子，頃刻十數出，實較前門進子槍遲速幾逾一倍。打靶亦較前門爲準。如果馬隊全用，自當捷速冠軍。若步隊，則宜加長其條，稍重其分量，誠爲行仗利器。各機器製造局，既已仿造礮槍，似更宜推廣添設。凡內地通水之區，如直隸之保定、山東之濟甯、河南之周家口，以及江西湖廣各省，均宜開局自造。局委應不論文武，不拘資格，廣收博采，參用洋官，以求精進。現在閩、滬、津、寧各局，皆逼近江海各口，一有緩急，倘爲敵攻，則全軍束手。若後路有製造儲備之需，尚可接濟無恐，且泰西各國均有隨營製造局，故其兵將與工匠相習，各出新意，隨制隨驗，有弊立改，此法最宜仿效。除購置機器之外，每一軍添設行營製造一局，需費萬金，隨時修理，可造就無數員弁兵勇，所裨實多。且海防不可一日無備，製器未可旦夕速成。似宜先籌鉅款，在外洋採購大批槍礮，即現有之槍礮，亦宜多儲彈子，每礮一尊必須預儲千彈。每槍一桿，必須儲子二千，以備臨時缺乏。

一，原奏購船一條，并詢外國，如用鐵甲船乘，我如何抵禦等因，查中國輪船水師，未經戰事，即使添購鐵甲，刻日成軍，而訓練未精，駕駛未熟，驟與馳逐重洋，亦孔漫無把握。目前固圉之計，自以守口爲急。查外國雖極堅厚鐵甲螺絲交貫之處，數爲礮彈打鬆，其甲亦易綻裂，故其柁房煙筒轉動礮臺各處，亦頗畏大礮轟擊。西人每遇攻礮臺時，或以氈絮等物旋垂遮護，非謂鐵甲即可萬全也。至攔阻水路之法，視海口之寬窄淺深爲度，或用鐵鏈繫巨樁，或以沙石沉廢船，或用木牌木筏上加浮礮臺，數項皆可仿辦。其利鈍亦須試而後知。似須於無事時先購儲料物於各海口，以備仿製。至水雷一項，西人每遇敵船來攻，輒安置於塞口缺處，惟各國置法不同，有磨而發火者，有觸而發火者，有用電氣自岸上發火者，似皆可飭機器局仿造，驗其力能衝破船底，方爲有用。總之，海口既有攔阻，則敵船不能徑衝而過。我臺上之礮乃可儘力衝擊。惟礮臺工堅礮巨，子彈湊手，立脚乃牢耳。至與敵船衝撞，須用重大喫水深之鐵甲船。此外守口亦可兼用小鐵甲，此項船隻既不能剋期試造，自須先行集貲派員出洋選購數隻，分布操練。至如何仿造及推廣船廠之法，應令局員詳議核定。北洋迤邐至山海關可登岸處頗多，其中最緊要之區，如黑沿子潮河口等處舊有礮臺，亦須派員勘估興辦，分駐勁旅。大沽北塘兩岸，本爲神京門户第一要區，除已有礮臺之處，仍須於後路節節籌布，其未經興工如新河口、蟶頭沽及蘆臺通京大道，宜築礮臺者，似須及時派員估辦。就北洋防務而論，北岸較爲單薄，蓋慮度已早籌。再考，西人遇有戰事，通信則用電線，調隊則用鐵路輪車，取其捷速。海河風潮順逆不時，遊擊之師兩岸馳援渡河不便，似宜仿西法建置鐵浮橋。以備有事渡兵，冀免貽誤。

一，原奏籌餉一條，似一通盤合籌，以資匀濟也。查西人養兵大半出於商税，其制器之費，尚可以售出之物取償，中國賦民甚輕，而税課雜項所入，尤不過正供四分之一，自軍興以後，商捐民捐，凡可籌餉之術，無不掘羅殆盡，而所入惟各省釐金及海關洋税較多。疊次削平內寇，賴此餉源。現在內地肅清，僅關外一隅用兵，似難另立籌捐名目。亦惟於此兩項移緩就急，飭各省通力合作，除撥給西征餉項外，以各省釐金所入，專供海防水陸戰守之兵。以各海關洋税所入，專供購製船礮機器之用。此二款本在額征之外，提出專辦海防，仍與正供無減。上年軍務正殷時，統計養勇不下二三十萬，全恃此兩項爲大宗，未嘗匱竭。今則留防營數大減於前，而支絀之象日甚一日者，則以分耗太多，畛域太分之故。現在緊要重大之件，無過海防，似宜通飭各省，將釐金所收，實數另行存貯，然後罷不急之工費，裁無用之勇營，分其餘力以濟有海防省份，指定撥解數目，不準推諉，製造廠局既增，必須開採煤鐵，普勸官商湊集資本妥定章程，請朝廷明降諭旨，宣示中外。凡產煤鐵之山，不準本地紳民，藉風水之説阻撓大計，違者以違制論。山川之寶日出不窮，銅錫五金以次採用，鐵路輪船漸可推行，行之數年，利源自廣，更宜一體勸諭各省商紳，推廣招商輪船局，使之日增月盛，收回已失之利權，於大局更有裨益。至開捐一項所得無多，而流弊不可收拾，害吏治而病民生，實爲籌餉下策應毋庸議。

一，原奏用人一條，似宜創立洋務進取一格，以資造就也。國家設科取士，其途本寬，然自軍務既平以後，有志之士，舍章句弓馬末由進取，而以章句弓馬施於洋務，實苦鑿枘不入。所以前江蘇丁撫部，有請武科改試槍礮之議。旋經部駁不行，居今日而亟求練達兵略，熟悉製造之員，殊不易得。且近時拘謹之儒，多以交涉夷務爲浼人之具，取巧之士，又以不通夷務爲自便之圖，若不由朝廷力開風氣，明詔中外，破拘攣之故習，則日後乏才更有甚於今日者。以中國之大，而竟無自強自立之時，非惟可憂，抑亦可恥。竊以爲科目既不能驟更，何妨另闢洋務一途，以資造就。現在京師既立同文館，江省亦選幼童出洋，似已闢西學門徑，而天下人之趨向猶未盡屬者何哉？以用人進取之途全不在此故也。竊以爲凡有海防省分，均宜創立洋務局，擇明練時務公正大員，主持其間。分格致、推算、兵法、礮法、機學、氣學、形勢、船政、商務數端。如有議論可采，於各種通其一二者，收入局中，按照所學之淺深，酌給薪水，留局肄業洋書，研究西法，察看一年後，觀其所學通於何種，即任何事。或分司船廠礮臺，或充補防營員弁，若察其行與言違，立予撤退。若任事三年，如有成效，即獎擢升階。授以濱海沿江衝要實缺。與正途出身無异。如此始勤終怠，立即參革。其升退之權議上即行，吏兵兩部，不得繩以黜陟常例。如此勸懲并用，雖風氣所趨，取巧倖進之徒，豈能盡免，然就所學以課所事，似亦拔十得五之微權，再，各省甄别文武人員，與其試以文字弓箭，何如課以吏治洋務，及水陸戰守之法。專以求實際，既可減除冗濫，即以造就人才。中國聰明才力斷無不逮西人之處，惟在朝廷設法鼓勵，使之專心實用，乃可精進無窮。自非中人以上之質，皆必獎之而後勸，罰之而後懲。故朝廷用人，爵賞在前，斧鉞在後，乃能因感畏而奮興者，此也。若官人之科全不在此，則不肖者既避之而不願爲，賢者又鄙之而不屑爲，欲求人才之盛，胡可得哉！

一，原奏持久一條，竊以古無久而不敝之法，惟在辦事之人先後相繼，日益求精。不獨守法固圉，兼可推悟新意。如泰西各國，創造利器，未及百年而成就如此之精，自非舉國人矢恒心争思自奮，烏能若此，中國若不稍變成法，於洋務開用人之途，使人人皆能通曉，將來雖有防海萬全之法，十年二十年後，主持乏人，亦必漸歸墮廢，或名存實亡，未見其能持久也。故以爲目前之計，惟有中外一心堅持必辦，力排浮議以成格，爲萬不可泥以風氣，爲萬不可不開精心。果力行之數年，庶幾人才漸進，兵力漸強，製造漸精國用漸足，由能守而能戰，轉貧弱爲富強。是天下臣民所禱祀求之者也。

請開清江鐵路稟

竊奉咨開，以崔中允條奏鐵路稿見示，伏思建設鐵路本與電線相輔而行，實爲目前最要之務，從前中堂覆奏摺内，稱其九利，實已包括無遺。乃因南洋不肯任事，京員議論多歧，以致未能舉辦，盛業中沮，良用喟然。今此議發自京員，又奉有酌量試辦之諭旨，且不發交南洋，而獨命中堂會商總理衙門，不欲旁撓之意，蓋可想見。此誠難得之機遇。擬請中堂主持其事，於覆奏摺内力言其便，請於天津至江寧之浦口先建一路爲倡。此處南北通衢，道路平坦，不過一千六七百里，修建之費，較之他處籌措尤易爲功。且下接長江，輪船轉運尤便，有事則調兵徵餉，無事則通商惠工，此路一建，消息靈通，氣象開闊，足使外洋聞而卻步。實於商務海防大有裨益，大局幸甚。再，大沽、北塘、山海關等處，凡繫海口要區，現均設有電線，惟查祁口地方逼近海口，尚無電報以達軍情，擬請刻日添設。由新開路通至新城，計程不過數十里，需費無多，此線一通，則畿輔海防信息异常靈便，伏希鑒察。

議覆廖連城海防條議稟

竊前奉發交江西舉人廖連城海防策圖，諭令詳議具覆。奉諭後，悉心考核，竊謂所稱築隝之法，不過襲兵勇立營、民團結堡之制，而稍變其名。所謂其利有十，不過取水陸相資，戰守相助之意而故繁其説，若僅內地小醜竊發，循其布置亦未必竟謂無裨益，以辦海防則尚未中肯綮。憲諭謂隝房太密，牆垣太卑，斷不足當巨礮，且內濠藏舟亦只能藏舢板，業已明燭無遺。謹更就該舉人所議疏闊之處，略爲陳之，談海防者，首明形勢，某衝某僻必須了然於胸，辦理始有把握。未有不問緩急，概令設防者也。原議云，濱海之地不過數百里，若距五十里而立一隝，要害則按照形勢并立二隝或三隝，計一省不過數隝，十數隝而止。查海面自廣東起至奉天止，延袤不下萬里，若按五十里一隝之法，須應築隝二百，各省口岸多者十數處，或七八處不等，每處又須添築二三所，增又在五六十隖之數，每隖二千五百人，統計需兵六十五萬。無論沿海各省無此兵力，即有此兵力，兵分則弱，置之閒散之區，未必得用，扼諸形勝之地，又覺太單。敵人來攻，但於緊要口岸開炮轟擊，旁隖各有分汛，不敢馳援，後路別無重兵，尤虞繞越，一登陸岸，全隖皆虛。是原議賊多避入隖中者，恐見其入而不見其出，不可一也。

禦敵之法，全恃利器，查原議并未言及何項器械，而但摭拾古人鐵鎖鐵絚之説以相蒙，查敵人現在習用鐵甲輪船，有重至一萬三千噸者，有重至八萬四千噸者，鼓蕩衝擊，當者立糜，即沿海口岸多設水雷，尚未知能轟沉與否，區區鐵鎖鐵絚，於事何濟？原議又云，隖外挖濠引水，使寇不得掘地道攻我內濠，挖深六尺廣六丈，以藏戰舟，且云，船礮無需添製。所謂船礮者，當指長江水師而言，是必習見髮賊穴地攻城，與水師舢板等船，連檣破賊，故發而爲此。不知今昔情勢既殊，敵人堅脆尤异。海上有事，全以巨彈摧堅，直往直來，斷無開掘地道之事。若舢板等船不惟不足禦礮，即輪船浪激，亦且不能枝梧，而原議乃有戰船迅追圍剿環攻之説，豈非癡人説夢，不可二也。

海防最難者，莫若經費，凡有工役，先須通盤核算，方可興辦。原議每隖所費不過六千金，不知該舉人作何估法，即就原隖而論，濠內安置水門，外建一閘，以便蓄水。查閘工最爲繁費，海潮朝夕往來，堅固始能耐久，計灰石葦木釘鐵油麻，約費總在萬六千左右，宅外四角又築空心礮臺，內空三丈，隖外四角又築空心礮臺，內空四丈，一隖共八礮臺。夫礮臺既曰空心，則非上用大木結頂，外用三合土砌築不可，每臺至少亦需四千金，一隖築十八宅，每宅五間，占地橫八丈，直四丈，共計二十四丈。每間尺寸寬大如此，所需工料各價非銀百兩不辦，九十間即需銀九千兩，此外如守隖之礮船礮臺之巨，礮塢兵之洋槍以及火藥糧精蓬索，所費又屬不貲，總計一隖約需銀二十萬兩。合沿海二百五六十隖計之，需銀五千萬有奇。果有此款，不以之購鐵甲船，買後門槍礮，增築鐵板礮臺，而乃爲此無益之隖哉！不可三也。

竊嘗獨居深念，今日海防應辦之事，久在中堂規劃之中，其或未及舉行，則或因鉅款難籌，或爲浮言所阻。今該舉人當海疆多事之秋，請求時務，自屬有心之士，但必須於海道廣狹、器械利鈍、經費盈絀考證精確，立言乃有折衷，若徒襲載籍陳言，妄相稱說，烏能見諸行事，惟鑒察焉。

覆陳剿苗事宜稟

竊於二十日接奉鈞批并唐道剿苗條陳、湘軍入黔輿圖各一紙，循繹再四，欽佩莫名。川湘兩軍久於黔邊地勢、賊情，固應實有所見，憲臺遠征南徼，自不妨博稽群言，惟更有進者。從古行軍邊地，須用土人，亦必有大軍以繼其後，諸葛武侯、狄武襄王文成，慴服邊陲，皆有本部勁旅，國朝鄂文端之定苗地，阿文成之征金川，亦皆以大軍深入，搜箐躡嶺，掃穴犁庭，未有主軍不强專恃客軍而能剿賊者。黔地負山面夷，人性狡悍，將領官中土者，尚多桀驁性情，其土著更可想見。今蹂躪既久，必盼大軍，主軍太弱，則黔勇稍立戰功，必且反覆難用。惟用爲前敵而以大兵督其後，彼懾於礮火之威，隊伍之整，不得不并力前嚮，我軍攻堅破壘，稍一展布，斷不致聽命於人。竊嘗以爲，土兵可兼用而不可專用者，此也。用兵固重地利，亦必親踐其地，隨時察勢，乃爲確鑿。近日黔人赴卑軍投效，多開明，苗寨險易，苗酋名目，以及進兵途徑，未嘗不深韙其言而未敢盡以爲據。容俟親履黔境詧核呈報，至於軍士，不難爬山而難於耐苦，爬山可習練而成，耐苦非性成不可。今湘軍以三萬人不能進取，必有疲輭不能耐苦之情，非盡不能山路。卑部新勇，半就鄂境羅田、麻城，皖境潛山、太湖等處徑嶺叢雜之區，就近招募，蓋履平地之人，不能履險。而竊取湘軍初起討練山農之意，若老勇則洋槍久熟，教練易成，現令囊沙習走，以待翻越崎嶇，未便裁汰。自上年十二月，奉諭易馬爲步，新歲添募，半月之間，規模麤定。此項新勇應請截至正月十六日起支，老隊易馬爲步，應請自本年正月初一日起支，發給步隊全餉。至四營管帶哨官幫辦薪費，可否懇恩飭所照步發給，以資辦公。盛傳隨侍年久，受知最深，迭荷誨諭，諄諄不啻家人父子，惟有仰體節用愛人之意，遇事求實，斷不敢稍涉徇蔽，致乖平日介介自矢之私。惟愚慮所及，隱忍不言，負恩滋甚，用敢曲達其愚，伏惟憲鑒。

再陳剿苗事宜稟

竊奉重慶頒發鈞諭，蒙示甘滇兩軍剿辦情形，現在回焰就衰，邊事似可漸弭，西南兩省，罹水火十餘年矣，天時人事，否極思通，而師武臣力，即趁事機之轉，以成滌蕩之勳。聞之曷勝慶幸。黔苗負嵎如故，似非川湘各軍所能竣事，劉軍門士奇，久於戎事，若能不撓其權，不缺其餉，添練勁旅當可有爲。惟餉不應手，雖智者亦難展布。竊揣苗勢并非甚悍，不過倚恃巢峝左出右入，以誤官軍進剿之兵，每以林深嶂密，不敢涉險，自厓而返。誠能啖以小利，則土苗可爲嚮導，示弱以誘之，棄利以餌之，則獷苗必出山與我爭衡。一戰而挫其膽，則良苗歸命，悍苗勢孤，節節掃蕩，辦理自易矣。盛傳駐軍一載，目覩嶺徼未靖，外釁疊乘，當事者因循玩愒，不思振厲自強，每一撫膺，輒爲感憤，惟有旦夕選將練士，耐苦習勞，期於極精極壯，冀備异日驅策，以稍酬知遇於萬一。伏惟鑒察。

請調勳營赴師稟

竊盛傳連奉面諭，以黔苗負嵎，湘楚各軍未能得手，飭整所部隨節南征，會合唐鎮仁廉，率隊先發，并將勳字三營撥歸卑軍。竊思黔中糜爛數載，朝廷廑念南服，特簡中堂督師遠討。劍履所及早已震懾百蠻，盛傳從事行間，投袂而行何須再計，惟念逆苗恃其險遠，久易官軍，非力戰以挫凶鋒，則其心不服。非攻堅以擣巢穴，則其勢不窮。非數道并進，使首尾不能相顧，則其根株不拔。即酋黨不可卒離，度勢揆情非有大軍分剿，不能迅速蕆事。卑部隨侍八載，逐經招募，尚止步隊九營，馬隊四營，以馬改步合并僅十三營。會同唐鎮兩營，不過十五營而止。一旦遠征數千里，懸軍深入兵力未免過單，恐有疐後跋前之慮，盛傳昔以一旅隨剿髮捻，轉戰中原，未嘗挫失，然剽突之寇倏往倏來，故可偏師制敵。今黔苗巢洞毗連，山徑叢雜，必能前逼賊巢，後顧運道，左右均防抄逸，乃可節節掃蕩，謹此數千之眾，獨當一面則兵力單，會合他軍同進又恐事權不一。自古軍事，一則情專，分則勢涣，成敗之數端在於斯。盛傳謬荷委任，願與他將領各出其途，查探苗勢何路最悍且多，卑部即任何路。各分地段，各專責成，倘剿辦不及他軍，軍律具在，斷不敢求曲恕也。湘軍向稱勁旅，今以大軍二十餘營，相持數載，未敢直前，勢非厚集兵力，不能獨當一路。卑軍既出，必期早挫逆氛，方可仰慰慈廑，惟營數太少，不能舒展自應。懇飭將勳字三營速調來鄂，以便迅赴師期。惟遠經三省，應請拔隊之先，賜文檄調。到黔之後，與唐鎮如何添募成軍，均乞憲示，伏惟鑒察。

密陳倭事機宜稟

竊奉照飭抄示密寄，以東洋攻取生番，憑陵閩海，深廑宸勞，恭讀之下，莫名憤切。日本首發難端，公行不義，掠我久隸屬番，入我海疆腹地，該夷覬覦中土，非以報復野番。業已鑒於廟謨登諸新報，中堂規籌全局，固久在洞燭之中。未審沈欽使赴臺後，如何辦理。竊以臆度，該夷既調集萬衆，水陸大舉越境，輸輓耗費已多，斷非徒恃條約論辯所能了事。歷觀公法所載，禁約雖極昭彰，要亦理隨勢轉，彼以兵勢相淩，而我欲争以口舌，此必不得之數也。即以通商鄰國常理論之，兵端已肇自彼我，亦何必自諱言兵。生番豕突狼奔，何能捍禦大敵。禦閩居海嶠，練兵設防之道本未講求，即新制輪船亦但能馳騁洋面，刻聞夷兵登岸，捍衛之方似亦在陸而不在水。區區之意，竊以爲欲遏寇氛，宜以重兵渡海，尾夷之後，偪紮要衝，名防生番竄越，陰斷敵人接濟，使彼怵於易進難退，或可沮其氣而伐其謀。但未識閩省有無勁旅，若調緑營額設零湊之兵，於事豈能有濟。閩帥奏調師船，似欲自保，内地此時安危，介在呼吸，應亟求應變制敵之方，迺欲語自強於臨事耶。敵情地利本難遥度，文報由内地往來，遠不若洋面之速，日來，中堂曾否派輪往視，盛傳擬派員附輪前往，查探確情，隨時馳報。近日各閫帥鮮達夷情，未遑遠略，疆事利鈍，責望獨在我公。頗聞日本尚有勒兵北攻朝鮮之説，此其志在必逞，已可概見。矧泰西各國耽何此舉，以爲進退臺事倘盡決裂，亟應佈告各國，申明曲直，絶其外助，以中國全力争之。即使廷議不主用兵，尤望中堂統籌利害，密疏論列。今日海内無事，遇新逞之小夷，猶不肯輕於一發，日後交涉事件動輒要挾，又將何以措手耶。

籌備戰俄稟

竊奉批，飭卑部及時操演，又閲新聞紙，俄國已派兵船來華，即於各營裁秧後，飭令一體開操，以期練成勁旅，用備馳驅。上釋中堂廑慮之懷，下杜群議沓憎之口。至俄國兵船紛至沓來，外國類多恫喝之辭，容有不實不盡之處，中堂主持全局，自必洞燭無遺，竊嘗獨居深念，淮部至今日，諸將年齒就衰，朝議紛紛迄無定見。軍制不能更變，器械不能精求，局勢寖久愈支愈難，不若慷慨一戰，尚可保全聲譽，此宜亟請中堂早爲定計者也。況俄雖強敵，我亦大邦，齊德比勢，何遽不若。若果必出於戰，愚以爲不足慮者三端，亟應辨者一事，請爲中堂陳之。夫戰事利鈍，全在將領得人，一軍苟敗，全軍皆沮。俄兵雖強，度其將，未必盡干城之選，我苟避堅擊瑕，臨機觀變，抑復何難制勝，不足慮者一；俄兵雖鋭，亦恃器械，其後門馬步兵槍，大致與我無殊，行戰巨礮不能齎隨，以堅攻堅，功力度亦相等。且以主待客，以逸待勞，地勢既便，餽運尤利。但使子藥糗糧，主持有人，後顧無虞，士氣自倍。不足慮者二；洋兵出戰，物件繁多，後車累累，轉運不易，此在嘉定時所親見者，我軍但能整散兼用，奇正相生，或擊其前驅，或截其輜重，一處得手，全局皆靈，是亦戰俄之一奇也。不足慮者三。更有請者，卑軍及銘軍、練軍，合計不過兩萬餘人，防守接應僅敷分佈，似宜募勇敢之士二三萬人，使一知兵大將統之，各持肉厚節滿圓勁毛竹，桿外用生漆、麻絲纏裹，長不過一丈三尺，以鋼鐵圓鋒爲之刃，長約七寸，但練衝鋒以爲奇軍，不過一兩月即可自成一隊，臨敵參以馬隊，橫矛直上，翼馬而前，務使疾如雷霆，迅如風雨，無論敵兵馬隊礮隊，此輩橫厲直入，當者可以立靡。從前捻匪任逆馬隊，牛逆步隊，最爲驍悍，橫衝直壓，往往槍礮未發，萬騎已縱橫盪決不可復當，謂宜取其遺意，以我剽疾，制彼精練，或可取勝一時。北方不少果敢之徒，從事外夷，人尤勇躍，招之立可成軍。一兩月間，餉項尚不過費。伏祈中堂於定議主戰時，先期招募訓練，俾得奇正不窮。此事之亟宜辦者也。是否有當，祇候采擇施行。

再請決戰稟

竊奉中堂咨開，基隆礮臺，已於十五日被法人攻燬。是法事已經開釁，濱海口岸，皆當籌戰籌防，直省地當畿輔，備禦尤關緊要。前稟添募奇兵，已蒙鈞鑒，當以南洋講解或可轉圜，現在事機至急，此舉萬難再緩，擬請即日批示，以便剋日招募成軍俾得奇正相生，藉資捍禦。昔，胡文忠公，凡事看得五六分，便須放手，目下時局艱危，是非淆亂，務請中堂專力主持，放手一做，庶有以杜悠悠之口，而作戰士之氣，前上條陳如有可取，并請采擇施行不勝大願。

懇請救臺灣稟

竊屢奉傳電，備知臺疆危迫各情。雖滬尾獲勝，而基隆業被敵軍踞守，情事岌岌，實爲隱憂。伏思臺防本未周密，劉爵軍門，到臺未久，兵械不多，一旦與強敵相持，猶能斬將搴旗，捷書再奏，其雄武有足多者。惟以餉援俱絶之軍，當兇焰方張之寇，門庭已失，子彈日窮，思之何勝心悸。臺灣係數巖疆，雄踞海外，法若據爲巢穴，則寄頓有所，取煤無窮，徐以兵輪分擾海濱，使我南北洋不得安枕。其爲後患，胡可勝言。劉爵軍門才氣無雙，優於將略，實爲當今人傑，若坐視其窘乏，不能援手，既非國家愛惜人才之道，亦寒在外任事者之心。現在事勢危急，擬懇中堂亟達總署，密籌所以援應之法，或商借洋債，即由洋商匯臺應用。或重值僱他國商船，轉運兵械到臺，務使源源接濟，禦敵有資，庶幾有恃無恐。此不獨爲劉爵軍門計，亦所以爲天下計也。總署統籌全局，必可允行，倘别有接應善策，亦祈速爲措辦，此後遇有臺事要電，仍懇隨時示知。毋任懇悚迫切之至。

請驅法官法使片

再聞天津來人言，法國領事林椿，現在日往鈞轅，有仍議和局之説，伏思法人以和誤我，一面進兵攻取地方，越南、東京、福建馬尾，可爲前鑒。現在戰局已成，擬請中堂專意料理戰事，籌備一切軍需，至於合議，似宜聽之總署，方爲正辦。該領事現居天津伏，讀前次諭旨，有保護法國守分商民之説，未聞法官亦在保護之中，該國多行不義，民人積憤已深，設有戕害等情，轉生枝節，擬請中堂即驅該領事回國，以肅政體而息人言。并聞法公使巴德諾脱亦駐上海，與孤拔密電往來，潛通消息，殊駭聽聞。上海爲中國租界，并非局外之地，法使何得久行逗留？并請電知南洋大臣，一體驅逐出境，庶幾内奸可絶，不致漏泄多魚。伏希垂察。

覆陳屯田條議

竊奉照開，試用通判冒樹棠，條陳屯田各事，仰即覆議覆奪。伏查防勇屯田，古昔本無畫一成法。自井田既廢，兵與農分，其勢不能卒合。即經制額兵，已苦無田可授，不能束歸南畝，自耕其鄉。此次卑部，以南勇調防，建築海口城臺各工，悉用軍力，遂復舉辦屯墾，興作於斥鹵不毛之地。謬思倡興水利，多開河道以助邊防，原屬一時創舉，且所屯當海河窪下，鹹氣最深，其中經營況瘁，費用浩繁，非親歷者不能周知，亦非建言者所能遥揣。自元年試墾至今，無刻不憚竭心思，胼胝率作。近海河十里内外，較易刷鹻引甜，田畝亦漸就成熟，再遠則溜緩水鹹，積鹵難淨，尚須設法疏治。能開通南運減河導溜東趨，始可盡滌鹻氣，僅恃海河潮汐瀠洄頂托鹹水，不能暢洩，豈能急望收成。而從前買地開河，分建橋閘，蓋造營房，購買牛種，製辦農具，以及餧養糞田，各項所費不貲統計，一年試墾，兩年半熟，三年成田，率用錢十餘千而熟一畝，自挪米款墊辦者，約有六成。由各營賠貼者，約有四成。除本年秋收不計外，即再暢收一二年津貼，各營尚難彌補。而挪墊之款，仍苦無可償還。若如該通判所稱，按口授田，每人承耕若干畝，除完糧外，所餘收穫，盡充耕種之勞金，在我爲惠而不費等語，則有墾之利無墊之費，海上彌望皆荒，空闊數百里宜早有捷足爭開，使成沃壤，無待今日之攘剔菑畬矣！何以前人鋭意興治，畿東水利猶且議之而不就，爲之而弗成，成之而不久仍廢，更千百年其荒曠乃如故耶？且以將熟未熟之田，分給兵民，一年必荒，二年必棄。何也？北地種稻，全恃引水刷鹹，河道溝洫易淤，無力疏濬，一病也；橋閘涵洞易壞，無力增修，二病也；牛騾無力餧養，田糞無力增加，三病也。有此三病，兵勇皆身歷習見，而知其艱驟予之田，必且不敢承領。統帶營官則各願藉此卸肩，不必歲縻鉅款。若由兵勇斂費，自種自收，勢必旋耕旋廢，欲示撫恤，派累滋多。該通判所議，似未諳當時情勢之言。至卑軍屯田所獲，每年考驗各營，收數多寡不同，嘗與熟悉農務營員考校，以一營獲稻至多五千石計之，以充籽種、器具、餧養、買糞、及搭僱農工各費，尚虞不足，各就所收酌提二三成賞給勇夫，添助月米，絲毫不以自私，悉行成熟之後，原擬分給老勇，使本籍無恆産者，有所安插，以恤戰士而固邊防。自來客民寄居，與土民類多不習，屯田熟後，難免無本地刁民覬覦。現在區分疆界，與民地不相攙涉，擬即詳細繪圖，具册申請飭發各衙門備案，預杜争執。田既分給，隨田牛騾器具均須按田授交，以每人給田十五畝，住房二間，付與各種農具，仍須安家之費十餘千，實苦無此閑款。然既從事於此，當與諸將士妥爲區畫。擇其勤樸而願爲農者，酌量留屯，期於二三年内，留心察驗，隨時酌定章程，目下地段未盡成熟，急切尚難定議，至津郡内外乞丐、遊民，好懶惡勞已成痼習，一旦督以耕作之苦，繩以營紀之嚴，必不能堪此鞭策。矧勇丁口糧有定，各棚焉有曠款分給餘丁。湘淮軍招募伊始，均取山鄉質野農夫，絶無市井油滑之輩。今遊勇會匪所在，因緣爲奸，豈可濫招入軍，引惡習以壞營制。至欲以老弱責成地保，發交民鋪收養，尤恐窒礙難行。中土人民之衆，生齒之繁，無處不有窮民，堯舜猶難博濟，無論五家養一老廢之人，事多不便，即使如法指派，他處聞風踵至，源源不窮，且將何以爲繼。該通判恫瘝在抱，念切軍民，用意非不甚厚，而計劃實不可行。伏惟憲鑒。

詳議旂屯稟

竊奉照，飭旂營移屯一事，直隸是否可行，飭令察酌迅復。竊念旂營移屯一節，其經費安插之難，窒礙疑阻之處，憲慮所及早經洞燭無遺，盛傳知識凡庸，曷足旁參末議，惟少時生長農畝，近年久戍津沽，從事營田，胼胝畚鍤，親歷既久，有不妨臝陳一二者。竊自來屯事之興，多與用兵表裏，其在邊塞，常因遠戍乏食，莽無居人。若在腹地，則必慌亂累年，人稀土曠，然後可以度地經營，隨宜佈署。至因八旂丁口繁多，欲爲另籌生計，勢必先擇無主隙地，量移墾荒。報熟之後，即作旂人恆産，方可上裨國計，如畿輔所屬五百里內，多爲旂莊，五百里外，皆爲民業。本無曠地可以永久移屯，即暫時建廬濬洫，亦必佔用民田，概酬以費，既苦無此閑款。稍奪其業，必且大拂衆情。而兵民雜處，嫌隙猜疑，猶其後也。至東直濱海之區，雖多未墾，然地多斥鹵土盡不毛，又皆沿海居民認過之産。欲興水利，必藉潮汐洗沖，滌去鹹氣，始可望其收穫。其間開挑引河，建置涵閘，濬治溝洫畎澮，修造廬舍莊房，採購牛糧，製辦農具，工煩費鉅，更僕難終。卑軍近歲於操練之餘，就防營附近荒地試懇，竭萬人之力，作苦歷二三年，墾田未及千頃。每墾熟一畝，均需製錢十餘。千百倍其工，始漸收尺寸之效。而新濬引潮河道，渾濁易淤，歲須挑刷，欲求成腴持久，仍擬接挑至南運河，引上游甜水，以滌積鹵而洩盛漲。此事一辦，工費更多，所以尚能黽勉從事者，徒以淮軍之起，類多樸實農夫，居鄉習種稻田，鮮市井逸居之習，雖南北异宜，用功較費，尚非強所未練，苦以不知。似未可概責之不習沾塗不諳播種之旂兵也。且以勇營餉力且練且屯，未嘗另籌一費，防海營田，合爲一事，不煩遠從而來，較之旂營自京移屯，事事從新創置，其難易何啻霄稄壤。且海岸離河稍遠，無淡水可以溉田，雖竭力經營亦恐徒勞鮮獲。旱苗苦鹻，或十種而一收，昔人謂，直東濱海荒地舉可成田，按實以求，殊無把握。此外近畿各屬，可耕更覺無多。若如左閣部原議，移調旂營，但令親開溝洫，是目前徒增遷徙之費，終歲徒增工作之勞。并無可置閒田作爲世業，於切實生計無補絲毫。亦恐非八旂兵丁所樂。伏查乾隆初年禦史范盛赫泰，侍郎梁詩正，請移八旂屯種，均不外遼東、興京、永吉州、甯古塔、黑龍江等處。疏內并稱，內地已無閒曠之田，而邊塞尚有可耕之土，即舒赫德、孫嘉淦、富俊英和各奏，亦祇欲移置邊陲而不言畿內，可見近輔無地安插，自昔已然。竊謂以不習耕作之人試墾荒地，但可行於土膏水潤之鄉，一種而十獲，不宜置於磽瘠斥鹵之地，多力而鮮成。查奉天一省，爲國家龍興之地，面海負山，川原沃衍，未闢之地尚多，現經將軍添置府縣，丈量墾地，風氣日開，每年山東登、萊、武、定各屬，貧民負耒出疆，趨之若騖，每以春初前往，秋穫而歸。可知其閒棄地廣饒不費重本，雖斥鹵以耕所穫已形豐厚。若將旂營移往，由將軍府尹勘擇隙地，計口授耕，成熟以後，作爲旂人永業，奉天密邇京師，分年派往，分起遷移，因勢利導，經費尚不難籌撥，國家根本之區，既可藉資充實，旂丁齒口之眾，更可廣闢生機。奉天本旂人著籍，墾荒編户，更無旂民雜處之嫌，行之十年，國計邊儲，裨益豈云淺鮮？若安置既定，食用漸充，農隙之餘兼事講武，以固封守而壯干城，則在旂佐之妥爲部分，留心教練矣。

卷一 軍謨編下

覆陳吴毓蘭條議稟

竊前奉發交吴道毓蘭條議，并令妥議具覆，仰見中堂慎重海防，實事求是之至意。僅就大沽北塘地勢與目下敵情強弱，中國財力之盈虧，參以吴道所議，悉心參酌，仰希憲鑒。大沽南岸礮臺緊逼海口，爲洋船出入之所必經。惟三臺孤聳，形勢頗單，終恐不能禦敵，此羅副將榮光、吴道秉權，所以有增築營牆礮臺之請也。今吴道毓蘭稟稱南礮臺增築後牆，不若於石頭縫另添營壘可爲兩岸後援。又謂南營原有後牆，可就原牆加築灰土，改人字式，以備交攻而省工款，并以餘費修石頭縫之營。不知吴道秉權、羅副將榮光之請築營壘者，原因南岸礮臺繫大沽主營，必須根基堅厚，方足以資守禦，若就原牆加築，規模未盡完備，與不修同。此營倘有疏虞，則北岸礮臺已成孤立，石頭縫縱添一壘，於事何裨？況石頭縫距北臺里許，地勢斜露，敵礮可穿北臺，即可摧擊石頭縫營壘，既非要害之區，安有輔車之助。若謂藉此攻敵，則石頭縫營中之礮，係擊迎面之船，南礮臺之礮，係擊横面之船，西式兵船鐵艦，類皆中宏前鋭，其形如梭，前面受礮處，不過數尺，横面受礮處或至二三十丈不等。

是添築南岸後牆，較另立石頭縫營壘，孰爲利鈍，可想而知。若以兜礮而論，查南礮臺後牆增築，僅寬四十餘丈，前爲臺牆擋隔，吳道毓蘭既云曾見西人圖，有從海中對面遥看大沽營壘一幅，在十數里內，尚可悉其形勢，以資測量，然亦僅見前面之長短，其後面之寬窄，仍不能知。今之南岸營牆，增築在後，是海中尚無從測其端倪，何至兜礮？若石頭縫另立之壘，其營牆至低亦必有一丈七八尺，營基至小亦必有五六十丈見方，前路別無遮蔽，但使敵船弔礮直打，無難命中。是所謂兜礮者，恐不在南臺護牆，而在石頭縫之營壘也。前秋隨侍中堂閱勘大沽時，見南岸燕子窠西頗爲扼要，且河勢稍曲，不當礮子之衝，若於此修壘屯兵，萬一敵船魚貫而進，我軍可從旁横擊。無如內有地六百餘丈，皆屬西人租界，衹可緩圖。故欲於老營西面略加開拓，鑲作人字形狀，使我軍可憑以守此大沽南臺，營外添築護牆，爲必不可緩者也。至平面礮臺若無隔堆，必易受礮，誠如吳道毓蘭所云。查原估單內，本有加修隔堆高六尺厚二丈之説，可毋再議。至云前面牆臺萬一倒塌，臺兵爭藏券洞，臺礮誰施，券洞深長，號令既不得聞，輪帆亦無從而見。查敵船逼攻，全以巨彈轟擊，臺上護牆難保必無坍塌，然後面有此平臺，根基牢固，巨礮肆應不窮，足爲守臺之助。又於營內埋伏小礮，券洞藏有重兵，前與吳道秉權熟商，尚擬臨事添建木柵，爲藏兵存身之地。其法以二尺透心，七尺高之大松木，排列七八十丈作柵，頂上用一尺餘厚木板，板上再加極厚絲綿漁網等物，柵木入土尺餘，內挖地槽，兵勇即在槽內。槽上露木二尺餘爲屏蔽，若敵兵上臺，即於柵孔內施放槍礮。估計木料及板片絲綿各工，每營不過需銀五千餘兩，凡海口各營，皆可仿用。縱使敵兵搶臺直上，既可制其奔軼，我洞中突出之軍，鋭氣方盛，又可於柵孔內環施槍礮，無難使之片甲不回。至於或進或退，或起或伏，自有營官爲之表率，正不必多有見聞，致淆耳目。至謂誰應當衝，誰應藏伏，夫養軍所以禦敵，臨陣尤貴選鋒，某宜戰，某宜守，全在平時訓練，大敵當前指揮即定，何有自甘退縮，貽笑庸夫；此平礮臺甎券之不可不築也。券洞以藏兵勇，藥庫以儲輜重，即使敵兵相持月餘，我臺上之兵既有藏兵爲之輪換，礮彈火藥諸物接續不窮，自可有恃無恐。至慮北地土鬆，甎質笨重，難勝壓力，自屬遠見。然查直隸各州縣，土性均同，其城門券洞有至數百年者，有至數十年者，未聞有不勝甎力自行倒塌之事。若所引大沽閲操，排礮一發，營房無不摇動，以爲地力不勝震力之證，不知礮彈發時，漲力最大，故其聲猛厲無匹。且電氣布滿空中，吸引最速，雖三五里之遥，窗櫺玻璃猶將震裂，不獨大沽之地爲然。倘因此遂慮礮力震撼，券洞中空必多坍陷，是何异捫燭揣籥之説哉！此甎券之設不足慮也。北塘海口南北兩岸并重，前偕劉道含芳、楊副郎大樾、吴道毓蘭，同在北塘察看地勢，見蟶頭沽、青坨寺、避風嘴，三泊均爲重地，均宜紮營。惟吴鎮殿元，現僅練軍一千二百人，不敷分布。查三泊新築營基，離海河僅二里許，蟶頭沽雖在海濱，離火船行走之海河，尚十餘里，是以吴鎮殿元擬在三泊先紮一營，又欲於避風嘴地方，調新河馬隊填紮，以壯聲勢。俟餉源寬裕，人數充餘，再向青坨寺、蟶頭沽等處分紮。其南北兩岸，先行布置，實因兵力不及，并非意有重輕。至吴道毓蘭所議速開新河，開河之土全歸西岸，添築寬厚長隄。有事時遊擊之師分布隄岸，布置輪架大礮，足當礮臺等語，極爲卓識。查同治十三年，徐鎮道奎，早有此請，光緒元年春，吴鎮殿元又與盛傳面商此事，均以弁勇現辦要工實無餘力，及此若僱民興辦，又恐無款可籌，是以中止。況新河逼近鹽灘，田廬墳墓在在多有，大工一舉，未必不爲撫議所撓。盛傳現開南運減河，僅穿鹽溝而過，竈户尚有煩言，可爲明證。并非置良法而不謀，此籌畫北塘之實在情形也。總之，今日防海，欲求萬全，必於大沽、北塘兩河後面多築礮壘，多置利器，多集重兵，始無罅漏。前於同治九年，自濟寧抵津，曾繪圖貼説，面呈憲鑒終以餉項艱窘，不克舉行。就目前而論，海口非有炮臺不能禦敵，非有護牆禦彈不足以守礮臺。非有平頂礮臺多儲巨礮，不足以爲礮臺之援應。非有甎砌券洞隱藏重兵，静蓄其氣，不足以禦礮臺之外侮。方今西學日精，測算製造之法每每出人意表，正賴有人辯論，得擴見聞，何敢自膠成見，惟念與其多所議論，而無濟要需，曷若照舊經營而稍資捍禦？區區私衷願效一得，非欲求勝於吴道也。再，大沽、北塘兩處，增牆築壘并未與聞，緣奉發交會議，不敢不竭其狂愚。惟中堂察焉。

籌布天津海防急務稟

竊疊奉密飭，以倭夷稱兵搆釁，欽奉廷諭辦理海防，嚴飭先事籌備。盛傳承乏偏裨，際兹海疆多故，新城工可告竣，應布事宜，仍有不敢容默者，自前明以來講守具者，首重礮火，現在西洋利器愈出愈精，則後門進子巨礮不可不多購也。新城統需礮位約計二百餘尊，極減亦在一百之數，前已開單，交劉守含芳面稟，礮位酌定即須分置守兵，城内三大礮臺，規制宏廓，配礮二十位須二百四十人守之。每礮臺領以一將，三處約需守兵七百二十人，内外城門每礮臺安礮五位，以五十人守之，八處共需守卒四百人，每門責成千、把、哨弁一人，專主操防，内外門守勇百人，歸其鈐制。每城隅須礮三五位，往來策應須置巡兵五十人，内外八處，亦須增設四百人。守城統將須另選親兵五百人，迺足以資鎮懾。統計四項兵數已在二千人以外。若再於臨河及城南添設礮臺，布置較密，則需兵更多。此時先其所急，自應儘已成城垣礮臺量爲籌布，查葛沽及新城本汛額兵僅五百餘人，即就現兵選練僅敷四分之一。若擬另派礮隊勇營暫任城防，亦須早爲籌調。俾得從容展布。以固要疆。此次卑部窮萬人之力，經營兩載，成此兩城，工程似較他處爲堅實，若不早籌摧堅礮位，得力防兵，雖金湯之險亦難自衛，此新城城防亟宜籌布之情形也。海防要隘，以大沽、北塘爲第一重門户，亦既分屬周鎮、羅副將次第布防，於茲數載，北塘近來工程未經往視，大沽礮臺前數日曾詣羅副將營覆看，工作雖頗認真，而一面孤懸外露，毫無攔蔽，護牆單薄，以禦飛輪巨礮，脫有破綻，臺上立腳不牢，不無可慮。愚意似宜在後面填築大礮臺一座，外圩牆加築灰土厚三四丈，守以五百人，作爲掎角，庶守卒有所恃以爲援，即遊擊之師，聞警疾馳，亦不至倉皇無及。至若祁口爲海口分岸，新河與北塘掎角，既籌備禦之方，即不宜顯留罅漏，似均宜添築礮臺，遴派專守將卒，以期修防得宜，共圖捍禦。此海防全局宜籌布置之情形也。卑部馬步較多，曾經奏明留備緩急，作爲遊擊之師。萬一海防有警，自應馳剿應援，惟兩岸汛地較寬，海河風潮洶湧，大隊船渡多艱，或恐臨時遲誤，似須認定一路，或在北岸，或在南岸，北岸即須堵扼入京要道，策應北塘。南岸則須策應大沽、祁口、新城，蔽護津郡及馬廠老營根本。如蒙指定，南路或在中唐窪一帶適中之地，擇要扼紮，如在北路，亦須擇地駐紮，先事綢繆。行隊炸礮，約需百二十尊，如四磅後門礮不可多得，即法國輕銅礮，身長子遠，亦可敷衍。備用畿防，關係重大，似須稍厚兵力，多儲利器。籌添大隊多則萬人，少或數千，用資分佈。此南北岸遊擊宜增勁旅之情形也。以上三條，購器設備需款甚多，明知餉項艱窘，兵力不敷，歷年以來，迄難興辦，惟今日敵彊勢偪，欲罷不能，此次釁端，起自東夷，猶易措手，朝廷方注意海防，請款增兵尚可仰邀俞允，且沈欽使及江省均借洋款暫濟急需，直省似宜仿辦。中堂身繫安危，若不統籌全局，於時務緩急所在，痛切密陳，將來必有不能卸肩，不能收拾之日。盛傳受知有素，用敢披瀝徑陳，伏惟鑒察。

籌辦大沽北塘新城防務條陳

竊前派記名總兵汪丙炎，赴滬購辦釘鐵，當囑陰託商人密探中外交涉事機，隨時稟報。昨據該鎮來稟，探得威使到此半月，凡事電達英京，每夕均有長電。惟威使及水師提督得知，雖領事及雲南查勘洋員，均不得悉。電資已費兩萬餘金。該國原有兵船四隻，巡視外洋，旦晚開至天津投遞公文，以爲不遂所請，必至决裂。另有兵船十二隻，已由英國東來，威使現在上海辦煤，并有黑兵兩萬，在格納格得埠候調。據西人言，將來必先據一通商大埠，再行議款等因。伏查英使詭詐萬端，雖日後終至言和，目前必借戰事要挾，惟佈置嚴密始足以作士氣而杜狡謀。刻下雖有英、法、奥三國，在土耳其與德、俄、意交戰之説，英兵素雄海上，但有黑兵兩萬已足與中國爲難，防務萬不可緩。謹就愚慮所及，籌擬新城、大沽、北塘等處海防九條，開呈鈞鑒。

一，海河兩岸宜設浮橋，以便援兵往來。查大沽、新城等處，至少須設浮橋三座，北塘等處，至少須設浮橋兩座，尤宜大員督理，庶免貽誤而專責成。擬請中堂臨時酌派熟悉地方情勢實心任事之人，專管其事。

一，擬請大沽、北塘、新城各處，各儲水雷數百，水雷面上横直預開數孔，孔内洋鐵管中，另鑿小眼，埋時務使孔孔相對，眼眼相通，一遇燃放，乃可連聲轟擊，其雷以丈餘長，尺許見方爲宜。水雷大者，或方或圓，係爲海口轟船而設，此係用於陸路，相地勢爲之，故以小而長者爲合式。并擬請各處均存電線約長二十餘里，以備臨時燃雷之用。

一，六十八磅四十磅之田雞炸礮，最爲利器。擬請飭軍械所查明現存多少，有無子彈，倘有存儲，并擬請於大沽、北塘、新城各處各發數十尊，隨帶子彈若干應用。如無此項，即十八磅亦可。此礮全恃能炸，藥信必須講求，查藥信以海光寺造者爲佳，應請飭令王牧德，均一手製辦。

一，四磅礮配架馬匹，前經稟請購辦，當以款項艱難暫緩，現在需用甚急，擬請速購發營，配齊操演。庶臨事稍有把握。

一，擬請發二十四磅大礮架，以備礮臺坍倒移往兩旁，或移營壘周圍轟擊之用。如鐵架趕造不及，即用榆、棗、槐、鐵力各木製造亦可。但使輪邊略寬，能以載重。再將鐵軸上螺絲釘嵌緊，便無妨礙。應請飭局，比較鐵木兩種礮架，何項製辦稍速，趕緊造成。

一，行礮後輪架，非四輪不能行走，戰時慮有損傷，非有兩架無從更換，擬請多發數十架，以備臨時更番應用。

一，大沽、北塘、新城各處，擬請多備外洋煤火燈，爲夜間防海之用。并請新城發炭數百萬斤，大沽、北塘，各酌撥若干，存儲以備不虞。

一，擬請留意統率之材，以年二十以上，四十以下，身捷目威踔厲無前者爲合選。有事之時，招集天津義勇萬人，發給前門槍，不能改造者，令其自成一隊，以爲遊擊之師，既杜敵兵衝軼，又爲正兵應援，若正兵稍有損傷，并可補正兵之缺。最爲救急要著。凡招勇，雖市井之徒，但使慓悍，以軍令約束，皆可應用。惟腫眼胞、彈弓腰、青莊腿、八字腳者，斷不可用。

一，中堂現住天津，居中策應，最爲合算。擬請飭令護練各營，厚集兵力，講求操防，多備戰守之具。庶東可以爲大沽、北塘之後援，北可以杜敵人繞越山海關進京之路。

再陳海防條議

竊前擬海防應辦各條，稟候采擇。奉批詳示，欽佩莫名。敢即前稟所未盡者，再爲我中堂陳之。第二條內原稟，請大沽、北塘、新城各處，各發地雷數百，具以備敵軍登岸之用。奉批：「敵軍既已登陸，則以陸師應之，豈可專恃地雷方能破敵，即要隘設奇置伏，亦似無須如此之多。該鎮所擬新式，仰即繪圖貼説呈覽。」查地雷之用水面，可以轟沉敵船，陸路可以扼守要隘，臨時詳視地勢，乃可出奇無窮。

《海防新論》載，南花旗將軍比給德，善用地雷，一日與北軍交戰，有數處緊要之所，無法保護，則於此數處鬆其土，僞伏地雷，并於四圍，插旗爲誌，北軍疑不敢進，要口遂全。是陸路之用地雷，正患其少，何慮其多。至所擬新式繪圖仍恐不晰，業飭匠造具木式，送呈憲核。第三條原稟，請大沽、北塘、新城，各發田雞炸礮數十尊，奉批：「此礮爲仰攻利器，未能射遠，大沽已有一百二十八磅、六十八磅田雞礮各兩尊。北塘已有六十八磅田雞礮兩尊，軍械所現僅存十二磅田雞礮十一尊，礮身過小，新城能否領用？」查田雞礮不能射遠，誠如憲諭所云，但於敵船逼近之時，或轟碎其桅頂，或炸裂其外艙，似較克鹿卜等礮反爲得力。且或敵軍登岸，遇有溝隄，我軍不能直擊，即將田雞礮從空落擊，亦可散其隊伍，不能突隄而前，并不能藉隄自固。今大沽、北塘僅礮兩尊，似不足供應用。軍械所現存十二磅者，又嫌身小力微，應請飭製造局趕緊仿造，或飭查甯、滬各局，如有存儲，解津備用。第五條原稟，請發二十四磅大礮架，以備礮臺坍倒移往兩旁，或移營壘周圍轟擊。奉批：「此種大礮，安設臺牆已非易易，臨事恐未能移而之他。另造鐵木各架，工費極繁，後膛礮坐力甚大，恐非木架所能勝任。」查另造礮架，工費自屬極繁，明知款項奇絀，何敢輕議及此！惟置一礮須得一礮之用，若礮臺一坍，無礮架移至旁所，利器即成廢物，況臺牆一坍，礮位孤露，呼吸之際生死相關，若有礮架可移，尚可背城借一，爲死中求活之計，若并此而無之，惟有束手待斃而已。利害相懸，何止萬萬。至後膛礮坐力恐非木架所能勝任，查此項礮位來新城時，均繫卑軍拉石、木，架鐵軸四輪平車，拉運進退之際，綽有餘裕，是木架力能任重已可概見，至坐力能否勝任，非試驗不能預知，然卑軍拉石土車，尚能承載，若木架由製造局製辦，輪邊以六七寸爲率，輪盤以二尺餘過心爲率，再用螺絲釘嵌緊，以之抵禦坐力，或不至大相懸殊。應請迅飭製造局先造數架試用，如果可用，再行多辦，庶費不虛糜，而功歸實濟。第七條原稟，請備煤火燈，爲夜間防海之用。奉批：「海邊風力甚大，煤火難以燃燈，外洋煤氣燈，中土尚無人仿造，至於防營内外，臨敵最忌燈光，反資敵用。」查明燈照路之法，《海防新論》言之最詳，并有奥美各國石灰燈及火油電氣各燈之式，上海洋商頗有願爲承購者，若能多購此燈，置之沿海各口，照敵人晚間行船，以備轟擊，實屬目前最要之端，若慮光爲敵用，竊謂我之臺壘，屹立不移，敵船但於日内望真標記，夜間既無燈火亦可無難轟擊，若敵船倏東倏西，不可測度，非有明燈照路欲擊無從。是設立明燈在我爲要，在彼爲害。應請迅飭購辦，以備急需。更有請者，現聞朝議，有令中堂親至煙臺與威妥瑪議和之説，查使命往來行人之職，中堂身係天下安危，豈可冒險以爲孤注，彼族雖云信義，然乘機設詐，難保必無，即不然，而嘉會成於荒島之中，亦非所以重朝命而尊國體，倘日後諸小國援例以請，又將何以爲辭。此議如確應，請中堂爲國自重，毋墮彼族狡謀，天下幸甚！

籌備戰守六條

竊奉鈞函并戈登條陳一則，盛傳在軍最久，受恩最深，每思得當以報，故前於煙臺議和時，力請主戰以杜外夷覬覦。本年俄事初起，亦屢爲言，原欲中堂保全令名，即盛傳等，亦且附以自見，今強敵壓境，正將士戮力之秋，三復憲函，益增奮勉，卑部自聞俄有鐵甲船來華之信，即加緊練習，軍民萬衆皆所深知，今中堂信使往來，若深以卑部不操爲慮者，是必有蜚語浮言上惑清聽，盛傳居心行事，久蒙洞鑒，豈竟以此見疑，營中曠地甚多，分操合操，何敢稍滋曠懈，請釋蓋懷，管見所及，并擬戰守事數條，伏求采擇。

一，零星營盤宜合并爲大枝也。直省現有之兵，淮軍而外，厥爲練軍。除卑軍、銘軍及李軍門長樂分統各營外，或三營，或兩營，零隊尚多，有事之時，或此營主似宜合并爲一大枝，擇威望知兵大員統之，庶事權一而聲勢亦壯。

一，礮械轉運宜添車輛，以利師行也。查四磅克鹿卜礮及大小格林礮，最爲行戰力器，惟器件繁重轉運甚難，克鹿卜礮子每顆重七斤，每礮須帶二百子，重一千四百斤。加以子藥零件約共二千斤，大格林礮子每顆重十兩零七錢，每礮須帶子八千粒，約共重五千餘斤，小格林礮子每顆重一兩一錢九分，每礮須帶子一萬二千粒，約共重一千餘斤。計四磅克鹿卜礮及大格林礮，除礮車外，克鹿卜礮每尊需四套頭快馬車二輛，大格林礮每尊需四套頭快馬車四輛，小格林礮，每尊需四套頭快馬車一輛，以運子彈零件。卑部現有四磅克鹿卜礮四十尊，大格林礮十尊，小格林礮三十六尊。計共需車一百五十六輛。此繫從減合算，萬無可省。大格林礮拉礮馬匹，今夏業發價購買，然到營尚遲，設有戰事，緩不濟急，小格林礮每尊拉炮馬約需四匹，共一百四十四匹，尚未購備，應否於他處撥給之處，伏候憲裁。再，大格林礮配駕零件及子筒繩索，并小格林礮鞍轡諸物，軍械所一概未發，并請飭所，連礮譜及前批發給卑部之呫啫士得槍四百杆，速行發給，以便演試。至十二磅輕銅礮，應運器件及行戰所需薪糧各物，應由營中自製之車運用。

一，勇敢之士，宜招募以爲奇兵也。外國之兵，隊伍嚴整，器械精利，硬攻硬打，未見其宜，必須招募勇敢之士，以爲衝鋒，使之橫衝直壓，所當無前，敵人不善奔突，或可爲我所制。此議前已力陳，昨戈登謂，兵行宜疾，與此意闇合。宜請速招訓練，并迅製肉厚節滿竹桿，長不過一丈三四尺，以鑌鐵圓鋒爲刃，長約七寸，外用生漆麻絲纏裹，預備有事之時應用，若款絀不能多募，擬分淮軍、練軍爲三大枝，至少每枝亦需附以六千人，始敷一戰。

一，宜多購木料預備築栅，以制衝軼也。臨戰之時，敵人用巨礮轟擊，礮臺城垣難保無坍塌之虞，若城之四角添建木栅，爲藏兵存身之地，抑亦救急之一端。其法以二尺透心七尺餘至一丈餘高之松杉木，排列七八十丈，作栅頂，上用二尺餘厚之木板，板上再加極厚絲綿漁網等物，栅木入土一尺餘，土内挖成槽，兵勇即在槽内，槽上露木二尺餘，以爲屏藩，若敵兵上臺，即於栅孔内施放槍礮，敵人當之無不肉糜矣。此法估計木料及板片絲綿各工，每栅不過需銀五千餘兩，轉瞬海船近口，木料繁多，最易購辦。凡海口營内皆宜仿用。

一，近城内外，宜修挖道路，以爲防範也。守城之時，宜先清出礮路，若者爲走行礮之所，若者爲設待礮之所，先須布置停當，沿城并須多留伏道伏溝，以爲兵勇出入之區，某守某礮臺，某守某隘口，某爲正兵，某爲應兵，亦須先期分布。庶臨事不亂。其離城壘之一二十里内外，何處險要可設地雷，離城壘之二三十丈及數十丈地方，尤宜多設。其電線之遠近，是否如法，總須預爲察看。至浮橋爲行戰往來，尤爲當務之急，現聞已經修造，應請迅飭竣工，以期毋誤事機。

一，宜多儲糧薪子械，以備不虞也。臨敵之時糧薪等物，皆爲軍中要件，必須寬爲預備，如有一萬人守城，應備一萬五千人之糧。始可無虞缺乏。餘物仿此。子械各項尤不可缺，近京一帶并須酌儲若干，戰時可就近取用。否則東蕩西突，猶須總匯之所，領取行糧子械，緩不及事矣。各式氣燈夜間用於城壘，絶有關繫，蓋我有光可以鑒人，而燈又内斂，敵人不能窺我也，似宜於上海洋商内設法購辦。

覆陳戈登條議

再，戈登條陳初謂，以西人言西事，必於海道之淺深測量之。遠近槍礮之利鈍，操法之奥妙，詳乎言之，乃其大致不過以簡便爲主，其擊輜重、利速戰二意，前議已及，至謂購用後堂槍及水雷，慎勿採辦精利深奥之品，則可爲囈語。夫打仗器械不求精求利求深求奥，但求省費，則何不并此平常之後膛槍礮水雷去之，全用中國舊法，而謂弧矢可以威天下哉。至謂今擊其前，明擊其後，使敵人晝夜不遑假寐，則疾病易生，尤爲可笑。毋論敵兵槍礮精利，我兵未能頻擾，行軍自有法度，輪班哨夜，中外所同，我苟能擾彼而致疾，則我亦日疲而不支，權其利害，豈有疾病獨在敵人之理。戈登重洋遠來，其意自屬可嘉，但其所陳事理似尚未得西人行兵之妙，伏祈察酌，幸甚。

戰守條議

竊昨閱《申報》，内有法人攻取越南、北甯地方等語，不勝駭异。伏思此等警信，中堂必早接電音。未知確否，敬祈密示。此信若確，則法人志滿意得，斷難就我範圍。而我廣西官兵，全駐北甯，接戰以後，必無轉圜之法。明歲開河以後，度有戰事，自宜先事逆籌，謹擬管見十二條，恭呈鈞鑒。當此秣馬厲兵之日，宜存同舟共濟之心，但求有益於事機，不忍強分夫畛域，區區愚慮伏候蓋裁。

一，專責成。各口守將，專事守禦，各處行營，專力救援，此一定辦法，必須嚴定責成。臨事乃無推諉，擬請飭知守將，於敵人來攻之時，即發電報或探馬通知援軍，一面嚴行守禦，如援軍在六十里外，似需一日方能趕到，蓋近時器械過重，非若昔年剽捻，一日可行百里也。援軍既到之後，救援不力，致海邊營壘失陷，則厥罪惟均。若援軍未到而營壘不守，似非援軍所能任咎，此事須按道里遠近，電報早遲，以定功罪，俾衆咸知。凡有海防援兵處所，若能一律添設電線，更爲周妥。倘一時趕辦不及，亦宜多發探馬，庶幾臨時誤事。

一，設偵探。兩軍交綏，全在知彼知己，臨事乃有把握。法人在越南開釁後，軍情嚴密异常，各處報章亦多不實，或張大其詞，或虛摹其狀，多半從旁揣測，并非確有見聞。擬請遴派熟悉法語，曉暢事機之委員一二人，優給薪資，改裝易服，於越南西貢、順化等處，法人聚集之所，密爲探聽，該軍來華者有兵船若干艘，鋼礮若干尊，前敵者係越南土人抑阿非利加黑人，用何槍械糧餉，煤斤於何處取用，隨時逐條電知，以便早爲預備。

一，募奇兵。法人此次與黑旗交戰，本國之人并不甚多，強半募越南土人。前導蓋彼族，兵餉最爲繁費，用一法人之費，可募土人十數，其勢然也。從前庚申之事，亦募我廣人前驅，是其明證。此次設有戰事，越人與廣人彼族募用必多，此輩雖繫士人，不若洋兵嚴整，然其慓悍奔軼之氣，亦恐猝不及防。擬請臨時招募勇敢之士三四千人，各持肉厚節滿圓勁毛竹桿外用漆絲纏裹，上以鑌鐵爲刃，此種竹桿，前於六年，已製辦數千桿。再問以卑部换下之士乃得兵槍，配搭備用，緣越廣届在南方，其人雖善奔突，若在山巔水涯，是其所長，一旦遇平原曠野，馬隊横衝直壓，斷難支拄。此盛傳所歷試者。惟馬隊僅能取遠勢作活著，若逼近敵人，反不若步隊得力，且敵人亦有馬隊，我僅以馬隊禦之，亦非制勝之道。查西國馬隊，常帶小開花礮，我軍求整齊，須抱疙瘩。彼如專攻馬隊，以開花礮轟我，我之奇兵即可乘虚而入。或擾其前或擊其後，輕快勁力，俾敵人不得措手。但能將前隊越廣之人，埽除盡淨。其餘真正法人，本自無多，我步隊正兵，又有堆土伏溝避槍之法，炸礮轟伏地人之法，以静制動，亦足摧彼兇鋒。若法人在前，又可以此項奇兵作爲誘敵之用。先張旗幟迎敵先驅，我步隊正兵即可藉爲屏蔽，於内挖溝堆土，法人見我兵不整，勢必鼓行而前，無復顧忌，迨至槍子可以直中之時，我正兵即可於溝内放槍轟擊。彼族雖悍，恐亦無所可逃。又兩軍相戰，不免傷亡，亦可於此項奇兵挑補正勇。無俟另行招募。是此一舉而三善備者，數月之間，事機無不大定，費餉亦復無多。擬俟將有戰事時，再行呈請招募。

一，杜欺詐。軍營戰報，往往飾敗爲勝，或稱斬殺多名，或稱追至何處，究其情形，多半虛詐。既爲惡習，尤誤戎機。現與法人有事，泰西之制，本許人臨陣觀看，擬請中堂於將戰之時，預先照會法人，派委員至彼營中觀戰，亦許法人派員至我軍營中，俟戰畢後，各至戰場查看兩國實在傷亡人數，具報備考以昭核實。

一，添炸礮。前蒙飭發德國新製洋鍬，預備戰時兵勇挖溝堆土以避槍子，其法切用易行，惟其製來自德兵，法人想亦熟此，彼既有避槍之法，我必另籌破敵之方乃爲合算。查外洋向有田雞炸礮，其彈可以從空墜下，炸傷兵勇。應請飭查軍械所，存有田雞礮若干尊，每營多則發給四尊，少則發給二尊。大則二十四磅，小則十八磅，某營用十八磅，某營用二十四磅，總宜一律整齊。以便行戰時轟擊挖土伏地之敵軍。至各海口及新城等處，凡六十八磅、四十八磅之田雞礮每處似應預備三四十尊。光緒六年曾經呈明在案，擬請再飭軍械所早爲查照製備安設。

一，備旱雷。水雷計有三種，有用電線通至岸上者，有沉在水底俟敵船壓而發火者，有其形如魚內具機簧、法條，能在水中自行，遇敵船碰而發火者。應需若干，水師各船自必早爲布置，至旱雷爲陸師所必需，未知製造局實存多少，管理旱雷之員弁，現有若干，能否敷守各口各營之用，凡營外四五十丈之處，必得密置旱雷或間二三丈一洄，或距四五丈一洄，每一營周圍應埋多少，總共營外應埋幾層，橋口要隘尤須多埋數具。倘爲地勢所限，至少距營十丈内外處，亦必有旱雷以保護營牆。共需旱雷若干，應用電線丈尺若干，皆以早爲籌算。如總電線一條，能分出支條多少，每一支條能按雷幾洄，如敵人到某處應發某雷以轟之，皆宜預爲操練。如是則敵斷不能驟攻我營，否則一營偶失，全軍喪氣，關係實非淺鮮。愚見旱雷似宜預備四千洄。此外再能多備二千洄，以備祁口及他處另行設防之用，尤操勝算。至埋雷之人，必以誠樸爲宜，天津海口之人斷不可用。此輩性情浮滑，多通外國語言，難保不無漏洩。擬請飭員覓雇保定以西山内之人專辦此事。所埋地段内，除本營統將及經管委員，一概不許潛窺。工竣後，仍將該工人送回原籍，不准逗留津境，以昭慎密。

一，議守兵。新城一處爲大沽後援，天津屏蔽，形勢最爲緊要，現在吴督辦在彼駐紮，聲勢極壯，惟明春即須移紮灤城、樂亭等處，此已奏明在案，如彼軍拔隊後，新城僅有張守備一營五百人，似嫌單薄。將來應派何人填紮，擬請早爲籌備，以資捍禦。

一，造電罐。查旱雷一事，處處皆可設防，最爲行戰精器。卑部上年，已由軍械所商撥二十英里長之電線，來營備用，又託製造局代造發電氣罐數十洄，旋準函復，已造玻璃管百餘，試放不出十丈以外。現在事機已急，擬懇飭局設法趕緊製備，或由外洋購辦，必得速備百餘，取其簡便易攜，以便行營設險之用。

一，籌槍械。洋人槍礮既利，訓練又精，自係一時勁敵。迥非昔年髮捻可比，我軍若狃於前次取勝，猶以刀矛爲利，固屬不能禦敵，即以稍鈍洋槍禦之，亦恐不能取勝。愚見擬請飭知各處，步隊之槍，似以一律用哈治開司與毛塞爲上，士乃得次之。馬隊則以呍啫士得爲上，若毛塞有馬槍亦屬相宜。未識他軍馬隊是否皆有此槍。擬請飭知，查明更換。

一，核子數。兩軍交綏，全恃利器，勝敗實在呼吸之間。是子彈一項較糧餉尤關緊要。苟軍實一充，則士心自壯。現今之槍以哈治開司、毛塞、呍啫士得三種爲上，擬請迅飭各局，查明此三種槍，通計各軍每種共有若干，軍械所每種仍存若干，三種子彈合用之子，每種實存多少，其不合用者，不必列入數內開單稟呈，至中國製造之子，并請飭知各軍統將，會同各局總辦，隨時考較，務求完善適用。

一，備食鍋。卑軍駐防日久，昔年行營銅鍋早已毀爛無存，而鐵鍋又不便攜帶，且多破碎之虞，應懇飭知軍械所趕緊製備銅鍋，按棚酌給，即他軍若開行隊亦宜早爲製備，以便臨時發給。又浮水氣帶，并請飭所多備，以爲兵勇渡河之用。

一，持定議。現在戰事已成，自宜堅持定見，百折不回，惟軍事利鈍本難逆料，况中國海口甚多，難保别無闌入，設有警報，自係該省，布置不當，訓練不精，斷不能以偶有小挫遂墮前議。坐使庸流藉口，烈士灰心，中堂主持全局，務請力持定議，使彼族知朝廷有人，必可折其兇焰。盛傳受恩至重，領兵較多，於泰西槍礮操法講求稍有把握，有事自當盡力以報，津防門户必可完固無虞。他如試浮橋以渡礮車，延洋醫以治傷損，前經屢次呈請不復贅陳，統惟鈞鑒。

續擬戰守十條

竊法越一事，已起釁端，前曾條陳十二事，荷蒙鑒許，惟屢次上言，條日近於瑣碎，聞者不察，或謂多所請求，或謂鄰於畏葸，不知行戰之師，委曲繁重，有備無患。古有成言，與其臨事張皇，已無裨益，曷若先機布置，藉作補苴，兹復續擬十條，恭呈鈞誨，明知愚昧之見，無當高深，或者芻蕘之言，可資一得，伏候采擇施行。

一，行戰之師，最爲繁重，礮車子藥，各項輜重，轉運艱難，必須有坦平之途，方可馳行無誤，擬請自山海關起至祁口南止，凡傍海陸路，通飭各州縣起集民夫，一律修整，以寬五丈爲度，如有橋梁，尤需查明是否堅固足恃。現在京員條陳，有舉辦鄉團之説，辦團必須集費於地方，并無大益，不若改爲修路，衆擎易舉，亦古人用民力之意也。

一，海河浮橋原爲渡師而設，伏查新城至北塘需用一副，西沽至北塘需用一副，北塘至蘆臺亦需一副，共需三副，佈置方周。前經中堂造成兩副，嗣聞已撥一副至旅順口，此間僅存一副，頗覺不敷。且現存一副是否大小合式，堅穩不摇，亦須試驗。擬請飭員先行勘試，并飭趕造二副，以備應用。庶幾軍行迅速南北靈通。

一，敵人上岸陸師赴援，兩軍相持或二三日，或四五日，事所恒有，即須寬備行糧，方不致誤，查陸師既帶子彈器械，爲數已繁，若再攜帶米糧，更形累贅，擬請自山海關起至祁口止凡近海之路，或隔七八十里，或隔六七十里，擇扼要高大村莊，各儲一二千石米糧，預備各路行軍支用。又前敵赴援半屬海灘，若相持過久，水味苦鹹，人馬艱於汲飲，亦屬可慮。西人僅有蒸汽成水之法，此外别無藥料可以變鹵回甘，并擬請多備車馬轆轤轉運。

一，現時礮火之威，極爲猛烈，兩軍相敵，傷亡必多，勇丁隨地募補，爲事尚易，惟礮架拉馬等項，一有擊壞，全礮皆虚，關係誠非淺鮮，所有四磅大格林等礮，擬請飭製造局按照礮數預備礮架一半，并請仿照德國營制，每礮六尊，備馬三十匹，使之操熟不驚，以爲臨時更换之用。

一，新城現有十二磅鋼礮十七尊，最爲利器。查兩軍相敵，以礮火能擊遠者勝，此項十二磅礮，較之四磅礮尤爲命中致遠。擬請飭製造局，按照十礮之數，每礮各造兩礮架，預備行戰攻敵之需。再，卑部前繳小格林輕銅各礮，除小格林十二尊，以六尊撥歸武毅軍，六尊繳還軍械所外，其輕銅礮二十尊。現查此項礮位以之守護營臺尚堪得力，擬請仍留卑部營中備用。惟不請領礮費，合并聲明。

一，查山海關起至祁口止，大小海口二十餘處，皆可登岸，若處處設防，不惟無此重兵，似亦無此兵法，除原有礮臺口岸外，其不甚著名各口，敵人或乘間登岸，購辦飲食，探問道路，亦在意計之中。擬請各口派四五穩練之人，聯絡本處漁船，許與敵人買賣，即以密探敵情。是否法人自爲前隊，或越人廣人爲之先驅，另派飛馬二匹，隨時報知援軍，以便早作預備。探問得實，優以重賞，誤則軍法隨之，必須沈厚謹密委員總司其事，庶昭妥慎，此亦用間之一道也。

一，兩軍交戰，純以槍礮轟擊。將弁夫勇，不免損傷，洋醫斷不可少。擬請飭覓諳熟外洋醫理者十數人，預備應用，即於各處傍海村莊存糧之處，另備房屋數十間，使洋醫及各營就近辦事人居住，亦可爲調養傷兵之所，亦行軍之要需也。

一，行戰需用甚多。前在製造局，見電氣燈，最合行營之用，其燈有輪軸，可以拉行，未知拉運於六十里外，能否堅固不壞，此外有無别項氣燈可用，擬請飭員採購若干，分發各營試用。又大千里鏡能瞭望於數十里外，凡統帶營官皆須攜帶察看敵情，以便準備。行營斷不可少，并請多購發用。

一，昨奉行知，據軍械製造兩局會覆，有飭令各營派精明幹練之員，分赴東南兩局暨大沽水雷營學習試電、發電、作信子、接電線及裝雷、安雷各法，自應遵照辦理。惟查此項學習，尚不甚難，群居固可相觀而善，所慮人數過眾，教導轉不能專。卑部前派各局學習水雷，弁勇有遲至兩年尚無大效者，擬請飭派精諳發電之教習一二人，帶同各項器具來營教演，以專心志而期速成。

一，查萬國公法，兩軍相戰，凡力不敵者，即舉白旗，此軍即不能殺戮。本國激於義憤，恨夷入骨，若遇敵人舉掛白旗，未有不盡情痛殺者，擬請飭知各營，并照會法軍，一切均照公法辦理，即彼國商人不在行陣，亦應一體保護。不准傷殘，庶昭我朝寬大之恩，使异類得以歸心而自沮。似亦柔服遠人之大端也。

續籌戰守六條

竊近日北甯不守，中法開戰，釁隙已成，日内紛傳，有索償兵費之説。彼族鋭氣方新，辯論度難折服，倘以兵船犯我海濱，意存要挾，不過旬日之間，戰事立見。此時情形迫切，不啻厝火積薪，一切戰守機宜，若不先事籌畫，倘有疏失，即懲以軍法，於事何裨。謹復擬戰守數端，伏希采擇。

一，大沽爲洋船入口之路，緊要异常，現經中堂籌劃，創築南北礮臺，形勢足資控禦，惟是守臺之兵，必須一氣，方足以一耳目而免分歧。現在羅副將、劉鎮、史鎮，各營同紮兩礮臺之内，約束既難周到，號令亦不能專。且有事之時，人多囂雜，兵氣不静，實非制勝之師。擬請飭羅副將專顧南路礮臺、北路礮臺及石頭縫等處，責成劉鎮防守，其史鎮一營，并請飭移駐南礮臺後數里，以資掎角。無事便於訓練，臨敵移駐臺内亦無所勞，且使他日援軍遠赴，并有暫駐之所。似爲一舉兩得。

一，海口險要，全恃礮臺，惟敵礮久轟，不無坍塌。一有損壞，則立腳不穩，放礮較難，兵勇雖多，勢成束手。擬請礮臺營壘多購木料，預挖伏道，以爲救急之策。其法，於地内挖一伏道，約深數尺，寬丈餘。使兵勇得以存身，兼可通行出入。

再用六七寸厚木建柵，兩旁所挖之土，緊靠木外作斜坡式，若慮土性過鬆，不能堅結，海濱之地，蛤蚌甚多，可取之以墊土底攙和兩旁，使之不易坍塌。兼以草和濕土裹護上面，使之綿輭以禦槍礮彈丸。木紮土下約尺餘深，土上露木約可二尺。露木中間多留孔穴，分置槍礮以擊敵人。正面用板蓋嚴，再堆素土厚三四尺，以防炸彈。營外作壕溝，寬約二丈，深七八尺，所挖之土，堆在兩面，即作溝上隄埂。兩邊站柱約二丈七八尺高，埋入土內深三四尺，每離三尺五寸即排一根，用木橫拏堅固，外用板，厚一二寸，排列用大螺螄釘，將板在站柱上鍵緊，從溝中一看，板皆平直，絶無參差不齊，方爲合式。另於溝中之横處或拐角，堆作半截空臺，可以架礮，臺之內外兩面，均夾木板，連土約厚數尺，此爲暗臺之式。營內又有暗道可以通至此處。所用之礮，以輕銅群子或格林礮爲宜。如此辦法若礮臺損壞，敵人争入，我軍即伏在內，於木孔中施放槍礮，又於溝旁横處開礮轟擊，如古巷戰之法。敵人雖悍，斷不能搶我營臺，庶可轉敗爲勝。凡海口及城垣有礮臺之處皆宜仿行。

一，新城爲大沽後路，防守似不可疏，前軍械所議買瓦瓦司前門礮，盛傳擬購後門礮，曾與力争，屢謁中堂陳説，蒙購辦十二磅克鹿卜礮，二十一尊，安置新城垣臺各處。足資控守。嗣移撥四尊與北塘，所留十七尊尚敷布置。昨至新城順道閱視，見此項後門礮僅有兩尊，即二十四磅礮亦少兩尊，張守備云，均奉撥給他處。在中堂斟酌緩急，勻撥自有權衡，惟新城扼要之區，設防尤急，前購之瓦瓦司前門大礮，據局員稟稱均係利器，且能經久不傷，分撥他軍大可抵用。新城仍請多籌後門礮，庶幾可恃。再，新城等處，似須存米數千石，煤數十萬斤以備急用。

一，山海關等處，僅有正定葉鎮一軍，兵力單薄，久邀鈞鑒，業蒙撥給器械，并將保定馬隊移駐，以壯聲威。查馬隊長於衝軼，僅作奇兵及包抄後路之用，以之駐守似非所宜，或僅留馬隊一哨，專探軍情，較爲合拍。保定現有練軍步隊兩營，若調赴山海關歸葉鎮節制，將弁稍不得力，聽其撤換，不難練成精鋭之師。否則另調他處步隊填紮亦可，其馬隊仍回保定，專緝地方，似於禦寇緝奸兩有裨益。

一，盛傳歷次所上條陳，如蒙採納，務期立見施行，如海口各營安設旱雷等事，并請飭知前敵營務處隨時查視，是否布置合法，以昭周密，而重軍防。

一，現在事勢已急，度必有以議和之説進者，當此關外諸軍救敗不暇，沿海各口布置未周，斯即稍與委蛇，以圖後舉，昔范蠡不死會稽之恥，曹沫不羞三敗之辱，卒之功成名立，天下稱之。聊以古人解嘲，何爲不可？惟是夷務之興四十年矣，壬寅庚申創深痛鉅，俄事倭事接踵而來，苦無振作之機，更少富強之效。平居則困於議論，有事則徒作大言，徒使戰士灰心，英雄短氣，若使此局一解，不過數月之間，裁兵節餉之議，又復紛陳於事，究屬何益？不如現在慷慨一戰，尚可保全淮部令名。中堂主持全局，此釁之開，內議主之，中堂身任封疆，宜言戰不言和，務望力持定見，毋爲群議所摇，是所叩禱。盛傳老母年逾九旬，未遑歸省，以中堂屢次慰留，亦欲得當以報。北洋要地，自當努力以圖請釋藎繫。

戰守事宜五條

竊前因中法有事，先後條陳各件荷蒙鈞鑒，現在法人已在基隆開戰，事勢至爲危急，卑部爲行戰之師，謹就行隊有益，淺近易行，爲目前萬不可緩之著，愚慮所及，復得數條恭呈鈞誨。

一，前稟請添募奇兵，原欲奇正相生，臨機應變，以爲禦敵之計。奉批「餉項奇窘，暫從緩議」，自應遵照辦理，惟有戰事之時，全以槍礮轟擊爲要，然我能擊人，人亦能擊我，必須前面挖築土牆，以防敵彈，方爲穩妥，屆時若派熟諳操習槍礮之兵，向前興築，槍林彈雨之中傷損未免可惜，擬請添募礮夫二千名，專爲挖築土牆之用。臨戰以槍隊略前遮護，礮隊即以此項礮夫在前築牆，使我礮隊有所隱蔽。一遇可以放礮之時，即行開礮轟擊，似亦制敵之一法。此項礮夫臨事始行招募，需費亦復無多，所損者小，所益者大。

一，法人如來北洋滋事，必須大隊，彼族每一調兵，繁費不貲，計必廣招越南及廣東無賴之徒以張聲勢，此輩剽悍奔軼是其所長，若非訓練之師，亦慮爲其衝突，惟南方之人，最畏馬隊，一見大隊横衝直壓，勢必亡命反奔，從前髮寇徘徊高唐、連鎮之間，不敢前進，湘軍與捻寇馳逐，日久無功，皆可爲南人畏馬隊之證。擬請將零星馬隊調歸一處，實力操練，其馬隊成軍者，亦責令各統領常加操習，以備將來有戰事，專破越廣人之用。若彼族所募越廣人爲我馬隊所破，亦足挫折鋭氣。我再以槍礮隊轟彼真正法人，度亦不能與我支吾矣。

一，行戰之時，專資器械，礮架一壞，全礮皆虛，屢請中堂飭局，每礮預造礮架多具，以資更换，現在事勢已亟，此時萬不能緩，擬請飭局速行，按照各軍及各臺壘所有礮數，每礮必須添造礮架兩具，始足敷用。如萬難速辦，每礮老虎頭并輪輻必須多行預備，以爲急需。子彈等件亦須早爲籌備，并擬請飭所，查明各軍守禦何所，救援何處，現用何槍，應發何彈，分別於各要路僻静之地妥慎存儲，既便各軍取用，亦不爲敵人知覺，致有抄掠之慮。

一，水雷旱雷，最爲制敵利器，卑部前在兩製造局，託造水旱電箱以資備用，僅於東局領四具，南局領一具，分布不敷。擬請飭知兩局，每局各造二三十具，發營領用。如兩局趕造不及，可否飭將造用各料檢發卑部，自行僱匠製造，以期迅速。又，電線所以放雷，必須麤如指頭大，七澗頭能放數雷者方爲合式。如軍械所尚有存儲，敬懇飭發三十英里應用。

一，軍中以賞罰爲重，然與洋人交戰，似有不能執持常例者，愚見擬令各營將本營所有大小員弁銜名，造一清册，存放文案處，一俟戰事畢後，查繫何人出力有功，即行填寫呈請奏獎，以省往返查報，或致耽延，庶有合於軍法賞不逾時之義。且洋人槍礮精利异常，儘有此戰獲勝而彼戰被戕者，若賞格稽延，則未邀奏獎即以請恤，士氣未免不揚。至營主有失罰及偏裨，自是軍政常典，惟現在專用火器，轟擊之時似應查明，戰時是否出力，有無退縮情事，分别辦理，保全較多。

續陳法事八條

竊聞法氛日惡，臺事甚危。近日雖有捷音，而孤軍勁敵，餉械難繼，相持日久終屬可虞。該夷貪狡性成，來春難保不逕行北犯。北洋防務仰賴中堂，經營布置，固以無懈可乘，但洋人船礮精堅，迥非他寇可比，我軍僅恃陸路設守，防不勝防，惟有竭慮殫精，不使毫髮之疏，庶幾稍有把握。盛傳知慮短淺，何補高深，惟念夙荷恩垂，迥逾常分，歷次妄論無不曲予優容，欽感之誠，輒忘鄙陋，茲復續擬八事，呈請采擇施行。

一，兵船宜變通善用也。我軍師船既不足禦鐵艦，斷難角逐外洋，自須收入口內，然萬一敵艦闖入，彼堅我脆，抵禦仍難，雖大號鐵甲不能闌入內河，即其鐵脅礮船等船，恐亦非我水師所能制其死命。惟有仿水礮臺之法，而變通用之。於大沽、北塘口，循海河身，挖一小支河，式如船隖，距海河身約百丈，或數十丈，大沽之隖，擬深一丈五尺，寬二十二丈，長二百丈，北塘之隖，長處似可略減。水入支河處，安設閘座，仍用自開關之式，以資啟閉。乘無事之時，將現有兵船分入兩隖之內，將船首横對海河，即將挖河之土於岸上堆築土埂，愈厚愈妙，而不必過高，以露出船首之礮爲度。再於埂上添築隔堆，以資障蔽。每堆隔三十丈，船首即在堆內，可以左右斜轟，使礮路如扇面之式，倘敵船闖入海河，我船即於隖內開礮横擊，相去無多，礮力愈猛。且數船排列，協力以攻，即第一船之礮不中，而次船繼發，如此連環排擊，必可制之。彼礮雖利，而我船藏入隖中，又有埂堆遮蔽，豈能還礮相攻。如此則現有之船，即可以當彼鐵甲之船，尋常礮械，亦可當彼極利極猛之礮，化無用爲有用，似亦禦變救急之微權。若能興辦，統計每隖土工不過六萬餘方，明春開河以前，撥夫趕辦儘可蕆事。

一，機器局宜預籌保護也。海防全恃利器，津防機局自中堂精心創造，多年積累，始得有此規模。而地居濱海，戰事方殷，萬一稍有疏虞，彼族得以奪吾局廠，則軍實既虧，軍心難振，大局所在關係非輕。海光寺一局尚在土城以內，東局則孤立難防。擬請於東局周圍築牆開洞，多置礮槍，倘敵衆畢登，尚可憑墉轟拒。彼族雖覬覦局廠，不能奪據其間，我沿岸陸師，尚可相機截剿。但使軍儲無恙，則衆志彌堅，實爲要著。即爲時既迫，不能用三合土工程，只須厚培素土，亦可以當礮彈，或用沙土包袋尤爲合宜。是在承辦者堅實以圖之耳。

一，防軍宜堅守營壘也。洋人礮火精利，若恃勇輕進，傷損必多，一戰偶摧，全局皆動。危慮曷可勝言，惟有静以制動之法，較爲穩著。宜預擇扼要必由之路，相地堅築防營，每營土垣三層，内牆約高一丈五尺，外二層以次遞減。外牆厚約十丈，内二層亦以次遞減。内高者便於施礮，外厚者便於禦礮。外牆并厚，培根腳以作斜坡，礮彈所加，遇斜坡輒順滑而下，此足以禦迎面正打之礮彈矣。敵若以田雞炸礮從空墮擊，則預於二三層營牆之内，安設木栅，以丈餘長一尺厚過心之堅木，排立爲栅，用土厚培。復用堅大之木横盤蓋頂，螺螄大釘密釘牢固。培以泥土，覆以草蒿，層草層泥，厚至二尺，并作外低中凸，狀如釜底圓。礮彈炸落營中，必不能穿栅而入，向内一面，皆安洋鐵氣筒，以備透風，再於木栅之隙，安設洋槍及小格林輕銅群子等礮，以備施放。其二三層營牆，四面皆設月城，略仿新城之制。并多設暗礮門，城内木栅設礮之處，皆與暗礮門相對。外牆周圍皆密佈旱雷，二道營牆之外，皆設電雷，電線暗通牆内，埋處宜深，以防礮轟激發。倘敵人來攻，我有營外之地雷，觸機即發，縱敵人詭譎善避，俟其攻營，我仍堅壁不出，彼或破我外垣，我乃將二層牆外之地雷，燃電轟發，出其不意必可聚殲。即使餘衆再攻，我仍憑二層牆垣堅守，開月城并暗礮門，伏栅以轟擊之。我能傷彼，彼必不能傷我。即彼能再接再厲，破我二層之營牆，而我栅内之兵勇依然無恙。仍可左右環擊。此即古人巷戰之遺意。

況猶有第三道營牆，并牆内木柵，堅不可破，彼於攻堅之際，精力既疲，而我援應之師，正可合力兜剿，守壘之衆，又可突出夾攻，必可轉敗爲勝。或疑此法太笨，倘敵人繞道逕過，何以禦之？不知洋人用兵極爲精細，既有防營未破，彼懼我斷其歸路，必不敢繞道直前。若日久相持，正可懈其鋭氣，倘彼竟冒險舍防營而趨間道，我正可潛師尾追，使之腹背受敵。所謂自處於不敗，以待敵之可勝者此也。如嫌工力太費，或先擇最衝要之區，照此辦法，總求密益加密，方可有備無患。

一，行戰宜益求慎密也。近日礮火愈猛，行戰之師毫無障蔽，其艱苦百倍於防營，若專恃肉搏相拼，傷亡既多，士氣必損。前蒙中堂飭發洋鍬圖説，曾經督同士卒操練挖溝。臨陣可伏避槍礮，實爲要著。惟慮洋人以炸礮轟擊，自高墜下，仍無躲避之區。現擬即挖溝之法而推廣之，照人字架帳棚之式，改用木板，臨時就地挖槽植板作架，即以挖槽之土厚覆板上，兵勇伏於架内，以避炸彈，待其既近，然後突出擊之，庶不多損精鋭，乃可力挫凶鋒。其制，用二寸厚之木板，尺寸高寬皆與帳棚相等。約計價值與布夾帳棚之價略同，似亦不爲靡費。業已飭匠先作樣式，成後擬植地培土，用二三十磅之炸礮，試行轟擊。如果能抵炸彈，再當稟請飭局照辦。以備非常。倘因攜帶費力，即每營酌作若干，專備前敵衝鋒之用。如再求簡便，或用一片木板，作半涸人字形，一面就溝生根，一面斜抵溝上之土埂，仍用土覆於板上，兵勇伏於板下，伺便狙擊，亦足制之。此皆避彼攻我之法。至我軍攻彼，亦當多籌利器，乃可肆應不窮。除後門槍外，仍請多備田雞炸礮分發各營，每營至少須礮四尊，方可敷用。前請發新購之田雞礮業已全數無存，即內地所造之田雞礮，亦可應急，但各礮有磅數相同而口徑不一者，應請飭局各配合膛之子，以備分撥。行軍庶無參錯之病。

一，天津海河宜傍岸添營也。查塘沽後路，天津最爲喫重之區，雖由北塘登岸，取徑蘆臺，原可避道天津，逕行北犯，但此路地多低窪，春夏水潦沮洳，師行不便，若再往北繞，其道愈紆，洋人軍火繁重，斷不肯舍近圖遠。且慮津門防軍，橫衝截擊斷其歸路，一經闖入，勢必全力犯津，必須嚴密設防或免疎失之患。且彼以小號鐵甲闖入海河，則陸路行戰之師無從堵遏，即使沿岸遙擊，苦於礮力不勝，斷不能洞穿鐵甲，勢將任其縱横，而莫敢誰何。擬請於天津海河之旁東機器局左右，增立營壘，多安巨礮，敵船一到，盡力轟擊，以衛津門。進可以爲軍糧城之聲援，退可以增東局之保障。實屬一舉兩便。如能於南北兩岸一并立營，尤爲周密。其營牆皆宜照現在所擬防營之式，即力難猝辦，亦須略仿其意，以爲之謀。或於營旁設栅，挖溝禦彈設伏，此萬不可少者也。

一，沽塘二口，宜添礮固守也。津防以旅順爲外障。此地經中堂布置周密，增築礮臺現在整頓水師，原冀鐵艦來華，輔以兵船，横亙洋面，水陸相倚，足以屏蔽沽塘，今則鐵艦未來，現有之師船不足抵禦，臨時尚須收入內港，安能阻遏敵衝？則僅恃礮壘遥轟，洋面既寬，豈能攔阻，是旅順一口既無水師爲輔，即無以副中堂經營締造之初心，恐未可恃爲外障。更不得不專力於津防，沽塘各口，密邇京畿，門户洞開，似較旅順尤爲緊急。臨敵之際，全恃礮械環擊，庶可稍挫凶鋒。前查旅順一口，尚有後膛礮四十餘尊，昨聞劉道含芳，述及撥發兵艦，尚存三十餘尊，近又新撥田雞炸礮六尊，而大沽、北塘爲數較少，以此例彼，未免守禦太單，似仍須添撥礮位以資捍禦。如不敷分布，可否將旅順口之礮勻撥數尊，分置沽塘二口，倘因安置已定，不便更張，或應如何設法籌備之處，伏乞鈞鑒。

一，軍械宜厚爲儲備也。北洋軍火，雖經中堂歷年籌備，特限於經費，未能多辦存儲，前聞解赴臺灣軍火，每槍配子五百丸尚苦缺乏。何況津防槍械配子更少於臺灣，一有戰事如何支拄，擬請飭局再行查核，照每槍千子計算，究短若干，一面設法仍由外洋訂購大批子彈，儘來歲開河運津，以備非常。明知餉源枯竭，購辦維艱，但兵事至危，設勁敵當前，子彈或缺，徒手赴敵，雖死何裨。安危成敗之關所繫甚重，萬不能不勉力籌辦，以備急需。至中國製造之子，經各局員加意研求，固以日臻完善，但爲時既迫，成就恐亦無多，總宜多購外洋方能救急。其業經造成之子，仍宜飭局員詳加較試，茍有未精，均宜檢出，各營領用，不得以之充數其間。至田雞炸礮尤關緊要，前領之子，間不合膛，挾此臨軍貽誤豈云淺顯。宜飭局再行檢驗，子不合膛，亟宜設法修理，此事并非有意苛求，誠以兩軍相交，一二排槍，勝負已判，設敵人炸火頻來，我軍膛彈不合，足以驚我軍之顧盼，即難免衆志之動搖。實爲可慮。故不得不格外求詳，當亦各局所共諒也。

一，將才宜預爲選練也。從來將才難得，不獨柔懦者不可用，即或英年奮發一往無前，或久歷戎行，自矜宿望而老成者，每少鋭氣，勇往者，又昧機宜。皆無當於用兵之道。因念西國武備院中，培植將才無不自讀書識字始。故地理、算學等事凡有益於戰陣者，皆可通之。今即欲仿其法，而事關重大，非可輕言。惟有略師其意，隨地儲才，於每營挑選年輕心敏而又讀書識字者，各十數人，操練之時，令其短衣帊首，與勇丁一律漸摩，暇輒與之講說討論，教以古今用兵之得失，與近日泰西製造之精奇，藉其文義之清通，試以行陣之閱歷，日漸月摩，未必全無進境，倘其中有出色者，即以次拔充哨長、哨官，與勇丁之臨陣奮勇者，分途并進，似此設法倡導，廣爲搜羅，或竟有統將之才，出乎其間，以備任使。此事收效較遲，非可期諸旦夕，而既病求艾，亦未可置爲緩圖。异日倘有成效可觀，或他軍亦可仿辦。以上數端聞者必有譏其繁瑣，笑其笨拙者，竊念自在鄉里辦團及隨侍節鉞，平剿各匪，前後數百戰，從無退怯之時，何至今日海防鰓鰓過慮，誠以久聆鈞誨，於彼族所長察之已審，必須步步踏實乃足挫敵焰而壯國威。故不憚再三陳瀆，伏乞鈞裁。

吴軍駐劄地方稟

再，前奉密咨，敬悉吴星使有督隊三千來津之事，昨接劉副將超佩稟稱，已奉調綏鞏軍五營、親兵一營，一律啟程，并有擬駐新城之説，伏查該軍遠來，購辦糧草等件，必須豐收之處始易措手，尤須駐紮扼要之區，方能據勝。本年水災過廣，附近運河海河田地淹没爲多，麸草异常騰貴，往時卑軍採購各件，尚須遠赴山東，近至蘆臺，該軍若至新城，諸事草創，食貴堪虞。灤州、樂亭距山海關不遠，從前俄人有事，鮑軍門屯駐其間，最爲雄勝。本屆秋收亦旺，食物不昂，吴星使遠道初來，必與中堂函商駐兵之地，可否即以愚見聲復。伏候酌行。

山海關設防稟

竊聞吴督辦、張署都堂來津籌議海防，并聞有派曹提督招募六營，駐守煙臺之説，現在謠傳不一，有謂北甯失守者，有謂山西被陷者，雖無確耗，然軍情緊急，實在意中。伏查北洋各口防不勝防，要以拱衛神京，布置嚴密爲第一義。若煙臺、旅順雖爲海口要疆，然僻在一方，非敵人必争之地。布置重兵，似無大益，即敵船過此轟擊，或徑行登岸，然内皆陸路，去京遼遠，揣情度勢，必無深入之虞，惟山海關一帶，近接盛京，遠衛畿輔，去京不過千餘里，尤爲海防扼要之區，若攻瑕闖入，使我津沽遠不及援，實屬可慮。現議添兵駐紮煙臺，不若置之山海關等處，可與灤州、樂亭、蘆臺之兵聲勢聯絡，伏祈裁酌施行。

請築臺運礮稟

頃奉專勇齎到鈞諭，并總署原函，法使羅淑亞等過津，并未置議，殆以中堂洞悉彼族狡謀，不可争以口舌。故徑向總署詰難，未審日内有無關説，殊爲馳念。盛傳本擬候批南返，現在夷務既有動機，自應稍緩啟行，以待事機之定。竊念目下外侮未必即來，而内備絶不容緩，大沽、北塘礮臺，似宜趕緊興築，未便以絀於經費稍事猶豫。羅副將榮光所用礮位，及蘇甯存礮，似宜亟早運來，以備守禦。現在門庭捍衛，中堂獨任其責，設遇辯論不行，必待用兵，則咽喉要地，豈容自撤藩籬。愚昧之見是否有當，先肅稟復。

會勘大沽形勢稟

竊昨至新城進見吴會辦，籌商一切，當因事機緊急，約同親至大沽海口，履勘情形。從前屢至該處，俱係無事之時，又經局員劉道含芳等，隨時布置，妥密備臻，自不必細加審看，此次逐一察度，并因大沽諸將領，晋謁吴會辦之時，遂與之從容討論，各將領談及戰事，忠勇奮發，其氣誠足以折敵人之鋒，惟議及守禦各節，求其熟諳敵情，深究物理者，頗不多見。即如大沽素稱天險，所恃者僅一攔江沙，惟是沙非石比，但有挖泥機器船，挖掘即亦無難。即未挖之時，四五寸厚鐵甲船亦能長驅直入，非可倚爲天塹者也。夫地險既不足恃，水雷即守口之急需，聞大沽内外須設水雷三百餘具，現河北已設六十餘具，河南已設九十餘具，均設於礮臺前四里許，中間深水安設水雷之槽，約寬十餘丈，兩旁尚各寬二三十丈，水深六七尺至一丈數尺不等。體察形勢，設敵以能行淺水，上無樓櫓，後有倒鉤，如水雷等船，月黑夜深，乘潮駛進，瞬息可以撈盡中央水雷，然後再以兵船闌入，已在礮臺之後，礮臺即開礮轟擊，亦不能傷敵多人，届時全險已失，復何所恃爲抵禦？以此詰問，諸將領皆無良策可籌。即吴會辦聞之，亦云惟此爲最可慮。傍晚，海關周道來沽告以此議，相與躊躇竟夕。細思惟派小輪船兩三號，分班梭巡，晝有日光，可以瞭望，黑夜風雨之時，務宜留意，不可稍疏。又於兩旁淺水，另設小號水雷，多安電線。敵船駛入，我輪船可以開礮撑持，一經知覺，淺水深水之雷，皆可燃電轟擊，不致驟入口内。此不獨大沽一處可虞，凡海口安設水雷，皆宜密加防範。否則水雷被撈，敵船駛進，即有陸師在岸，行礮不能洞穿鐵甲，欲阻無從，戰事即多棘手。擬請中堂通飭照辦，并飭各守臺將領，加意防護，以備不虞。無任叩禱。再，大沽營牆，現奉中堂飭令加築，劉鎮現已鳩工，惟加築之牆，必須寬至二丈，又須於礮臺後另築一牆，以資捍禦，始爲合式。又大子藥庫，包築礮臺之內，其屋實當礮臺之前，詢問羅副將，據稱營牆厚至四丈七尺，似尚可恃。惟敵礮猛烈异常，基隆礮臺亦以藥庫被轟，遂致不守。尚須添築隔牆數道，以防炸彈不測之攻。以上工程，勇力斷難兼顧，必須僱募民夫方能迅速蕆事。已由吴會辦開具估單，送請中堂查核，伏乞迅飭施行。

祁口添築礮臺稟

竊查天津海口大沽、北塘而外，惟祁口形勢關繫較深，前曾派人測量，該處口門裏寬四十餘丈，潮長時水深一丈八九尺，退時深三四尺，大潮進口，東西寬三十餘里，南北長四十餘里，小潮進口十餘里，遠近深淺不同。現在法越搆兵，事尚未了，風聞彼族現造淺底輪船，以爲駛進内河之用，若於此口停泊登岸，該處未築礮臺，無兵防守，勢甚可虞。屆時有警，卑軍向爲行隊，自必調隊往援，而各營遠在百餘里外，即星馳飛至，已落後著。從前庚申之事，洋人由北塘上岸，土人傳説，營城兵眾，萬人駐紮，距北塘陸路僅十餘里，徒以北塘無備，登岸遂不及救援，可爲前鑒。擬請派員至該口察勘形勢，於扼要處所，添築礮臺數座，另派兩三營前往守臺，庶幾有備無患。現將冬令嚴寒，未能興築，擬請明春開凍即行籌辦興工，該處蚌蛤甚多，和土堅築亦可適用，合并聲明。

祁口形勢稟

竊祁口築臺一事，奉批云云，自應靜候籌辦。惟查前稟潮大時深一丈八九尺，退時深三四尺等語，係指潮水極大極枯時而言，若平常適中之時，該口水深總在一丈內外。此前夏查閱海灘，親自測量，詢諸土人尤可徵信。輪船喫水丈餘儘可乘之進口，不必定需淺底。法人既有淺底輪船，既可用之越南紅江，亦何不可用之中國各海口。小劃載兵上岸固屬無多，然一晝夜可載數千人，屆時聞信往援，始行驅逐，較之有兵防守不令上岸者，難易迥殊。現聞法使回國，倘撫議不合，戰事即在目前。中堂籌劃北洋至爲周密，惟此似尚爲一隙之疏。亟宜預爲設備，擬請遴派熟悉軍務之員，前往察勘，是否應需築臺派兵扼守之處，敬候酌行。

小站築堤稟

竊查大沽以上至附近卑部駐紮地方，道路窪下，每至夏秋之間，雨水滂沱，潮汐泛漲，阻於積潦漫不能行，若有戰事，不獨礮車重載轉運維艱，即率隊赴援，幾無駐足之所，擬修長隄一道，上築子牆，間設礮臺，預備行戰往來，并隨時防守瞭望之用，實爲目前最要之工。前在津時，曾面陳一切，荷蒙鈞鑒，并以工段過鉅，蒙允撥款僱夫，以資勇力。回營後，傳及各統帶籌商，均以往歲工程不過二月間即行拔隊，現在已交下夏令，若雨水沾濡，或天時炎熱，工作皆非所出。自應及時辦理，以期早日竣事。當飭各營先行借款添僱民夫，購辦筐鍬繩索各件，并飭營務處陳鎮連陞，帶同各幫辦員弁，馳赴大沽一帶，逐細丈量，仍復自往勘度地勢，前面陳時，原擬自大沽修起至中塘窪以下止，約計七十餘里之遥，現查工段太長，土方較鉅，同時并作，未免曠日需時，刻值防務戒嚴，自應先其所急。現擬自大沽炮隊營牆迤西起至南開三閘止，計長一十八里，修長隄一道，腳寬十丈，面寬五丈，附隄外腳兩邊各斜長二丈，以防水大衝動隄根，藉資抵護，隄上作子牆，腳寬四丈，面寬二丈，兩邊亦作斜坡，每隔二百七十餘丈遠，擬作月牙圓礮臺一座，長十餘丈，鑲寬五六丈，將來安置群子之礮，可以横擊敵人，隄身高六尺，低處填八九尺，高處填四五尺不等，所挖之土，即於堤外開河，寬約六丈，上通減河下至大沽入海。現大沽守將，擬建兩閘，一堵潮水，一引甜水。由南開放入，藉供汲飲之需，不必遠至十餘里外取水，爲利甚溥。將來大沽以下，擬隨時添置木橋四道，以便行旅往來，綜計此項土工，除道路高低隨時添補填築不計外，約計二十餘萬方之多，即添夫并作，亦須二十餘日，方能蕆事。現擬飭各營於初八日赴工興作，擬俟工竣再將土方實數呈請查核驗收，以昭慎重。并墾恩准飭撥湘平銀一萬二千兩，俾得添僱民夫，及製辦一切器具，伏惟鑒察。

新城宜設重鎮稟

竊前奉照，飭海口礮臺，以大沽副將爲專責協署，無庸在新城另建新城。既建葛沽守備衙署，自可作爲城守營，又有千、把各弁汛地，應即責成該守備，督率弁兵實力妥辦，仍由大沽副將隨時布置巡防，以期兼顧。隨後再將天津海防駐葛沽同知衙署，酌移該處，兼理民事。現當立法伊始，自應權宜變計，以求至當等因，仰見中堂簡練軍實，慎固海防之至意。竊惟建城設官，事雖并舉，規時定法，道貴變通，大沽礮臺爲根本重地，不可委於營官，致令操法生疏，緩急難恃，誠如憲慮所云。至以督操專責統將，預杜安逸華糜流弊，猷尤深遠。惟新城城守僅責之同知守備，似與建城初意若有未盡合者。竊以此城既經中堂建議興築爲海防永久之計，一切城守規制，豈能拘於成見，沾沾目前。蓋內地城池，不過衛民居，防賊盜，戰守備禦之日常少，生聚無事之日爲多，故以城郭人民重寄屬之州縣，而武營弁兵特爲備員。今日之新城專爲捍衛京畿門户，與大沽相表裏，實較漢唐之邊防，前明之屯衛爲尤重。居是任者，宜具堅忍果毅之材，迺足備捍患折衝之用。非可以循例供職官弁輕爲嘗試也。歷考前代築城守邊，均以鎮將爲主，而設吏建學則或在十年數十年以後，寇警全息之時。新城舊隸天津縣屬，本無錢糧、倉庫、訟獄之責。城內尺寸皆繫官地，民户亦自無多，不必同知入城始能鎮撫。既因海防建城，自以整飭營伍練兵固圉爲第一要義。立法伊始限制宜嚴，必使尺地皆由官主，一民均歸册簿，不取市廛之繁盛，專求部署之精嚴，近城內外，永遠不使他族假借，以杜滋蔓，乃於防務有裨。現在海沽既爲番船往來公共之地，我之一舉一動，彼皆得以睨視其旁，若以重城付託非人，脫有緩急，大沽副將緊逼寇氛，勢難兼顧，事機之失貽誤，將有不忍言者。每聞西國毗連地界，城池礮臺皆置宿將重兵，一息不容少懈。我之洋面既與彼同，似亦可略師其意，奏設重屯或以津鎮兼領移駐，此缺歸於特薦，專擇資望素著之員，稍重其權而厚其力，無論兵民，一律遵其禁約，痛除綠營積弱之習，衙署因循之弊，庶幾整齊約束，可爲經久之謨。斷不能以官卑望淺之守備肩此鉅任。同知一缺，本屬閑曹，平時以之捕盜分巡猶虞不足，若循例增入防城，與守備名位相埒，遇事牽制，書吏因緣爲利，禁令必有所阻，而不行實。於城守無益有損，區區之意，以爲中堂既糜數十萬金興此鉅役，一切規制自應統籌海防全局，從長計慮。既有所見，不敢不據實直陳，擬請將同知衙署一節先行停緩，俟試辦水利或有成效，再籌以屯助餉，易勇爲兵。如果地辟民聚，儘可增置縣官，以資治理。勉贊中堂籌邊之策，永固百年不拔之基，未審有當萬一否。伏惟鑒察。

再，新城規模㸘就，南窪水利漸興，似須逐加整飭，設兵官以資城守，通貿遷以廣招徠。庶海防重地户口漸繁，不至如昔年之寖歸凋耗。查閩廣海船年年夏秋北來灣泊，葛沽交易人雜船多，苦無兵弁彈壓。去年已有聚眾鬨圍同知公廨之事，愚意若令該船移泊新城，形格勢禁，同知與守備會同鎮撫，必不敢恃眾妄行。即葛沽經商人等，仍到新城賃屋開鋪，有依城之便而無失業之虞。於官民實屬兩便。如蒙俯準，即懇札行關道，同知先行示諭，俾船户商民得以遵照從事，似亦慎重海防重地之大端。伏惟鑒察。

請停撥新城礮位稟

竊頃接大名徐鎮函，準軍械所咨稱，新城十五生脱密達後膛礮，已蒙中堂批飭撥給二尊，前赴旅順。查新城爲大沽後路，爲天津屏藩，關係至爲緊要。從前安置礮位本不甚多，屢次陳請始安設十五生脱密達後膛礮八尊，去歲撥去二尊，曾請撥還，此時再有分撥，守禦愈形其難，恃卑軍爲行戰之師，敵若上岸，自應立加轟擊，惟未能專援一路，設卑部奉調他往，敵以兵舶駛至，新城無人援應，即成孤立，非有此等巨礮何以能支？且卑部所帶行礮，僅能轟破鐵皮二三寸，若敵船鐵甲厚至五寸，行礮即難洞穿。邇時雖目覩敵船駛上，幾同束手。勢必有此等巨礮始足制其死命。查旅順一口，曾恃鈞節親臨，雖扼海濱，究非衝要，蓋地本荒島，内係旱路，無可覬覦。聞該處礮臺安置大礮勝於新城者數倍，又有兵輪分泊，防禦已周，即使洋船偶進，亦斷不能深入，較之新城倘有不虞其足震驚畿輔者，利害相去何啻倍蓰。祈將前項礮位停撥，此外如有他處利礮可以移緩就急者，并祈多撥數尊來新，俾資扼守。抑更有請者，各處守口均以礮臺爲重，惟礮臺之堅固與否，誠不可知，似須於礮臺前後多築數層土牆，以資捍蔽，該牆即用素土堆築攙和草泥，使之融成一片，亦可與三合土相表裏。現在海濱出草甚多，約計此項工費不鉅，應請飭令各守臺將領斟酌地勢，如礮臺前面迫於地勢不能築牆，即於臺後多築數道。又，添造礮架預備更換，前曾稟請多設木樁排立在下，內安伏道可以藏兵，并請將原條陳檢出，飭交各臺將領照辦。即使前臺偶有疏失，臺後尚有層牆，又有伏道，猶可與之抵禦。援軍一到，夾擊無難。現距凍令尚遠，并日自可早竣，似屬急救之一法。

籌新城守兵并議馬隊統領稟

竊查新城各種礮位現正陸續上城，但有礮須有操演之人，臨事始能得力，前於呈送新城城防章程內，曾請設守兵千四五百人，口糧仿照練軍支領，以期經久，蒙照行天津鎮核議在案。茲值礮位上城之時，守兵尤不容緩，查新城現有守備一員，守兵約五百人，應請照行天津鎮轉飭該守備，先將此項守兵整頓訓練，使之守護礮械，講求礮位操練手法，以資控衛而專責成。其口糧即請照練軍支領，俾資騰飽。庶一礮可獲一礮之益，一兵即收一兵之用。再，聞調往奉天馬隊兩營，現已回津，中堂慎重營務，自必遴選得力將弁統領，惟查統率馬隊之人，以英鋭驍果爲合選，現當有事之時，責任尤重，擬請擇年在三十上下，未經大任者畀之，庶報效有志，可收指臂之效，統希鑒察。

禁止遊歷片

再，卑部駐紮之新農鎮街，前日薄暮，時有日本人來此遊玩，傳營詢問，據云住天津紫竹林，前來學習中國語言。談論之間，人甚和易，當告以此間駐營處所，外國人非有執照不許前來，明日宜速回津，毋得逗留滋事，該東洋人唯唯而去。伏思此等遊歷之事，所關甚微，然保無借遊歷爲名，窺探地勢軍情等事。應懇飭下關道，照會各國領事，嗣後駐營處所，外國人非有執照，毋許前來遊歷，以昭慎重而免疏虞。

卷二 禦兵編上

陳報赴省并籌吏務稟

竊奉潼關曲沃途次鈞諭，并北山辦理就緒，疏稿敬聆之下，仰見微勞必録，蓋慮精詳。山中賫事之速，俱賴福威，將士食餉任勞，義所應爾，猶蒙奬勵隆施，宜如何竭圖報稱。昨接蔣中丞來函，已派撫標二營替紮韓、郃，張鎮福齊派撥兩營，接防柳溝。如能約束嚴明，布置周妥，流民漸次來歸，即可日見起色。特恐任事不力，兵至而民又擾，此不可不深長思者耳。卑部飛騎馬隊已渡黄河，二十日即由榮河拔隊，吴提督殿元同行照料，必能約束整齊，各軍依次而東，水溜河寬，六七日方能盡濟。望洋興歎，焦急不可名言。已商飭安義唐鎮，及左軍賈提督，緊接馬隊按站遄行，暫住河干，俟前中兩軍渡齊，即當整隊盡發，務使軍容嚴翼，無犯秋毫，以仰副中堂經武整軍體國惜民之至意。朝邑之糧，前飭楊牧點交該縣收儲，以便轉移潼商。吕道柳溝存糧四萬斤，已交韓城令驗收，郃陽及韓城老營存糧，均經各營裹帶以行。約敷十日内外，上道以後，天氣漸涼爽，視畿事之緩急，定軍行之疾徐。

士卒新由崎嶇山險而來，乍入坦途，已覺喜動顔色，浩然不知行役之艱。夷人伎倆，動以虚聲恫喝，挾制中國。十餘年來，我愈退而彼愈進，若再不圖振作，日朘月削，何以自存。目前之事，似宜堅持定議，不爲所摇，府縣朝廷命官，萬萬不可抵償，以存國體。一俟大軍齊集，彼當稍知畏忌，約款似亦易成。入直以後，即當秣馬厲兵，以備決戰。惟長矛必須更换，馬隊必須練精，破整以散，勝正以奇。强客不如弱主，巧遲不如拙速，默觀諸將士敵愾奮興，勇氣十倍，盛傳仍當益求練兵之要，熟思制敵之方，殫竭愚忱，用副朝廷綏奠海疆之至意，伏惟鑒察。

練軍平陽稟

竊於本月初抵平陽，遂商飭唐鎮仁軍及卑左軍，進駐洪洞。前軍周提督駐趙城，右軍衛提督駐襄陵。該三處距郡城均數十里，無事則照料易周，有事則呼應甚捷。夫料柴草，均令與地方官妥商購辦。較之團紥一縣，當易爲力。平陽一府，在晋已爲坦曠腴沃之區，惟歲比不登，食物踴貴，較之陝境西、同各屬，實爲過之。現在大軍屯紥，百貨騰長，麥面議價每斤六十餘文，小米議價每斤四十餘文，軍食頗形艱貴。郭道趕運河津之糧，計日可到，惟車輛不多，未必足敷全軍之食。當飭委員搭購，仍由營設法幫運，俾作存糧，以備倉猝拔隊之用。伏惟憲鑒。

籌議駐軍稟

竊自抵平後，督操馬隊，教習槍矛，早作夜思，不敢稍自暇逸。惟駐平一月，郭道運到之糧，僅敷九月半之食，月初不能拔行，軍食即須添購。晋省向來新穀登場尚無出糶，加以連歲荒歉，絶少蓋藏，今秋久旱減收，將來大軍駐紮，不獨穀價難平，抑且採購不易。平陽無大鎮市，既無聚所，又乏牙行，一軍需用殷繁，零購終難濟事。柴草各項，現歸各縣幫同辦理，營中照市給價。臨汾令尚以難繼爲虞。一交冬令，更多諉卸，自來無兵省分，官民多不耐煩，久駐大軍終多不便。教案早結，卑部自應東行，倘須遲回，豈能以客軍遠羈晋省。查平陽距正定千里，正定距津門又不下七八百里，有事即呼應不及，無事則東豫寬平之地，水運陸操，無行不利，移軍駐紮，徽調之捷亦且十倍平陽。竊思津案必歸和結，憲節移鎮畿疆，防軍似難遽徹。惟畿輔切近之地，向不宜駐重兵，現在銘軍分駐滄州、静海、武毅，濱河而軍，直境似可無庸添紮。卑部若須密邇節轅，惟分駐德、景、臨清一路，河運非遥，張秋領運亦捷，門庭捍衛，更不啻魚麗彌縫。更有請者，京畿重地，有事則急徵兵，無事則思去兵，兵少則難壯聲援，兵多則又嫌擁雜，若論糧餉軍火，事事便利，則莫若就山東濟寧一帶屯紮大軍，暗修戰備。無事潛於沿途城邑，運存糧械軍需，有警赴援，兼程數日可到該處，去京不及千里，於夷人則不嫌於逼，赴機又不慮過遥，似亦不動聲色，先事綢繆之一法。屢與郭道再四熟商，舍遠就近，無逾於此。伏候鈞裁。

啟行至濟甯稟

竊奉照飭，以平陽軍食用竣，即行拔隊往濟甯，擇地扼紮操練。遵即傳飭各統帶營官，整理行具，準於二十一日啟行。吴提督殿元會合馬隊，及衛提督所部右軍，爲第一起，盛傳自督中軍爲第二起。仁軍及賈提督左軍爲第三起。前軍周提督壽昌，候保定餉到，護行爲殿。查平陽至濟甯，走河北較近，惟道出清華鎮，山多路窄，過翼城後既不能車，大隊萬難行走。若由矛津過河，走懷衛，則須三次渡黄，大軍駝馬過多，濟河非易。惟有仍走陝、洛、滎、鄭，出中牟、尉氏、杞縣、睢州、曹考以達濟寧，循河東邁，車輛暢行，無需再渡，路稍遠而不煩，惟陝、洛之交，自春徂秋，兵差絡繹，煩苦不可名狀。卑部此次用車減去百輛，分日周轉，支應似尚不難。復嚴飭各營遵照憲章給價，留鄒守增翰，在後結算，收取印條。倘一縣內備辦不能如數，亦飭各營自行設法運負，不准執例索取。營規紀律，整益加整，斷不致絲毫有累官民，乞釋憲廑。

議籌南北防軍兼陳駐東情形稟

竊自率部東行過洛後，迭遭陰雨，行程不無小滯，幸途中官民習與卑部相知，異常靜謐。馬隊經吴提督殿元同行約束，一路均住帳房，與城鄉居民毫無交涉，堪慰廑繫。教案既從未減，全民命即以惜國體，受福豈獨津人。省三軍門，得督辦陝西之命，朝廷倚任日隆，藉可酬其遠志。盛傳雖不敏，亦不禁聞風興起，望闕神馳，環顧同袍與增榮幸。惟軍事既難遽了，淮軍止此餉源，兵分則力愈薄，餉分則財日艱，以目下論，西陲有事，内地無事。以全局論，防夷事重，入陝事輕。盛傳久荷恩知，中堂一日不解兵權，斷無去而之他之理。惟憲臺既任畿疆，曾相仍還江左，江海固合爲一事，兩相又不啻一家，統籌大局，布置各軍，日來當有成議。南北地段遼廓，即合卑部，慶軍填置其間，仍形不足。特於二者之中，較其輕重，則畿輔爲重，長江次之，想兩相早有權衡，無煩贅議。竊揣回焰已衰，陝邊無大戰事，劉爵帥此行成功必速，其平日誌規遠大，留意人材，此次成師而出，將佐物色有年，當不致虞缺乏。唐鎮今日到防，詢其能否西征，似不欲遠離左右，察其悃忱，未便相強。卑部馬步日內均可到齊，已率各統帶於城西南擇定營廠，擬令周提督壽昌前軍，與衛提督右軍同駐一處，盛傳率中軍與唐鎮、賈提督左軍團紮一處。濟甯南北適中，柴草蔬菜取攜綽裕，大軍駐紮頗宜。卑部自春徂冬，馳驅日久，現值無事，似應稍資休養，以爲節宣。海防爲久遠之圖，不在倉猝移紮，似須先籌備禦之法，步步蹋實，以期永固藩籬。擬俟此間營壘稍定，即當輕騎赴津，面陳管見。伏惟鑒察。

前軍無庸分駐張秋稟

竊奉照開以張令稟，留卑部前軍三營駐防張秋護運，飭令察酌辦理。伏查張令稟呈，留營駐張，不爲無見，惟此次移駐津防，迥非無事駐防可比，目前非厚集兵力，團紮大營，嚴督各將士精益求精，人人臥薪嘗膽，必不能成一大枝勁旅。卑前軍自去春分隸成軍後，奔走至今，旋奉調駐張，一切訓練操法，皆未親視，此次若不督率同住津防，嚴爲訓練，留心挑選，將來必難一律整齊。且大軍合則氣厚，分則力單，即遇警飛調，終屬臨時倉猝，不能一體得力。從前多將軍、鮑爵軍門，不肯分兵，誠有鑒於此。現在各省兵勇分防既久，即疲弱無用，況今日勁敵十倍昔年賊寇，謂可循情以從他請耶！明知後路駐防稍爲安逸，然人情勞則致用，逸則偷安，斷不可以有用之兵久置閒散之地。此卑前軍萬不可久紮張秋實在之情形也。去臘，營務處陳道函請酌撥三營，駐守臨清，未敢遽從，區區之私端在於此。刻下山東已派數營駐守張秋，王心安一軍駐守東昌地方，之責似可無庸攙及。張令既慎重運務，應即飛飭周提督壽昌，將原護局一哨弁勇，仍行留局，以資護運。轉瞬春漲，徐提督道奎礮划亦可上駛護運，該局斷無他慮。往年銘軍駐張，本非爲護運而設，今昔情勢迥不相侔，張令所請，似未統籌局勢，而一深思之耳。

移紮馬廠稟

竊於十八日回至唐官屯，連日徧閱静海所屬地勢，均不合宜，惟青縣、静海兩界之馬廠地方，熟田不多，寬坦，可以多紮營壘。當調馬步各營陸續齊至，卑前右兩軍，即紮該處衛河西岸，仁左兩軍并馬隊五營暨盛傳自統中軍六營，均駐東岸。中間衛河外圍，築一總營牆，内留操練之地，較爲静密，出入稽查亦易。計此處距津一百三十餘里，既可遥作聲勢，有事亦可爲畿輔後路聲援，較專駐静屬尤爲得勢。查兩岸所紮營地，荒鹹地十居六七，麥地亦不過十分三四，將來擬與各統帶營官等，各捐薪水稍償租息，以免鄉民藉口。所有操練要務，俟將大牆及各駐營挑築完竣，仍應日事講習。再，馬廠上下，東岸衛堤有兩處將倒，丈量共九十丈，係静海屬，轉瞬夏秋水足，恐有溢決之虞，理合請示辦理，或逕由營挑築，較易爲力。但椿木、秫秸、經費必須發給，方可動工。所省者，工費一項耳。

拔赴大沽稟

竊照法船有窺伺旅順、煙臺、山海關之説，彼族詭詐性成，聲東擊西是其慣技，既有北犯之信，海口皆應嚴防。大沽爲直省著名要害，卑軍爲援應大沽之師，備禦尤宜汲汲。查大沽至卑軍駐紮新農鎮地方六十里，若俟法船抵口由沽通信，由新拔營，往返之間，動須一日，軍事間不容髮，豈容一日稽延！現飭步隊各營，分起抽隊，移至距大沽一二十里地方暫駐，以備緩急。其留營之勇，與移駐之勇輪轉換防，仍督飭加操，不敢稍涉疏懈。再，查卑部爲行戰之師，籌備十年，若遇法人，自可與之一戰，惟尚少氣球、電燈、田雞炸礮，及電氣調隊四端，稍形未便。再，前懇飭發電箱、電線等件，昨準兩局發給無多，聞正任海關周道云，軍械所尚存電線二百餘里，可否懇請飭所查核，再行撥給數十里電線，以備應用。伏乞鑒核施行。

周鎮來津稟

竊頃接前涼州周鎮來函詳述，前蒙中堂具奏請旨，飭催赴津，復蒙兩江督部堂曾，傳旨飭赴臺嶠，有司敦促，急於星火，盛傳告養有年，母氏年高，本不敢輕身以出，惟當此時事艱難，亟思報稱，既念我中堂之眷懷舊部，又感曾部堂屢次到門力催，肫摯之情，於義萬難辭謝。惟是兩相比較，臺灣固海疆關鍵，當此寇氛日棘，飛渡爲難，畿輔爲天下根本，自應先其所急。現已即日回廬，稟知母氏，略事摒擋，即束裝就道，約計中秋前後可以赴津。惟是居家日久，精氣漸衰，恐不能復任兵事。除呈復曾部堂外，函告等情前來，理合呈請中堂核查。

因病乞假并請催速周鎮到防稟

竊前涼州周鎮，因母氏年高，未能遠出，加以跌傷調理，暫難赴津，屬令呈請鈞鑒在案。查新募之勇，月底可一律到津，雖請暫交卑部右軍統帶，衛提督汝貴約束訓練，而周鎮係中堂奏定統領新軍之人，應仍懇請奏催函促來防接統，以符原案。惟周鎮賦性樸誠，不事外飾，屢次函言不忍遠離膝下。且家居日久，精力漸衰，恐不能復任兵事，情詞至爲肫懇。自非中堂優加促勉，恐未能迅速來津，伏請鑒核。再，昨因新軍將到，籌辦過勞，陡覺舊症復發，延醫調治，據云積勞過久，心血夙虧，非加意調攝恐難速愈。當此時局艱危，海防喫緊，盛傳素以任事自負，豈肯稍涉安閒。惟念積勞之身，強支亦難持久，若不節勞自愛，倘至臨敵不能指揮，所關更大。合無懇請中堂給假十五日，在營調理。所有操防，擬飭營務處會同各統帶照章辦理。如有緊要事件，盛傳仍自行料理，倘假期内法船撲犯北洋，定當力疾視師。遂平日得當以報之願。并懇中堂速催前涼州周鎮赴津，卑部諸將皆周鎮一手提拔之人，一旦重來，不獨新軍統率有人，即舊軍諸將領亦得有所禀命，伏惟鑒察。

請以衛汝貴統帶三營爲盛字右軍禀

竊卑部歷年隨剿，漸增至十三營。現將隨節遠征，山路崎嶇，戰守必需分道，或打衝鋒，或顧運道，繞左趨右，掎後角前，各營帶官不相統攝，臨事或恐誤機。除統帶馬隊賈提督起勝，仍作爲盛字左軍統帶，劉安泰、鄭才盛均歸統轄外，查管帶傳字前營衛提督汝貴，勇敢精細，堪統數營，茲先將宋副將冠軍添募一營，及張副將兆海傳字後營，撥歸統帶，作爲盛字右軍，以資鈐束。將來整軍而出，必無僨事。其餘應分之軍，仍俟憲臺酌調，理合將衛提督升爲統帶，緣由先行禀報，可否飭所照賈起勝舊章，添給統帶薪水五十兩，用資辦公。該提督自帶傳字前營，即作爲盛字右軍。正營張副將傳字後營，即作爲右軍右營，宋副將添募之營，即作爲右軍左營，以歸一律。號補旗幟均經更换，仰蒙賜準，即行换給關防，以便率帶操。

練伏乞憲鑒。

擬撥忠義軍歸唐仁廉周壽昌分統稟

竊前奉憲諭，貴州安義唐鎮馬隊兩營改爲步隊，頃奉照飭令唐鎮暫挑馬勇一營，餘到苗疆再行募練。竊思馬隊改步，增餉不多，唐鎮鋭意策勳，聞其前帶五營改并兩營後，營哨各官奮勇者，均養在營，一聞徵調莫不躍躍欲試。今營數減少，鋭氣不免稍阻。兩接唐鎮來函，述及日夜圖報之思，足令壯士起舞。盛傳嘗密派差弁察探，見其督操洋槍炮隊，極爲認真，至其平日臨陣驍果，尤屬共聞共見，憲臺亦嘗嘉其血性忠勇，許領偏師。今遠征苗地，必挾千人一行，方足自成一隊。若慮就近添募，遊勇闌入，則遊手之輩何地無之，全在主將選練之精，方可得力。黔勇雖能耐苦，情性未必馴良，自來軍勢不可偏重，主兵單則客兵驕，僅一營之老隊，恐不足以資鎮撫。伏見留防鄂境之忠義軍，尚有十餘營，日前晤劉提督維楨，稱其有九旬祖母，不便遠征，鄂境現值無事，酌留數營亦足弭奸宄之竊發。若外釁復萌，亦非十數營能了事，可否即於此軍中酌調數營，於餉項無事加增，於征剿大有裨助。再，周提督壽昌驍勇冠軍，感荷恩遇，常思竭效疆埸，迭次來書，義形於色，不日到營，亦苦無勇可撥。若以忠義軍分撥五六營，改隸兩將部下，稍一整練即成勁旅。倘忠義軍萬分不克分撥，即乞將唐鎮原部募足兩營，稍壯軍聲，以符前諭。伏候憲裁。

請將勳軍增募一營歸周壽昌作盛字前軍稟

竊盛傳前同周提督壽昌趨叩臺轅，備聆指示，慮執德不宏而勗以遠大，念用心太狹而進以寬容，循繹訓詞，莫名欽感，蒙諭勳字三營撥歸周提督壽昌統帶，周壽昌有志立功，願隨盛傳執殳自效，畀以一旅，自當感效馳驅。惟該提督原營已隸他將，此次單騎邁往，無坐營以壯指臂之威，勳軍各管帶皆係舊人，無過似亦未便更易，該提督向稱驍勇，舊部不乏驍健之才，仰蒙恩準，添募一二哨以爲親兵，可否添足一營，飭加挑選，用收陷陣衝鋒之效。倘蒙俯準，即可并勳字三營合爲盛字前軍，該提督臨陣盪決，得募練選鋒一營，則指揮益壯，增隊無多，實足提倡一軍之氣，伏乞憲鑒。

籌馬隊稟

竊查任副將永清所募馬勇三哨，前奉給資遣散，時方剿匪山中，未及遵辦，回韓後，即奉移軍赴直之檄，北地平曠，利用騎軍，此項熟馬健勇未便決然遣去，吴提督殿元軍令頗肅，遂令會同張提督景春馬隊先驅。該提督身無親卒，呼應欠靈，即以任副將馬隊隨伺前行，途中令行禁止，晝夜梭巡，不辭勞怨，滎河開隊之後，連誅不法弁勇數人，軍中股慄相戒。馬勇之畏營務處，甚於畏統帶營官。盛傳啟行後逐細訪查，實能秋毫莫犯，自設立馬勇以來，鮮有如是之肅静者，嘗謂得步將易，得騎將難，徐淮一帶，將弁好衝鋒而不講紀律，貪財帛而不顧聲名，其長在此，其短亦在此。若欲練成制勝之師，必軍法行而後軍氣勁。兵勇畏主將而不畏敵人，臨陣乃能有進無退，吴提督行法無私，以之常司騎隊，必能得力。擬懇將任永清馬隊三哨暫免遣散，交吴提督管帶。盛傳仍以馬小隊兩哨益之，不獨風厲諸將，且可表率一軍。任永清即作爲幫帶，以資學習。該提督任怨任勞，有專領之一營，益當感奮自效，騎軍從此氣象必且更新。明知餉項維艱，豈敢瀆求無厭，祇以約束馬隊，得人頗難，是否有當，伏求鈞示。

請補募軍稟

竊昨接統領銘軍劉提督盛休來函，知該軍前裁二成隊已補足。伏思奉裁二成隊伍之時，卑軍與銘軍事同一律，此時銘軍已補，自爲備禦海防起見，卑軍步隊現有五千餘人，以之駐防則無不足，以之備敵則未覺有餘，盛傳積苦兵間，何敢貪擁多兵致滋大戾，又深悉籌餉艱難，更何敢比例他軍作無厭之請，惟念海防緊要，戰事即在目前，屢讀中堂行來廷寄，山海關一帶，不惜繁費調募重兵，所以爲根本之計者至深且固，中堂主持全局，卑軍爲行戰之師，倘有戰事，勢須厚集重兵，臨事乃有把握，用敢擬懇，仍照舊制補足卑軍二成隊伍，俾得及時操練以作士氣而固畿防。

法釁增募稟

竊思越南一事，法人已得東京，近又有黑旗挫敗之信，是其多行不義，雖有曾侯在外與之面折廷爭，恐亦徒勞口説。其兵船遊歷中國洋面藉作恫喝，以爲通商償費之計，實在意中。此時籌備海防，實爲當務之急。盛傳荷戈海甸，十有餘年，每思得當以酬知遇，又屢蒙中堂獎藉，同輩揄揚，謬以此軍選器練兵爲可用。屬當有事之秋，尤當蒐討軍實，以固邊防。惟是卑軍步隊僅有五千餘人，一旦與強敵從事，兵力尚嫌單薄，擬請將前裁步隊八營之二成隊伍，一律招齊，趁此秋高氣爽之時，勤加操練，倘遇戰争庶有把握。現在海防有事，籌餉練兵，事非得已，此時補招不過八百人，一切哨官哨長，均仍其舊，需費無多，若與舊人合練精熟，較之臨時調募，訓練生疏之兵二三萬人尤爲有用。況銘軍二成隊伍，前於俄議未成時久已招足，更有舊例可援，毋虞部駁。側聞中堂現調大名練軍駐防新城，卑部若再添足二成隊伍，風聲所布，傳之遠方，或可稍壯聲威，而爲將來和議之一助。

招練情形稟

竊昨呈請添足前裁步隊八營二成隊伍，俾資操練，奉批：「該軍步隊前裁隊伍據請招齊訓練，自係未雨綢繆，惟擬在何處添招，約計招選訓練須若干日，應先切實聲明。」伏查招募兵勇，首貴樸勇耐勞，徐、宿、鳳、潁之人最爲上選。惟往返招募之期約須百日，竊恐緩不濟事，食用川資所費亦多。若由防營就近招募，現在淮部遠屯畿輔，由南投效實繁有徒。從前銘軍補足二成隊伍，戴牧宗騫招募一營，赴調吉林，皆在附近招集，旬日既可蔵事。今更加以精擇，極多不過三十日，亦可一律挑齊，此招募之大較也。查精練一事，新勇進營，操練手法、步法、端架、瞄線等事，半月之間即可應手，至於分操合操，技藝嫻熟約在兩月以後。轉瞬秋高氣爽，卑部逐日操習，若招足新勇，每營百人，每棚纔止二人，隨同老勇演習尤易見功，一冬之後，總可練成勁旅。此訓練之大較也。伏思越法搆難，尚未就緒，彼既相持而不決，我當先事以預防。聞江蘇、廣東均有添置新營，佈置嚴密之說，畿輔重地，似更宜加意經營。況此區區之勇，乃係補舊裁之額，并非添新募之營，尤與未事張惶迥判天壤。伏候酌定施行。

呈請咨紮川資稟

竊卑軍添足前裁步隊八營二成隊伍，奉批：「必揀派妥員赴南，挑選年在二十以外，三十以內，精壯可用之人。」盛傳現擬派記名總兵衛汝成，酌帶得力弁勇，前赴徐、潁及河南永城一帶招募。惟是各省招募，往返需時，必須地方官代爲照料，擬懇中堂咨明山東、河南、兩江、安徽各部堂院，轉飭本地及沿途各地方官，知照照護。并札飭該總兵祇領前往，以便集事，而利遄行。再，由津赴南，往返程途約三千餘里，川資甚鉅，招募必須遵批精擇，斷非旬日所能蕆事，先招之人必須發給小口糧以資食用。約計每名招募總須銀四兩有奇，始可到防。卑部現添足一成隊伍，共招八百人，合計需銀三千餘兩。擬懇飭銀錢所或支應局，迅撥此項發交祇領，俾早就道。再，查卑部駐防直境閲十餘年，勇丁開革假歸事所常有，一時招補乏人，南省過遥，不得不以直東入選。伏查直省之人，不能耐苦，較之南士浮樸迴殊。且離家過近，係戀較多，倘有征調，勢必紛紛思避。擬趁此招募補足之時，馬隊每營添招四十人，礮隊每營添招六十人，槍隊每營添招五十人，共七百八十人。由衛總兵招齊管帶來防，發交各營，將籍近及滑弱者逐一更换，以期練成勁旅，仰副我中堂整軍經武之至意，合并聲明。

速募奇兵稟

竊前上條陳有募奇兵一節，蒙諭臨時再議，現在事機已迫，似宜即爲籌備。葢洋人礮火之利，非挖濠築牆不足以資障蔽，而正勇專任攻打，恐難兼顧牆濠，必須此項奇兵以爲之助，或與馬隊相輔，合力包抄，或與地勢相宜，分路埋伏，設遇敵人深入，正兵迎擊，奇兵可由後路截邀，堆土挖溝，伏施槍礮，以絶其歸路，總期相機應變，出奇不窮。且以土工而論，以每人每夜做工六尺計之，則六千之衆合作一夜，即可及二十里之遥。足敷設伏邀擊之用。彼船所帶兵卒，不能過多，則臨戰挖溝等事，必不能及我之迅速。至所用鍬鍁，現已預爲置備，較洋鍬之式，柄加長而鐵片加寬，取土靈捷，庶不致歸遲誤。且兩軍既接，正勇不免傷亡，奇兵即可挑補，勝於新募之卒。奚啻倍蓰。倘定議招募，擬即在山東之武定，直隸之河間，專擇強悍敢死之徒，以取衝突之用。雖與洋人交戰，原不專恃勇猛爲長，但既有訓練節制之正兵，又必須此敢死之奇兵以助之，方可以資得力。至人數約須六千，以六十人爲一哨，變通部勒，可立二十營，至少亦須四千五百人，分十五營部署。現已另編營制，查核每月所費，尚不過多，營哨略減舊章，易於照料，營中另添督隊、領隊各官，或率隊四路哨探，或遇衝擊之時統之陷陣，以爲弁勇之倡。所有營制，另摺呈覽。再，前呈祁口一路守虚，須籌防守，并請安設電線一節，未蒙諭復。往者咸豐庚申，英、法、美三國分打大沽、北塘、祁口，是三路皆當嚴守，前鑒昭然。現大敵當前，似宜趕爲設備，亦乞鈞酌施行。至於轟擊敵船，尤宜詳辨，若徒見船即擊，設誤壞别國之船，豈不另生枝節。所難者各國之船分在旗號，法夷素性詭譎，倘冒别國之旗混行闌入，貽害豈可勝言。應如何杜絶此弊之處，似宜商諸各國領事，預爲議及，臨時方有定見。是否有當，統乞鈞裁。

擬添新營需用餉項章程

一，擬每營營官一員，薪水銀五十兩。

一，擬用幫辦製造旗幟津貼各項銀一百兩。

一，擬用火勇二名，每名口糧三兩三錢，計銀六兩六錢。

一，擬用長夫八名，每名口糧三兩，計銀二十四兩。

一，擬用督隊領隊探路共四員，每員薪水九兩，計銀三十六兩。

一，擬用哨官五員，每員薪水十八兩，計銀九十兩。
一，擬用哨長五員，每員薪費十兩，計銀五十兩。
一，擬用火夫五名，每名口糧三兩三錢，計銀十六兩五錢。
一，擬用長夫十名，每名口糧三兩，計銀三十兩。
一，擬用什長二十名，每名口糧四兩八錢，計銀九十六兩。
一，擬用正勇二百八十名，每名口糧四兩，計銀一千一百二十兩。
一，擬用夥勇二十名，每名口糧三兩三錢，計銀六十六兩。
一，擬用大車十三輛，每輛用馬四匹，共馬五十二匹，每匹餧養銀三兩，計銀一百五十六兩。
一，擬用正車夫十三名，每名口糧三兩六錢，計銀四十六兩八錢。
一，擬用副車夫十三名，每名口糧三兩，計銀三十九兩。
一，擬用柴草約計銀百兩。
以上一營總共薪費餉米銀二千零二十六兩九錢。
一，擬統帶一營各項，與營官章程相同，外擬加薪水銀六十兩，又擬督隊領隊探路加八員，每名薪水九兩，計銀七十二兩。

以上統帶一營總共薪水餉米銀二千一百五十八兩九錢。

一，擬每營由近處招募，或德州，或臨清，或大名、河間、武定，約需招費銀四百兩。

一，擬每營購辦戰馬共五十二匹，約需銀八百兩。

一，擬每營購辦大車十三輛，共約需銀三百兩。

一，擬帳房由本軍分用。

一，擬每營分兵鍬三百把，約重三斤，共計重九百斤。

一，擬每營用槍子六萬粒，每百粒重七斤半，共計重四千五百斤。

一，擬每營用帳房二十八架，每架約重四十斤，共計重一千一百二十斤。

一，擬每營用帳房桿樁及斧頭，每架約重三十斤，共計重八百四十斤。

一，擬每營共三百八十六名，每名每日約食米二斤，計重七百七十二斤，約五天共重三千八百六十斤。

一，擬每營約馬五十二匹，每馬帶麩料每日八斤，計四百十六斤約五天共重二千零八十斤。

以上共約重一萬三千三百斤，以十輛分載，每輛約裝重一千三百三十斤。其餘三輛預備帶傷裝運之用。

堅請招奇兵稟

竊前以海防日亟，請募奇兵，荷蒙鈞鑒。回營後，督同各將領，籌商破敵之策，僉以爲既募有此項奇兵，則奇正相輔，變化無窮，足可出奇制勝。惟前稟內擬於武定、河間一帶招募，原期迅速成軍，第查該兩處習教者甚多，倉卒招募萬難區別，況現值農忙之際，招募亦豈易言，前令每營各招餘勇五十名，隨同操練，直至回營之後，始據各營一律報齊。今若舉數千人選募一隅，恐非旬日所能集事，且畿南各屬民性多浮，加以遠鑒庚申，臨敵必多疑懼，似不若仍募歸、徐、潁、亳可爲心膂之資。現擬半召徐、潁與東直之人，交互爲用，自可更爲得力。法船遊弋海面，不過遥作虚聲，度其大舉，亦當在一兩月之後。屆時我軍招募已齊，加以訓練成軍，足可以當一戰。從來備禦戰事，總須厚集兵力，方可決勝崇朝。往者，胡文忠撫楚，倚多、鮑兩軍爲援應之師，每軍一萬七八千人，合之三萬五六千人，是以屢破強寇。今敵人之強，教之粵匪奚啻十倍，而卑部與銘軍援應之師，不能比當時多、鮑一軍。

伏查直省現在兵力，綜計不過四萬人，除各處守兵去其大半。此外，救援策應即照前稟招足六千人，亦不爲多。刻下事機至急，中堂主持全局，畿輔尤爲天下根本之區，備禦豈容稍懈，伏望堅持定議，鋭意力行，大局幸甚。

卷二一 禦兵編下

遵諭薦保將才稟

竊奉中堂面諭令於卑部中遴舉將才，以備密疏保薦。盛傳知識隘淺，曷足以言知人，惟從事行間幾二十年，同澤輩流及先後曾隸部屬各將領，未嘗不留心考校，求其始終不易，可稱將才者，頗難其人。現在洋務方興，海防孔亟講求戰守，利器變易，從前舊用槍械，事事更新，非智勇變通久歷戰守者，不足以當軍寄。其次則堅樸爲質鐃有心計者，乃可日進精能，以備异日將才之選。非僅可以猛勇粗厲之材，輕爲嘗試也。就卑部而論，如記名提督衛汝貴，自充皖營隊長，遇戰身先，即有奮勇之目。及隸淮部，擢升營官，一變從前嚚張之習，歷隨剿捻，嘗以一旅，折衝獨捍大敵。北山之役，尤爲勞苦功多。近日洋軍火操法及防務工程，亦均洞悉竅要，實爲卑部得力之員。記名提督賈起勝，一自皖營勇目而起，自隨盛傳充當親兵營哨官，力剿江陰、無錫、常州等處，以少勝多，訓練整齊，槍礮發無不中，疊以戰績拔升營官統帶，轉戰數省，現在講練後門槍礮，取准致遠，靡奥不搜。該二員相從最久，堅忍強毅膽略俱優，堪勝專閫之任。如蒙中堂保予簡放，畀以要疆，必可不負委任。副將銜儘先參將吕本元，果敢精勤；儘先副將李安堂，强明鎮定；記名總兵陳連陞，勤敏幹練；記名總兵鄭永鏲，聰强洞達；儘先遊擊姚俊士，樸幹勁拔，該五員年皆三十内外，任事稍遲，然皆鋭意振興，力勤戎略。加以磨練造就，足備繼起將才。盛傳親承鈞問，不敢容隱部曲之微長，用敢撮舉縷陳。伏候采擇。至記名提督貴州安義鎮總兵周壽昌，直隸通永鎮總兵唐仁廉，署通永鎮總兵吴殿元，先後經憲臺薦任專疆，其才皆足當一路，應否特疏加保，應請憲意鑒核。

遵保將才稟

竊頃奉咨開飭，保沈毅勇敢偏將數員呈候采擇，仰見朝廷延攬之殷，與我中堂諮訪之廣。查卑部將領，相從既久，平時留心體察，除右軍統領衛提督汝貴，左軍統領賈提督起勝，久邀中堂賞識毋庸聲叙外，如營務處升用提督記名總兵陳連陞，中軍營務處提督銜記名總兵衛汝成，統帶馬隊總兵銜升用副將，兩江推補參將吕本元，管帶中軍後營提督銜，遇缺題奏總兵孫顯寅，管帶中軍前營總兵銜，兩江補用副將李安堂，管帶中軍副營升用都司周盛忠，副將銜儘先參將王從義，以上各員，均堅樸敏練，作事結實，熟諳操法，曉暢戎機。實堪應將才之選，如蒙列保，必更感激馳驅，力圖報效。再，各員現在卑軍或綜理營務，或分統隊伍，均係得力之員。刻下防務方殷，正資熟手，未能擢赴他處，合并聲明。

城工彙保將弁稟

再，卑部文武各員，自同治七年，直東肅清以後，歷隨縣節駐鄂援陜防直，迄今六載，未得一邀禄敘，九年北山之役，甫經盪平，即飛調東還，時因津案未平，廑憂宵旰，不敢以殲寇微勞瀆請中堂具疏，嗣閲邸報，秦軍乃攘以爲功，專案請奬。將士冒暑履險，馳逐窮山，寇平不無冀望。盛傳惟諭以憲恩高厚，但當忍苦讓勞，切勿以功能斤斤自負。十一年辦理河賑請奬，原折僅列五人，部議多未復準。此次捐餉建城，兼資眾力，經營兩載，各員弁無不親在工間，共嘗辛苦。現在城工礮臺一例告竣，料實工堅，足資鞏衛將來海防，永爲重鎮，中外同瞻，似較地方捐修工程有別，如蒙奏奬，可否較尋常勞績，稍爲從優，以昭激勸之處，出自逾格隆施，伏惟憲鑒。再，記名簡放提督劉安泰、張海龍、張九林、王正國，軍久資深，官階已無可保，而遇事异常勤奮，又未便没其辛勞。劉安泰、張海龍、張九林三員，均逾四旬，張九林督築城垛，跳板繩斷下墮，幾於殞身；王正國年猶壯盛，惟上年在蘇省雙峰鎮等處，傷重多虧，近來營員率投閒散，何敢概請恩施，惟該員等，始終懋勉不改故常，堪以擢膺實職。擬懇憲臺遇有副參缺出，賜予奏補，俾介胄服戎之侶，不至遲暮向隅。感戴隆施，曷有既極。再，卑軍文營務處，五品銜，直隸試用班，前先補用知縣戴宗騫，實心任事，穩練周詳，其營基址、議遠邇，慮事量功，能任勞怨，成事之不愆於素者，該員臂助良多。現今城工告竣，該員不肯開列銜名，仰邀獎敘，未便没其微勞，另單陳請，可否奏請俟補缺後以直隸州補用，并賞加運同銜。給與獎勵之處，出自憲裁。

減河工酌保將弁片

再，卑部馬隊統帶吕參將本元，廉毅強明，才優年富，勇於任事，勞怨不辭，實爲卑部後起出色之員，久邀洞鑒。本年趙扶村決口，該統帶不避艱苦，督率有方，用能迅速蕆工，尤爲异常出力。惟該統帶已保至總兵銜升用副將，兩江推補參將，此次勞績案内無可再加。可否懇請中堂存記，俟遇奏保人才時，特加優保，俾可儲爲大用。感荷成全，實無既極。又，管帶卑部中軍副營升用都司儘先守備周盛忠，管帶飛騎馬隊前營守備銜，儘先千總孫吉武，該二員樸實强幹，作事耐勞，於操務工作一切尤能認真講究。惟官階太卑，現充管帶，教之營中哨官哨長職銜較崇者，反多未逮，似不足以肅體制而區將才，合無并懇中堂存記，可否遇有免補保案，周盛忠擬請免補守備，以都司儘先補用，并加遊擊銜；孫吉武擬請免補千總，以守備儘先補用，并加都司銜。出自逾格隆施，實爲公便。

密保吕本元片

再，卑軍統帶，飛騎馬隊總兵銜，升用副將吕本元廉樸勤勇，辦事實心，并能講求時務，洞悉事理，實屬卑部得力之員，亦爲騎將出色之選。此次建造靳官屯橋閘，土工丈尺較原估加增甚夥，該副將督率弁勇晝夜不懈，復能體恤周全，籌畫深微，遂使大功迅成，异常堅固。當兹整頓海防搜求人才之際，知之既深，自應上達鈞聽。可否仰懇中堂俯賜年終密保人材摺内，請以總兵記名簡放，俾得儲爲大用。

出自格外隆施，伏惟憲鑒。

請保諸將稟

竊三月間，准前敵營務處吴提督咨開奉批，盛軍南運減河下游，土方較多，准開二十餘人呈候酌保。七八月間，卑部馬隊，搶築趙扶村子牙河決口，復準署直隸督部堂張，咨開吕副將等，始終其事，出力异常，應請彙入今年南運減河工程案内，酌保咨會核奏等，因各在案。伏讀憲批，祇准開保二十餘人，張部堂來咨雖有彙保之語，極多亦不過一二十人，明知事屬土工，係地方尋常勞績，格於成例未便保列多名，惟卑部營數較多，各哨弁皆繫不辭況瘁，异常出力之人。核其成勞，初無軒輕，倘邀彙敘，未便參差。此項應獎人員，計每營各有十餘人之多，若盡數開單，必遭駁詰，倘限以定數，又慮向隅。正在躊躇辦法，恭讀十月間邸抄，烏裏雅蘇臺將軍杜奏，酌保在防將士，循案請獎。又十一月邸抄，庫倫辦事大臣喜，奏擇尤保獎防庫官軍。在事出力員弁各等因，均奉俞旨，自因窮邊遠戍，特予優施，非他處防軍所可比例。惟從前以邊防爲急，今日以海防爲重，情事正復相同。卑部隨侍憲節籌辦海防，十有餘年，操練後門槍礮，開通南運減河，試辦屯墾，添築各處堤壩溝渠，每年土方以百十萬計。將士勞苦异常，深可憫念。自維防軍，未敢輕言請奬，今既有成案可循，合無仰懇中堂逾格栽培，俯準咨會署督部堂，擇尤奏奬，仍懇奏明立案。於本年保奬後，按照邊防將士出力之例，每海防三年無事，將士操防整頓工作出力，准予奏奬一次，以作士氣。盛傳非獨爲一軍之私言，實有見於駐防已久，從未一開奬案，舊人既消磨過半，新者且録用無期，不過十年，海防軍營必無人才可用。未雨綢繆，宜在此日，惟鑒察焉。

請補遊擊稟

竊閲邸抄，見北塘營遊擊史宏祖開缺，伏思此缺關係海防，中堂量能授職自有權衡，豈敢妄參末議。惟卑部員弁隨征髮捻，承辦城工屯墾，各事辛苦，十有餘年，雖蒙中堂復加保擢，職位已崇，從未得有副參遊實缺。前年冬，申送留直副將葛勝林履歷，當以該員從戎日久，辦事實心，懇請儘先補用，以資鼓勵。奉批「準另册存記，遇有副參遊缺出，儘先補用」等因，此次北塘遊擊之缺，可否懇請即以該員請補，出自逾格隆施。該員樸幹勤誠，有爲有守，實堪重任。且留直補用與例相符，倘蒙俞允，卑部員弁見同儕中得有實缺，益當奮勉以求報稱，斯則鼓舞將士之大端也。

援案請給封典稟

竊照卑軍各營，曆隨憲節轉戰數省，剿辦髮捻各賊，在營文武人員，迭保官階，祇以未能補缺，恭逢覃恩慶典，不得仰被榮施。查前欽差大臣曾，奏請將軍營保舉人員，擇其在營尤爲出力者，照保舉升銜官階，咨部請給封典。於咸豐六年三月初八日，欽奉上諭，軍營保舉各員，選補尚無實缺，自應先被光榮，著援照羅澤南、李續賓給予封典，其有告假回籍者，概不準給，以示區別。伏查卑部各營現在營人員，均係剿辦髮捻戰功卓著，恭逢同治十一年十二年，兩次覃恩慶典，該員等在營未能選補得缺，核與前欽憲曾，奏准軍營保舉人員咨部請給封典之例，情事相同，自應援案查明，擇其在營勞績尤著者，照保舉升銜官階，彙開出身履歷三代清册，呈請俯準，分咨部科請給封典，頒發誥敕。俾在營將士共沐恩榮，益知感奮。其曾經告假回籍出營者，遵照概不準給，以示限制。

請給功牌稟

竊卑軍入冬專事操練，擇其中靶準而且遠者，賞給銀牌獎勵，歷辦在案。近來馬隊演習一馬十二槍，礮隊、槍隊講求測線端架諸法，均能致遠命中，計數過七八成。將士學習精勤，若照尋常給獎銀牌，不足以昭優异。除營哨各員擇尤另册呈核外，所有技藝嫺熟勇丁，擬懇中堂仿照練軍閲操章程，發給五品功牌一百張，六品功牌三百張，由營考較分給，以作士氣。現在操習後門槍礮，尤以年少心靈之勇爲宜。此輩入營稍遲，未邀奬敘，倘蒙賞給功牌，將來遇有什長哨長缺出，便可以漸升補，或亦振拔人才之一道也。

請領養廉稟

竊前在天津鎮内，除蔬菜、薪紅、紙張等項，照例應歸署任外，其餘養廉俸薪，馬乾各款，應行請領。曾咨商直隸藩司，旋準咨復，養廉僅領一半，半廉内再照六成改給，又停給一成養廉，馬乾按照七成計算。計自光緒元年七月初四日奉旨調補之日起，至八年八月初三日，升授湖南提督之日止，共七年零二十九日，僅應領銀四千二百餘兩。除已領過銀一千九百餘兩，尚應補領二千二百七十餘兩。伏查總兵歲支養廉薪俸馬乾等項，應領銀一千八百四十五兩有奇，按照七年齡二十九日計算，共應領銀一萬三千一百餘兩。今照藩司來文，實領到銀四千二百餘兩，是比照應領之數僅止三分之一。在藩司綜覈出入，自係按章核算，斷無畸重畸輕。惟聞大沽協羅副將榮光，領食全廉，係因辦理海防，故從優給。通永唐鎮援請，亦得比照給發。伏思大沽爲天津所轄，通永與天津并峙，同爲海防緊要之區，盛傳前在廣西右江鎮任內，蒙中堂專摺奏請調補天津，亦爲留辦海防起見，自與大名等鎮不同。數年以來，修築城臺，練習槍礮，似不後於大沽、北塘。同一辦理海防實缺之員，而養廉等項，或則全領，或則減成，未免相形見絀。且本管副將轉得從優給領，總兵統轄一鎮，反多折扣減成，於體制亦多未協。應懇準將天津鎮任內應支養廉馬乾等款，飭司查照大沽協、通永鎮成案，一體全領。出自逾格隆施，伏惟鑒察。

再請給俸稟

竊天津鎮任內應令廉俸等項，懇請準照大沽、通永成案發給，奉批云云，本不敢爲再三之瀆，惟鈞批到任與未到任不同，伏查定例，提鎮大員統領全營，出師在外者，領食全廉，署任僅領薪紅及蔬菜等項例，不領給廉俸，是此項養廉僅止實任應領，到任與不到任初無區别，大沽通永因係海防，領食全廉，應否仿照請領，自以天津是否海防爲斷。伏讀屢次密寄，有天津畿輔重地籌辦海防等諭，此天津之爲海防確證昭然。鈞批又有統領防營薪工較優等語。伏查設官授禄朝廷自有常經，原不問其兼差優否，即如近年出使外國大臣，皆係兼官，未聞其於常領經費外，不再領俸糈等事。況營中薪工，皆係中堂手訂，推原立制之意，亦以統領帶營較多，用人諸事皆胥取給，自有一定開銷。大沽通永亦兼防營，情事正復相等，盛傳隨侍鈞節，十有餘年，從未以私款致煩藎慮，實緣此項養廉本繫應得之項，與他事請領者不同。合無再懇準將前在天津鎮任内，養廉照通永、大沽成案，一體全給。伏惟憲鑒。

懇給津貼營費稟

竊行軍以得人爲本，不獨衝鋒破敵，須選將才，即一切營務餉械各件，均須得力人員妥爲籌辦。卑部渡淮以後，事務較繁，文武各員，增添日盛，歷年剿辦髮捻，委員薪費皆自行貼給，未敢率請開支，彼時行軍不過直東、豫、鄂數省，百物充阜，食用較輕，各員多江淮南北之人，接濟尚易。今奉檄入關，所部漸多，營務增鉅，前敵採辦軍糧，陸路轉運餉械，委員相望於道，統計文武員弁，實在任事者不下百餘人。關中薪、糧、蔬菜、馬匹餧養，無不數倍中原。各員弁月得薪水，不足以贍僕馬，盛傳貼累已屬不支。伏思幫辦委員之於將領，有輔助之義，有臂指之聯，重於遠道相從。每遇軍情喫緊，崎嶇險阻，風雨昕宵，罔敢告瘁。趨公而外，不得不計及身家，若貧乏不能自給，而猶遇事，責其操守自問亦殊不情。中堂大鈞成物，廣廈憐才，從前武毅銘軍，按月均有津貼，委員任事較久，亦多自上開支。具仰憲臺體恤營員，無微不至，同隸帡內，必不使卑部向隅。合無仰懇憲恩，准照武毅銘軍之例，月給津貼，藉以彌縫鉅款。其辦事尤力者，擇繕清單，可否賜予照章開支之處，出自逾格恩施，不敢一例瀆請，亦斷不敢藉以自肥。伏惟鑒察。

請給營務處局費片

再，查前敵營務處，吳提督殿元，勇往任事，韜略優長，久蒙鈞鑒。現當軍務方殷之際，吳提督身居前敵，時時須往來海口各處，討論稽查。吳提督威名素著，兵勇懷德畏威，於軍情必有裨益。惟吳提督雖當重任，隨從并無多人，呼應萬難靈便，即將來有事之時，催促隊伍傳述軍情，亦須有人驅使，聲勢始壯。伏查前黃道瑞蘭，身居此差，曾蒙籌給局費，并於營務處撥親兵兩棚，俾資驅策。現在局勢較之從前緩急迴殊，吳提督辦事認真較優黃道，應懇仍照前章賞給局費，并招募小隊一哨，或四十人，以供前敵差遣之用。如有緊急軍報行知營務處者，并請飭行吳提督一體知照，庶可與前敵諸將領逐事講求。伏祈鑒察。

請給查教習津貼片

再，查弁連標教習，卑軍實力實心極著成效，且察其於洋人操法，實有講求，非同浮慕。當此洋操正關緊要，風氣尚未大開，亟須破格優崇，以資激勸。前此，中堂任用丁鎮汝昌及親軍營管帶王都司得勝等，破除常格，正因其遊學外洋，精心考究，故不肯稍拘資望以困英豪。今查弁雖分居微末，而講求操法，實未可没其勤勞，所領薪水似亦須稍示優，雖自抵卑軍以來，業已酌加津貼，但係盛傳之私惠，不及中堂鈞賜足以昭榮寵而振軍心。擬請加給該弁薪水八十兩公費，四十兩藉以酬其勞勩。伏乞鑒核施行。

馬隊哨官請發全餉稟

竊準行營銀錢所移奉後路糧臺札，以馬勇口糧業經改發九關，哨官、書職、幫辦薪水亦應均照九關核發，以免兩歧等因，前來，查淮軍馬隊開募之始，明定餉章原期斟酌適中，以養將弁之廉而作軍士之氣，立法至爲周備。今年正月奉飭，以馬勇口糧應與步隊一律核發九關，其營哨官薪費雜款米價等銀，仍準按月全放，仰見憲臺遠規國計，俯體下情，於撙節之中，仍寓體恤之意。伏查馬隊雜費比步隊爲多，領款比步隊爲少，馬匹鞍韉鞦轡，皆須隨時更换，卑軍向無倒斃，添换馬醫官藥，均係自行備辦，比銘、仁各軍馬隊賠累較多，專恃營哨各官以薪費彌縫其闕。自今春移鄂，營外皆水，感受濕氣，醫藥無虛，例斃相繼。且水災後，草豆皆購自遠方，種種拮据情形，久邀鈞鑒。該哨弁等應得薪水，貼補雜用差可支持，若再扣除三關，勢必多方虧累，萬難敷衍。竊思餉項之盈歉，軍氣之盛衰，繫之欲求，訓練者尤必裕其資糧而後能養其鋭氣。若以次減裁，勢且積爲貧弱。在糧臺力爲撙節，未始非慎重餉需。而於憲臺權衡至意，及營中實在苦情，或未盡悉。仰懇憲恩仍賜將卑軍馬隊哨官、幫辦、書職等薪水，飭所照發全關，以符原章而資口食。伏求鑒察。

覆陳户部議減淮軍報銷稟

竊疊奉行知，户部議覆淮軍報銷，於將弁薪費、車駝、餧養及柴草、油燭、長夫各項，礮令分別核減等因，盛傳嘗就原駁款中，細加審度，追考造端之始，因求撙節之方。如薪費、長夫、油燭三項，湘軍營制原有者也。柴草、餧養兩項，淮軍剿捻西征，逐漸增添者也。油燭已裁，可毋庸議，至於薪費一項，所以杜兵官減額尅扣之弊，長夫一項，所以免徵調派役之煩，立法具有精意。此外，柴草有費，則不至藉採樵以擾鄉村，車騾有養，則不至因短運而誤戰守。又皆行軍北省所必需，足補湘軍營制所未備。從前防剿內地，賴此數端，成效昭著天壤，現在門户洞開，屢奉密諭，飭令統兵將帥，練兵自強，竊嘗切而求其實際。練兵者，非遇事刻減之謂也。人人知洋器之利，西法之精，而泰西後門槍礮子彈，皆極笨重之物，與向例軍器僅用刀矛弓矢者迥不相侔。行軍於陸路，礮車必用騾馬運行，子彈必用駄騾運載，從前淮軍剿辦髮捻，一軍之內用礮不過十數尊，現在添購四磅礮、格林礮以及原領輕銅礮，位數既多，各營皆宜慣用，拉礮騾匹，平日操熟不驚，則臨敵指揮可以轉旋如意，運礮者駕輕就熟，放礮者心静氣平，乃有以避敵人之攻，而施我之利器。若用生騾新馬，聞聲奔跳，控縱不靈，必至手慌子墮，當機貽誤爲患，豈可勝言。至行隊駄載子彈需騾更多，取辦臨時，亦虞不及。竊閲西國戰紀，每萬人中必有馬二三千匹，除戰馬以外，大都留以拉礮運械，以馬之嫺熟尤馴於騾也，今即不能悉仿其法，似宜就各營現有馬騾中隨時教練，配架馳行。計四磅礮車一輛，上坐打礮四人，駕以六騾，一礮所需炸彈器具，又須數騾駄載，以十尊計之，須騾百餘匹，以百尊計之，須騾千餘匹。行軍槍隊，每桿帶子二三百粒，加以行糧，每棚一騾尚不能敷應用，即權就現有馬騾匀供防操，不見有餘，但形不足。倘一經删除作爲定例，猝有軍事，槍礮糧械何自而行？此餧養一項不便裁減之情形也。至長夫一項，固爲拔隊遠行搬運子藥而設，亦欲其習慣營規，熟諳操法，遇缺伍勇丁即於此中挑補。淮軍之起，迥异練軍，招募之初悉由南省，現在各路行役，調防已十數載，時有假歸之勇，即有募補之煩。而洋槍洋礮，手眼步伐色色精詳，往往補一生勇，累月不能操熟，惟長夫習與勇居，步趨甚捷，一經挑補，不煩絛誥演法，悉可從心。今日之長夫，即爲异日之正勇，并非徒供雜役，視爲可有可無。考西兵入伍，皆以十年、七八年爲期，而德國、法國則人盡爲兵，雖遇戰陣傷亡，易於調補。今既不能合兵民爲一，盍仍留長夫一項，聊存古人羨卒余兵之意。使良法維持不敝，即將來士氣亦可歷久長新。此長夫一項不便裁減之情形也。至於統領管帶各員月支薪費，凡幫辦及司賬、軍裝、書記、醫生、工匠、薪糧并置辦旗幟號補各費均在其中。現在海防練兵，一切隨營執事人等，有增無減，而槍械擦油，礮車修理，洋號洋鼓，零星之費亦比從前加多。若將原領薪費核減，不敷辦公，其廉潔者既慮末由自贍，不肖者必將巧取於勇丁，似非朝廷策勵戎行之意，此薪費一項不便裁減之情形也。奉讀疊次密諭，嚴飭中外臣工，均宜以海防練兵爲最重要之事，部臣豈不與聞，若但執往日軍需之舊例，不顧目前禦侮之遠圖，使軍政日就淩夷，防務日歸惰弛，更何自而求轉弱爲強之實效耶！中堂力肩防務，身係安危，擬請於覆奏海防事宜摺內，陳明練軍關係重大，一切章程請旨飭下部臣，勿遽議加裁改，庶幾防務可求實際，鉅餉不至虛縻，此則國家強弱之大關鍵也。

議礮減裁柴草稟

竊據領餉委員回稱，各臺局會議，擬將柴草一項大加減削，卑處未奉公文，無從深悉。惟營草不便零減，練兵省費勢不能以兩全。伏查柴草一款，經憲臺於剿捻時增添，實爲保全營規第一要義，行之十年，有利無弊。上年部議駁難，係未悉閫外情形，嗣奉憲飭改歸，欠餉撥放，士卒薪蒸藉以取給。此次各臺局員於例支項下逐細核減，自爲撙節起見。惟此項銀兩，從前定立領章時，斟酌額數定爲每哨月支銀三十二兩，其中行隊餘棄，時價低昂，均在牽算酌劑之內，本非故留有餘以待刪減。歷年各營遵守定章，節盈補縮，或值柴薪昂貴，遠道購儲，或值歲熟價平，隨領隨購，未嘗多有贏餘。即如卑軍初移馬廠，連遇水災，附近無薪可購，則遠取高粱稭於德州，採辦煤炭於琉璃河，皆在數百里外，買費運腳通盤籌算，時有不敷。

近年駐營兩地，兼購葦草，雖價值稍平，搬運較易，然大軍所需甚鉅，皆須先事備儲。每年挑河作工，尚須支帳河側，其間轉搬之折耗，暑雨之霉爛，臥榻之鋪墊，均於其中補綴籌濟，僅足支銷。聞局議新章按每勇日給三斤，同治元年、二年，蘇局發柴曾有此例。不知當日蘇省兵燹之後，木板悉折爲薪，所辦繫乾木柴，故三斤略可敷用。現在北省只有秫稭葦草，營中倍半發給，不足尚準添支，若如議照減勢將無以爲食。甚非憲臺平昔整軍恤士之意。竊見近年油燭停支，馬隊夫價悉已裁減，卑部無不遵章辦理。惟柴價一款攤歸士卒，係屬實在艱虞，用特據實敷陳。從前楚軍久駐之處，林木爲墟，現在練軍大半街坊寄食，皆坐不發柴之病。憲臺手創良法，本爲遠大之圖，遽議減裁殊爲可惜，昔李牧治邊，務使軍士有餘而後可以一戰，此中精意，固非沾沾目前者所能知也。是否有當，伏乞憲示，祇遵。

覆陳減裁柴草稟

竊奉憲批各營柴草折價，前經部議停發，當飭各臺局議定，每名日給三斤，以示限制。仰見中堂斟酌調劑苦衷，自應遵照減章辦理。惟查柴草一項，關係軍人炊爨，與糧食相爲表裏，折價購買本以體恤士艱，必使薪足供炊，而後士卒無藉端樵採之虞，餉款亦無移挪辦公之弊。細核減章所定柴數，銀數合之卑部現辦價值虧欵甚多。此中艱苦情形，仍有不得不爲中堂陳者。卑部自行隊剿賊時，即委專員趲路前驅儲備柴草，駐防以後，仍由盛傳派委總收，以免各營分派弁勇，紛擾煩費。自十年肩任土工，支帳駐營，本非一處，新城馬廠仍復春去秋還，柴草軍中急需，一飯不能缺乏。每先期而籌購，分數處以存儲，一遇拔隊，駐工隨到隨領，乃可支應綽裕。今扣定每勇三斤，無論轉搬折耗，久存霉爛，墊鋪取用，斷斷無此贏餘。即勇夫長晝做工，一日三四餐，煎茶煮粥數薪而炊，亦萬不能敷用。此外，幫辦、書識、長夫向領額柴全歸無著，軍中所有正雜款項，均係隨領隨發，别無閒款可以津貼，又未便攤扣正餉，貼作柴薪，致滋流弊。若歸各哨棚自出採買，必至紛紛差派，四散鄉村。十餘年來，刻意整練之營規，且將因此墮壞，領款不給，必仍按名扣攤，適爲不肖勇夫藉口。再四思維，殊乏彌縫之策，不得不仰懇中堂，俯念卑軍駐紮津海一帶，百物價值無不昂貴於南中。近年工作較他軍尤苦，可否將此項減除柴價，仍在欠餉内暫予撥發，以恤士艱而維軍紀。俟屯田事竣，再行體察情勢，稟請核減以符定章。伏乞憲鑒。

請免扣平餘稟

竊前奉鈞咨，准部咨會議明定軍需報銷飯銀，飭於營中用款，每百兩中扣平一兩，抵解飯食等因。以軍中將弁辦公之項，爲各曹書吏飯食之需，詞意頗覺不順。當以部議通行之件，未敢有辭。昨閱本月二十三日邸抄，見曾爵部堂奏請，暫緩核扣各軍平餘銀兩，以重戰守，而固人心一摺，「奉旨著照所請該部知道，欽此」，是此事業經南洋陳請，已有成案可循。北洋將弁工作勞苦，倍於南洋，其採辦軍中需用各件，亦較南洋爲費。且淮軍營制月餉僅給九關，現當有事之時，謂宜照各軍餉章一律發給全餉，固結軍心，何可於公費夫價等項再有扣減？合無懇請中堂援案奏請，將部議扣平暫行緩辦。其以前已扣之款并請飭所核明發還，以符舊章而作士氣。此實整軍經武之大端也！

裁勇情形稟

竊奉照開，飭裁勇丁一成，妥籌辦理，當經轉行盛字馬步隊十三營，仁字兩營遵辦。一面諭飭各統帶營官等，於哨隊中逐一選看，或久役年老，或氣力單怯，均於一成中先行裁去，期於汰弱留強。於遣徹之中，仍寓整飭之法。除發底餉一關外，其欠餉四關全行發給。由各營自備車輛給各勇乘坐，并賞給食米，加派總兵汪丙炎等督同各營幫辦，帶馬勇分起護送渡黄。臨行時由各統帶營官，帶同遣勇并攜餉包護照至，盛傳坐營親加點驗，按名發給，并宣諭中堂德意，及歷年爲國宣勞之可貴，歸田安業之可欣。莫不感頌憲恩，臨岐眷戀。除仁軍遣勇由唐鎮另文申報外，計卑部盛字十三營，實共裁親兵正勇六百四十二名，於月内悉數成行。日來接據沿途各州縣稟報，途次一切肅静，伏惟鑒察。

覆陳裁勇稟

竊盛傳於三月間，經徐鎮道奎告以中堂飭議裁勇一事，盛傳曾面告徐鎮，請先由卑軍裁起。未知徐鎮如何稟復，今大部既慎重軍需，勇營亦無積久不變之理，竊謂此軍之興，二十年矣！選鋒將盡，暮氣可虞，若趁此逐漸遣徹，不獨中堂得卸仔肩，即盛傳亦可稍寬咎戾。擬請將卑部先行裁徹，以節餉需。倘因畿輔重地，彈壓需人，或酌留馬隊數營，藉資拱衛，至多亦不得逾三千人，庶統帥者精神易於照料。惟現交六月，正禾粱繁盛之時，遣勇遄歸，易滋事故，擬至八九月間，再行辦理合并聲明。

裁營情形稟

竊盛傳以裁營一事，回營後審度情勢，各營現當收割紛紜，勇丁分屯在外，大約九月中旬農事方可告竣。擬俟全隊歸營，辦理乃有把握，惟是卑軍奉文裁徹合計三千餘人，將來必須分日分起備軍遣送。否則，前起未去，後起又來，車馬既難於周轉，人眾亦易於滋事，轉非慎重之道。擬以每隔三日爲一起，每起二百人，五營三千餘人，約需四十餘日甫能蕆事。至此次裁營，更當仰體中堂裁兵就餉萬不得已之苦心。必期汰弱留強，得一兵即收一兵之用，方爲不負。擬於各營哨弁棚頭勇夫名內，選其精鋭，去其老弱，歸并成營，應俟舉行日再行呈報。

請免扣溢支米價稟

竊盛傳奉文裁徹五營，稟明俟農事完竣舉辦，現已定於二十日爲始。惟查卑部自移防津東以來，修築河堤，創建城臺，試辦屯墾開河，弁勇胼手胝足，備歷艱辛，勞苦情形，久邀洞鑒。當工作喫重之時，每人日食四五餐不等，或染病僱代，或工緊增幫，食米不無溢支，積久遂成鉅款。現在核計卑部所遣五營，約自同治十年起至本年十一月底散清日止，每營除歷年賞給外溢支食米千五百石，原冀每歲收穫陸續籌還，刻值裁遣之期，此項萬難彌補，伏念卑部現荷中堂殊恩，念其程途較遠，工作較艱，比江南諸軍多給半關欠餉，原欲令該勇回籍稍有餘資，各安生業，今若一例攤扣，在該勇支食在先，原無异議，然長途迢遞，歸里無資，漂泊异鄉，可憫亦復可慮，恐轉非我中堂厚待弁勇之深衷。合無仰懇中堂恩准將所借後路糧臺，領至明年六月分米價內，劃將卑部遣徹五營弁勇歷年溢支食米一千五百餘石，免其扣繳，在卑部欠餉項下照數劃銷，出自逾格隆施，伏求鑒核。

請給裁勇整餉稟

竊卑軍奉文裁徹五營，業經沿途備車遣送，每起派先鋒官一員，率領馬勇防護，分别該裁勇黄河南北籍貫，於東阿、滄州兩處，各派委員設局，發給四關欠餉。其入營年久，及保有職銜，由盛傳酌加賞給多至五十兩，少亦十兩，視年分多少，官職崇卑爲準，所以恤久勞而重名器。惟查卑軍奉裁五營，人數較多，即分日分起，速爲料理，已非十一月間不能竣事。中間十月初旬，係卑軍領發本年七關正餉之期，若不裁之勇，概行領餉，擬裁未行之勇不令開支辦理，殊多窒礙。現在裁去之勇約共千人，擬裁未行者不過千四五百人之數，擬請中堂按照五營人數，發給半關正餉，由盛傳親查未行裁勇，按名仍給整餉，以昭畫一。其有不敷之處，由盛傳自行籌補。至十一月領餉之期，人數當以裁完，毋庸再請發餉，用是限制。庶與鈞批「務使領餉報銷月日起訖分明」之意相符。伏惟憲鑒。

裁營并勇情形稟

竊奉鈞批准給裁勇半關正餉，并準發給裁遣營官九十兩月公費雜款，仰見中堂惠恤將士有加無已，傳示各營無不同聲感戴。卑部步隊十六營，每營裁勇合共一千四百餘名，據各統帶稟稱，各營老弱汰完，擬請歸并成營後，再將餘勇分遣辦理，庶可迅速。某體察情勢，當將應裁之勇，挑選精鋭撥入各營，此外尚餘一千四百餘名，仍飭該統帶飭繳軍裝，妥爲遣送。又以冬令跋涉，風雪堪虞，并令此後間日一起，早爲蕆事。至各裁營哨官哨長所得四關欠餉，爲數甚微，擬每哨官給銀一百六十兩，哨長給銀一百兩，以資津貼。明知餉項維艱，不敢再行請撥，悉由借領欠餉萬金內撥用，合并聲名。

請諭禁遊勇并慎起解稟

竊盛傳前將布置營壘修築河隄次第稟陳在案，復恐駐防日久，勇夫遠赴街市流弊滋多，因就營牆外設街，買賣招徠，居賈積貨，以資購物而便稽查。復申明洋煙之禁，不准開設煙館，吸食鴉片之人，概不招收。貿易月餘以來，市廛靜謐，外來遊勇既不敢留存營內，又不敢寄居街房，則向附近鄉莊，假託手藝借宿民家，因之賣煙鉤賭無所不至，民人貪其小利，往往收納隱藏。節經密訪嚴辦數起，惟交涉民人，辦理諸多窒礙。除由營徑行示諭外，仰懇飭知地方官一體示禁。如再有容留遊勇匪類賣煙鉤賭等弊，照律重懲。不獨益申軍紀，實可隱弭盜源，於軍營地方俱有裨益。再，各處遊手無賴，及因事開革勇夫，有罪不至死，交地方官遞解回籍者，往往起解一二站，即聽其逸去，不可認真押解。此輩遊食無歸，有時仍來軍營左近招搖鉤煽。每查訊後起滋事之人，即前起發解之人，一犯再犯，必至處以軍法，是縱之而適以害之也。應懇札飭各州縣，以後遇有遞解人犯，務派幹役押送，遞交下站，收取回文，不得視爲故事。并乞咨明鄰省撫部院，嚴飭所屬，一例遵辦。以儆玩公，而杜後患。

卷三　簡器編

議購船礮稟

竊昨晨叩辭還營，蒙諭訂購船礮一節，現擬購重八十噸以下大礮三尊，帶船三隻，估價近六十萬兩。途次籌思至再，此項礮位在歐洲中已爲鉅製，中國購置要地，洵足威遠壯觀。第船非鐵甲，若配巨礮以角逐重洋，礮雖及遠，而船不足受敵人之礮，堅不足禦鐵甲之衝，豈能以一礮制其死命。且取綫在五里外，目力極難取准，洋面洪濤震撼，船身顛簸，水氣濛茫，遠視尤無定向。較岸上打礮取準尤難。考南北花旗戰事，其船上開礮相擊取準，亦不逾三千碼，合中國四里以外。可見中外人同此一身，目力不相上下。上年已購之克鹿卜二十四磅礮，其彈能及十六七里，此外擬購八十噸重大之礮，窮其力不過打至二十餘里，而二十餘里不能必中敵船要害。而敵之鐵船巨礮，且環集而攻我之脆船，數彈穿裂，船壞而礮亦歸於無用。若用此船守口，直擊之勢遜於旁擊，橫攬側出，礮路較寬，轉不若於口門後面添築一大礮臺，安置暗處，可以旁推而遙擊也。且大船守口，不若小鐵艦運掉之靈，以彼易此猶或無難取勝，竊謂上年東夷起釁，陰以鐵甲船挾制中華，考其所購，不過二三寸、四五寸厚之鐵甲舊船兩艘，遂公然敢發難端。則我之購置鐵甲船，誠爲第一要務。目前議以兵船三隻，載礮三尊，大礮固屬設防要件，而此三船者，僅以載礮出洋，度不過尋常兵船，有之未必得力，似不若節省此款添籌以購鐵甲，能得兩隻，則南北洋有事消息易通，且可載戰士出口以備援應，似爲今日必不可緩之著。總署於購船製械諸要政，無一不取決於我中堂，之前愚慮，竊以處今日款項支絀之時，尤須先其所急，使涓滴皆歸實濟，未便以外人誇毗之論，不事精求。赫税司精諳商務，於水陸戰器恐亦僅得其粗，亦未必無因緣爲利之心，而忠於謀我。更有進者，西國造器各有精詣，如中國能續籌鉅款，遣員出洋，購鐵船則兼取諸美國，買礮位則問津於德國，不必株守一家，使英人專擅其利。似於博觀并採之義尤爲深廣，伏惟鑒察。

中法和成請購礮械稟

竊中法和議告成，荷蒙咨示簡明和約五條，當此敵勢披猖轉圜非易，卒能從容定議，不償兵費，不損國威，實非意料所及。惟是流俗不論事勢，但尚空談，喜戰惡和，久成錮習。今雖法人受盟，定於内議，然主其事者中堂，求全之毁，何所不至，中堂位高責重，獨處其難，謀國苦心，非言可喻。而外間無識者流，或謂北洋入款繁多，或謂淮部防軍不少，必有以每年坐銷鉅款，臨事迺不敢一嬰強敵之鋒，僅以舍戰言和爲退步，來相責備。悠悠之詞雖無關於輕重，誠恐俗語不實流爲丹青，亦足爲他日勳名之累。又況夷德無厭，豈能常保晏然，自中堂督直以來，豐大業、馬嘉理之案粗平，倭、俄、越諸事接踵而起，計未有三年不生波折，毖後懲前之計，徹桑未雨之謀，其在於今尤難稍緩。擬請於北洋各海口周密設防，某處添練重兵若干名，某口布置大礟若干具，某年分購鐵甲若干艘，通盤籌畫剴切直陳，畿輔爲天下根本，似宜加意區畫以爲各省之倡。如或經費不敷，必應請增的款，務使北洋一帶，鞏若金湯，他日倘有事端不難抵禦，庶足杜海內媒孽之口，而絶外夷覬覦之萌。伏查此次法在越南用兵，不過萬衆，而大小礟械聞有三百餘尊之多，可見簡器練兵最爲緊要。謹將擬購礟械繕單恭呈鈞鑒。

計開：七八寸徑克虜伯後門鋼礟，擬請添置十六尊，每尊約銀一萬二千兩，共銀十九萬二千兩。二十四磅五六徑寸克虜伯後門鋼礟，擬請添置四十尊，每尊約銀六千兩，共銀二十四萬兩。十二磅克虜伯後門鋼礟，擬請添置六十尊，每尊約銀三千兩，共銀十八萬兩。四磅克虜伯馬礟，擬請添置一百尊。七涸半生的密達馬礟，擬請添置一百尊。以上兩項共約銀三十萬兩，架件全。五管寸徑格林礮，擬請添置四十尊，每尊約銀一千兩，共銀四萬兩。哈治開司三萬根，躉買每根約銀十兩，共銀三十萬兩。總共需銀一百二十五萬二千兩。至少須購六成，共七十五萬一千二百兩。

請領槍礮稟

竊聞中堂前購之後膛田雞礮、馬礮、里槍等件，現已到津，查田雞炸礮，從空轟墮最足驚人，此項新出後膛能擊至六七里遠，更爲利器。前稟謂卑部係行戰之師，較之守營有牆壘可資捍禦者，尤爲其難。若與法人對敵，尚少四事，內即有田雞礮一項，現既購得此礮，擬懇撥給卑部十尊，俾資操試。馬礮一項，亦屬行戰要需，卑部新軍，前蒙賜撥七生脫半行礮，威敦過山專打氣球各礮，共二十尊，不敷分撥，曾蒙諭飭購，礮到日再行續撥在案。伏查營礮必須操用一式，以便演習而泯參差，此項馬礮并懇寬爲撥給。按西制，每六礮爲一隊，應請發給三十六尊馬礮。俾得編爲六隊，庶收臨事轟擊之功。至里槍與哈乞開司同食一子，最爲合用。卑部軍業蒙撥發哈乞開司兵槍，一千七百二十桿，所少之數尚多，擬請飭所查照，除前發過外，按照新軍十營人數，再補發里槍三千二百八十桿，俾得及時操習。再，礮勇須背兵槍，倘敵人偪近，礮彈難施，尚可用槍轟擊，不致束手受擒。惟必須槍質略輕，庶易背負。昨函致軍械所，請撥十三響馬槍八百桿，以其體輕易帶，以爲礮勇隨背之需。里槍較哈乞開司，槍身略短，體質稍輕，若蒙照數飭撥十三響馬槍，即可毋庸再議。合并聲明。

請槍礮稟

竊前請發後膛田雞炸礮一事，奉批云云，查此礮從空墮擊，使敵不能蹲伏溝中，以避我之槍礮。況繫後膛，尤能致遠命中，誠爲行戰之利器，故請發交卑部操用，鈞批慮及礮身過重，移動較難，查卑部克鹿卜礮身皆重，行操之際，動轉皆可自如，以此例彼，似駕用尚無費事。中堂購辦利礮，自爲各口防守，營臺乃僅有十尊，旅順獨撥其六，北洋口岸甚繁，大沽、北塘較旅順孰輕孰重，自在中堂洞鑒之中。大沽、北塘京畿門户，倘有意外，全局震驚，旅順本一荒島，雖屏蔽奉天，相距尚千餘里，即有他變，患止一隅，前周道馥，自旅順回時，談及該處礮臺現有後膛礮四十餘尊，不爲不多，魚雷層層布置，不爲不密。大沽昨據羅副將呈稱，僅有後膛礮十五尊，北塘雖未得其詳，自較大沽爲少。又無魚雷嚴密佈署，以口岸言，則大沽、北塘爲重，以器械言，則旅順一口獨優。今此田雞炸礮，又撥去十分之六，而大沽、北塘無聞焉，私心誠所不解。擬請中堂將前項田雞礮改撥大沽、北塘，俾資控守。抑或另購多尊，分撥二處以昭公允。并請察核施行。再，卑部全用哈乞開司兵槍，需子甚夥，前因預備戰事，每槍僅配子二百粒，用實不敷。及此防務尚鬆，槍礮子彈可以通融購辦，擬懇飭軍械所速購大批，每槍必須存儲千子始無匱乏。又行戰之師，副車止有此數，轉運子彈萬難多帶重斤，自須於各海口扼要適中之區，嚴密分儲，以便行軍取用。每處每礮擬請存子一百粒，每處每槍擬請存子一千粒，庶可接濟不窮。擬懇飭知軍械所通盤籌畫，凡行戰必由之處，每處存槍礮子彈若干，妥爲佈置。并移各軍知照，實爲目前急要之圖。再，槍子以外國爲佳，中國復裝之子，僅可爲打靶操練之用，臨戰恐誤事機，擬於各處存儲知照到日，仍照章於每箱每包中抽取數子較試，以昭核實。合并聲明。

請礮稟

竊前蒙中堂面諭，現在法國新出荷乞開思五管格林連珠礮，最爲利器，我處鐵甲船共有三十餘尊，現擬儘數移來，發交卑軍操用等因。伏查荷乞開司久知其利，深以未能購辦爲憾滋多，前請趕造百尊，奉批此礮繫法國新出之器，斷非局員所能仿造，現已全數抵津，蒙發卑部操試，及此封河餘閒，自應趕領操熟，預備明春戰事之用，合無懇請撥交卑部操用實爲公便。

覆陳鐵礮臺稟

竊新聞館所論礮臺輪船，雖局外之譚，於防務尚非隔膜，惟各處築造礮臺，非不知鐵包之固，每苦於經費之難，昨與工程局周道約略估計，按尺厚鐵板鑲嵌一臺之費，計不下十萬金。現在總署既思取則西人，考究實際，當不至靳款項徒取觀瞻，中堂如能商籌集費，請於要口添造鐵臺數座，以導其先。風氣既開，講求日以得法，所裨於防務實非淺鮮，此亦禦制外夷之大端也。

請領造礮屋發給礮油稟

竊卑軍先後領過輕銅礮、來福礮、格林礮、後門克鹿卜四磅礮共一百三十四尊。查克鹿卜等礮爲西洋最利之器，必須造屋存儲，始免風雨淋壞。礮身既重，零件尤多，所造之屋尤須高大，進身三丈有餘，下置地板，始克旋轉如意。卑軍三營礮隊，每營估須造屋四十間，每間估計需銀四十九兩，共需銀五千八百兩有奇。應懇中堂飭所籌撥，俾得及時興造。再，此項礮位必須時時擦洗，令膛口熟滑，出子始能迅速。卑軍前領各礮，未領擦油公費，均係自行賠買。查海防支應局發給親兵練軍各礮，每月均有擦油公費，卑軍事同一律，仰懇飭所準將卑軍前領輕銅、來福、格林各礮油費，自去年三月補給。克鹿卜礮油費，自今年正月發給，以資辦公。至格林礮擦油費，各軍均未領過，迄無定章。查此炮堅緻精利，與克鹿卜礮等，可否照克鹿卜礮發給之處，伏候示遵。

議辦礮洞礮罩臺基稟

竊奉批示新城添造克鹿卜礮八尊，洞式所需工料丈尺，即有該鎮督同韓牧撙省估計，及時購料興工。遵即馳赴新城，會同韓牧閲視。擬於城角各置礮兩尊，既可稍省工料，且敵船來攻，兩礮可交綫合擊，較前擬分置四門四角者，更爲利便。當與韓牧切估工程，惟新式尺寸既大，木料更昂，灰土鐵板螺絲釘各件，所需尤夥，共計礮洞八座，估須湘平銀萬七千七百七十三兩有奇。某因需款太奢，力求撙節，復與韓牧擬用礮罩以求簡省。其法：用杉木柱，松木寸板造成屋式，可分可合無事鬭筍以避風雨，有事分開讓出礮路，兩旁加築隔堆，以防敵彈。共計礮罩八座僅需湘平銀二千一百四十七兩有奇。惟此礮罩做法，實與露天礮無异，且恐不甚得力，似不如新式工程結實可靠。謹將兩種辦法丈尺工料，開册繪圖呈核。又，洋莊礮六十六尊，除礮臺上面安置九尊外，其餘五十七尊必須下面添築灰土臺基，臨事方無倉卒之患，所需土方估合湘平銀千八百八十四兩有奇，均於册内載明，并候核奪。

再請領造礮屋稟

竊某前以領過各礮須造屋儲放，稟請撥款籌建，奉批：「各礮隊營向未領過造屋儲礮銀兩，間有蓋造亦由各營於公費、礮費、米價盈餘内自行通融酌辦。」自應遵照辦理，惟念此種礮位，購自數萬里夷廠，其中運用便捷，全恃螺絲釘爲之盤旋，若爲風雨濕淋，或被灰塵沾漬，鐵面一銹，轉折不靈，必至寖成廢物，此造屋一事，萬不容不先事綢繆。而卑軍承辦田工以來，河閘農器賠墊極多，實無處另籌營造之款。某前在天津，見親兵護衛各營礮屋均繫請款興建，合無再懇中堂俯念卑軍，講求操練與各軍同殷，辦理屯務較各軍尤累，援照親兵護衛營領過舊章，飭所撥款興造。一俟營造完竣，再行具册呈鑒。

過山礮車稟

竊照過山鋼礮拉運礮身子箱等件，暫用拉馬十匹，荷蒙核准辦理。伏查此項礮位既屬精利之品，行戰必須多帶子彈，始足爲禦敵之資。原議章程拉運子藥箱馬六四，一馬兩箱，自爲山路起見，惟北方道路平坦居多，且行戰赴援之師，大半海灘一帶，藥箱等件用車任載，較之馬運尤覺便宜。擬請因地制宜，仿照大格林土式副車之製略爲減小，每礮製造兩副車，用三馬拉運，每車約載千斤，仍與原請拉運子藥箱之六馬符合。又小格林礮本未議及副車，卑部除分繳十二尊外，尚有二十四尊，此礮機鑛靈便，施放敏捷，亦屬精利之需，子彈副車似不可少。擬請照過山鋼礮之製，每車亦造兩副車備用，拉運馬匹，由營自行通融應給，以期稍節軍需。伏查前項大格林土式副車，本係呈請飭交製造局造發，惟現聞各局興造較繁，漏夜不息，自無餘力再造副車，此車既屬土式，附營工人尚可承辦，曾飭員細加核算，連礮架皮件合計每車需銀二十五兩，總計過山小格林等礮共三十六尊，每礮兩副車，需用土式副車七十二具，共需銀一千八百兩。爲費尚屬無多，應懇俯准照辦，并飭知海防支應局撥款，俾得趕造，以利師行。實與戰事大有裨益。

覆陳礮車稟

竊奉鈞批，礮械轉運添車一節，飭令各該營自辦。自因撙節經費起見，在各營欲利師行，亟應遵照辦理。惟查炮營公費無多，炮件繁重，修飾餧養及一切雜費，尚屬不敷，何從另備造車購馬之鉅款？某與礮隊營官再四商酌，僉以此項馱運礮彈車輛，最爲行戰要需，克鹿卜礮每尊擬車二輛，大格林礮每尊擬車四輛，小格林礮每尊擬車一輛，尤屬減無可減。此項車輛與民間運物之車迥殊，必須上有木板遮蔽風雨，方爲合用。現查輕銅炮每出僅有二三百丈之遠，幾與平常洋槍無异。以之守壘尚屬有用，行戰得力較難，於無可設法之中，擬行戰時，將此項輕銅礮減帶，即將轉運輕銅礮子彈之車騰出，可敷小格林炮子彈之用。此外，克鹿卜及大格林礮運彈之車，仍無可籌，伏思外國行軍，最爲繁重，有轉運輜重之費，有製造局隨營修理器械之費，有醫生治理受傷兵丁之費，故每一用兵，動需千萬磅金不止。現在既用西器，即不得不略仿西法。中堂統籌全局，刻值海防有事之秋，此項似無可節。擬懇飭所速行籌備發給，俾濟急需。

儲換礮車鞍套稟

竊卑軍管帶礮隊副將李安堂等稟稱，委操克鹿卜礮法，自光緒二年奉發四磅礮正車六馬鞍套全副後，即飭弁勇勤駕操習，惟該車前駕礮身兼有多人乘坐，閱時既久，馬騾車馳，皮套不無損壞。雖飭弁勇勤加護惜隨時修理，惟是鉤環鎖鍊尚可略事補苴，至鞍轡皮套，柔軟厚密，製作精堅，實非隨營匠人所能辦到。若不先期稟請更換，誠恐用時馭駕不靈。擬懇核請直隸爵閣督憲，飭換克鹿卜礮正車鞍套皮索等件，以備更換應用，實於操防大有裨益。伏查克鹿卜礮位於行軍利器爲獨精，必須時加操練以期嫻熟，鞍轡等件即不得不加意講求。昨在操場親見該四磅礮正車六馬鞍套，磨損擦傷在在多有。溯自奉發之日迄今已逾五年，若不及時儲換，實不足以資控禦而重操防。應懇中堂俯飭購辦發營，俾資操習，實爲公便。

覆陳礮車稟

竊查美國寸徑大格林礮，與德國克鹿卜礮位不同，此項施放靈捷致遠命中，最爲行戰利器。前因俄議未成，海防緊要，稟請發馬操演，又因本國道途凸凹太多，稟請改造土式副車以資馱運，均蒙核准在案。今大部再三駁核，自係慎重度支，惟泰西礮械既經層出而不窮，則營內開支亦貴，因時以立制，此項大格林礮副車馬匹，既有美國德國之殊，又有土式西式之别，似未可以德國營制概例其間。又查德國新制，據軍械所稱「每礮一尊，用馬七匹，副車一輛用馬六匹，雙套頭用馬二匹，官騎馬十一匹，外馬二十匹，以備礮車副車之用。計每礮一尊共用馬四十六匹」等語。若仿照核算，則卑部前此區區領用之馬懸絶尤多。再查護衛營現有操演隊哨馬三十匹，係照德國隊伍預備緩急之用，業蒙部議准其添設。何以護衛營預備之馬即屬慎重操防，卑部拉運子彈之馬即屬虚縻款項？直令人索解無從！若謂必須奏明立案，然後可以核銷，則中堂原奏本有「隨時酌核添備」之語，覆咨，又有「此項副車馬匹關係緊要」等語，似亦足以爲據。泰西兵費極繁，原以軍中礮械俱屬精利堅重之物，但求禦敵，不求節用，非若鳥槍弓箭輕齎在身，可以定章核之者也。現在防務緊要，操練純熟臨陣不驚之馬，正慮無多，豈宜再減？伏乞鑒核咨行。

洋礮副車引馬情形稟

竊準軍械所咨，四磅克鹿卜行礮、副車、炮目坐騎一匹，現奉中堂批示，裁減以節餉需，并刪銷大格林礮引馬一匹，準此。伏查軍械所原詳德國礮隊新制，每礮一尊用馬七匹，每副車一輛用馬六匹，雙套車用馬二匹，官騎馬十一匹，外馬二十匹，以備礮車副車之用，計每礮一尊，共用馬四十六匹。德國講求武備餘力不遺，於此可見。中堂批俟李大臣譯送德國全營新制馬數到日，再斟酌擇取附奏仿辦，爲將來有事時添用制勝之備。是此項礮馬，有事時尚須添購備用，無事操練之時，有正車引馬在前引導，副車礮目坐騎，自應暫時裁減，至報銷局原詳。盛軍所領一寸徑格林礮十尊，購撥六馬鞍套核配馬六十匹，而於引馬一項，則請刪銷。伏查此項一寸徑格林礮，去歲海防緊要，急需操駕嫻熟以備戰征。稟準仿照四磅行礮，每尊拉馬七匹之數，購辦七十匹在案。其實，一寸徑格林礮身重六百四十於斤，四磅克鹿卜炮身重四百八十於斤，兩相比較輕重懸殊。當時僅照四磅炮馬數稟購者，實已從減核算。再，查格林礮常時操練未能與克鹿卜礮一例打響，蓋以機鐄零碎，久發或有損傷，又以十筒并出，用子較多，不無繁費，故僅能操習手法步法陣法以期精練。此種操法全仗引馬前導，群馬自可指揮如意。引馬之於群馬，如人之有目，未有無目而人能行，即未有無引馬而馬能疾徐中節。今報銷局欲將引馬刪去，自係節省軍需，而於操務實未能體察精奧。合無懇請中堂，仍准配給大格林礮引馬礮目一名，俾資操演。又大格林礮靈捷异常實爲行戰利器，某細加考究，每四秒鐘時能放十出，計六十秒爲一分，十五分爲一刻，四刻爲一點鐘，兩點鐘爲一時積算，共有一萬八千出。兩軍交戰一時，事所恒有，即須帶子一萬八千粒。大格林礮子每顆重十兩零七錢，合計共重一萬二千餘斤。卑軍前請改造土式馬車，每車不過負重二千斤，每礮兩副車，亦只能載四千斤之譜，僅止馱載三分之一，實屬減無可減。今報銷局原詳，有洋礮不拘前後膛，均有車架、子藥箱等物，豈獨格林礮必有副車，頗似確知副車可有可無，因略示駁詰。於言外者，又云副車拉馬一百匹餧養夫工斷難開報，應請刪歸欠餉抵銷，又似副車拉馬徒滋靡費。業蒙批給，姑以此爲調停之術者，是該局於卑軍格林礮一事，有意苛求。擬懇飭下報銷局，令其虛心查察此項格林礮無事之時是否可以不操，行戰之時轉運子彈無此副車，是否可以空礮禦敵，令其詳細覆陳。抑或令該局員親至卑軍，逐加查看，如以此項格林礮實爲無用，或卑軍礮多馬衆不宜獨優，或裁省，或詳明撥歸他軍操練，亦無不可。總期於海防一事有裨益而無貽誤，是亦實事求是之一道也。

礮車馬數并零件片

再，克鹿卜礮身過重，有事必須六馬牽挽始能運行，輜重等物又需六馬，格林礮大者十尊，每尊所需馬匹與克鹿卜礮無异。其餘三十六尊，每尊連運各件，亦須八馬。伏查此項馬匹，必須操演精熟，臨陣始能不驚。非比尋常馱載，可以臨時購買。若不先事豫籌，臨事豈能實用。明知籌餉維艱，何敢率行請款，惟事關海防重件，不得不據實縷陳。伏願中堂通籌大局批示遵辦。再，此項礮零件甚多，卑軍止領一半，并乞飭所按照表説點交委員祗領。移知卑軍存案。合并聲明。

礮車馬數片

再，卑軍舊領大格林礮十尊，小格林礮三十六尊，尚無拉礮馬匹。上年稟請添購礮馬一百四十二匹，未蒙批準，現值防務正殷，此項一寸徑口大格林礮十尊，礮身頗重，每尊需馬七匹，係照四磅礮馬數計算，擬請早購操嫻，以備戰事。可否趁出關購馬之際，一并籌給湘平銀一千八百兩，買足配駕，抑或先購七十匹，儘大格林礮拉用，以資操習，并候示遵。

請發副車稟

竊惟大格林礮行戰需子尤繁，轉運副車即不可少。軍械所劉道，因美國此礮尚無副車，不便置議，自係慎重公需。伏查軍械所於元年十月間，發來美國步隊提督額伯登馬隊，總兵福爾賽礮隊，都司桑爾，開送該國陸路礮營章程。除礮車外，有子藥箱車，有隨礮零件車，有鐵匠車，每車均配馬六匹，是礮車必有副車，昭然可見。格林礮爲美國最利之器，豈有獨無副車之理。某前請副車時，曾將大格林礮子較試，每顆重十兩七錢，每礮需帶子萬八千粒，是以每礮請發四套頭快車四輛。奉批，大格林礮亦須酌制副車，備運子彈，是此項子藥車之必需。中堂亦已深悉，再查，克鹿卜礮每子一出，格林礮子即可一百餘出，計載克鹿卜礮百子，大格林礮即須運載一萬餘子，今即不能如美國有子藥箱車，有隨礮零件車，有鐵匠車之全備，從減計算，照前稟改用土式馬車辦法，每礮亦需車二輛，始敷馱載。計每車拉馬五匹，二十車共拉馬一百匹，應懇撥給以資轉運。伏惟憲鑒。

洋礮副車辦法片

再，卑軍領到四磅礮副車十輛，日與礮隊營官詳加較試，此車前後四輪，與礮車同一西式，平路負重致遠，實屬相宜。惟中國道途不若泰西完整，一遇崎嶇凸凹，輪多車笨，轉折欠靈，轉不如土式之馬車合轍。現擬變通辦理，仍仿中式雙輪馬車造法，車輪加大，後箱放長，不留隙地。車上用活篷，以螺絲釘鈕就，能上能下，以載二千斤爲率，除裝運炮子百顆外，上可坐五六人，約需五馬之力足敷駕駛。查四輪副車，每車連引馬共需七匹，造費亦鉅，若改用雙輪，馬匹即可節費過半。且有事轉運之時，車與路習，亦無笨重遲滯之苦。某爲因地制宜起見，如蒙批准，該車尺寸造法，再行函商製造局辦理。

變通礮車稟

竊查行戰之師，最爲繁重，一切轉運非車不行。卑部現有克鹿卜四磅礮四十尊，大格林礮十尊，照德國營制每礮二尊須用副車一輛，前請變通辦理，改造土式馬車，由行營製造局按每礮一尊造車二輛，發營應用，各在案。推原設立副車之意，原爲載運子彈，迅速師行，惟直隸沿海道途，未能一律平坦，前請自山海關一帶至祁口修築寬廣大路一條，亦以工大期急不能辦理，若遇崎嶇凸凹或陰雨泥淖之時，不獨西式四輪副車稍嫌笨重，即製造局前造大格林礮土式副車，亦覺堅固有餘，靈便不足。屢與各營官多方考較，僉以爲必須如營中自造土式馬車，略仿民車之式，車後不留坐位，以便多裝。必使質小而靈，始能曲折如意。伏查去冬稟請，營中原領兩磅過山礮十尊，小格林礮二十四尊，擬請每礮各造兩副車，每車連配架各件，共銀二十五兩，荷蒙撥款飭造，現已造成土式車七十二輛，與前造之車，一律料實工堅。擬發四磅礮每尊各一輛，大格林礮每尊各二輛。其餘十二輛專備馱載零碎各件，以輔副車不足。惟是此項車費，營中現無閑款，應懇飭員驗收，按照前次稟準每車給銀二十五兩之價，合共一千八百兩，批飭給領，伏候示遵。

覆陳礮油稟

竊查軍械所議定，擦油費新章清單，內開各項前後膛礮，區分等第給費，自應照章具領。惟查前膛十二磅開花礮及三磅、六磅、九磅來福礮，均按月給費三兩，惟格林礮四分五徑者每月僅給費二兩五錢，該礮每尊機器四十餘件之多，機鐄脆細，稍一銹滯，運即不靈，必將凸凹曲折全行油飾，且擦油時拆開并攏損壞尤多，必倩洋將修整。又四輪架、三角架，均已領全，比之他礮實爲利器中最細最精之品。每月僅止二兩五錢，反較前膛整段油費爲減，萬難敷用。且細繹軍械所原單內稱，此炮機鐄繁瑣，用油最重，脂紗次之，每打響後，必須用脂洗刷，即平日不放不操，機鐄精細亦須時常油擦，方不銹壞。是劉道等，於此器討究頗深，惟於油漆前後輪架及小小修理洗把等項，漏未議及，似因礮位名目繁雜，未及求詳。擬請仍照克鹿卜四磅行礮之例，每月給油飾費四兩五錢，一寸徑者，每月給費六兩，以資體恤。再，卑軍一寸徑格林礮十尊，五分徑格林礮三十六尊，均於元年二月領運到營，似應援照定例，從領到之日起支，惟隨礮前後車輪及三角架，自本年九月始行領齊。擬請從元年二月起照軍械所議定章程給領，至本年九月領到輪架後，擬請飭所加添發給，用昭核實。

購士乃得槍稟

竊前擬購士乃得兵槍，曾奉諭準令訂購三千桿。以利軍需，嗣與軍械所劉守疊試各種後門槍，同議添購。復奉批行在案，旋即派員馳赴廣滬，探詢各種槍價，仍以士乃得之值爲最輕，英廠尚存萬桿，爲最上等，與卑營上年所購口子機簧一式，決非舊槍改造，每桿帶子二百粒，連皮袋帶，議定湘平銀八兩五錢，較上年原價略減，較赫税司所論師乃耳槍，每萬桿需銀十一萬兩皮帶在外者，所減更多，據承辦商人允許，四澗月可到。昨奉定購船礮，行知亨利馬梯尼槍，尚無購妥成議，而事變之起，難以逆知，操練所需，尤難刻緩。此批士乃得槍價輕，運速，可否籌發款項，先行訂購九千桿，以濟軍儲。俟總署議定指撥鉅款，再謀購辦大批利器儲備，固不厭其多也。現在承辦商人已至營面議，如蒙賜批確數，即可飭員逐條商定，書立合同。本年八月間當可運到。再，前次請購之呍啫士乃得十三響馬槍，已購定一千桿，仍按每桿帶子二百粒，連皮袋帶合銀二十兩零五錢，已由某墊付定銀三千兩，言定四洄月運交，合并聲明。

請購士乃得槍稟

竊前稟請添購士乃得後門進子兵槍三千桿，并呍啫士得十三響馬槍數百桿，荷蒙鈞允，回防後接據劉守含芳來函，約於月杪月初，偕營務處吴道攜帶各種後門槍來軍較演，先試其穿板之力，然後較其致遠之功。適赴新城查看工段營基，道由津郡，吴道已先赴北塘，勾當公事，遂晤劉守面較諸槍，惟亨利馬梯呢、士乃得，均能穿通九寸厚層板，亨利馬梯呢槍，如演放手熟，似較士乃得稍快。滬局所造林明墩，則力量不如士乃得遠甚，且上子處不能溜滑，直進後無倒鍵擋機，稍一失手，子向後擊，恐多貽誤。至卑軍所領外國林明墩一千餘桿，其子式更小於滬局所造之槍，即使藥力較精，恐力量亦不得過大。刻下槍子尚未解到，無從較試。據劉守云，另有新式林明墩，與亨利馬梯呢喫子分口頗同，尚未較有優劣。愚見士乃得之力量既不亞於各槍，而價值則少於亨利馬梯呢一倍，減於林明墩三分之一，趁日前易購時早定一批，實爲軍中利器。擬申前議，先行訂購三千桿，除每搶帶子二百粒外，仍擬另購子一百萬粒。海防既不敢預決其無事，則槍炮子彈必須廣儲，操演豈能間斷。卑部即拔赴新城做工，每月亦仍擬打靶三次，每勇一次十槍，每槍一月約須三十子，回防後每月打靶九次，每次五槍，約須四十五子，津局聞已購制士乃得槍子機器，此時買一大批，約敷數年操靶之用，將來自製乃可接濟。連日與各將弁展放弓步，演試較準，一里半路，三尺寬靶，已確能命中。推之二里，當無不可。益信士乃得致遠取准均有把握。日來洋艘沓來，已派員赴津與該洋行面訂合同，一俟就緒，即行呈請頒發憑照。

購士乃得槍稟

竊卑軍請添購後門兵槍，以資操練，曾經飭派吴委員秉衡，商令寶順洋行商人先行承購三千桿，訂立合同，稟懇給照在案。該委員至津面交護照時，適有英商壁德滿持樣槍一枝，具言有大批士乃得出售，比較前後口門稜路與前槍，悉符出子緊嚴，力能致遠，確繫新槍所改。初議價時頗居奇，嗣聞寶順洋行辦成，始肯照估定議，吴委員詢審確實後，稟請酌購，前來。竊查此項兵槍每枝僅合銀八兩四錢五分，帶子二百粒，合價銀二兩七錢，皮帶袋兩項製成亦在七八錢之譜，槍條機簧各件，合銀不及五兩，在各種後門槍中，價值可謂極廉，而力量且復相埒更能。多打四淌月包送到津，本年操防尚可抵用。伏念簡器一條，關係海防至重，目前現有之槍既可如期運到，自應稍寬額數，俾卑部一律領換，早收利器之功。因飭該委員仍照原價續購四千枝，子數仍係一百八十萬粒，在每槍帶子二百之外。係遵照前次稟定章程。業於本月十四日與該商壁德滿訂立合同，暫由某墊付定銀一萬三千兩。淮軍、練軍隸憲部者，營數尚多，自後門槍之興，前門槍遠不能逮，統籌添換，需用不下兩三萬枝。若按西法練隊，全用洋槍，卑軍十八營，連哨官哨長，需槍約在萬枝以外。七千枝之數，每營勻攤四百桿，仍繫搭用矛桿。該委員此次所定，雖較憲批稍有增益，然價平而用良，仍是仰承中堂講求利器，撙節浮費之深旨。絶不敢浪糜鉅款以求無益之需，伏惟鑒察。

較槍購槍情形稟

竊昨在津門，蒙飭會同劉道較試各槍，當以操防緊要，旋即回營。先後由軍械所借到哈治開司、毛瑟或特來司格拉兵馬槍各二桿，并就營中所有亨利馬梯呢、士乃得、呍啫士得各槍同較，茲將各槍穿板之厚薄，出子之遲速，扳機之靈滯，除詳細函告軍械所查照外，開折呈鑒。伏查各種後膛兵槍，以亨利馬梯呢、哈治開司爲上品，馬槍以呍啫士得爲上品，格拉兵槍，扳手凝滯，第僅止一桿作樣，或他槍尚不如斯，可稱中品。毛瑟子彈全不合膛，勉強放後，褪殼甚難，想係子殼改裝之故，如槍子裝放靈便，似尚可用，然似係中下之品。目下，海防有事，全恃利器爲盛衰，力量則以遠勝近，手法則以靈勝鈍，操演則以精勝疏。某既有考究，不敢不據實以聞，伏希采擇。又，新載生洋商出售哈治開司兵槍五百桿，此槍精利异常，又與小格林礮子同膛，可以通用。當稟請購買之時，即函告該商將槍全數運津，奉批無款多辦，而該商已將四百桿兵槍裝運進口，深知需用浩繁，萬難籌撥，既不肯退回利器，又不肯失信洋商，不得已暫由營中墊款，全數購辦，合行陳明。

計開：

哈治開司兵槍：管長二尺八寸半，前口徑三分七釐半，後口徑四分一釐，後膛機簧共計二十一件，借用四分徑格林礮子鉛丸，分量、火藥、力量，頗適於用，試放時彈落四百五十丈內外。快步走打，每一分鐘可二十出，立靶十二碼，打穿半潮松板八寸半厚，其馬槍力量較步槍約少半寸。按此槍與格拉毛塞或特來司馬梯呢，三項均爲四。手槍論手法則無馬梯呢之直捷，而後膛另貯備急五子較諸種尤爲巧便，惟隨槍本子鉛藥分量尚須與格林子比較，方能定準。極遠至足碼可打四百七八十丈。

格拉兵槍：管長二尺八寸五分，出口徑三分半，近口徑四分半，後膛機簧十八件，隨槍子彈銅壳三錢七分，鉛子六錢七分，藥一錢五分半，立靶十二碼，打穿半潮松木板七寸半厚，快步走打，每一分鐘十二出，但，槍質雖堅，而無哈治開司之適用，緣其扳手進退轉角之處方而易滯，不能如哈治開司之扭轉靈快。且槍子用藥太多，試放時槍頭左右擺動，槍尾坐力極猛，彈落遠近不齊。查近時西洋後堂槍藥以一分六七釐送鉛一錢，此槍以藥二分二三釐送鉛一錢，藥重鉛輕，故有是弊。況兼扳手凝滯，自非洋槍上品。馬槍略同。

毛塞格脫來司兵槍：管長二尺九寸六分，出口徑三分六釐，進口徑四分一釐，後膛機簧大小十九件，隨槍來子管徑略大，間有勉強裝進，放出後，子壳漲大，退出維難，立靶十二碼，打穿半乾松板七寸厚。其扳手靈快遠遜於哈治開司，以子管槍膛徑口未合故未試打，請更發隨槍子數百粒，試放比較。外國子合膛，每一分鐘能放十五出，極遠至足碼可打四百四十五丈内外。

亨利馬梯呢兵槍：管長二尺九寸三分，出口徑三分半，後口徑四分三釐，後膛機簧連護手弓，共計大小二十二件，隨槍子彈現時無存，借用機器局製造林明墩槍彈，落四百丈内外，快步走打，每一分鐘十八出，立靶十二碼，打穿半潮松板七寸六七分，其直捷靈便實爲各種兵槍第一，若能如哈治開司膛後可貯備急五子，尤爲極品。

士乃得兵槍：管長二尺六寸六分，出口徑四分六釐，後口徑五分五釐，後截機簧共計二十七件，試放彈落四百丈内外，快步走打，每一分鐘十二出，立靶十二碼，打穿半潮松板八寸半厚，按此槍係由前門來福槍，初更後門進子時所造，故雖起捺試放須六手方出，而精實力量遜近來新式兵槍無幾，亦無坐力、擺動、彈落遠近不一之弊。尚堪備用。至足碼可打四百一十二丈。

呍啫士得馬槍：節略，前已細考聲明，茲不復著。現較致遠之力及試放快速，對表計一分鐘能放二十四出，彈落處在三百丈内外。按新式兵馬槍，再未有靈快便捷如此者，其膛内機簧除外門螺絲筒内鋼絲不計外，大小共四十八件。至足碼可打三百五六十丈。

換購兵槍稟

竊卑部現用士乃得兵槍將近十年之久，槍身雖固，機簧等件間有損傷，前購大批哈治開司兵槍發營，本擬逐漸換用，春間又接製造局王道來函，前項士乃得子現已停造，是此後操試禦敵專恃哈治開司。前於夏間函詢軍械所，哈治開司槍子現存若干。旋準函復，此項實存數在二百萬以外，近復由洋廠購定百萬，承運在途，交秋可到等語。事關軍械不厭求詳，卑部現有哈治開司兵槍五千五百桿，若一律換用，每年所需子彈甚多，加之小格林礮與槍同膛，費用更鉅。今軍械所函復合計現購外國子數僅敷卑軍一年操用。若有戰事，仍無存儲。中國所造之子，每有脫底、走火、炸營等弊，往往炸裂槍管，傷損勇丁，總不如外國子之精美。除仍隨時考究與軍械所製造各局商辦外，擬懇多購大批外國子彈存儲。以期有備無患。再，士乃得兵槍細加檢點，除裂損軟弱外，完善尚有四千餘桿，并前繳回軍械所四千餘桿，皆繫合用之槍。前接廣西黃提督自北甯來函，述及該處器械甚難購辦，曾告以此間現有大批士乃得兵槍，如需購買可商由張宮保電達中堂，即可運往，計算往返日期，當有回信。如有電報至，擬請允許代購，一面飭知軍械所，將卑軍前繳回之士乃得兵槍四千餘桿，加之油漆，并卑軍現存四千餘桿一并運往，將來匯款到時，可以添購大批得用兵槍及槍子等件，或亦節省之一道也。

再，前接製造局王道送來槍樣，名哈治開司，每放六出，每桿價銀十六兩，係上海新載生洋商斯米德帶來者。王道告以本局試過，此槍子彈與四分五徑格林礮子相合，可以互用。每出可及五百丈之遠，上海現有五百桿，月初即可運到。當即函告劉道含芳稟蒙允購百桿。伏思此槍精堅靈捷勝於毛瑟，不亞馬梯呢，實屬利器，且子彈與小格林礮相合，若作防護該礮之用，爲利尤屬無窮。上海僅有五百桿，需款尚不過多，仰懇全數購買，庶多一槍即多一槍之益。伏惟憲鑒。

請給槍油稟

竊卑軍先後領到士乃得後門兵槍九千桿，除礮隊三營每營領二百桿外，餘連仁軍步隊十五營，每營各五百六十桿。查此槍本屬利器，必須仿照西法外用臭油擦槍桿并法藍，使槍身堅固，顔色鮮明，方可以期經久。內用生擦油擦槍孔機簧刀頭各件，使膛口潤滑，出子必靈便異常。查槍桿每十天須擦一次，每營每次需臭油六瓶，每瓶價銀八錢，每月計銀十五兩。槍孔每三天須擦一次，每營每次需生擦油五瓶，每瓶價銀四錢，每月計銀二十兩，合計每營每月共需擦油銀三十五兩，此項雖微於槍件，關繫甚重，可否發給此費令各營照行之處伏候示遵。

請購子彈物料自造稟

竊前奉中堂面諭，法人現用五管格林礮子彈，能擊六七里之遥，施放最爲靈捷，《申報》亦有法人用格林大礮之言。伏查卑部現有寸徑大格林礮十尊，每年冬季操演，逐加較試，放子打準不過三里餘，即儘力施放不問準頭，亦不過五六里而止，是法人現用之礮猛鋭誠不可當。前蒙擬將鐵甲船所有五管格林礮位三十餘尊，撥交卑軍應用，此種礮位不嫌其多，未知製造局能否仿造，擬懇飭照籌辦。如能照式趕造，每管擬照舊式加長三寸，口徑加寬二分。再造合膛鋼子，必可命中致遠。轉瞬封河，防務較鬆，趁此餘閒，倘能多購料件，廣覓工匠趕做百十餘位，分撥行戰守防各處，明春戰事裨益豈可勝言。現在法人其欲逐逐，一時斷難就我範圍，明春戰事必不能免，計封河至開河尚有三四月餘閒，可以籌辦一切。亟宜趕圖免落後著。

擬懇中堂，凡有製造礮位子彈及電箱水雷各件，飭知各局員通盤籌算，須若干匠人，幾日工作始能造成一件，先期呈報，務須依限造成，以資考核而無遲滯。再，查製造局各員設立已久，其中局員及工匠人等，頗有用心講求，深悉其中奥窔者，即西人新出各種利器亦能仿造。惟聞各局往往苦於料件不齊，致有停工之苦。伏查公法，遇有戰事，不能購辦軍械。未聞有不能購辦料件之事。擬懇中堂寬籌款項，迅派妥員，或在上海，或電告外洋公使，廣購料件，俾得自行製造，源源接濟，因應不窮。似亦先事預籌之一道。即如卑部需用水旱電箱，稟懇飭局寬撥，均以難於速成爲言，及請發料件自造，又以存儲無多相覆，其中尤以白金星、炭精塊爲難。嗣託人購白金星已有售處，炭精塊亦可漸致，是爲料件可購之證。現飭馬小隊管帶周參將占鼇，督飭學生趕緊製造，電箱電錶各件，并教成由營挑出放電百餘人，將來可以抵用。現在法事相持，度非一時可了，器械子彈斷不能敷，若非自行製造何以持久，此廣購料件以備製造一事，實爲當務之急。惟中堂察焉。

詳陳旱雷稟

竊某前上條議，擬購電綫安設旱雷等事，奉批云云，伏思法衅既開，戰争方始，畿輔爲天下根本，中堂主持全局，明春法軍北犯，自在意中。海口礮臺牆壘，能否抵禦敵彈礮子，能否轟擊敵船，尚無實在把握。至布置水雷安設沉船等項，又慮敵人乘機撈取，部署皆空。倘口門有不守之憂，敵船聯翩直進，邇時行隊之師苦於行礮不大，不能洞穿鐵甲，堵禦之法復何所施。再四籌思，惟笨工可成妙著，此旱雷安設要路一事，所以爲必不可緩之圖也。旱雷之設，先於必由之路相地築營數座，多挖溝塹以爲隊伍蹲伏之區，遇有戰事行隊之師入内駐守，以扼其衝。由於營之四旁，按相距若干遠近密置各雷，洋人行師最爲穩重，每日不過三五十里，臨事部署無虞不及，彼見旱路有營，必盡力相攻，斷不肯舍之而過。我師既有坑塹可資蹲伏，臨戰首以行礮轟之，稍近再以兵槍擊之，倘彼攜有田雞炸礮，五管格林利礮，十二磅克鹿卜行礮，堅遠過我，萬難抵禦，不妨棄營以誘之，彼若深入，電雷轟發，不難一鼓聚殲。此舉實輔槍礮所不及，而爲倉卒可以辦到者，救急要著無過於斯。或謂洋人性最多疑，營房布置旱雷，難保一無痕跡，豈肯突入致墮計中，不知正因其多疑也，故於要路層層安置，彼若有所顧忌，不肯竟進，則是我以數營數雷阻之，正合兵家奇正相生虛實互用之妙。亦屬軍家勝算。以上皆指行戰之師而言，若守營，不外厚築營牆，藉資捍禦。更以旱雷嚴密濟之，自可有恃無恐。謹將擬辦各營雷數另據圖說呈覽。再，前請購九根頭電線一千里，三根頭電線二千里，亦以中堂購造當有存儲故，僅約略計算，非不知用數過多，誠以京城重地且沿海一帶皆繫中堂統轄之區，故必通盤籌畫，處處安置，方臻周密。前購電線未到時，曾用鐵絲試放，頗能合用，即下沉水底亦無阻滯之虞，惟入土隔氣不能通行，昨用布裹漆纏，遂可暢行無滯。現已埋過七日，燃放仍可如常，若能旬月不渝，即爲可恃，鐵絲而外并試各種舊銅絲，較鐵絲更爲合用。倘此法能行，尤爲備急之助，擬俟試準再爲稟陳。再，聞朝命飭南北洋兵輪前往臺灣解圍，丁鎮汝昌不日亦將開輪前往。伏查北洋僅止超勇、揚威，兩快船，又蚊子船數艘，均非堅厚鐵甲，此等船隻能否抵禦法人鐵艦，自在中堂洞鑒之中。憶昔自同治十有一年，隨侍鈞節辦理海防時，即嘗建議須購鐵甲多艘，以資捍禦。前購蚊子船時，爭之尤力，卒之未能大辦，時用喟然。現在水師已無可說，所恃者惟在陸軍，趁此封河餘閒，亟宜實力整頓，凡前屢次條陳力可辦到者，伏望中堂迅飭舉行，毋致臨時窘迫，致滋後悔，大局幸甚。

再，卑軍管帶馬小隊，兩江推補參將周占鼇，前在東局學習水旱電雷，凡八閲月，此中門徑頗能熟諳，曾就《電學問答》一書逐細考問，均能對答詳明。值此防務緊要之時，亟需學習電雷以資捍禦。當於各營挑選年少心敏者六七十人隨之學習，自六月初一日起至今甫及月餘，如做信子等事，皆能通曉，但得料件應手，皆可仿造無訛。查洋人教習，往往至二三年始能純熟，今爲日無多，成效已可逆覩，私心慶幸不可名言。切而求之，一雷能放十三磅藥者，可用一千斤碎石與之同炸，先將雷埋好，中層將石子鋪滿，上面用土蓋平，以防敵人識破。轟發之時，前面及左右炸力較大，前面可炸至一百二十餘步，左右面可炸至七十四步，後面則僅激動泥土。炸處坑深七尺，過心一丈五尺。用勒格蘭舍電箱試放，每電箱十瓶可放一里路遠，此繫指十三磅藥勒格蘭舍電箱一具而言，若磅藥加重，電箱較多，愈炸愈遠，自屬定理。卑部學習均擇樸誠穩慎之人，并無近處遊民及服習天主教黨，決不至有漏泄之虞。大抵大軍之中，必需有三四百人，常川學習電雷，以備禦敵之用，乃可肆應不窮。卑部挑選人衆，尚無所難，惟料件頗不應手，未能分投習試。擬懇中堂迅飭各局將應發水旱電箱電線及一切料件，速爲廣籌，俾得及時料理，此海防之急需也。

請速發電箱電線并派人自造稟

竊卑軍營務處陳鎮連陞，回營述及中堂詢及旱雷一事，鈞諭云：「現在奥國辦到碰雷五百具，不須電機即可發響。」將來發交卑部演用，「可以不須電線」等諭。惟是卑部籌備旱雷之意，原欲層層布置，臨敵先使前隊誘之深入，眾雷齊發，可以聚而殲旃。若碰雷觸之即響，則我軍不能自踏危機，何能貿貿先驅引至埋雷之處，即使布置中途，使彼族自行踐踏，然一雷觸發，敵必懼退，更何能傷及多人。此項雷製，度外國自有精微之處，此時未及試用，無從測其機緘。若但據用法而論，似反不如電發之雷，操縱可以在我。擬請飭局將前項批准水旱電箱電線，趕造給發，乞勿專恃碰雷一項，以誤要需。無任叩禱。

再陳旱雷電線稟

竊防營守具擬用九層地雷，前請核辦，奉批以電線需費過多，只可酌購備用。伏思北洋地段綿長，各路防軍總須輔以地雷乃足以資固守，刻下雖有奥國新式地雷，究不如電雷之操縱由我，似辦製電線尤爲急需。再四籌思，照前擬之數，格外撙節，至少每營亦須中國里六十餘里，統各路防營計之，需線甚多。即卑軍爲行戰之師，亦不能不酌帶，相機布設，藉以摧敵。且大隊雖任遊擊，而不能不留底營爲根本，亦須酌布旱雷，以資守禦。惟電線難以猝辦，上次用鐵絲帶線，本屬權宜之計，不能經久。現擬改用銅絲，先經購自津門，津邑只有銅匠三家，不能多得，嗣復飭弁至京購辦，查得京師抽銅絲之匠共十二家，已囑其儘力多辦。現計京津兩處共買到三千餘斤，年内可辦到六千斤之譜。惟印度膠難得，只能用布密裹，暫免過電之虞。若局中能多購，印度膠給發到營，則銅絲亦可多辦，探聞漢口抽銅絲之匠約數十家，如局中由彼採購，當能買得大批，普濟各軍之用。至各種地雷須覆石子，聞外國大地雷，每雷需用數萬斤石子，儲備不能不多。即卑軍而論，總須三百數十萬斤方可敷用。先經購買以船運營，河凍以後，即用車運。除新軍車甫配齊駕馬，尚未嫻熟，各營礮車駕馬尤關緊要，未便以之運石外，其餘各土車二百餘輛，均令往返運輸。現在已運至第三次，尚未折回，年内不過再運二次，開春以後冰融凍解，水潦沮洳，運輸不便。統計年内不過運到百萬斤之譜。惟有儘力辦運以副廑懷。

再陳避炮木板稟

竊前陳陸戰避礮之法，擬購木板四千料備用，奉鈞批，以卑軍預備遊擊，恐臨時轉運維艱，飭籌酌盡善以免縻費。查西洋軍火之精，超絶前古，若不預謀障蔽，僅恃肉薄相拼，則我軍之精鋭多傷，必難挫彼兇焰。前請木板覆土，藉禦炸彈之方，并非臆造，實以前剿常州時親見賊以此法禦礮，炸彈竟不能傷。故敢籌議及此。如慮轉運煩費，則請用半涸人字架式，以木板抵於溝旁，藉資蹲伏，待敵已近，然後突出擊之，庶爲穩著。卑軍雖任遊擊，而大隊所至，必須步步爲營，且戰且守乃可自立不敗處。此海灘平曠，既無地勢可憑，全恃濠壘以爲立腳，不得不輔以木板，以期審慎周詳。況前敵雖出，仍須留老營爲根本，以籌接應而備轉輸守禦，尤不可稍懈。再四籌度，此項木料洵萬不可少之需，而倉卒又難立辦，故具稟後未及候奉鈞批，業已委員訂購，覓匠鋸解，以便風日晾乾。稍省轉運之力。明知餉源奇絀，何敢瀆請款需，然既爲海防要圖，又不得不權其輕重，況今格外撙節，料亦僅請四千，實已無可再省。合無據實詳陳，擬請俯賜籌款給發，伏乞鑒核施行。

請發鍬棚各價稟

竊日前籌慮海防，因就管見所及，略陳數端，未奉鈞批，不勝懸繫。當此防務喫緊之時，何肯以繁重難舉之端瀆陳聰聽，無如終日籌思，欲求一簡便破敵之方，實不可得。蓋以洋人礮火過猛，若不先求穩慎，臨敵之際傷損太多則兵勇立腳不牢，必至敗潰。故先謀所以障蔽兵勇者，以自立於不敗之地，方爲穩著。前者條議所陳，築重垣以資固守，備木棚木帳，棚上覆泥土，以禦田雞炸彈，實與挖溝之法相輔而行，萬不可緩之策。所需木料臨時未可猝籌，必須預爲購備，按照尺寸鋸解停妥，方足以應急需。且早鋸早乾，可免濕重難移之患。計木植長七尺五寸，厚一寸，寬五尺爲一料，通盤熟籌約需萬料方可敷用。奈值餉源枯竭之時，萬難如願，擬格外撙節，暫購四千，每料價值連鋸解等工需銀一兩，計合銀四千兩。又卑部新軍亟須操練挖溝鍬法，洋鍬猝難多備。卑軍前此自辦鍬式，靈快异常，擬即照式製造四千柄，每鍬連柄需工價制錢五百文，通共需制錢二千千文，合銀一千三百兩，連木價共需銀五千三百兩。擬乞籌款給發，以資購辦。一俟辦齊，即當稟請驗收，以昭核實。明知經費奇絀，若果事稍可緩，何肯瑣瑣瀆言，或力能捐辦，亦不敢勞盡畫，奈此事既不能緩，而卑軍辦防以來，零星置備者不一而足，公私交窘，實無可籌，伏乞垂鑒。

遵查駝騾確數稟

竊奉照會，飭查卑軍先後呈領駝騾確數候驗，以昭核實。伏查卑軍自九年援陝飭各營添購車輛騾匹以資運載，由周家口拔隊西行時，一哨用車三輛，三騾拉駕一車，作爲定章。行糧藥械賴以攜帶，抵陝後入山進剿，全恃騾運以行，是年夏秋間，購到馱騾四十四匹，駱駝一百九十三隻。十年調駐直隸，秋冬間復蒙發給馱騾十六匹，駱駝二十七隻。均經呈報在案。陝中駱駝在吉州運糧受暑，駐濟寧後，倒斃相仍。次年調駐馬廠，大雨彌月，營內陰濕泥淖，潮氣上侵，營外積水汪洋，無處牧放，原領駱駝倒斃尤多，加以逐年病斃，存者僅餘六匹。惟騾匹一項，卑軍曆歲督築城臺，試辦開墾，減河橋閘，搬運百物，全恃此項車騾以節勇力而減運費，所省夫價不下數萬金，間有倒斃，隨即購補足額，亦或購壯馬以資添補，故較之行軍時有增無減。計卑部步隊每營六哨，一哨九匹，以五十四匹爲足額。馬隊每營五哨，每哨六匹，管帶六匹，以三十六匹爲足額。茲奉飭查，遵即行查具報，并委員點檢相符，理合開單申覆，伏惟憲鑒。

變通買馬稟

竊卑部飛騎馬隊五營，馬小隊兩哨，每届三年出關購馬補額，歷辦在案。第查各營馬匹，多至一千數百騎，時有病斃，夏令暑濕，侵尋生症尤衆，若待三年始行購添，勢將以羸病之騎，因仍不更，難期一律精健。現擬酌量變通，每歲派員出關購馬一次，以期隨倒隨補，不使疲弱濫充，且馬數較少。關外産馬之區，挑選亦易，卑部自四年六月派總兵徐得元購馬八百匹，已逾兩載，去夏雨潦尤甚，病斃頗多。隨在京北買補，仍不若口馬健壯，現值整頓防務之際，騎隊尤須選練精強。擬懇中堂俯准隨年購補，奏請兵部發給馬票，俾得派員出關馳往喇嘛廟一帶，挑購健壯馬六百匹，約需湘平銀七千餘兩。可否飭所仍在卑軍馬隊五營欠餉内畫銷。再，卑軍礮隊三營奉發拉車馬匹，已逾三年，口齒既增，馳騁無力，現亦届添購之期，其馬價每匹約需十餘兩，始能揀挑健壯。統計三營每歲應添購百餘匹，共需銀千餘兩。上年蒙發給馬價銀三百二十四兩，繫照每匹折銀九兩，每百匹歲給倒補馬十三匹計算，體察實在情形，不敷甚鉅，此次派員採買戰騎，應請并購礮馬一百五十匹，除領過三百二十四兩外，仍需湘平銀一千二百兩。可否即在礮隊三營欠餉内劃銷。俾隨戰馬早到，分給駕操，以期嫻熟。實屬海防練隊急不可緩之圖。某爲整飭戎政起見，是否有當伏乞示遵。

請發馬隊帳房稟

竊卑軍前奉飭募馬隊四營，以利征勦。各營帳房奉批給領在案，業經遴派委員馳赴周家口，星夜製辦，以便馬步會合，不誤師期。惟交夏以後暑疫間作，弁勇以帳房爲棲止，馬匹尤賴繃帳爲庇蔭。自來行隊之時，約束馬勇較步隊爲難，欲整營規，必自不借居民房始應。懇飭所照帳房兩架增一折價給領，俾得早日添辦用利師行。伏乞憲鑒。

製備行糧片

再，行戰之師以置備乾糧爲第一要務。查中國各種乾糧作法皆嫌笨重，收藏不合法，尤難持久。聞外國製造洋鏰，體質輕便外以木箱裝好，用螺絲釘扭緊，不使透風，可以儲至十數年之久。此係俄人所言，必有考據。現已覓得精於造鏰四五人來營，先在卑營設立鍋爐趕造，每爐每日約出二百餘斤，刻經半月，積至數百餘箱。將來行隊之時，足資應用。惟是料理諸事需款繁多，即仿造洋鏰一項，爲數不貲，豈能事事開報，營中別無閑款，可爲挹注之資。前稟請飭支應局，將應得天津鎮任內全廉照數給發，將來如有溢領，即行歸還。以爲各項開支之地，蒙批迅核辦理，靜候之下，又已逾旬，迄未準支應局咨會如何辦法。焦盼殊深，合無仰懇中堂再行飭局照發，如藩司覆到有溢領之處，即以銀錢所卑部應領款內扣還，以昭信實。合并陳明。

卷四 練法編

擬用華洋合操法稟

竊照，現在卑軍馬隊各營，一律仿照洋人馬隊陣勢操法，并畫出圖陣，譯出口令，每日分中晚兩操，營哨各員一體督隊學習，一哨操，則哨官與教習同叫口令。一營亦然。其身法步法足法，左右前後，迴旋偏側各法，均排。如坐馬勢，逢三逢六則騎馬演操，以試馬上之勢，督隊叫口令如前。數月以來，漸有効驗。惟習彼制彼，終恐難期必勝。華操之法，獨取縱橫猛突，將來可以用奇制整，似不可偏廢。是以黎明仍令先合華操，總期華洋兩操并行不背。再乘間隙自統帶起至馬勇止，均令蹲坐馬勢，左右前後抛擲沙袋，彼抛此接，此抛彼接。習熟日久，臂力既加，跨勁日固，馳驅迅疾，能於馬上掇馬上之人抛擲地下，始爲上選。至步隊洋操之法，必定可分可合，身法手法足法，齊起齊止，一人如此，千人亦如此，陣勢變換，或分或合，相敵而動，如出一氣，方爲精妙。卑軍雖未能臻此，惟有日事講習漸求純熟，以副憲臺厚望待用之至意。

覆陳槍礮口令稟

竊盛傳抵防後，接劉道含芳來函，囑將槍礮操法口令付與校看。前在津時，該道謂前次寄諭，示及洋操改用中國口令一節，即須覆奏，司械各員應集議上聞等語。當將中堂上年頒發《洋槍礮操法圖說》刊本檢寄。伏思前項刊本，係前門槍礮操法，現在淮軍馬步各營，已改操後門士乃得、林明墩等槍，克鹿卜大小後膛礮，手法步法又自不同。中堂博綜精核，必已詳加參考。愚見擬就刊本及現在更易新法，略爲參校，定一簡明口令，作爲卑營日操。以眩暈之疾，不耐詳思，迄尚未能編就。現在神機營操習利器有年，教習皆繫熟手，當以換用中國口令。或較淮部現操章程不無增減，擬懇奏覆時聲明。淮軍現用槍礮，前後膛陸續更換，尚未一律，日後探討益精，再行隨時繕呈定本，或亦格外審慎之意，伏惟鑒察。

請撥德教習片

再，查德國操法最利師行，卑部礮隊三營，操習已久，槍隊各營亦先後改歸德操，營中教習本不乏人，惟尚須親歷該國熟諳操法之人倡導，乃收捷效。伏查親兵前營教習查連標，本由卑部派往德國學習，現在操技純熟，人亦樸誠。擬懇飭令仍歸卑部專司教導操法，以資熟手。如蒙允準，該弁在親兵營，蒙中堂優給薪水，并墾照舊支領，不勝大願。

驗試各槍附呈操槍程式稟

竊奉鈞批，飭詢劉守至卑營演試各槍究竟若何，此事關係甚大，必應虛心比較等因。仰見藎慮周詳，既念置器之必精，務窮其極，又恐用器之未善，弗盡其能。循繹至三，莫名欽仰。初八日，劉守與營務處吴道，先後至軍，前領林明墩槍子二十四萬，亦於是日解到。次晨，同攜各槍至操場，逐一校演，置靶於半里外，挨次施放。滬局林明墩穿板一層，多至兩層，卑軍所領一千餘桿之美國林明墩，亦僅穿板三層，惟劉守所攜之新樣中針林明墩與士乃得，反覆演校，均能穿板至七八層。其力不甚相遠，而士乃得復能於一里半路打靶取準無訛。曾令各將弁面校，與吴道劉守同觀，真切不爽。又能於二里路外穿過一層寸板，子仍深入土中五寸有餘。是其命中致遠之力，屢經試驗明確，非敢私心臆揣，遽以上聞也。西國製一器成，必多方考校，究其力量并窮其流弊。現值講求伊始，正宜仿效其長，豈容師心自用。據劉守面談，林明墩馬槍兵槍約有六種，滬局所造者無論已。即卑軍所領林明墩仍係底針，穿板之力已大遜於士乃得。此次劉守所攜之新式中針，嘜子與亨利馬梯呢相同。當爲美國最精之品。其子長而勢鋭，前口逼緊而出，爲力固猛，惟後無倒鍵擋機，與滬局槍及馬槍等，臨陣倉卒上子後，急關槍門，仍虞撞響脱火後擊失事。因與劉守再四籌商，現在操演後門槍，早一日得一日之用，萬難再緩。新式中鍼林明墩，據稱須在美廠定造大批，極速亦須年余方能運到。萬一海疆有事，轉恐遲誤事機。士乃得價值既廉，功用亦等，劉守謂英國存於東洋者，尚不下五六萬枝，購之甚易而捷，似應先購一批，以資操練。一二年後，各種槍價皆減，即一律換購亨利馬梯呢更爲精妙。倘各國再出新式精槍，則我之置購亦且進而愈上。不至陳陳相因，似爲今日購槍酌中之義。亦與憲臺復奏條議及劉守簡器原稟相符。將來中國機器購到，製槍造子，總須統歸畫一，使槍子與格林礮子同一式樣。則各局可以分濟，臨敵亦不致有缺乏之憂。現在卑軍將弁，學習打靶略識門徑，若蒙一律換用士乃得，一年之後，當有可觀。附呈操槍程式，伏惟憲鑒。

操槍程式

一，後門進子槍內外均貴潔淨，而內膛尤不可積藥煤。宜於放槍後，乘熱用碎布條穿入通條上之孔，插入槍管，擦去藥煤。惟不可多沾濕氣，以防生鏽。

一，槍上機鐄貴靈活，一有滯澀，線雖掛準，而扳機每多移動，因而槍打不準，欲得機鐄靈活，必須用時細心，不可令機上稍有塵垢，機鐄尤宜常用油擦。

一，靶有遠近之分，即碼有高低之別，若路近而用高碼，則丸必越過。路遠而用低碼，則丸必不能及，以士乃得槍而論，槍碼上至高爲一千二百五十碼，查泰西以三尺爲一碼，應有三百七十五丈，合華里一百八十丈爲一里。應有二里十二分之一，若咗啫士得，只有九百碼，鉛丸均可及一里半路，碼上繫西洋數月字，已通飭各營留心體認，以免懸虛捉空之患。

一，槍藥有好壞之分。存儲日久，又有乾濕之別。過於潮濕者無論矣，今以至乾微暈之藥論之，在十數步內，試放乾藥，可穿寸厚松板十層，微暈之藥，只能穿板七層。考藥力能令鉛丸穿通板一層，其力可及一百八十五步，穿板十層，其力可及一千八百五十步。回暈藥僅穿七層，其力只能及一千二百九十五步。較乾藥已少五百五十步之力。夫同一藥也，而十數步内較試乾濕，即有三七之别，加以藥裹有鬆緊，若裝藥鑄藥不緊，日久搬運，每易鬆散，放槍時，鉛丸出口亦覺力減數倍，即穿板亦必少一二層，此又在造子裝藥時留心體會。

一，清晨打靶與午後打靶均有區别。查打靶繫在碼上之缺口，望槍口上之尖鋒直對槍靶，則取中較易。若清晨日在東，而靶亦在東，不獨背日無光，且日光必射人目，尖鋒每難望準，中靶亦且較難。午後日漸西，而靶亦在西，則其弊與清晨同。蓋靶須向陽而立，人目向之可得回光，較背陰打靶殊有難易之别。推之，迎風打槍，碼數必須稍高，蓋鉛丸至千步外，藥力將盡，因風必且大減，故碼數須較順風稍高，況迎風則藥煙回撲，且有火星，而迎風掛線亦不若背風掛線之準，此皆用槍者所宜知。平時操演既能熟習陰陽反背之理，一旦遇有戰事，應從何路進兵，較之茫無覺察者迥判天壤。

一，操演打靶必須定有限制。閒時每月打九次，以三六九爲期，每次準打五槍，忙時每月打三次，以逢五爲期，每次準打十槍。先由統帶及營官哨官打準，然後再試兵勇，如兵勇中能屢次打全紅者，即將靶式漸次改小，倘兵勇中有不中者，應由該營官時時教導以期共臻精熟。

一，打靶中否，賞罰宜嚴。如兵勇能於二里路打中六尺八寸高，四尺二寸寬之靶，即賞二兩五錢重銀牌一面。能於一里半路打中六尺二寸高，三尺二寸寬之靶，即賞一兩五錢重銀牌一面。能於一里路打中五尺五寸高，二尺三寸寬之靶，即賞一兩重銀牌一面。能於五百二十步打中五尺二寸高，一尺九寸寬之靶，即賞五錢重銀牌一面。能於半里路打中五尺高一尺五寸寬之靶，即賞五錢重銀牌一面。能於二百四十步打中四尺高一尺寬之靶，及二百步打中三尺高八寸寬之靶，亦均賞五錢重銀牌一面。一次五槍不中，罰跪一刻，二次五槍不中，罰跪二刻，三次五槍不中，棚頭降爲散勇，散勇降爲長夫。統帶及營哨官不中，分別記過。兵勇五槍全中，分別記功獎賞。或一營有八成打中全紅，或一哨有八成打中全紅者，則該營營哨官亦另行請獎。倘此營此哨有四五百人打中全紅，而彼營彼哨打中不及此數，除兵勇有應得之罰，該營官哨官亦另行記過。打礮例同。倘有更精於槍法者，能於一里半路打中五尺高一尺九寸寬之靶，或於一里路打四尺高一尺二寸寬之靶，或與半里路打三尺六寸高八寸寬之靶，或於二百步打三尺高三寸寬之靶，或於一百六十步及一百二十步打三尺高三寸寬之靶，他如百步、八十步、六十步能打二寸寬之靶者，均加等另請給獎。

一，打槍之式不一。有馬上打、步下打、跕打、坐打、臥打、靠打、走打、蹲打、仰打、俯打、斜打、騎馬式打、前走向後打、後退向前打，或於百步內打尺餘寬擺動之活靶。所謂活靶者，比人之跑走不一，蹲立無定，跳躍靡常也。苟能逐式操演，使槍無虛發，則一切奧妙必能精熟矣。

一，打槍之氣貴乎静。凡打槍掛線之時，絲毫不能移動，若呼吸氣粗，則線必不準。昔在吳中剿粵逆時，見洋槍隊步伐整齊，即百忙中亦覺閒暇，今乃知彼之所以整暇者，爲用槍取準之意也。

一，洋槍宜常端架。蓋打槍眼貴掛線，而手貴端平，并須以槍之後托抵緊肩窩，則子出雖有坐力而前口不至移動。若把槍腕勁稍弱，則槍必左右摇動，再兼呼吸氣粗，則高低不一。今擬於空中懸一鐵圈，圈下掛一銅鈴，令兵勇早晚端二次，將槍口送入鐵圈中，周圍與圈相離，稍一移動則撞圈鈴響。如端架時口數三百字而鈴不聞聲，則手勁練穩，命中方有把握。

一，馬上打槍比步下尤難取準。蓋大隊群馬之中，不能無生馬，聞槍驚跳，則眼線不能驟合，且恐失手傷人。須於未操打靶時，先操空槍，使其聞慣不驚。韁轡嫻熟，又須跨鞍靈便，至打靶時氣静體直，合線即發，乃可命中。若手生眼滯，一呼吸氣間，人馬俱動，則線走而著靶難矣。

一，構造洋槍必須一律。查近日洋槍機巧百出，有此槍鉛丸不合彼槍膛者，或此槍靈捷，鉛丸多打無存，彼槍較笨，而鉛丸多存不能通同便用，況用槍之人有巧拙快慢之別，改用一律，則鉛丸皆可通用，而鉛丸所及之遠近，兵勇亦一律周知，臨陣更易中敵。推之礮位，只有攻守行戰之分，亦應一律爲便。

一，購買槍礮應飭營員與軍械所會同洋商較試。查泰西兵官多通製器，中國則司械與帶兵兩不相謀。往往以鉅款購器，一經實較，或力小而不能及遠，或機拙而不能取速，人器不習，貽誤實多。以後購買槍礮，必飭營員與委員會同考較，實繫靈巧利用，彼此意見相同，然後稟明購買。

一，每杆洋槍凡較試操演，每年需鉛丸五百粒，若備戰守之用，則每杆必須另備千餘粒，有備無患，自古類然。況今萬國公法，兩國開戰，則他國皆守局外之例，不能出賣船械。不多備以待不時之需，一有戰事，不特夷估居奇，且恐無從購買。以上價而得下等之貨，猶其小焉者也。

録呈操槍章程片

再，頃接軍械所函送吴督辦新刻《槍法準繩》十二本，探赜索微，體認真切。伏查盛傳於光緒元年二月間，與劉道含芳辯論槍械，附呈《操槍程式十二條》中，陰陽反背，静氣平心，考究碼尺各法，似亦微有窺測，曾蒙中堂賞許通行。吴督辦所部諸將戴牧、劉副將等，皆所深悉。迄今將及十年，未知各軍曾否照辦，且亦自慚立説之孤，未敢輕爲論説。今吴督辦所言諸法，與從前考究大率同符，不過盛傳爲教導勇丁，語多明白易曉，吴督辦加以文彩，更覺焕然可觀。覩此講求之合法，益徵心理之同然，私衷實不勝欣喜之至。兹將前上操槍程式另摺録呈鈞覽。

操練各槍并會勘礟臺稟

竊盛傳返營後仍督各營嚴加訓練，按日打靶會操。其各軍正營，發過邊火林明墩後門槍者，雖力量稍遜士乃得，比前門來福槍線路較準。新領四磅後門礟，分發卑中軍前、右、副三營，亦正演習步位手法。其盛正、傳正、盛後三營，一律先换。

前門槍油漆收儲，俟後門槍到齊，已可操有幾分嫻熟。所幸冬晴少風，可以勤操不輟。前購十三響啞嗜士得馬槍子彈四十九萬六千粒，業經到齊，較驗極好。函請軍械所劉道驗收，接準覆函。以此項碼子無庸會驗，屬即就近點收，移知備案。想劉道接據營咨，已稟報憲臺查核矣。二批士乃得槍三千桿，已於初三運抵滬棧。時届封河苦無貨船可搭，只好緩至來正，殊增歉念。大沽礮臺工程經營務處吴道秉權約同逐看，適海防支應局周道馥，至新城驗工，偕往察度。該處礮臺，一面逼海，零星補作，無大裨益，似不若仍於後面營牆加造長礮臺，綿亙里許，外加護牆，內留伏洞，積勢較厚。前面守臺將兵，乃有所恃而不恐。因與吴道、周道、羅副將，熟商變通之法，意見悉符。合將會勘情形，先行陳報。再，現在南北運河海口悉已凍封，卑軍本年即在屯次駐冬操防，不回馬廠，以省往返移拔。合并聲明。

操練各槍情形稟

竊卑部自冬月以來，專事操練，先令各統帶營官按二五八日期打靶，平時每日端架督教。盛傳復親自逐日抽調校閱，酌定程式，分半里、一里、五百二十步爲三等，靶寬一尺九寸至二尺九寸，三槍全中者，獎以銀牌。其牌亦分輕重，由五錢至三兩，區爲數等，視路之遠近，靶之大小爲率。不中者分別記過罰跪。自前月杪至本月，步隊各營周閲兩次，各弁勇异常激勉，全紅者日多，銀牌屢罄屢制。初九日赴馬廠閲看，飛騎馬隊五營及馬小隊兩哨，初打半里，命中者尚不甚多，及閲至第五六日，小隊兩哨全紅者竟至八成，大隊五營全紅者竟至六七成。試之半里及五百二十步，大略相同。有一勇而獎數牌者。馬上打槍較步下，線尤難穩，初不料該弁勇等，領用後門槍未久，遽能如此用心領會也。正擬回防，請天津營務處軍械所各員校閲，適吴道毓蘭、楊副郎大樾，由新城、大沽到營，遂商請就近閲看。十五、六、七三日，分起調操，步隊各營已觀大略，吴道等即於十八日回津。統計卑軍領用馬步後門槍約二千八百餘桿，步槍太少，打靶時互相抽借，非平日用熟之槍，臨時較難取准。然以數次中册參考，馬步小隊自上年改用後門槍，命中已有九成，現將槍靶縮小尺寸冀求進步。各營馬步大隊，命中已有三千人，若一例全用好槍，獎罰并用，精熟應自無難。卑部後門槍，分馬步五種，以蘇滬購來舊士乃得六十桿爲最劣，然打靶一里，猶可命中自如。較來福槍二三百步不能上靶者，功力尚逾三四倍。至緑營小槍，置靶百二十步，寬四五尺，尚無命中把握。其制器用器之相懸，更不可以道里計矣。愚慮竊以訂購外國諸槍，時久款鉅，各軍欲求實際，非操演後門槍礮不可。早練一日早得一日之用，似係急不可緩之圖。聞來福槍存儲尚有二萬枝，現既購有士乃得機器，似可將新舊來福槍一律全改後門，整換星斗，先行分發淮練各軍以期速成勁旅。以後購到亨利馬梯呢、中針林明墩，再行次第更換。即分儲兩種，一備打仗，一備操演，亦屬有益無損。將來各營全改槍隊，萬人隊伍似須有槍一萬一二千枝。使火勇長夫暇時一并操習，勸懲悉與勇同。遇有假歸病故隨補缺額，化無用爲有用，更可補勇營立法所未周。此又因議操政而推廣及之者也。

覆陳練槍情形稟

竊奉照開，統領銘軍劉提督稟稱，士乃得槍屢經試放退殼甚難，飭令細心考驗具覆。伏查後膛槍在西人創造之時，度必詳細考較，合其膛子，試其出殼順利始准爲式。必非漫無經驗，致器成而用不良。此項士乃得槍，其退殼之靈滯，繫於機鑛，機器局王牧所陳，已有體驗。至施放快捷，則全在臨時手法之熟，平日擦油之勤。又，同一勇而有趫捷笨滯之殊，即同一器而有遲速利鈍之别，技難畫一，非盡由器之不精也。卑部弁卒，初用此槍時，亦有子壳難退之弊。及各勇一律換用，各認一槍，終日摩挲拂拭，放過即行擦油，機鐄即靈，退殼益形順利。上年稟明後門槍隊，須用擦油，嗣經購辦分給，機鐄不致鏽澁，手法亦見精嫻。及中堂臨閱，哨官所演之槍，間有子殼粘滯，仍係平時打靶不能如勇之專，未曾專任一槍，日日校練之故，其病固不在槍也。前準機器局王牧函商，囑將原購外國子及本局自造之子按定表分，逐一演校，當經選派熟手，連次打響，每一分鐘，外國子可打六十出，本局所造之子僅打四五十出。當將互校情形詳細函覆。王牧即依此次所演爲率，計一點鐘每槍可放三百出，比之前門槍已快數倍。以是推究，操用後門槍礮非細心考究，不能通未竟之法門。非勤加磨擦，反至失自然之功用。凡物如此，不獨士乃得一器爲然。領用既久，自可漸講漸精，無所隔閡矣。

續操毛瑟槍稟

竊奉批，毛瑟兵槍應再配子復較，詳細具報。并准劉道含芳送來東局裝好槍子百顆，遵即督同礮隊營官、軍械所委員，復加詳較。此次之子頗爲合膛，唯一百粒內，有不響之子二十二顆。初試時，因其子多不過門，恐未必盡屬子彈之咎，或槍舊鍼壞，亦未可知。因將火鍼提長再演，大致與前無异。遂將子彈四顆拆開細看，始悉銅帽內暴藥多未結實，鉛皮亦未緊嚴，遂致暴藥鬆而易走，鬆則潮氣可入，易於回性，走則藥力四散，不能攢聚中間，鍼擊之時，無藥生火故不過門耳。然二者之弊，回性者多，散走者少。此係營中大概考較，事理恐未周詳，伏祈飭所移局詳加審察，如有與鄙説相符或另有他故，即行修改。至考試此槍力量之遠近，手法之靈滯，計立靶十二碼，打穿半乾松木板七寸半厚，快步走打，每一分鐘打十三出。如果槍子裝好，無不響不合膛諸弊，可與格拉同稱中品。然終不若哈治開司、亨利馬梯呢之精捷也。

覆陳節省槍彈稟

竊奉照開，軍械所詳稱，購換後堂槍，通籌應用子彈節省章程，批行各營議覆。盛傳識慮短淺，奚足仰助高深，惟事重操防，固宜杜不節供支，尤貴有求精實際。查軍械所原詳擬仿後門克鹿蔔礮操彈定章，分月忙閑，按成遞減。惟弁勇操槍，一切取準命中，比之操礮較難。礮之體重架穩，但須表線測准，一發無移，槍則擎於掌內，全恃手勁托力。扳機之時，槍口動一二分，去靶即在數尺外，且槍子質輕，較礮彈不啻數十百倍，出口以後，稍有氣障風阻，送力即异平時。往往已熟之技忽至脫空，瞄準之線尚多偏側，非時常打靶不使間斷，決不能造精熟之途。若僅操手眼各法，規模雖具，曲折難通。譬之學書，專講執筆，固猶得半之道也。愚慮擬就軍械所原議，稍爲引伸，按初領之年，每月三十子，打靶六次。次年遞減至二十子，打靶四次。三年不再遞減。除初一十五停操，按七日一打靶，以後即作爲月領定章。三四五八九五個月爲忙月，每月領十子，打靶兩次。六七兩暑月，每月仍領五子，打靶一次，似此月有課程勤加校驗，既無作輟之虞，自勵專精之效。核計每槍每年用子一百六十顆。合士乃得子購價銀二兩一錢有零，每萬枝一年操費合銀二萬一千餘兩。比之前門槍操響火藥皮紙銅帽等項，用費不甚加多，而操法較有實際，似已無可再省。至馬隊既不程工，即無忙月，且打槍，馬上轉動呼吸，取準較步隊尤難，按每月乘騎排立打靶四次，每次五子，需子二十顆；跑道打靶兩次，現演一馬十二槍，需子二十四顆計，呍啫士得十三響馬槍，每月需子四十四顆；六七兩月暑雨稍多，每月仍跑道打靶一次，排隊遠靶亦一次計，每槍每月需子十七顆；林明墩馬槍係一馬三槍，每月六操需子二十六顆，六七兩暑月，各需子八顆。雖通運算元數較步隊倍增，然呍啫士得、林明頓銅壳打過之後，可以重裝。且馬勇營數較少，合計造用之費亦尚無多。嘗就軍册先後核較，差假病故另補之勇，各營各哨無月無之，勢難禁操熟之人不更生手，惟隨補隨練，不懈初操，似别無額外節省之法。伏惟憲鑒。

覆陳小靶操槍稟

竊前奉咨開，飭令各軍挑選精兵，打一尺見方三百步遠之懸靶，於兩月後送轅較試等因，遵即傳飭挑選，預備届期送閲。竊以爲操試打靶，原爲備禦敵人，挑選精兵專打小靶，抑亦古人選鋒之意。惟此不過訓練之一端，尚非行軍之要領。中堂慮各軍未能振作，或借此以激勵之，豈真以此爲制敵之勝算哉！若大軍常年照此操試，耗子太多，一年之久，每槍出子無算，機鐄積久不靈，費子换槍繁費胡可勝道。若每營挑選數十人，臨戰豈能僅以此區區從事。此等操法自以年輕心靈之人爲上選，年輕則目力較準，心靈則陰陽反背諸法易於探尋。惟此等少年，未經大敵，性既靈巧，趨避必多，未若樸實者堅勤可靠。無事則自命選鋒，氣蓋同輩，一軍之内，必致不和，有事則一聞炸礮之聲，遂慮倉惶散走，反致牽率大隊不能成功。從前江南皖北諸軍，皆募小隊從行，易勝亦易敗。自中堂開立淮軍，專以練隊爲事，不尚小技，大難以平，其明鑒也。愚見以爲打靶者，即求中敵之謂，現在西人出師，隊伍最爲嚴整，度不若猿猴之跳躍靡定，狐兔之出没無時，必以奇技勝之者也。但須操演打遠，合大隊以計其成，斯爲精實不摇之策。盛傳去冬曾令各營造柳木靶子，兩面釘蘆席上，外用紙糊，每靶高五尺五寸，寬三尺，一面直處畫人形兩個，作站架。一面横處畫半截人形三個，作蹲架。每營造四十面，排列一處，先打半里路，再打一里路。打至里半路止。臨打之時，使統帶管帶各官教導兵勇，先將碼子起足，目力練准，然後發槍。打後查點靶上人形，中頭，中腿，中臂者各若干數。合計站架中四成槍，蹲架中二成餘槍，扯算三成槍有奇。臨戰苟能十槍而中二三，所得已爲不少。是各軍此時不獨不能廢去長靶，且宜改用寬靶，較試打遠之法更爲得力。盛傳遇一事必須考究精詳，既有所得始敢上陳憲鑒。再，各軍講求操務實已不遺餘力，度長絜短，彼此相同，將來送閲之時，如合計成數，稍有參差，似不能因一日之短長遽分優劣，并乞中堂察鑒施行。

操槍利弊稟

竊卑部挑選二百人來津打靶，荷蒙優加賞賚，感戴同聲。伏查此次試打懸靶，係爲振興人材，講求實事起見，似宜格外認真，不使稍存寬濫，庶中者得以益事精研，不中者亦將有所觀感。所謂賞一人而三軍勸者是也。惟卑部官長打靶，營務處陳鎮連陞，中軍前營管帶李鎮安堂，蒙均照全紅優獎，盛傳從旁察看，實見其中靶四槍，一槍僅中靶邊，殊失命中之義。維時曾向鈞前呈說，原以此等大典，比於軍政，不敢稍存僥倖之心，致干大戾。惟是近日打靶一事，其弊約有數端，槍子在地，激土飛起，離靶數丈，遽爾摇旗，一也。靶後另眠數架，架側直靠數靶，使左右下面易取響聲，二也。靶旁掛鈎每邊寬約三寸，三也。卑部前打之靶，每掛鈎寬約二分許，靶子較之弓數約近十餘步，四也。五槍之外，多發一二子，以冀倖中，五也。内中諸弊，以空摇旗後靠數靶之弊爲最。有此五弊，自然全紅較多，成數可核。盛傳匪敢聞善則疑，但以節轅操演，萬目共瞻，凡在營中無不從旁點畫，稍有不實，何以服人？且西人悉心軍旅，每届打靶，必有數人在側諦視指畫，大有會心。數日之間，必且傳登西報。倘有微詞，更成笑柄。爲此不揣冒昧，據實直陳，伏祈中堂於後日試靶之期，將以上諸弊，細加釐剔，專以響聲爲主，并請置一小千里鏡隨時審視，可以一目瞭然。庶較試益精而真材倍出矣。

較演里槍情形稟

竊泰來洋行滿德，持槍樣來津覓售，曾經呈明鈞鑒，昨同吴、唐兩提督至操場，將該商所攜之里槍與哈吃開司槍細加較試，兩槍丸子均能互用，當用哈吃開司槍子演放數周，較得兩槍力量，均可穿七分潮寸厚松木板十層。至速率因放里槍之人手生略滯，較之哈吃開司兵槍微形不及。若施放便捷，心靈手敏，當與哈吃開司大致相同。再，查里槍比哈吃開司槍管短二寸，約輕二斤，馬步槍皆甚合用。里槍一盒裝五子，每槍可帶子八盒。若操演純熟，施放精靈，每一分鐘時能打二十餘響，實屬行軍利器。里槍之子因該洋人攜帶不多，又爲時悤悤，未及細較。據滿德云，每百粒只需銀一兩六七錢之譜，如能多買，即哈吃開司槍子亦可照此價值。并云，如訂購槍礮各件，儘三月内可以運到云云。愚見以爲軍械一事，外洋既日新月异，正宜博訪廣搜，以資考究而別良楛。即與洋商交易，亦不宜專用一人，藉杜作僞居奇之事，如蒙允購若干，擬請飭知局員，再與該商人詳試妥議。

詳覆礮操稟

竊奉照飭，據軍械所劉守詳請，統籌海防各營所領各種後腔礮位，及已購未到百尊應需操放儲備子彈，數日照録稟批，飭令撙節，核計妥議具復。盛傳識慮短淺，近年兼營工作，未暇專意礮操，所部礮隊各營，亦尚未領後膛礮位，曷足以折衷群議，仰助高深。顧念練礮儲子，爲海防第一要圖，所貴預籌先事之儲備，不徒遷就節費之美名。劉守慮及操彈漫無成數，擬按已領未領各礮用彈，酌劑盈虛，統籌全局，以爲緩急之備，洵屬老成遠慮。細繹各處移復大數，雖小有不同，要皆不爲無見。親兵護衛營趙鎮、李副將，所擬操數子數較少，係就領到礮位已過二三年者爲言。北塘吴鎮、大沽羅副將，所擬操數子數較多，係就初領初操爲斷。竊嘗反覆思維，詳加核計，求撙節於無可撙節之中。僅就劉守原議，有各營所未及者，引伸餘緒，以備採擇。查原稟謂，一礮計之有限，通盤計之誠多，月計有限，歲計誠多。竊念海防將士，多任土工，則一歲之中宜區分時月忙閑，以爲酌減。戰守既別，用礮遂殊，又宜區分守礮與行礮，以定子額。何以言之？守礮安置臺上，所欲擊者，非敵之鐵艦，即敵之礮臺，線路較寬，取準稍易。行礮則輪轂運行旋轉肆應，兼打活隊，取準較難。現在各營均領有四磅礮，但須將此種行礮操熟，則推之各守礮，測準無難。且四磅子彈每顆購價二元八角，僅及二十四磅礮彈五分之一。八寸口礮彈十四分之一。演大礮一出，即可演四磅礮十餘出。若論演放過多，礮膛易於鬆損，則四磅礮丸擠膛力小，似較二十四磅大礮可以放久無傷。嘗以後門槍驗之，卑營熟操之士乃得槍，有放過三千二百八十出尚未損壞者，此其尤大彰明較著者也。竊謂初領之年，四磅礮每月可操響六次，每次用彈五顆，二十四磅礮每月可操響四次，每次亦用彈五顆。次年四磅礮每月減至四次，二十四磅礮每月減至三次，三年每月各減一次，三年後表尺眼線手法均已嫺熟，四磅礮似可定爲按月操響兩次，二十四磅礮每月操響一次。十冬臘正二，五淍月不能作工，爲閑月。照此額給領，以便分番輪習。三四五六七八九，七個月爲忙月，不暇多操，亦斷不能竟廢。雖軍營不能以工作爲常，要可權宜酌減。行礮按月操響一次，守礮兩月操響一次，每礮每次仍用子五顆，以首年初領計之，四磅礮每年需子一百八十五顆，照購價每顆二元八角，每礮一年需費銀洋五百一十八元。以新購八十尊計之，一年操費約四萬一千餘元。

三年以後，減至每礮八十五顆，省費遂已過半。各營領過四磅礮二十六尊，按操過年分遞減，歲須洋銀約不過數千元。二十四磅礮按封河例，操響四涸月，每月四次，共用子彈八十顆，三月至十月，操響四次共需子彈二十顆，每顆需費洋銀十三元五角，每礮一年需費銀洋一千三百五十元。按新購二十尊發足，操彈遞減，每年約費四萬餘元。三年以後，每月打靶一次，四涸月用彈二十顆，又減去三分之二。此外，八寸口大礮，子彈需費更多，礮位僅止兩尊，響操亦可酌減。蓋礮愈大則力愈穩，即不多打響，習準命中亦自無難。就軍械所原開新舊礮位，按盛傳所擬定子數估價，即購諸外洋初操年分，每歲不過十萬元，合銀七萬餘兩。三年後，仍可減半。此外，如遇冬春兩次憲臺派員閱操，當另備子彈，以便分番考校。至募匠以求自製，實爲今日要圖，應仿西國章程，指定每廠按日成子若干，每年造成若干，能否敷操，以便通盤核計，酌量添購。至中國營勇與外洋兵制不同，操法亦不能不小爲變通，以求實濟。常與洋將討論，泰西當兵之人始入伍時，即申明條例，或七八年十年而後脫籍，年限未滿不能私歸。中國勇營則每月有假歸之老卒，募補之新軍，若照西法，三月爲操期，則勇丁過此補入者，必遲至來年而後輪操，稽誤至爲可惜。愚見礮營每棚須有四五人明於手法眼線，擇稍有靈竅者爲之，則平時假歸、臨敵傷損均可有人接替，不至懸額以誤戎機。又，大礮固在表尺測量之精，尤須上子手法之熟，擬請飭各營於空操時，仍安子火，但不置藥於內。時時練習則臨時不致忙亂，自有準頭。此又於擬定子額以外。敬附管見，以求裁定者也。

演用過山礮稟

竊昨蒙發給過山鋼礮十二尊，并藥箱零件。伏查此項礮位，體質本輕，拉運實易，偶遇崎嶇險阻，又能拆卸馱載，實爲行戰利器所必需。當即函詢親兵營管帶王都司得勝以操駕之法。據稱，此礮拉行與拆馱需馬三匹，每礮有隨礮子藥箱六洄，一馬兩箱，應用馬三匹。又，每礮後路應有子藥箱十二洄，用馬六匹，名爲副箱，與四磅礮副車等。總計每礮拉馱與隨炮藥箱及後路藥箱，共需馬十二匹等情，函復前來。伏思越南一役法釁已成，明春戰征實在意計之內。卑部爲行戰之師，海濱廣斥，馳援三二百里外，事所恒有，既有此種利礮，自須加意精練，以備臨戰之需。當就來函細加審察，除隨礮子藥箱、馱馬，尚可暫減兩匹外，其餘十匹均屬操練時萬不可少。且教習、油飾等事，亦屬要需。隨飭各營領用，照章操駕，以期嫻熟。

又，查卑部領用槍礮，爲數甚多，自應分別操習，庶免紛擾。查輕銅礮、小格林礮領用已久，皆屬精利之資，以之守營護臺最爲合用，惟現既領有過山礮，亦須派人操試，此項礮位即不必過多。以之分撥他軍，定期得力。現擬將輕銅礮繳回二十尊，小格林礮繳回十二尊。即以繳回礮位之用費撥抵兩磅過山礮教習、油飾、拉馬各項用度，兩相抵算所絀無多，擬暫由營中墊給。謹開具清摺送呈鈞鑒，如此一轉移間，庶操演可期專一，而餉項亦得稍節矣。

操鍬情形稟

竊奉咨行飭令，操試洋鍬，并將演習情形具報。伏查此項操法，光緒五年冬奉飭後，即督率各營按期操演，歷年以來，每屆打靶餘閒，天氣晴和亦必時加肄習。并令用表對準，約需幾分鐘時可以挖竣。本年以海防緊要，業經傳示，下半日操完後，帶操挖鍬土工，以期精熟。每挖土溝長約二尺五寸，寬三尺餘，深一尺五六寸之譜，溝沿堆土寬約三尺，高一尺有奇，內可伏匿，外可遮蔽。若係潤土，受鍬較易，成功不過六分餘鐘，土質稍硬，挖掘較難，需八分鐘時始能竣事。此指平時操練而言，體察洋鍬操法，專避敵人槍礮子彈而設，自應愈速愈妙，戰時尤須斟酌地勢，相機辦理。現在地上堅結，操習頗難，除俟明春開凍後，再行督率弁勇勤加演練。再，營中未領洋鍬，所用鍬式，皆繫匠人用土鐵造成，鋼質絶少，即多給錢文，亦不能堅久合用，用力稍猛，損壞爲多。現在購辦洋鍬，自非易易。擬懇飭下製造局仿洋式鋼鍬，按照各營人數造成發營應用，較爲有益。

合操情形稟

竊盛傳叩送後，理料操防，適聞朱道格仁，偕同德國礮隊千總漢納根至新城。當即馳詣城中，與之周覽礮臺及內外城防處所。漢納根另有筆記翻譯進呈。十四日約至新農鎮營，擬調集馬步隊分操，請示西法。漢納根即欲回津，遂督飭各營合操請觀大意，俟其日後來營，再行詳考。嘗考外國軍操，皆以肅靜整齊爲主，雖萬人合隊，步伐不紊，進止不嚚。現在卑軍全用後門槍，不操空響，步隊不用長矛，每營僅用門旗兩桿，中軍礮隊三營居前，以本營之槍排列接護礮隊，槍隊各營接礮隊三營之後，右軍三營在右，左軍兩營合中軍後營在左，馬隊五營附於左右，馬步小隊及中軍兩正營列後。一營結一大排，聞鼓聲，礮隊先進，礮馬駕車馳驟而前，槍隊繼進，約打衝鋒五六里，前後門礮連環轟擊，仍依口令退回，打三進三退後，馬隊伏起，兩面包抄而前，追擊約七八里，依次收隊。因漢納根一點鐘即須動身，不及分演各陣。當以操法諮詢朱道，轉詢漢納根。據稱與德國操大同小异，進退尚整，氣亦静而不囂，朱道格仁等到津當能面呈一切。至卑軍工作甫息，馬步駐紮兩處，久未合操，變化操縱亦尚須加意演求，始能指揮若定。現仍飭馬隊會操兩次，再令回防校練跑道，演陣打靶，以期日就精嫻。漢納根於礮臺布置，槍礮操練，卓有見地，當繫由書院學習，軍營歷練而來，以之考校海防操務，必多裨益，伏惟鑒察。

洋將會操情形稟

竊本月初三日，洋員博郎李保，前來卑軍，遵與虛衷商榷，比因臨敵衝鋒首重礮隊，擬請先行閲視，互證參觀。步槍人數較多，遽難遍閲，次日偕至操場，調齊礮隊三營，步伐止齊似尚許可，惟據稱擦礮之油未能盡善。查卑軍所用礮油，一曰格力蘇林，一曰卑門聽。皆照德國《礮説》分别購存。格力蘇林油，其質如水而有火性，以之入礮不速乾，不滯藥灰，極爲利用。但此油含有水氣，只能用於初放之後，停放即非所宜。皁門聽油，見熱即乾，入膛易滯，放礮初畢，用此實難。而平時洗擦，以防生銹，則又非此不克。是以兼而用之。此次操礮甫畢，即用格力蘇林油和水擦洗，以去煙煤，俟回營後再擦皁門聽油，免生內銹。乃該洋員驗視謂，此尚非西國最上礮油，且謂礮膛中來復線，間有損傷，恐係此油之過。查皁軍礮械向派專員按月飭查，并隨時親往看視，礮膛中既無滯積藥煤，礮身礮件亦無銹損，惟歷報來復線間有損傷。嘗與各營官詳細考究，所損來復線皆在子膛前數寸，皆由於彈鐵擦傷。蓋製彈包鉛必先將彈子烘熱，俾其均匀緊貼，乃可融洽入微，否則鉛箍稍松，入膛火藥震轟則鉛皮先脫，出膛雖速，不無偏倚之虞，故來復線間多微損。且查驗每有損處皆係扁痕，其爲子彈擠傷，毫無疑義。然平時打靶取準，亦復如常，施放尚無大礙。當此經費不充，器械難購之際，故未敢稟請更張。今該洋員疑爲擦礮油所傷，似屬擬議之詞，非有確據。再，查此種油既已載諸《礮説》，前人考據必精，斷不能以損礮之油貽誤後學。即或購買時，貨有差等，亦不至大相懸殊。且歷考英國韋而司、美國嘉約翰等所著，《化學初階》《化學鑒原》等書，惟有酸鏾氣水能蝕金質，從無油質可損金質之條。且每月放響後，始擦此油，并非常用。用時又以清水相參，約計用油一分參水須至二三十分之重，則油之分際有限，更不至損礮膛。況洋油多繫洋鐵桶盛裝，如油能損金，則洋鐵甚薄，致損尤爲易易。何以存放日久從無剝蝕之時，此亦油難損金之一證。惟是該洋員到此原欲藉以考究精微，既謂另有上品礮油，亦爲精益求精起見，自未便過於辯駁，反阻其實事求是之心。現已飭察西國各種擦礮之油，再行買購。俟德弁到此再爲隨時考校，以期盡善極精。其礮上所用皮條，本繫中國之産，該洋員謂其稍硬，不及西洋之柔，可以運用靈便。至所演洋槍，經該洋員閲視，據稱現在德操新式微有不同，細加詢問，蓋卑軍現習德操每分三隊，張兩翼先進，而以中隊爲根本，備接應以待不虞。今李保所言，以中隊衝鋒而以兩翼爲後路接應，似亦大同小异。俟德弁到後，稍事變通無難合度。況臨陣全看地勢，兩種陣法宜彼宜此，亦不妨斟酌於臨時。該洋員又稱，磨擦洋槍不可用粗砂石子，以防傷損。查此節卑軍曾疊傳告誡，并隨時查驗，皆用淨布擦抹，實無損傷。即膛内間有紋痕，乃出子較多之故，當復將八營槍隊全列河干逐驗，均無擦損。該洋員等，於軍中得失利病，直言指摘，絕無敷衍粉飾之談，實堪欽敬。至演過山礮，該洋員於子母彈等件，未詳詢之，新軍營務處周令蓮芬，乞爲講解，亦可見其虚心好問，不自拘墟矣。中堂慎重海防，求才於萬里重洋，俾資訓練，盛傳雖愚，敢不力求進境，仰慰鈞懷，伏希鑒察。

洋將操練情形稟

竊德員康臈克等到營較驗後，旋飭每營撥弁勇十二名，交該洋員教練，連日會同操習，尚屬整齊。該洋員面稱此等勇隊，訓練既精，靈便不亞於西國，而強壯過之。伊等教操不過七八日即可成熟，輪替更换著效尚不甚難，察其情詞頗形鼓舞。又云現在中國教操，雖云整肅，而總教習與分教之人，偶相呼應，即恐視聽紛歧，現擬仿照西法，於弁勇操練時，總教習或須指示，但以馬鞭招動，分教即至前面告，以期肅静無嘩。此外，操規無須更改，竊該洋員之意，亦知卑軍習操已非一朝，不過量爲指授以完教習之責。自仍當虛衷討論，用期精進，以副廑懷，伏希鈞鑒。

再，盛傳於洋教習餘閒，輒與討論戰法，日昨詢及兩軍相遇，在數百步之間，昏黑不能猝退，應如何抵禦，方可不至敗傷。據該洋員云，可將槍桿端平施放，無論中其胸腹，皆可傷之。因問，如此則彼此皆傷，應如何能使我軍傷少？該洋員殊覺默然。於是告以伏地打槍之法，該洋員初不謂然，因即當場演試。命一勇伏地昂首發槍，約計首高於地不過七寸，我勇既伏，較敵之平立受槍處短至四尺有餘，敵若對面施槍，線路稍高，則槍子必越過伏勇之背，過低則打在地上，阻住不靈，必須按下槍身，對準我勇，昂首六七寸之地，乃可傷其身背，似未必能巧中若斯。至我軍施槍，則惟對準敵人，火線下一尺内外狙擊，無論中其胸腿，皆足制之。如此計算，則我軍受傷必少敵人數倍。該洋員聞之，始行首肯。前者，李保到營，亦嘗詳細辯論，并與營務處萬道函縷布各情，抄呈垂覽，是非得失，自在洞鑒之中。盛傳負性樸愚，并非好辯，實緣德勝法人之後，雄視五洲，此輩應募來華，不免傲然自恃，不得不稍事辨折，藉以平其心志而恰其情。仍當虚衷講求，斷不致稍涉大意。

再，李保、康臈克等到營，均以卑軍未安電報，信息遲延，頗爲詫异。謂此等大軍，斷無不設電報之理。當以即須安設答之。伏念西洋陸戰，擅長之具有五，曰後膛槍，曰田雞礮，曰地雷，曰電線，曰氣球。前三者卑軍早有講求，後二者，因氣球之制尚難仿行，電線一端取便調度，權在帥府，卑軍原可緩圖，故前此未經稟辦，今則防務正緊，消息尤貴靈通，即如近日援臺之役，全恃電諭迅速，始有遵循。該洋員所論電報一節，自屬切要之事。謹函請盛道代陳一切，想荷允行。

洋操情形稟

竊奉鈞批俟德國兵弁到津，酌派二人前來卑軍教習。頃洋將博郎來營，當即延論操法，據稱，該國操練，每兵弁三人，只能教十二人之操，周歲方能嫻熟。一年後，再以此十二人分教士卒，如此遞推遞廣，三五年後，方能有成。伏思中國操法，誠不及外洋之精，若當無事之時，預講自強之計，固不妨掃除舊式重立新規，寬以歲時，用期遠效。今則兵端已啟，戰事方殷，在防諸營，久習外洋操法，即卑部新集之勇，亦已加緊督操，自查弁連標到營，即經挑選精壯二百人交其訓練，月餘以後，又將此教過之二百人，分撥諸營，轉相指授。雖不敢稱勁旅，然已止齊分合，粗有規模。方擬儘此封河數月之間，苦心訓誡，并俟德弁到營，尅求精進，盡其力之所能，至以求捍禦強氛。若必拘泥德國成法，盡棄其舊而新是圖，勢必多歷歲年，何能濟急。譬如士子講求舉業，有識者教以根柢之圖，豈非正論。但既未講求於平日，乃至臨場數日，忽欲盡去其常工之帖，括而與言馬鄭之經術，韓柳之文章，豈能一蹴即至。以之赴試，又何能角勝名場。因以此言質之博郎，渠亦以爲允當。又其言曰，教習者，惟先教統帶營官，待其既熟，然後使之分教弁勇，乃有身使臂，臂使指之妙，誠爲精備之言。然刻下卑軍正在加操，全恃統帶營哨各官，躬親督率，計每日兩次教操，總須五六點鐘之久，若合諸將日聚教習之前，聽其指示，是將領受學於教習，反不暇自教其弁勇，似亦非此時長計。如慮教習與將領攸分，事權難一，此西法所以專教將領之條，不知卑軍現學洋操之弁勇，專取氣力慓健，心思靈敏，聲音洪亮，三者俱備之人。俟學操有成，即以之教練，教練有效，即以次拔充哨長哨官，其尤爲出色者，异日又未嘗不可爲營官之選。此等人既能奮發有爲，而又深講洋操，即以爲百夫之長，一旅之將，無不勝任愉快。況平時弁勇既歸其訓練，則臨敵指揮愈能深信不疑。此與洋人專教將領之法，迹雖异而理則同也。至所居屋宇，愚見若不求速效重創宏規，則莫如就天津紫竹林設一公所，仿西國武備院之制擇德弁中之精者，專司教操。飭各軍挑選慓健而又精細之弁勇，送院學習，以期成就將才，爲异日自強之本。各軍仍可照常操練，不致大費更張。如欲爲目前救急之圖，則擬請中堂察酌諭知博郎，及所雇德弁，照該國成法稍事變通，多挑弁勇尅期教操，不必限以人數，亦不必多教將領。即如卑軍查弁教法已甚得力，庶便操練而免稽遲。博郎人頗通達，當亦深識經權。至卑軍現在講求雷學，雖已加意研窮，仍恐未盡其妙。擬請俟德弁到齊，其中如有深通雷學者，派員討論，採其精妙之說，譒譯成書，飭發各軍，俾資講習，庶收精益求精之效。

議覆總教習德參將李保條陳

一，原議槍未按規矩使用，似曾以沙擦過，槍筒未經上色，上色應每年一次。查洋槍不得用沙石磨擦，自十餘年前，講求洋操以來早經傳單告誡，并隨時查驗從無此弊。日前洋員在營曾將數千槍隊排列河干，逐營驗視，并無磨擦之痕，至洋槍上色，以發藍爲上，從前曾與機器局商酌，中國器具未精，恐制辦未能如法，反致傷槍，現用外國漆漆之。

一，原議營中槍上刀頭常安槍上，槍口必折，口上之星亦傷，蓋槍上安刀，須大操衝鋒，爲保護衝來之馬隊起見，查槍上刀頭平時原插架上。日前洋員在營看見刀頭在槍上者，乃是馬小隊之營，恐馬隊有時全出，營中無人守護，另備步隊二十人，以爲守營之用。其中又輪派四人專管巡營。該洋員所見安刀頭之槍四根，即巡夜之人所執，夜間持以巡營，故將刀頭安好，早間尚未除去。其餘各槍之刀頭均插架上，特該洋員未見故耳。至論刀頭，專敵馬隊，似亦不必盡拘。無論馬隊步隊，到相近時，總要出刀以備衝鋒之用，即如英國洋操，有上刺下刺左刺右刺，上護下護等名，今德國亦頗有此似亦全恃刀頭，不能專恃馬隊衝來再行安設。

一，原議製備皮腰袋掛槍，并好槍子袋，連操演時用的槍子，每袋内應有三涸。查每營槍子各有專員經管，俟操演時再行分給勇丁，緣恐勇多粗心，未便令其隨身帶子，以致誤事。且平時校槍亦多用空響，不安子。

一，原議要小心用槍之機器。查自用洋械以來，因購辦不易，惟恐損傷，無不用心愛護，各營自有專員稽查。每逢半月之久，仍另派文武委員覆勘。惟十冬臘三月，日日操演，又值收燥之時，無虞潮濕生銹，故不派員覆查。槍械爲營中最重之物，斷無不小心之處。

一，原議要製身後所背皮袋或斜袋，爲收存藥彈之用，每人應有藥子八十顆，每營應有四個裝藥子的車，每人至少須槍子一百個。查出戰之時，須多備子彈，身帶車裝，每槍須合二百四十粒。雨後車行較緩，則隨身帶子須多。倘行隊，身上多帶乾糧，則子彈可帶四十，多則可帶一百。均須臨時斟酌，似不能拘。大約身帶八十，車裝一百四十之數。

一，原議凡接仗、操演等事，西法向歸哨官哨長督率。若華營則哨官等與兵勇同伍，似不合法。宜臨時責成哨官等主持變化，勇兵須視哨官之指揮，哨官等不得形同木偶，須調度一哨勇丁，不能倚恃教操者調度。哨官等兵器要用梅花筒手槍與身邊長刀。按梅花筒手槍與身邊長刀，營官統領亦宜用。查營哨各官，原以督率兵勇，指揮進退。日前該洋員驗視時，原只令其排班站立，并非操演與臨陣之時，故與兵勇一律持槍排列，以示敬意。且哨官各立本哨之首，即爲便於領帶指揮。倘至操演與臨陣之時，自有調度，何至形同木偶。又云，營哨官不宜持槍，只宜持手槍與長刀。查梅花筒手槍早已買過分給，但不能多。長刀一項，已買過東洋刀，現又呈請添購西洋者，俟買到再行發給。但有此二器，仍不能不持槍，正恐其習成自然，槍法漸廢。現正講求操練，全恃營哨官爲之表率，若營哨官全不習槍，何以率下？且聞西人談及，德國太子尚能單手打槍，爲該國臣民所不及。由此類推，安有哨官可不打槍之理。又謂哨官不應與兵勇同伍。須知緑營武備廢弛，即爲將領官習太重，不與士卒同甘苦，今正宜力矯此弊。況前次博郎來言教操之事，方欲先教營哨官，惟恐其不習操法，本軍哨官皆令與兵勇一律操練，兵與將相習，臨時方好調度，又何與兵勇同伍之足慮。西國兵法，亦有營官在三五里外設電線以調度前敵者，此法雖可少傷將領，但營官不親臨督陣，恐兵勇之氣難振，心亦難齊，終非良法。

一，原議散操法度要多加操練，散操時，一哨之前排先出領排之人，應在未打槍之先，大呼勇丁應用多少碼子。查打槍以碼號爲最要，自習洋操以來，此層講求已久。

一，原議方陣圓陣應須常操，若馬隊來衝，可用小圓陣，不可用大方陣，因現在後膛槍利害，故如此用法。查小圓陣原爲避敵人槍礮利害，十餘年前法國即有此陣法，大者名曰「大不龍冬」，小者名曰「小不龍冬」。中國名曰散星陣，營中已時常演練。

一，原議持槍打靶要直練到一千二百個邁當，查現在所用兵槍，若將碼號上足，飛子極遠可打至二里八角，今所稱一千二百邁當，計亦有二里餘。但打至如此之遠，則取準終難把握。平日打靶須自近及遠，由數百步以至千步内外，皆須逐層遞演，至臨敵對陣，宜俟敵人愈近則發彈愈準。不至虛縻子藥。若欲打遠靶，宜多用長靶，盡畫人形，或立或蹲，遠遠排列，以排槍轟之。打過後，看靶上人形中槍者若干處，以人形上之槍眼多少定優劣。此即譬如打大隊，只要向人叢處轟擊，雖不能指定一人取準，總可傷人不少也。

一，原議馬隊走動時，刀要拿出鞘，槍要綁在鞍上，或負在身後。如當前鋒差使或下馬當作步隊用，方可使槍。查現在槍礮猛迅，馬隊原不宜用，然到機勢相宜之處，尚可用以衝鋒，或抄擊輜重，或截其後路，均以馬隊爲宜。但相離遠則刀不能及，必須用槍。惟衝入敵陣後，裝槍不及，始可用刀。是用槍在先而用刀在後。今令刀先出鞘而綁槍在鞍上，殆專指衝入敵陣而言，且曰下馬當作步隊用始可用槍。夫使其地不宜用馬，何不逕用步隊，而必使馬隊下馬以當步隊，則豈能牽馬以赴敵，抑將棄馬以戰耶？況步隊可伏溝避槍礮，馬則難於躲避，豈非自取累贅耶？此層尚宜酌。

一，原議察看華營與目下外洋接仗大不合法，陣法由前後排陣式，變成一字陣式，由一字陣式，變成前後排陣式，又演平馳一字陣、伸腰疾騁一字陣，走遠道宜小走，與平馳走法俱宜操演，另有下馬占地法，其法要分撥幾層，人數前往站地亦須操演。查操演時無論何項陣式，皆以一字陣爲始，以取齊整。然後變化至走脚步，均經試驗，每一分鐘慢走可九十步，平走可一百二十步，如近敵衝鋒，快走即一百五六十步亦可，但走長路則須均匀，時速時緩以息足力，方能持久。約計每一分鐘可行八十步至一百步之譜。至所稱占地法，平時操練本有操場，至臨敵之時，又恃有明白之將領，飛馬前行察看一切方能得宜。

一，原議要著長皮靴，靴上要帶管馬釘。查長皮靴固亦易辦，但我中國人各有習慣，即現在營中所制之靴，雖不甚長，而頗利便，無須強就洋式。況聞洋皮靴每雙須洋銀十元八元之譜，營中定制之靴，每雙需銀四錢五分。價值相懸，似亦難相效仿，致滋縻費。

一，原議養馬與修理馬要多加用心。查軍中戰馬最關緊要，兵法云，冬則溫廄，夏就涼處，古人言之已詳。現在馬步礮隊各營養馬之處，均極潔淨，餧養尤極盡心。即馬步礮隊各營飲馬之水，皆有開洞專引甜水澄清飲馬。但行戰馬只能六七成之膘，如到十成膘，恐不能跑，且易生病。故平日養馬既須養之，又須勞之，春秋兩季每日常令走二三十里，嚴寒之時不能多走，恐出大汗反致受風。夏日每自收更之時起，操至辰時爲止，凡此皆須細心調理，難以縷述。泰西各國馬隊，雖未見過，但見西商養馬過逸，若皆照此養法，反不堪勞，似非養戰馬之道。且聞西國馬夫一名，往往月費六七元之多。亦覺太侈，營中萬難辦到。若以中國養馬之道論之，則馬步礮隊各營似已周妥，斷無傷馬之慮。日前該洋員僅到馬小隊營，并未徧視養馬之處，隨後來營，儘可到養馬各處看視。

一，原議操行動爲接仗各法，不必按照定章如何操法，聽教操者佈置。查用礮隊原在臨時布置，要看天時地勢，如風自東來，礮即不可往東打，蓋煙塵蔽日，目力難以準視，即難命中。且風力相頂，炮彈亦難及遠，或對日光，則光耀射目，又難取準。故打仗時須搶上風、避日光爲上。操練時亦須知此義。

一，原議正接仗時，不宜亂動。查此層最關緊要，古來兵法未有不嚴整肅静而能制勝者也，近日洋操尤重此義。平時訓練已諄戒弁勇矣。

一，原議打排礮須候試擊之後。查軍中演礮，原貴先試目力，本軍礮勇，常令在平原曠野植一標準，看去度有若干遠，再以繩尺量之，并以礮表對之，以驗目力。至卑軍排礮前，已請該洋員驗視排礮四十餘尊，每發則聲如一出，連放三次皆然。當放礮時，該洋員雖未近前審視，當亦早聞之矣。

一，原議營中礮子不好，修飾不淨，傷損十六尊，後膛内銅圈皆有傷損。查礮膛來復線之損，固由礮子之故，昨已於稟中陳明，但亦難盡咎礮子，大約用久總要漸損。近日探訪别軍之礮，凡用之過久，未有不傷，甚有漸漸磨平者，此真無可如何之事。卑軍損過之礮，疊經提出另較，均尚能打中數成，臨敵自足傷人，似尚可用。

議覆德國兵機院總辦密次藩條陳

一，原議凡教華兵，中國未定章程口令之時，應暫以德國口令教之等語。查從前習英國操時，曾用英國口令，如「發威馬齊」即華言快走、「蘇嚨來得保非司」即華言槍左右扛，各轉三匝，兩不相觸也等項口令，不一而足。當時皆練演使熟，惟洋語難辨，兵勇人數眾多，若平日無事之時，緩緩操習原不甚難，今則防務正急，又有新募之軍，驟教以德國口令，恐非一時所能通曉。因思洋員來華者，每軍不過分派二三名，性多靈敏，學習語言較易，若令將德國口令繙成華語，使德員習之，以教各營，似屬兩便。與其以德語教華軍萬眾，難於一律，何若以德員習華語，不日可以漸通。但洋員初到繙譯難求，如派赴各軍者各有教習華語之人，方易集事。今查原議有德國操練官亦應漸習華語以，便解其理法，洵屬正論。

一，原議口令愈簡愈妙，不可太繁，因此次赴華教練只習切於戰事之法，而不習各種虛文等語。查兵法全貴核實，不尚虛文，平日操防皆當深明此義。況值沿海戒嚴，戰事方亟，自宜更求切於實用者行之。上次博郎來營，與之再三辯論，求其簡要，易行者，即此意也。

一，原議每德員一人，挑選各營華弁一百至一百三十人作一隊，詳細操演四五十日，然後各令回營，以教其本營之兵，仍由德員詳查其有無錯誤等語。查卑軍教習所教各營弁勇，約及二百人，每俟教熟，即行更换。此次洋員到營，每營各撥十二人，交伊等分教，約計與原議每德員一人教一百三十人之數，尚屬相等。

一，原議查察子藥，如不合即宜稟知北洋大臣，轉飭中國官廠，能否改造合式之子藥，倘不能改造，則須速向歐洲名廠訂購等語。查此層最關緊要，歷次稟請多購大批在案，近自九年十一月，并本年十月，所上戰守事宜均已詳陳，伏乞查鑒。

一，原議論土工各器由西國訂購不及，須飭中國鐵匠自造，并論皮套皮帶等語。查現在陸戰以堆壘挖溝爲首務，則土工各器自關緊要。卑軍上年自行仿製洋鍬四千柄，本年復呈請由營造鍬四千柄，以備挖築濠壘之用。至皮套皮帶等，均經稟請中堂添製，但期能如洋製之柔和，便可適用。因此等器本係隨時需用，向係隨身自帶，并不裝入車中。

一，原議步隊交鋒時，不可令一營成緊隊，嫌其太聚等語。查近日西洋軍火猛利，若成緊隊，則槍礮所及傷損必多，故必須用散開行走法。上次議復李保條陳内所謂散星陣者，即此意也。惟待敵處或守夜處，可令一營成緊隊，此一定之法。但云或以一哨之闊前走，或以兩哨相并前走等語，則須臨時查看地勢，不能盡拘。

一，原議接應隊列於火線後發槍無用，即不必習等語。查接應隊若在火線後發槍，不但無用，且恐傷及我軍。斷斷無此辦法。自當俟前敵散開，後面者補入火線之中發槍，或令一齊前衝，皆可制勝。

一，原議左右各六營各爲一群，合左右兩群爲一分軍，即二千四百人等語。查各軍各營人數，皆有定制，似不必拘定二千四百人爲一分軍也。

一，原議守法須操演趕速築成濠壘，其接應者亦須自挖濠壘等語。查臨陣自護，惟恃濠壘，久經督率弁勇操演挖溝，并較量時刻以定優劣，歷經呈報在案。

一，原議中國多平地，須操前後三道濠壘之法等語。查此論尤關緊要，緣敵人即能破濠壘，斷不能同時破我三道之濠壘。如破我一道，則第二道之壘可以趕援。故本年十月內，所上戰守事宜八條內，請各防營均築三層厚垣，至少亦須二層，以爲再接再厲之計，即是此意。且本年七八月間，在大沽，與吴會辦議海防時亦論及此，至前敵子藥須富足則更屢次言之矣。

一，原議不可藉甎牆爲保護等語。查現在礮火太猛，甎牆一經受擊，愈覺炸裂傷人，不如沙土厚垣之得力。中國將弁均已知之。本年十月所上戰守事宜八條內，防營宜築厚垣或沙土或素土以防礮彈，即此意也。

一，原議濠須深窄，以防子母彈。查此論誠是。但北地土鬆，濠過深窄則易坍卸爲可慮耳。

一，原議一切裝放之事，俱須習之精到，及各種坐作起伏時，俱習裝子定準之法等語。查自用後膛槍以來，一切裝放之事，并遠近速率，均經詳細校驗。如哈治開司槍，一分鐘能放二十出，極遠碼可放四百七八十丈，毛瑟槍每一分鐘能放十五出，極遠碼可放四百四五十丈。亨利馬梯呢槍每一分鐘能放十八出，呍啫士得馬槍每一分鐘能放二十四出，至遠碼可打三百五六十丈。其他各種兵槍，亦均考驗詳確。自光緒六年即經開摺稟呈在案。至坐作起伏等語，自習操槍以來，向打站、跪、睡三式，以盡變化。日前與洋員康臈克等論伏地打槍，以避敵彈之法，已詳切言之。

一，原議槍宜善護潔淨，勿令槍機生銹等語。查洋槍機鑛等件，最忌生銹，以致施放不靈。光緒元年二月所上操槍程式内，均已詳列。

一，原議合攏成哨，變化漲縮，立定行動及各綜散開作大線時，均須習之等語。查戰陣之法，無論中西，全恃分合變化處得其機勢，乃能制勝。但必須演練於平時，庶免倉惶於臨事。原議自屬定法。

一，原議凡分作合綜，時須管束，不准亂發槍以匱子藥。其尤要者一爲未有號令之前，不准發槍，一爲凡有喇叭小笛之令，即須停止等語。查臨敵發槍，先要度量敵人遠近，吾槍足以及之而後發，方不虛縻子藥。故必聽將帥號令，命發始發，命止即止。此自一定之軍律，但亦須善戰之將，久練之兵，雖大敵當前膽壯氣定，方能遲速得宜耳。

一，原議日夜巡察以防敵人來刦等語。查軍旅之事，原貴備禦不虞，無論駐防行戰，均須遠哨探以防賊刦。夜間尤當加意，且哨探最貴神速，不惟西國用馬兵巡察，即中國亦用騎兵偵候。兵書云出門如見敵是也。

一，原議中國所用陸路礮隊，似不必極快之馬等語。查礮隊亦恃步槍隊相爲依護，則近擊遠攻交濟爲用。若礮馬過快，則步兵難趕，恐致前後參差，反屬不妥。

一，原議軍貴偵探，如馬兵用攻法，則中國之馬似不合用等語。查現在礮火猛迅，馬隊原不易用，然到機勢相宜之處，尚可用以衝鋒。如雷電轟發，敵衆潰退之時，亦正可用以衝突。或抄擊後路，或截其輜重，亦以馬隊爲宜。上月議復李保條陳內已言及之。至所云遠處搜查敵兵所在，趕速馳報等語。則係巡察偵探之事，已於前條言之矣。

一，原議欲練工隊以作步兵濠壘之監工，恐延時太久，只能教步兵自爲工隊，只能習浮橋等事。又云聚積木排木桶，以備支搭浮橋之用等語。查開挖濠壘之事，習練已久，且近年皐軍及各防軍，常作各項土工，亦即以練習挖濠築壘諸事。無須另練工隊，以作監工。至浮橋一節，實繫緊要關鍵。若浮橋不備則凡隔河之兵，不能互相救援，皆成獃著。故歷次呈請製造浮橋，近自九年十一月、十二月，所上戰守事宜尤詳切言之。

以上各條均已分晰詳註，惟總論中有云，除德官操熟之正軍四萬人外，另有協軍三萬人，可由華弁教之。又云此三萬人中，只有德員調度，其餘皆用華員。查此數語詞意未甚明晰，若謂調度操演則可，若謂指臨敵調度而言，則陣前進退自有統帶營官之節制，非德員所能呼應。此層恐繙譯華文或有訛舛，合并登明。

問津文庫

「十三五」國家重點圖書出版規劃項目
津沽筆記史料叢刊第五種

主編 王振良

周武壯公遺書

（下）

周盛傳 原著
劉景周 整理

天津出版傳媒集團
天津古籍出版社

圖書在版編目(CIP)數據

周武壯公遺書 / (清) 周盛傳原著 ; 劉景周整理.
-- 天津 : 天津古籍出版社, 2017.5
(津沽筆記史料叢刊 / 王振良主編)
ISBN 978-7-5528-0510-9

Ⅰ.①周… Ⅱ.①周… ②劉… Ⅲ.①周盛傳
(1833-1885)—文集 Ⅳ.①Z425.2

中國版本圖書館 CIP 數據核字(2017)第 077602 號

周武壯公遺書(上下册)
周盛傳原著　劉景周整理

出版人/ 張瑋
*
天津古籍出版社出版
(天津市西康路 35 號　郵政編碼:300051)
http:// www.tjabc.net
今晚報社印刷廠印刷
全國新華書店發行
開本 880×1230 毫米　1/32　印張 25　字數 432 千字
2017 年 5 月第 1 版　2017 年 5 月第 1 次印刷

ISBN 978-7-5528-0510-9
定　價:128.00 圓

卷五 戰事編

赴陝援勦稟

竊本月初八日，行抵周口，業將整頓大略情形馳報在案。初十日接奉潛江手諭，敬悉回逆崔三悉衆內犯，擾及岐鳳，東竄涇陽，省城告警。聞命之下憂心如焚。盛傳始聞陝境無賊，故前稟欲俟馬隊到齊，稍加訓練再行拔隊。今逆氛已逼秦郊，西人有水火之憂，豈容拘執成見。楚軍等營能否扼其北竄，殊深焦灼。卑部馬隊，現只呂副將本元、孔副將士高兩營抵口，合張提督景春自募，僅有三營，取名盛字飛騎馬隊。呂本元爲前營，孔士高爲後營，張提督自募爲正營。其周副將維政，王參將從義經募之勇如成隊稍遲，即令在口整頓，趕赴前敵，以備援勦。仍一面催飭各營趕備車騾，趲程前進。計二十日內可抵潼關。唐鎮仁廉兩營，業於初十日趕到。周提督壽昌三營，現已加函飛促，計已在途。李中丞、袁學士，業經儲備行糧，軍到無虞乏食。袁學士所招馬勇五百，聞多徐、豫老勇，半係卑軍遣去，現在入關征勦，賊騎甚多，馬隊尚屬得用。若果人強馬壯，遣去未免可惜。已派委員查看，如未散隊，即令頭目妥爲約束，聽候大軍到彼，酌量挑用。竊揣回逆犯陝，仍爲掠糧起見，利則進而鈍則走，必不死心戀戰。憲節即臨，自必懾威遠遁。惟不經大挫，必思再逞狡謀，何以制其死命，入秦後察酌情形再求憲臺發蹤指示矣。

請通飭赴陝州縣裕備軍食稟

竊西華途次復奉十三日賜諭，曷勝悚越。盛傳自得回逆竄陝之信，即思疾驅入關以救秦人水火之急。奈馬隊車輛猝難應手，到周口後，趕速整頓，八日之間粗有端緒，即於十六日啟程。唐鎮仁廉由扶溝、鄢陵、鄭鞏一路進赴洛陽。計程八百餘里，天氣驟熱，病者甚多，日行衹六七十里，續奉鈞牘袁學士來書，回逆復竄，陝地稍鬆。惟現屆麥秋，逆氛忽往忽來，并無大枝勁旅遏其奔竄，該省官民望救復何待言。盛傳日來趲程催進，月杪抵洛，即可入關，惟過洛後，溝深路窄，僅可容車，自當挨站探明酌量分起行走，以期無失。需用行糧已派員先赴潼關，購辦雜糧米麥，由洛陽進赴潼關，取道新安、義昌、澠池、硤石以達陝州。再由靈寶、閿鄉入關。查潼關抵同州僅百數十里，計程不過兩三日，陝境近省各州縣應請一例通飭，早爲儲備米麵麩草，以便客軍到日取領，俾利遄行。卑部馬隊雖屬新集，沿途帶行帶練，到陝即可上仗。如遇戰事靠定步隊，穩紮穩進，斷不致臨陣誤機。郭軍門計已抵襄，憲節何日由襄啟發，盛傳到關後，再當隨時馳報。周提督壽昌因候勛軍米糧交待，初九日始由鄂啟道將來，須遲數日入關，合并陳明。再，查鄠陵至洛陽，天久亢旱，麥苗多死。洛陽麪價每斤四十餘文。關中糧食向尚取給河南，現在近關一帶，糧價既昂，關內購辦想更不易。卑軍餉項僅領至三月份，米價領至五月份，入秦即須接濟。伏乞早爲籌運，俾利軍行，再求憲鑒。

赴同籌糧稟

竊卑部十二日由關拔隊，十三日即抵同州。迭據前敵委員來稟，韓郃一帶，尚可就地購糧，過此以往顆粒難得。卑部二十餘營，若團紮一處，不獨糧食難濟，即麩料柴草亦所不敷。現今委員會同地方官搜羅，僅湊雜糧二十萬斤，尚係州縣攤送。若駐營日久，採辦益艱，已派員馳省稟商，袁學士及陝藩司量爲撥給。盛傳本日即帶馬步小隊馳往郃陽、韓城，相度地勢，并察該處糧柴可支幾營。往返約五六日，蔣中丞原函情形頗爲明斷，惟未謀糧運，遽欲深入賊巢，似於軍事閱歷尚淺。陝中麥已全收，回必不圖内犯。北山本非巨寇，惟山多地廣，急切難搜，我軍初到，威信未孚，憲諭先剿立威，誠繫至論。盛傳部署粗定，俟憲節入關後，即當趨叩面呈，伏惟鑒察。

偵探北山土寇情形稟

竊卑部過洛後，按站遄行，初十日進抵潼關，先後接晤道廳各員，詢據本地士民均稱，每年麥熟回必出巢掠擄，今聞憲節蒞止，畏不敢前，陝中西、同、鳳等處麥已全收。即此先聲，秦民已受福不淺。既欣災黎屬望之殷，愈懷盛名難繼之懼。惟有益修軍政，誓清關隴，冀慰藎懷而答民望。此間麥麫每斤約銀二分三四釐，蔣中丞派委購辦。卑軍到關，收領七萬斤，業經給價。同州距此九十里，已派員先購十日之糧。省城袁學士及陝藩司各許撥糧千石，由渭赴同，糧可不乏。憲臺擬由靈寶設局購辦，該處糧價與陝略等，陸運即不合算。擬請暫行停止。將來軍駐同州，就近可以採買，若進軍北山，必須仰給晋粟。迭奉照飭，在永寧、磧口、永和等處，設局購存，將來進軍時，查明渡黄陸運道里若干，再當請示遵辦。連日接據探委稟報，北山之匪出没無常，聚則三四千人，散或數百人，爲首者馬大漢、戴得勝，現踞狗頭山，時出掠擄。該匪多係中土流民，亡命山陬，本無遠志，將來剿撫兼施，似尚易易。目下甘回尚無警信，卑軍明日赴同，憲節日來想以由洛進發，天氣亢旱，長途易生熱證，硤石、靈寶一帶，間關險阻，車輛尤易損壞，行途所歷，謹以上聞。

探剿北山土寇稟

竊盛傳叩辭後，冒雨回韓。周視馬步營壘已定，探聞土匪仍踞狗頭山，時有零股出擾。擬於三五日内抽撥隊伍，裹糧一路由韓城月峰橋、宜川將軍臺，一路由神道嶺探進。帶韓人爲導，賊蹤不遠，即便迎剿，飛飭趕運糧礮，分路扼截。以期迅就殲除。一面函囑駐澄城唐鎮，駐郃陽賈提督，由黄龍山一路探剿，聞陝軍撫標及恪靖馬隊，亦擬趁大軍聲勢進攻，該匪懾威乞撫。本日接晤韓牧杰，商籌糧運，頗以路險費難爲慮。惟進兵在即，未便久事躊躇，已商請該牧，兑撥禹門渡、昝村渡，分運大小米三千石，由河津縣過河運濟前敵。復與韓城侯令熟商，僱騾運解。該令面陳，所屬荒殘，騾匹短少，萬難敷用。左帥所定運價，每斤百里三文，民間賠累太重礙難施行。已商令竭力籌措，酌添運價，期與營中騾運相輔而行。俟到前敵，查看情形，如此股土匪十日半月可了，無論如何設法，亦必妥籌接濟。若東剿西竄，急不能殲，軍士觸暑，遄征乏水，恐難持久，容再隨時酌察辦理。再，封稟間，接據探報，該匪始向喻道、龔守等處求撫，現在尚無成說。竊思辦賊之道，必剿而後撫，該匪未經懲創，投降必不能堅。卑部分路入山，匪勢窮蹙，必向地方官乞命，則撫局易成。倘仍舊執迷，即可就近剿洗。自來弭寇之方，固不可稍持偏見，尤不可預存將就之心。陝民創巨痛深，勉供力役，情勢殊堪憫念。遺蘖早除一日，則災黎早獲一日之安。剿撫兼施，收功必速。伏惟憲鑒。

剿孔巖寨遊勇獲勝稟

竊盛傳初八日抵柏峪鎮，初九日至柳溝城初十日至巙底，十一日至宜川，沿途皆荒山仄徑，寂無炊煙。至宜川時已薄暮，當晤該縣樊令，詢及近日賊勢頗爲猖獗，初三日攻破距縣城九十里之孔巖寨，圍攻左近兩寨，大肆焚掠。當以山路險仄，僅容一人，大隊不能得力，遂留副、後兩營於宜川屯守，輜重自帶。盛字、傳字兩正營八百人夜進，諭令盛字正營在左，傳字正營在右，無論何險不準攙越。遂由小道黑夜越嶺十數重，行七十里至巖底鎮。峻峰絶壑崎嶇萬狀，傳令隊伍就窑洞停息，天明大雨，復行四十里，至孔巖寨不遠。據兩寨民人訴陳燒殺情形，遂排隊出擊。比至孔巖，望風遁去，擒獲數名。據云，土匪總頭陳大帥，游勇全股在馬尾溝，距此僅十數里。正訊問間，遊勇聞槍礮聲來救，我軍整隊迎敵，旋即敗退。天已昏黑，不令窮追，士卒自宜川到此，一日夜未食，十三日早，宜川營内始送行糧造飯。餐畢正擬進剿，馬尾溝叛勇已向老澗鋪遁去。該處徑嶺叢雜，勢必尾追不及，遂由河兒溝小路越大嶺行三十里，抄出賊前。賊人馬正踞山村殺牛造飯，趕督小隊甫轉山坡，該匪悉眾猛撲，我軍堅屹不動，逾時矛桿先交，洋礮繼發，士卒勇氣百倍，賊勢不支，盛正營周副將家泰包左，傳正營周副將盛佑抄右，賊遂大潰。我軍乘勢掩殺，追過大嶺，該匪復拼死回鬬，我軍再接再厲，賊益瓦解分逃，連越九峰，皆峭壁懸崖，弁勇猱登，賊眾隕谷墮崖死者無數。僅於二十七名，分路逃去。據土人云，距接仗處已五十里。遂傳令收隊。是役也，陣斬逆匪及倒隕澗谷者三百人，生擒百人。奪獲洋槍二百桿，小槍百桿，矛桿二百根，巴狗礮二十尊，騾馬三百匹。此十三日由孔巖寨抄出賊前接仗獲勝之實在情形也。訊據擒賊供稱，仰畏中堂明威，久欲投誠，莫由上達，倘蒙大人不殺之恩，定即説令全降。查游勇土匪互相勾結，名爲數千慣戰者，不過遊勇數百人耳。此次悍黨略盡情迫乞降，勢所必至。遂將匪目歸德人張鳳林，徐州人卞鳳鳴釋，令速諭戴得勝等自縛來降。自帶兩正營回韓，料理再出督剿。

右軍獲勝稟

竊該匪被創潛走荒巖，當即分飭右軍統帶衛汝貴，率部扼紮石臺寺，左軍統帶賈起勝率部扼紮孫家灣。復商貴州安義唐鎮進扼冢子上，皆在宜川東南百里，該匪出没之區。先是，盛傳出隊道經柳溝城，見該處在韓城宜川之中各一百二十里，最爲扼要。遂調右營周副將盛鼎一營駐紮修復舊城基，爲屯糧之所。距各軍不滿百里。連日天雨，糧運萬艱，正在籌慮，接據衛統帶汝貴稟稱，奉飭駐紮石臺寺，每日派勇易裝四出哨探。該匪路熟，易於潛藏，標下正在焦灼，十五日午後，哨勇獲得賊探供稱，陳大帥現帶數百人在十梅溝地方，因用好言安慰，賜以酒食，屬令嚮導。標下即帶宋副將冠軍，杜副將萬青，竇參將從周各營疾進。黄昏啟程，行至二更後，見山上有火光，恐哨賊知覺，急派宋副將由山抄左，杜副將由山抄右，自率竇參將急攻中路。該匪因遊勇敗潰，夜不敢安。昏月中約見前後數百人，急令士卒暫伏，該匪向前衝突，我軍槍礮齊施，宋杜兩副將，兩伏齊起，三面夾攻，賊衆大亂，越嶺奔逃。我軍乘勢掩殺，忽黑雲滿山，對面相失，乃令收軍。計斃賊百餘人，生擒二十餘人。内有賊首陳老五，係陳大帥之弟。據供，自知萬死，如蒙開宥，願寫書招兄來降。標下遂釋從賊二人，令其持書往諭，得有回音再行續稟。合將十五日探剿獲勝情形先行馳報。因念該匪迭經痛剿必且星散，一面添派盛前營姚鎮禮士駐紮老集，距韓城百三十里，距宜川龍王辿俱近百里，爲該匪掠糧常道。仍擬白行帶隊，循老澗崖山深之處，搜其窟穴。計宜川東南各隘口，佈置差密，該匪竄匿無所，難保不西走鄜、延，應懇知會撫標楚軍各營，時出行隊由延安、鄜州向東搜捕，冀收夾擊之效。伏惟鑒察。

剿平土寇并籌北發稟

竊於二十由韓拔隊，二十一過柳溝城，沿途山水暴發怪石擊衝，弁勇渡澗數十重，人馬衣物糧食，時多漂没。二十二雨阻，不能前進，探聞仁軍、唐鎮左軍、賈提督，前一日業經出隊，向黑樹梁、馬蹄掌探剿。查該匪蹂躪雖及數百里，究竟西北荒寥，無有糧掠，匪蹤亦稀。惟宜洛山凹爲藏匿奥區，以澄、郃、韓、白邊境爲掠糧熟徑。遂即分飭各軍，由韓城四十里薛峰鎮，直紮至宜川東南老集、蟒頭山、壽峰一帶，至迤東秋林瓦窑，環紮幾四百里，爲大舉聚殲之計。一面飛飭各營，就住紮處所百數十里，無論深巖窮谷，風雨晝夜，尾其行蹤，窮其蹊徑。該匪東逃西撞，終必就我網羅。當經通飭各營去後，即躬督行隊四山巡踔。旋接安義唐鎮函報，二十日據盛左軍賈提督起勝函探，匪首趙玉一股，竄踞松樹屯、黑樹梁一帶，約會進剿。遂派舒副將拜發、譚參將遠清帶隊前往。二十一日馳抵騾子梁，瞭望山下騎賊，催隊急進。賊列隊來迎，譚參將擊左，舒副將擊右，馬隊小隊直擣中堅。匪勢紛紛敗遁，追殺二十餘里，陣斬數十人，生擒五十餘人。逆首趙老玉遂被擒獲。訊據供單具報前來。又據賈提督稟報，是日亦頗斬擒，并令擒賊二人諭降，派心腹弁勇尾之而往。二十五日探回，諭降之賊被留，該匪現匿磚廟鎮一帶，賈提督即帶隊馳往。距廟鎮四十里，遇賊突出山中。我軍直前擊殺，該匪見兵即逃。天已黄昏，越山不見，遂令就宿山中。五鼓傳令銜枚疾馳，黎明即抵廟鎮。賊正早餐，我軍掩其不備，三路夾攻，賊復狼狽潰走。計殺斬五六十人，生擒四十餘人。二十六日，復搜賊宜川南境老虎溝。二十七日，再剿賊於磚廟西北白雲洞，俱有擒斬。并獲婦女老幼多人。同日復有唐鎮關山之捷。該鎮自二十五日移紮馬蹄掌，探聞賊竄洛川西北，跟蹤進剿，終日不見虜蹤。還軍關家山，道遇土匪百人，斬殺過半。并獲著名土匪馬成。奪獲玉字營大旗一杆，餘械甚夥。至是而土匪游勇在宜川南境者，捕斬略盡矣。管帶盛前營姚鎮禮士，自移紮老集後，營壘粗立，偵知賊另股在如意川，即率隊越山往捕，擒斬二十餘人，奪回騾驢三十匹，復擒巨匪王三辯一名。周副將自抵柳溝，即分隊築牆濬溝，搜山捕剿，時有擒獲。并獲賊首數人。數日以來，賊遂解體。賊目紅刀手、強老八，均已誘而擒之。降者踵至。盛傳二十七日抵宜川，偵知該縣東南，蟒頭山壽峰寺一帶，習爲賊窟。恐馬大漢、戴得勝藏匿其中。遂約樊令并前軍往看，迨兵至而匪已潛逃。衛汝貴亦率衆來會，因念該提督用心精細，遂以蟒頭山搜捕委之。自帶隊折向老集、柳溝一路，周歷沿山各營，隨時指授。旋據衛提督稟報，初二日，探稱股匪麕集蟒頭山東二十餘里，祿兒川官頭村地方。遂派右營張副將兆海，遏賊竄路，左營杜副將萬青抄右，自帶正營攻左，星夜前進。該匪正欲竄逃，見我軍人少，遂復擬戰。我軍槍矛齊發，賊勢不支。杜副將會師夾攻，賊益大潰，越山亂走。張副將截斷去路，擠入崖澗殲焉。戴得勝之叔戴三，亦死於陣。擒賊供稱，馬大漢墮崖而死。骸填澗谷，猝難認辨。生擒五十餘人，奪大旗二十餘桿并刀矛多件，解送前來。至是，安樂山、蟒頭山一帶，匪蹤亦略盡矣。唐鎮自關山捷後，在六子坪一帶，搜斬餘賊并獲賊目劉化山。一并解韓訊辦。先是，稔知匪首等反側兩端。我師冒暑入險，食淡履簹，艱苦异常。持久恐生意外，傳諭將士能得馬意龍、戴得勝、陳大帥、趙玉首者，賞千金。其餘首目以次給賞。冀於督策之中，稍事鼓勵之意。至是，復密諭賈提督起勝、周副將盛鼎，就釋回降衆諭降時，設計擒之。賈提督遂放回擒賊，諭令悉衆來降。密派心腹弁勇，外易民裝，內藏短洋槍，尾降衆之後。薄暮行至山寨，我軍四集，該匪方議投誠，不及設備，我軍直前擒之。遂縛至孫家溝行營。賈提督復賜酒食放回，跟人諭其黨衆，百餘人自縛赴營，長跪乞命。戴得勝全股自是無遺。查此股匪徒合并不過三千人，六月十三日之戰，俘斬最多，其餘零星搜殺不計外，計二十日至今，大小十餘戰，擒斬不下千餘人。先後降者，數百餘衆。三五逃潰，倒斃崖澗，或投民間。連日據各營稟報，百道搜羅，并無成伍之賊。僅於馬大漢、陳大帥相從數人未獲。我軍星羅碁布，數日當可肅清。是役首賴安義唐鎮赴機迅速，善出奇兵，先殄趙玉一股，致該匪等勢成孤立，驚擾無措。賈提督復晝夜窮追，連戰破賊，該匪益無固志。衛提督汝貴，熟諳山中用兵機勢，往往分一軍爲數路，布一營爲數枝，設伏於深崖斷谷，賊一退卻，輒墮伏中。該匪不敢晝行，或三五人夜聚窰洞，該提督戰必以夜，望火急攻，從暗擊明，百不失一。匪蹤之散不能整，疲不敢休，實由於此。蓋自十三日遇賊接仗後，稔知該匪伎倆，不足以當大軍，無如路雜峰多，山荒水惡，往往巉巖危壁，鳥道難通，不獨懦夫聞而心驚，即勇者亦爲氣阻。每遇難行之處，士卒疲倦，即以温語拊循，壯言激發，冀作其氣而忘其勞。幸託福威，將士异常用命，俾山中數年積患，得以迅就殲除。盛傳身履行間，實無涓效，除已行文鄘、延各屬，查明有無零匪，再確查馬、陳諸匪是否盡殲，再行具稟外，所有二十一至初四日連次戰狀，并辦理就緒。各情形疊據該各營稟報前來。合先稟聞，伏乞憲鑒。

再，正繕稟，聞奉初五日排諭，敬悉天津夷案未清，憲節已於初八日由省赴直，武毅軍與卑部繼發，北事孔棘，自應聞命即行，以紓朝廷之急。此間游勇土匪，連據各營稟報，業已殲除殆盡。本擬將擒獲各匪首解送憲轅，再將善後事宜一手經理，今拔隊在即，不得仍守成議，現擬將戴得勝、趙玉等立予正法，其餘分别斬釋，交地方官安置。北山綿亙千里，久爲奸宄逋逃，往往兵至則民，兵去即賊。今日肅清，日後難免不再生事變。應懇飛咨陝西撫院，速派兵入山彈壓，柳溝城爲韓、宜往來要地，其舊城業經修整，必應分紮一營，以資控扼。卑部存糧數萬斤，并可移交接替之營。宜、延、韓、郃一帶但使有三五營分佈要隘，與地方官妥商鎮撫，必不至死灰復燃。并一面將後路運濟之糧，飛飭停止，就近交存各縣，一面調回各營隊伍，準備北發。合并聲明。

北山肅清籌議赴直稟

竊初九日接奉鈞諭，敬悉仗鉞遄行，憂勤備至。曾相病劇，中外安危，中堂實獨肩其任。盛傳備位行間，當此畿輔多虞，正臣子戮力疆埸之日，所幸山中匪股盪滌無餘，逆首馬大漢復經卑右軍衛提督派宋副將冠軍，於初八日擒獲餘黨二十餘人，盡執以歸。疊據各營稟報，宜洛屬境延山數百里內，窮搜數日，均無賊蹤。竊查遊勇一股以馬大漢、戴得勝、趙玉三人爲首，土匪一股，以劉化山、王三辮子、強老八諸人爲首。今既先後成擒，祇餘土匪陳大帥一人，或云墮崖隕斃，或云力盡自戕。就目下情勢而論，全股擒斬降散，廓焉無存。陳逆萬無生全之理。昨郭鎮寶昌來韓，途遇零匪四人，深匿山中，煮菜爲生，飢餓已無人色。當飭弁兵執而殺之。

其餘絶未見有匪跡。是散匪縱思延喘，亦苦不能自存。山中既告肅清，即行飛檄各營，均於十四日撤回防所。將倒斃馬騾，毁壞鞍韉稍一整理，即可拔隊啟行。韓城官民方喜積患頓除，又慮後來難繼，遮道乞留，情詞懇摯。因商飭衛提督汝貴，暫留所部四營，分扼柳溝石臺寺、老集等處，藉資鎮撫。俟陝軍替防，即行拔隊續進。柳溝尚有存糧，毋庸另籌軍食，前撥河津米麥四千五百石，足敷行糧。龍王辿周提督所用之糧數，約十萬斤，已囑郭道截止。惟卑軍由西安袁學士及陝藩司處借領米麥二千石，運濟不能及半，軍行在即，擬即存交朝邑。是否應撥還陝藩司，抑交潼商道就近經收，仰候鈞示。刻已飭前軍周提督由龍王辿渡河，與盛傳會師平陽，再將各營解到匪首正法，其餘擒賊降眾，分別辦理就緒，即於二十日啟行。郭鎮寶昌蒙奏調，會剿北山賊匪，比率眾渡河，山内事已就理。該鎮滅賊夙忱，末由自效，昨到韓城，談及津門近事，撫髀感憤，慷慨請行。竊思該鎮本以驍勇著名，況值近畿多事之秋，未便置諸閑地，可否仍懇奏調赴直，留備將選，藉以遂其板屋興師之志，益可壯我戈矛偕作之思。伏乞憲鑒。

卷六　城工編

請報效欠餉築城稟

竊直省海防以天津爲門户，尤以大沽爲咽喉。前僧親王，於海口建築礮臺，我憲臺增宏其規，堅厚其址，固已資捍禦而衛畿疆。惟海口之軍仍築營房，惜無城垣以嚴扼守。憲臺以大沽入口二十里海河之側舊築防城已廢，擬就地相度因時制宜，重建一城，調軍鎮守，庶足爲大沽後路之援。遵即親赴該處詳加審度，從前臨河舊城其垣基悉成平坦，無從藉址加修。惟就其處所擴充界址，重新建築以之控扼巖疆。不獨大沽倚爲聲援，即北塘一帶，亦遥恃此城爲犄角。但濱海地方沙土浮鬆，若累沙成墉，勢難持久。必外層重摻石灰，内層密疊蘆葦，和土硪築，節節增高，方能堅實。城腳下尤須多排木樁，累砌窰甎，庶無蟄動欹卸等弊。通量四圍計長千丈，城腳厚九丈，頂面厚四丈，牆高二丈，加築堞垛厚八尺，高五尺，外高共二丈五尺。東西北三面建立城門，悉砌甎券。每門各築月城一道，與正城高厚相埒。正城内復用灰土建築礮臺三座，建若巖洞。内可安礮藏兵，其高微逾城垣，犄角而峙。餘如吊橋、望樓，均須建造。前經局員估勘工料，除築礮臺三座外，需銀二十七萬兩。

直省近年籌賑籌河均需鉅款，增以築城之費，籌撥無源。伏思津郡爲帝京屏障，大沽又爲津防喫重之處，建此一城，實嚴鎖鑰。盛傳奉檄統軍駐紮津屬以固海防，尤爲本分應辦之事。前已面稟，情願親帥全軍赴沽挑築，夫價可以撙節，計原估款內，當可省費四分之一。而灰甎葦木所需仍屬匪細。再四思維，盛軍所部各營，歷年欠餉，結至同治七年底止，業經情願報效。仰蒙奏明，欽奉諭旨，加廣本籍中學額，欽遵在案。茲值慎重海防之日，興此鉅工，何敢不倍加踴躍。傳集將士，諭將同治八九兩年，盛軍各營應領欠餉下，抽款築城，以衛畿甸。將士無不樂從，并不敢仰邀議敘，用敢稟明陳請，仰乞據奏，一俟奉旨允准，即當派員購料，剋日興築，以期迅速竣工。於津沽防務不無裨益，伏惟鑒察。

再，城工需用灰甎葦木爲數甚鉅，必須分路購辦，查直省房山縣爲産灰處所，現在義勝營趙參將，在韓繼村一帶收購，以備西沽修築礮臺。卑軍城工在急，已飭鄒守增翰，往晤趙參將，添窰分收，務令兩處急需，均得源源接濟，不使灰匠居奇。至窰甎一項，查津静文安一帶，直抵新城，民窰雖多，强半廢塌，綫甎稍易購辦，而城甎放大，非定燒不可。已飭吴提督殿元，分往臨河各路傳集窰匠，開示尺寸定燒。葦稭一項，查津、静、文三屬窪地産植尚多，已飭總兵陳連陞，在附營近地收購。木樁一項，需赴南中採買，道遠一時莫及。仰乞劄飭工程局照卑軍所開尺寸暫行借用，俟南木購到歸還。以上採購各件，亟需銀款，擬在天津銀錢所知照，以備隨時領用。合并聲明。

城工開辦情形稟

竊盛傳到工後，履勘城基，丈量地段，舊基周圍八百六十八丈，西門一帶，估蓋房屋至有二百餘家，未忍概令毁拆。東北角上有軍械所堆存官物，無可遷移，不得不委曲調護。除將基内有礙興作零房拆去百餘間外，西門東北角兩處，將城基向内略縮數丈，以示體恤。統計酌定城垣基地共八百六十丈，月城在外。業經分段派工，令各營承認挑築，并飭築壘環布，以便就近興工。惟查各軍連日挑掘營濠，入地一二尺，水即滃然湧出。土質鬆浮不相融浹。東南一帶盡繫黑沙土，質尤鬆，水脈尤淺。將來挑濠取土，築造城垣，漸挑漸深，水必大出。雖將濠内之水漸移他處，而土性鬆濕，深有不能持久之虞。海防之城又不宜全用甎砌。前稟所籌外層重摻石灰，内層密疊蘆葦，地中多排木樁，根腳累砌甎石者，此也。現在督飭文武員弁，趕緊分投運購工料，先行剋期將礮臺築就，隨即興工築城。開工日期容俟續報外，到工以後情形，合行稟候示遵。再，此次因城工緊要，基内之零星民房礙手，不得不令其拆移。惟貧苦軍民，遽令拆房重蓋，力恐難支。爰飭挨户清查統計，先後所拆官地浮房，一百七八十間，擬按間酌給大錢四千文，俾資建蓋，庶可不致失所。各營環城屯紮不能不挑挖牆濠，城心官道不能不移至城外，遶城一帶不能不修築大路，以便轉運，堆存物料不能不藉寬廠處所。除官地不計外，凡民間田地，均飭逐處丈量，亦擬按季酌給租價，以示體恤，至工竣時截止。所有房地兩項資給錢數，容俟查明彙報。

覆陳城工不能停辦稟

竊卑部自春杪到工以來，雖日督將弁竭蹶經營，究未嘗過事操切，交夏以後，晨作午歇，未末復作。與時節宣，以舒其氣，而恤其勞。或值風雨則休息一日，稍舒乏倦。每至釘樁取線喫緊處所，統帶營官皆親持畚搨，與士卒同苦。盛傳亦日在工間拊循慰勉，以故興工兩月，繼長增高，規模粗具，功效漸呈。士心實已大定。

即或好逸之輩出造浮言，聳惑觀聽，亦不過什伯中之一二，實與城工大局毫不相妨。但飭營務處查拿驅禁，謠傳自息。惟盛夏興工，不無時疫，現已廣請名醫，輪流診視。并設官藥局，收儲藥材，發給病勇，不令出資購藥。病者皆旋發旋愈。至於雨潦盛行，旋修旋塌，私慮亦頗及此。刻下土牆將成一半，及時興作，迨雨水時行，已可粗就。夯築堅實，似足抵禦夏潦，不致傾圮。一切甎灰各料現在連檣東來，若遽停工，置萬人於閑地，誠恐失時悞機。且念海防大端，舉未興辦，耗此鉅款，志在必成，實不敢玩延姑待。惟有仰體中堂節用愛人之意，隨時體察情形，冀免疏虞，而紓慈繫，伏乞憲鑒。

變通辦理城工稟

竊盛傳前稟，新城工程大略，奉批餉源甚絀，須於結實之中力求節省。候飭周道馥，往勘議復察度。盛傳日夜籌維，刻刻於工需物價之中力求撙節，絲毫不敢妄費。查石灰一項，累砌甎垣用之，累砌甕城用之，夯築下腳灰椿，糝合城皮灰土又用之，統計全城所需，實非數十萬石不可。出灰之東西兩山，距此皆數百里外，運腳既重，轉運尤艱。每當風雨之時，常有焚溺之患，若不設法變通，不獨經費易增，抑且工需莫繼。聞有蛤蜊殼燒灰可代石灰之説，因即訪求寧波人開窰試燒，初次每窰不過得灰二三千斤，復募閩廣人添窰加燒，日漸得法。閩廣大窰日出灰萬六千斤，小窰日出灰萬斤。刻已開窰四十餘座，仍擬再添數窰。窰皆有棚，陰雨無間。窰中派兵丁三百名，民夫三百名，照料學習，俾沿海一帶軍民嫻習，將來修築礮臺營壘海防河隄之類，皆可仿照燒辦。至所用蛤蜊殼，有魚船三四百隻裝賣，源源而來。每斤價值不滿一文，成灰後，加以薪炭工價，每灰一斤亦不過大錢三文，通計窰場五十座，日出灰六十餘萬斤，其灰質性堅凝與石灰功用相埒。而價廉費省，累之數十萬石，節省經費之數良非毫末。上月中旬，周道來工，適值大雨時行，稍晴即與登城履勘，内垣隍土幸皆於雨前告成。礮築堅實，經雨尚不至坍塌，擬俟外垣甎皮砌高丈二三尺之後，上層即重用灰土夯築外皮。城外低窪處所，雨潮兩湊，積水甚多，現已設法疏通，以便挑浚城河，天晴即可開挖。現將城工經費通盤籌算，經此次變通辦理後，凡灰甎、木石、葦稭、糯米，暨一切物料，工價約需銀三十五萬兩。周道累次核計，亦復大略相同。合將變通辦理情由據實稟復。再，卑軍前捐同治八九兩年欠餉，工程浩大，數恐不敷。應將十年欠餉一并捐助工用。伏乞憲鑒。

城工加增灰土稟

竊盛傳用灰土築就外城牆，内外一律堅實。望之凝厚光潔，足爲經久之圖。因思內城仍繫素土，雖經層層夯築，猶恐日後雨淋漸致塌凹。上年憲節蒞工時亦曾籌及，思以三合土鑲鍊，用葆鞏固之基。維時私慮窰灰難繼，未敢於原估之外驟議增加，然心知三合土之可恃，未嘗不欲竭力以成之也。現在外城礮臺灰土人工，實較前估之法變通加倍，裏城甎身與素土交接處，亦加用三合土咬深丈餘，以禦壓力。是皆初議所未及，幸蛤灰出數甚多，現飭管窰委員，嚴加催督，一日夜出窰兩次，以應急需。盛傳時與各統帶營哨官等籌商，現在外城甎身次第添砌，月半前後可一律加足。裏城擬并鑲灰土四尺，穿丁字咬口。用夯硪逐細加築，與外城同一精嚴。海漫原估尺餘，現擬加爲二尺，垛口亦擬築厚二丈，頂厚一丈七八尺，每十丈遠造小礮臺式樣一涸，安礮一尊。如此佈置，裏外城一例堅凝，屹不可撼。似較他處城垣尤爲周帀。盛傳將用過款項及現存物料約略綜計，雖增工數倍，而以蚌蛤灰節盈補縮添款似尚無多。若非試燒此物，仍用石灰，斷斷無此財力。亦不能迅速蕆事。

茲迺藉海濱廢質，竟此鉅工，殊非始料所及。伏惟憲鑒。

詳陳新城蕆事情形

竊盛傳自上年奉諭建築新城，當經商同卑軍將士捐助欠餉，以勇代工，稟蒙批飭興辦一切。估造添造情形，復經隨時具稟在案。竊查海防建城爲捍禦外侮起見，新城緊接大沽，屏蔽津郡，爲番船入口所必經，尤屬門户切要關鍵，故較内地城池緩急不同，情勢迥异。盛傳自上年三月率部東來，偕營務處吴提督殿元，相度城基。見海河蜿蜒而下，曲折繞會，舊城壞址多不可辨。迺率諸將審擇爽塏扼要地段，圈定城基，九百餘丈。城北隅及西東均對河灣建立礮臺，較爲得勢。以次用繩籤定基址。右軍統帶，記名提督衛汝貴，率所部正營及左右兩營，記名總兵張兆海、宋冠軍，各帶所部分佈西門一帶。城門即派總兵銜兩江補用副將杜萬青左營督築。記名提督前貴州安義鎮總兵唐仁廉所部正營，銜接右軍繞角而北，其右營記名總兵初發祥接續興築。北門城門則歸前軍統帶，記名提督貴州安義鎮總兵周壽昌正營督築。其所部左右二營，記名提督張海龍、張九林分段銜接而東。左軍統帶記名提督賈起勝督築東門。其所部兩營記名提督劉安泰、總兵鄭才盛，在左右分段興築。南門城門，派兩江補用副將周盛佑，帶傳字正營督築。兩江補用副將周家泰，帶盛字止營在左，記名總兵周家瑞，帶右營在右，記名提督王正國，帶副營銜接正營。總兵姚禮士，由東角接左軍地段，總兵孫顯寅，由西角接右軍地段。籤分已定，議者或謂，士卒久事戈鋋，未親版築，新城一片荒墟，事皆創始，工程浩大，弁勇作苦之餘，暑濕侵尋，必多疾疫，恐難蕆事。又謂，海濱斥鹵卑下，潮汐所浸，土質浮鬆，不易立腳。紛相難阻，盛傳獨排群議，鼓勵群才。先將炮臺三座周圍各六十丈，一鼓築成，士氣百倍。從兹督勸拊循，精進不懈。衆志期於必成，土方層累益鉅。計自經始以至完工，有酌量變通成法，以求是者，有不惜倍增工力，以求堅者。請略陳之：向來建城於州邑交衢市廛繁盛之地，第取地勢高坦，規制寬宏，故有雉堞、堵牆、層樓、翼閣。甎皮無須過厚，裏隍堆土而成，但取外觀整齊，無俟逐層錘鍊。此在中土，建城衛民不過如斯。新城既爲海防而設，則以力求堅實堵禦炮火爲第一要義。考泰西各國備守群隘，全恃礮臺堅厚，布置得宜，從不呆恃城垣，以爲鞏固。惟築臺製礮，則不惜巨費以成之。目前沿海布防，自宜參用西法。查甎石兩項，質堅而脆，礮彈所擊，轟裂無難。惟灰、沙、土三項加糯米糝和爲三合土，亦名灰土，錘鍊既精，融成一片，其力凝重，其性黏綿，風雨不能坍頹，礮火亦難摧陷。新城分内外城各一，護城全用三合土，内城則砌甎至一丈九尺以上，堵牆礮臺亦均係三合土層累而成。四門不用門樓甎券之頂，即造礮臺式樣，横安礮房，上面厚覆三合土，承以巨柱。四旁横託大木，圍垣均係三合土。房内寬綽，可容百人。礮房以外，堵牆深厚倍於他所，下留洞門四面，鑲板即可藏人，兼儲子藥。城上不築甎垛，用灰土築厚二丈二尺爲堵牆，作斜坡式，每隔十丈，築小礮臺一座，周圍成小礮臺七十一座。均留門洞，向内爲子藥庫。城腳下用木樁，又因土質太鬆，更密佈灰樁以禦壓力。是皆他處舊城所未有。參以目前情勢，不得不應時制宜，所謂酌量變通成法以求是者也。新城創估之初，局員苦於經費難籌，概從減約。如門臺祇有三座，進身僅逾八丈，女牆高僅三尺二寸，砌甎三排，厚亦不逾三尺。城隍全堆素土，并未估有葦草料件，礮臺外城，則原估本未議及，即奉示續估，工料亦甚微少。嗣聞海濱蛤蜊可以燒灰，因遠覓閩廣窰師，與之反復討究，創燒得法，功用不減石灰。乃僱集漁艇數百艘，至沿河二百里内澇運不絶。廣砌灰窰六十座，日夜趕燒，既濟石灰購運之艱，更喜海上取攜之便。自是，勇夫益加奮勵，唯恐不厚不堅，相與增其勢廓而壯其垣墉。勉爲一勞永逸之計。如礮臺原估每座灰土不過千方，今則增至數倍。甎券窰洞十個，每洞估用行甎四萬有奇，今則伏道層券而上，連同金剛牆，高厚各一丈六尺。每座用城甎、料半甎至九十七萬之多，臺頂護牆三合土，多至七千七百五十餘方。層築於外，以制其横攻。厚護於頂，以防其下擊。更密釘鐵環，圈於灰土之内，預備有事時，厚紮繩絮軟簾，懸撒下垂以護礮門。而避猛力。昔年剿賊，南省慣用炸礮，兼與洋將共事日久，略識其攻守伎倆，益信沿江濱海舊臺程式，不足以當一礮。外護城原估外面僅築厚灰土二尺，裏面及海漫半之。今則外面築厚五尺，裏面築厚四尺，海漫築厚三尺。裏城土隍，前用細草和土置葦於中，層層夯硪，結成一片。現又加包三合土五尺，海漫馬道亦加厚二尺，均係前估所未及。灰土與素土交界處所，用灰土穿作丁字勢咬，深五尺，聯貫其中。原估每二丈五尺穿作一道，僅有外護城八百餘處，今則内外城以及裏隍，凡甎與土相交，灰土與素土相交處，無所不用丁字咬口。取其結實黏連。在估作之初，未敢遽期若此，及屢進愈上，欲罷不能，所謂不惜加倍工力以求堅者，此也。統計裏城周圍九百八十四丈，甎身砌高一丈九尺，腳砌石條兩層，甎厚七尺五寸，每隔八尺作甎丁字咬牆一道，垛牆灰土厚一丈二尺，高五尺五寸，裏隍高二丈五寸，外包三合土，厚五尺，每隔二尺，作三合土丁字咬牆一道。腳寬七丈，頂上海漫走道寬三丈三尺，合垛牆共寬五丈五尺。四門門臺上，馬道高三丈一尺，三合土加築堵牆至頂，高四丈四尺。門券下腳進深十六丈，外長二十五丈五尺，外護城周圍一千一百二十八丈，牆身築高一丈七尺，腳寬五丈，頂寬三丈五尺，外面包三合土五尺，裏面包三合土四尺，每隔八尺作三合土丁字咬牆一道。城內大礮臺三座，每座底腳周圍六十丈縮登而上，頂週四十八丈二尺，周圍金剛平水牆，用甎砌高一丈六尺，接築三合土牆一丈八尺，共高五丈二尺。外城河挑通海河周圍一千八百七十一丈五尺，河面寬十二丈。收分作法，底寬五丈五尺，深一丈七尺，裏城濠周圍八百四十丈，面寬四丈，深一丈，礮臺外濠與四門內通，界溝寬深相等。東西水關兩座，進深通長十一丈，高六尺，中寬五尺，兩面出腳，寬二丈三尺四寸，城外東北西北兩角，水閘一道，閘口寬一丈七尺，下寬一丈六尺三寸，灰土下腳漫石寬五丈五尺，長九丈，二面邊石均砌高一丈四尺。南門外大橋兩岸長十二丈五尺，橋面寬一丈四尺，雁翅斜寬四丈五尺，底至頂高二丈二尺五寸，加以涵洞、界牆、小橋，各段零工，統共實用大城甎二百三十二萬一千五百有奇。料半甎一千七百五十六萬二千有奇。方甎一萬九千塊，槽子甎一萬二千塊，三合土十一萬二千六百三十余方，石灰十三萬七千六百九十一石，蛤蜊灰一百七十萬九千四百七十余石，石條五千七百五十餘丈，灰木樁十三萬五千四百五十餘根。其餘鐵器、木器、漿米、白礬、葦柴、麻筋各項物料，均俟另摺細載。仰荷中堂指示周詳，各將士异常用命，業於九月初二日一律竣工。此次土方之鉅，用灰之多，實他處工程所僅見。若按方計價，援例授工，估需製錢一百八十四萬一千餘串。賴各統將營官逐處撙節，一無浮費。哨弁勇夫各認所分地段，并力争先，負土加硪，再接益厲。登憑邪許之聲，雖更定月明，猶相應和。盛暑烈日，旁午弗休，所以兩年十閱月間，竭萬人之力，零星土方不下數百萬，多至難以稽數一切。不計工值，燒用蚌蛤以代石灰，省費三分之二。一切隨營襄事員弁，概不另行開支薪費，用能蕆事迅速，而費不加增。計各項工料省出大錢九十六萬七百餘串。共用實銀五十二萬七千七百兩，除領款外，仍墊用湘平銀五千九百三十六兩七錢五分。始願實不及此。除遷移民房，購買城外基地，賞犒勇夫米菜衣物及挑挖河津貼，各營工費一萬串，并添造官房、兵房，各項用款不在此數。借用新城原存木料尚未詳核，容俟另折呈核外，所有新城内外兩城及礮臺橋閘水關告竣大略情形，理合先行馳稟，并會圖貼説，恭呈憲鑒。其土方料物細數，統俟分别摺呈。至此次工程，作法與向來則例不同，本係卑軍捐款創辦，實用實銷，毫無浮冒。前蒙節臨勘驗，盛傳復偕工程局史守逐段履視，丈尺相符。應懇奏免報部以歸簡捷。盛傳爲海防緊要倡興鉅工，早經陳明，不敢仰邀議敘。惟在事各將士員弁，兩年殫瘁不無著有微勞，所有卑軍各統帶，記名簡放提督，前貴州安義鎮總兵唐仁廉、記名簡放提督銜汝貴、賈起勝、記名提督貴州安義鎮總兵周壽昌、記名簡放提督營務處吴殿元，五員督贊要工，艱苦卓絶，捍衛海疆能肩鉅任，應如何奏請加恩擢奬之處，出自憲恩。按察使銜山東候補道吴秉權，履險督運，勞瘁不辭；按察使銜江蘇候補道徐文達，力籌鉅款，運濟要工，擬并請奏加布政使銜，以昭藎績。提督銜記名總兵陳連陞、孫顯寅，可否保以提督記名簡放。記名總兵姚禮士、張兆海、初發祥、宋冠軍、周家瑞，可否并賞加提督銜。兩江督標推補副將周盛佑、周家泰，可否并賞加總兵銜。其餘出力人員，可否准其擇尤保奬，用示鼓勵。

謹擬城防簡明章程十三條，摺呈鑒核：

一，新城本因海防添建，内外兩城并大小礮臺多座，勇營任防非經久之計，應設官兵以資控衛而專責成。城内大礮臺三座，應各設千總一員，守兵一百二十名。臺上礮械及一切備禦守具，責成該官兵專管。計内外城門八道，應設把總四員，守兵各六十名，分佈内外兩門，城門早晚啟閉及礮械守具，責成該官兵專管。外城四角礮臺，應各設守兵四十名，歸四門把總兼轄。無事按日操練，有事各分汛地，不得擅離防所。三項共須額兵七百六十名。駐守將員，須有親兵分布城頭小礮臺，除四角不計外，尚有六十七座，每座守以十人，共需礮兵六百七十名。統共設兵應在一千四百人上下。口糧應仿照練軍或大沽、北塘新改章程，以資騰飽。查葛沽營本有守備一員，把總二員。外委四員，經制一員，位秩較卑，難資鎮攝。其外委四員，擬請改爲把總，把總二員，擬請改爲千總，并增設一員分管三礮臺，經制一員，擬仍其舊。派管城内東西二水關，城外東西二水閘，照料啟閉。該營舊有額兵五百餘人，不敷調撥，似應酌量奏添。城守責任綦重，轄兵較多，應否添設位望稍崇之員，作爲守將，用資鈐制之處，并候憲裁。

一，防兵應駐兵房礮房，以嚴職守而便操演。新城四城門均蓋有礮房，大礮臺頂下三合土圓礮棚，及四圍窑洞，均可駐兵護城。裏牆内造成兵房八十二間，城門内外，界牆十六道，共置甎房五十四間，計一百三十六間。防兵按隊分駐，不准借宿民房。早晚點名，仍仿淮軍營制，出差告假必稟明該管官，貼籤登簿，以便稽查。

一，新城城門礮臺均須安礮，内有藥庫，存儲子藥炸彈，理應肅静整潔，與防營一體禁制閒人，不准上城，城牆以内，本有裏濠爲界，内外城四門分砌界牆十六道，各安栅門，無事封鎖，即歸司城門把總兼管。東西各安界橋一道，礮臺亦均有濠溝爲界，兵房民居一例劃清界限，以免攙越。

一，新城守礮佈置定後，即責成該管官兵照料拭擦，如有損失，隨礮器具及銹壞礮架，責成該管官賠修，若繫操放炸裂，隨時呈報軍械機器局，驗明修理。

一，新城城内均係官地，除已修建欽差大臣行臺，及糧倉藥庫各衙門兵房礮臺及各官辦事公所外，西北隅空地留備文廟衙署基址，此外隙地仍準民商租地蓋屋，惟須報官查驗，登載煙户册簿。不準租與外國商客存貨，及异教人設堂建寺，以杜滋蔓。

一，新城四門大街現經展寬至五丈，車輛聯轂暢行，兩面房基業經牽直一線，嗣後即作爲一定街址，修整臨街房屋不準前挪尺寸。街面每隔十家鋪户，設立玻璃路燈一盞，所有添油之費，由該鋪户挨宵輪值，以杜宵小夜行。

一，城内街巷理宜潔淨，往往市鎮繁盛，民居複雜之地，易至糞穢填塞，蒸爲時疫。新城各巷，現均蓋大茅房六十間，不準遺矢於外。不潔之水均下内濠，由水關流出，外引潮水入濠灌刷，嗣後應申明禁約，永遠遵守。有抛糞穢於街巷者，由廳汛官查出責罰。

一，城外官地現經量定，南門城河外長五十丈，西門城河外長十八丈五尺，東門城河外長九丈，北門城河外長五十丈。西北角引河，兩面均展寬至海河沿，挑有界溝，不準民人侵佔，亦不準官兵越界侵佔民地。惟西門外，經回民蓋屋，不便挑溝，改立界石，書字於上，以清地址。

一，新城回民業經移置西關官地聚族而居，照常貿易，安居樂業。如以後該回民置買房基，亦即在西關外一帶添購，不再遷挪入城。亦不準在本營充兵，肅清戎政而杜頂冒。

一，新城城內空地現均修墊坦平，以後無論兵民蓋屋砌牆，均不準在城內起土，以致挖成深坑。如須造作土甓，即在界溝內撈取淤泥和用。既不鑱刷地基，溝洫亦免淤塞。

一，新城北面距河折繞東西，惟南門外一片沮洳，地闊土荒，人民不克生聚，一城孤懸，殊不足以壯海防。現在由城河東西接挑引河一道，迤邐南通，長約八里，東面引河寬八丈，深一丈四尺，西面引河寬四丈，深一丈一尺。內穿溝洫，縱橫交注，外築攔潮大壩，圈地約近萬畝。本年經辦土工，已墾田畝栽插無多，僅穫稻二千余石。來年騰出軍力，增墾有效，軍食漸充，招徠漸廣，地闢民聚，再請奏明立案設官，以資教養而聯守助。

一，新城大道向由城內經過，現在防務新設津東衝道，中外往來曉夜穿城，非所以昭慎重。現東西北三門，城河邊均不置橋，大道改繞南門，城河外由東南西南大橋行走。另由南門大橋外起，墊道一百七十里，由大沽徑達馬廠，雖遇夏秋積潦，不至阻水。兵民商旅來往便捷，以後應飭官民永遠遵守，不准移動，亦不准在道旁挑土，致壞路基。

一，城外東西兩水閘，由海河引潮入城河，以資蓄洩。原派經制一員，管司啟閉，每閘仍應添設閘夫十名，以便上下閘板，牽挽船隻。其閘夫工食，即由城外官地內，每夫撥給十畝耕種收租，仍不準私行變賣。以杜侵蝕。

以上十三條，繫但就目前官署未立，民居稀少，撮陳大略也。所有未盡事宜，仍應隨時察酌。

創造礮臺水關稟

竊查海河三面繞城，相距皆止一二里，北門及東南、西南兩角緊對河灣，應立礮臺三座，以資防禦。東西兩門，應立水關二座，以洩城中之水。勘定坐落處所，即飭各營弁勇興工。礮臺三座周圍各四十餘丈，體皆渾圓，每鋪素土五寸，縴以蘆葦，層鋪層硪，縮蹬而上，高各二丈八尺有奇。水關根腳密下木樁，隔三四寸許，又加灰樁，佈滿細細夯築，一律緊密。然後鋪石作底，灌以油灰，以防滲漏。東西各長十一丈有奇。面上砌磚爲券，券空各五尺有奇，均於上月下旬先後竣工。城基前圈八百六十丈。今礮臺較大，估地較多，仍須留建礮棚地步。續經覆勘，展拓四十丈，城垣周圍九百丈五尺有奇。月城四座，每座三面合算約各二十餘丈。雖甎腳未砌，尚難量準，縱有增加亦不過數丈之譜。此間土脈鬆浮异常，鹻濕城牆根腳最關緊要，尤須格外加工。遵奉憲諭，督飭各營弁勇，先將周圍城腳底層密下木樁。環布其樁或長丈餘，或長七八尺，相其地脈之淺深而用之。復以木樁釘地作孔，深至數尺隨即拔去，貫石灰於其中，名曰灰樁。於木樁外四層疊布，每隔二丈，周圍又密下丁字排樁，橫插隍內，爲砌丁字牆腳地步，各樁排釘既訖，以石灰細土四六攙和，拌令融洽，勻鋪其上，逐細硪築，務令節節堅實，甎腳外周圍又用碎甎密紮七八尺寬，將糯汁勻和石灰灌入縫內，令其互相纏結。刻間，內城腳正在夯築，一俟灰土築至尺餘，即一面累砌根腳，一面硪築隍土。隍土仍擬照礮臺作法，鋪葦硪築。外皮甎腳，擬砌至六七尺以上，即重用石灰糯汁攙和細土結爲四五尺厚，外皮至頂，似較全用甎皮不足以當一礮迴判天壤。查工程局估工單内開築城經費，需銀二十三萬六千餘兩。就水關而論，原估一座銀八百兩，卑部新造水關兩座，除樁木不計外，每座約銀一千數百兩。視原估已將加倍。此外，尺寸作法物料銀價均與原摺不同。所需經費現雖猝難計算，而衡之原估，銀兩不無增加。盛傳於工程素非諳習，惟有竭盡心力昕夕經營，務求堅固耐久。理合將築造礮臺水關暨開拓城基各情形，據實縷陳。伏乞飭派熟諳工程妥員，履勘估定經費確數，庶幾有所依循，無虞隕越。伏惟憲鑒。

創造水閘礮臺稟

竊卑部自抵新城後，時以農功在亟，先將上年所擬試墾段内，圈地約逾萬畝。月來田河溝橋各工，大段就緒，水閘一座，擇城西北土堅處所建置，底用三合土夯築，鑲砌處，層層用鐵鋦綰漿汁灰土凝固。工作似頗結實，用款亦尚節省。再於東北隅添建一座，一引甜水，一去鹹水，宣洩尤利。月初潮汛大來，擬即開新閘灌放，暢刷積鹻數次，初五前後，即可插秧。礮臺外城先後動工，下築灰腳。惟礮臺擬照原估稍微變通，券洞牆角改用大甎，券頂悉填灰土。須增灰土千方，大甎三十萬有零。外城裏面，包築灰土一尺，仍照原估作法，外面僅包二尺似嫌單薄，海漫厚僅一尺，亦易裂縫。各統帶營官，均以禦礮牆須堅厚僉請加添。盛傳亦慮灰土太薄，素土質鬆難恃，擬加厚外牆一尺，外包鑲三尺，海漫加築三合土一尺。共應添出灰土三千餘方，合計礮臺、外牆、海漫，三項共增灰土四千餘方。此項土工，本繫創作，牽算增費尚不甚鉅。擬請於工程局中派委一員，來城勘視商度，俾臻周妥。如五六兩月雨水不多，大致規模當可粗就。伏惟鑒察。

添造礮臺券洞稟

竊卑軍承造新城礮臺，前經節臨勘視，除北礮臺崩塌一角，盛傳已鳩工集料賠修外，其礮臺頂上礮門，相距空廓處所，擬略仿西洋隔堆之法，添造券洞。縱橫交貫，直洞外接護牆，內達礮棚，不獨彈藥可以多藏，兼備打礮之人輪番休息於內。橫券穿插於中，兩面券門敞開以作走道。臺之四圍，拉礮運物，穿券皆可暢行。兩面金剛牆，皆寬七尺，中間走道寬八尺，空高七尺，甎券之上覆以三合土，內高外斜，礮彈到頂即滑，頂上三合土厚八尺四寸，擬每臺添造四洞，估需湘平銀一千九百五十七兩五錢七分六釐。三座共需湘平銀五千八百七十二兩七錢二分八釐。仰蒙中堂勘時鑒許，刻因時交季夏，已飭各營剋日興工，期早蕆事。前奉鈞批，以三合土壓力太重，臺下甎洞中空，飭令預籌補救。盛傳因上年行軍陝晋一帶，見民居窰洞，多有歷千百年而陶穴依然者，軍還過豫，見虎牢關內，汜水城門爲山水沖撼，闢門整券被大溜吸過黄河北岸，數月堅結不摇。詢之匠人，亦云大券膠結聯貫，既歲久而愈堅牢。此次築造礮臺，事皆創始，本無成法可循。擬仿西路窰洞之法，既可駐宿守兵，兼可安置小礮。則臺頂臺下，皆可設防，不留無用隙地。乃以外開礮洞，透引亮光，又欲節省料甎，金剛牆未能倍砌。加以北礮臺新墊地基不勝重壓，致令貽此缺陷，愧疚良多。現擬牆外加厚九尺，高一丈八尺，灰脚下深三尺，三合土厚六尺，甎皮三尺，中用穿心咬釘堵實，原開礮洞庶撑力堅厚，永無意外之傾。統計三臺周環均六十餘丈，連日飭員從減估算，再四撙節，甎灰各工每臺仍需湘平銀六千八百八十九兩有奇。三臺共需湘平銀二萬六百六十八兩有奇。連臺頂添造各工，合湘平銀二萬六千五百四十兩有奇。盛傳經辦海防工程有年，明知籌款艱難，支持非易，曷敢再有瀆陳。第海防門户設備方新，本非鉅款不辦，若仿西法概用鐵板，需費更多。卑軍本年試辦水利屯墾，一切用項太鉅，墊辦支絀，久在洞鑒之中，除原塌處所業經補造外，以上估用之項，應請俯賜撥發，并飭工程局員覆估監修，俾免隕越。再，海濱工作至六七月，亟須趕辦，遲則灰土夯築不堅，或慮稽誤，合并聲明。

移交新城稟

竊卑軍自同治十二年承造新城，十三年工竣，迄今七年，城臺歲修，向由卑軍派員經管。光緒四年，盛傳以新城捐建市房，稟請變價歸公，交城守營收租，以作新城城垣炮臺歲修之用。當奉批準，并以卑軍尚駐新城一帶，飭令城垣礮臺仍歸暫管，將來再行移交地方文武各官。遵奉又及兩載，派委副將張銀龍，帶領各營勇夫五百名，常川駐管。內外城垣，礮臺曲折，計算約有十餘里之遥，均皆完整如新。現在海防緊要，新城墾熟之田，已請招佃領種。奉批，勇夫在彼照料，不但軍民不便，抑且有誤操防，自應變通辦理。仰見中堂整飭戎行循名核實之至意。伏思城垣歸諸地方，勇丁責以操務，本屬正辦。新城現有文武地方官，兼屯大軍，足資控制。自未便再令卑軍勇丁雜處，致滋事端。刻當講求整頓之時，擬將新城駐守勇丁，一律徹回歸伍，勤操以期進益。其新城城垣炮臺，應請中堂派員查收，是否完固。將來歲修一事，即由地方官經管。抑或派員經理之處，祇候示遵。

卷七　屯政編

覆陳屯政情形稟

竊奉照飭津沽地多斥鹵，旱苗以鹻而槁，水田自較合宜。屯田深合古法，前人及近日條陳，多建此策。飭盛傳等察酌議辦，以盡地利而裨海防。仰見中堂力圖富強至意。盛傳自從事新城，往來津静南窪之交，見海河兩岸，空廓百餘里，棄爲沮洳。竊嘗咨嗟太息，以爲海潮一日兩至，天然穿引溉田之資，而土人不知引借之方，深爲可惜。及奉飭察看後，逐處留心履勘，詢問鄉農，博訪昔人成法，略識歷次興廢之緒，兼究後來致廢之由。請略陳之：海上營田之議，自虞文靖公集，始發其端，至徐氏貞明，而大暢其旨。元脫脫丞相、明左忠毅公，試辦皆有成效。萬曆中，汪司農應蛟，遂建議開屯助餉，合水利海防爲一事。與今日情勢略同。維時以津營駐防兵丁創試於葛沽、北塘二處，厥後逐年增墾，開成十圍。設閘穿渠，悉用海河淡水。所墾頃數，津志已無可考。圍河形址，亦漫而不復可尋。然仰窺當日創辦之難，亦可謂苦心經營，不辭辛瘁者矣。我朝康熙年間，藍軍門理，爲津鎮時，倡興水田二百頃，皆在城南海河上游。至今海光寺南，猶有蒔稻者。雍正年間，怡賢親王修復閘牐引河，多循汪公舊蹟。乾隆十年及二十九年、三十六年，修治水利案內，疊次疏濬。而稻田迄未覩厥成。僅葛沽一帶，民習其利，引溉種稻至今不絶。竊查津東南一帶斥鹵之區，非惟旱穀苦鹻，即前人鋭興水利，亦旋修旋廢。蓋緣引水河溝規制太窄，海濱土質鬆懈，一遇暴雨横潦，浮沙鬆土并流入溝，惰農不加挑挖，不數年而淤爲平地，此溝洫所以易廢也。南方置閘只須嵌用灰石，鋪砌牢固。海上硝土遇水則瀉，非用三合土錘鍊鑲底丈餘，不足以禦沖盪。閘板安置兩層，則水不過泥，亦易撈取。前人建閘，或未盡知。潮汐上下坍刷，日久必致傾墊，此閘洞所以易廢也。熟揣歷年興廢之故，因思目前變易之方，雖工費較鉅，創始爲難，而以現在情勢度之，海沽重地，防軍斷難遽徹，水災積患，歷歲頻仍，倘任其土曠民流，不思徹桑未雨，爲將來之策，非我中堂永奠海疆，規畫百世之意也。竊嘗就海河南岸略加測步，除去極東濱海下游，由鹹水沽至高家嶺，長約百里，廣約十里計算，可耕之田已不下五十餘萬畝。就中開河築隄，略仿南人圩田辦法，廣置閘涵，就上游節節引水放下，以時閉洩，田中積鹵常有甜水沖刷，自可滌除淨盡，變爲膏腴。惟屯田開河，土工最鉅，即以百里計方，不下千萬。卑部有衆萬人，力役之勞，義應偕作。惟建閘蓋屋，買牛置器，在在需款。擬請俟試辦有效，奏定指項，陸續抽撥。期以五年，功效當可大著。至田熟之後，募人領種或富民認墾，或流民來歸，或兼募南人爲之倡導，則須因時立制，設法招徠。經理得人，安置妥善，似不慮有耕地無耕民也。盛傳前月杪趁河水冰堅，親行履勘。現復派員，持水準詳度地勢高下，擬明春赴新城工作時，即添僱民夫，先於葛沽以下挑濬引河一道，由揚輝村繞南而東，約二十里，寬五六丈，通於城河，河內之水，既可導令洩出。外築圩埂，擱禦客水。中間多穿涵洞，量置石閘。計附近可墾處所約得四千畝。擬即先行設法試墾。若獲稔收，來歲騰出軍力，似可大舉興辦。更有進者，自來非常之功黎民所懼，非具大力持定見者，鮮能有成。畿輔水利，歷代不乏講求。每以力小任重，費多時迫，半途輒止。中堂卓識超越前古，若不及此閒暇大興屯政，則後人亦將怵於所難，不敢復議屯墾。至營田之費，數年後即可以籽粒取償，行之久遠，當使軍有餘糧，國有餘積。又豈僅爲目前補苴之計已耶。僅就管見所及，復陳大略，至置閘築圩開溝穿渠，條理煩鉅，當俟興屯定議，隨時妥酌縷晰稟陳，伏惟鑒察。

開河興屯請借米價稟

竊盛傳前將本年拔隊詣新城，擬量移營基，開挑引河各情形，面稟在案。回防後，據量地委員回稱，自歲內帶水平尺長竿，由運河沿起順新闢大道左近，節節較量，計馬廠地基高於新城五丈七尺五寸。盛傳復親行逐段履勘，見津静之交俗所謂南窪水鄉，今年悉已涸出，而彌望荒廢百里内外，盡爲石田。益慨然於土曠民稀，非所以衛津輔，而謀生聚。屯政海防相爲表裏，誠不可以一日緩矣。查海河引潮灌田，用淡水刷鹻，可以稔穫，與一切開河易廢情形，業於上年議復津東水利稟内暢申其旨。去年城工之暇，試墾萬畝，雖布種無多，穫稻不下數千石，成效已有可觀。九月憲節勘行田間，其引河橋閘溝洫涵洞，又皆親承指畫。竊嘗咨考舊聞，相度形勢，以爲欲溉新城附近之田，非在鹹水沽建閘，增挑引河，導之東下，以資澆灌不可。欲大墾海河南岸之荒，非由南運河建閘另辟減河分溜下注，以滌積鹵不可。蓋水勢太平，則遊波寬緩，沖盪之力亦微，惟自高趨下，勢若建瓴，引溜之勢捷，故刷鹹之力猛，乃能去鹹留淤，漸成沃壤。此水土之性固然。而南運河會漳河濁流，本有石水斗泥之喻，其肥尤可化鹹爲腴。惟前人屢議添開減河，皆於静海所屬權家口。

其意在多一支流，以殺伏秋盛漲，藉保運堤使無潰決。愚見則擬在卑部就近馬廠之北，唐官屯之南，遥傍新墊大道，裁直河形，徑引而東，於河頭建立大閘，以時啟閉。再於下流分灌處所，節節建閘，束水以取衝力而免停淤。似與昔賢成議稍别，何者？前人祇議分流以疏水患，故必就迤北窪下之地施工，使用力省而銷路暢，盛傳則兼欲引甜以興水利，故不妨就迤南平衍之地開浚，使河槽高於低窪，水小則便引溉，即遇積潦暴漲，就中唐窪略一挑濬，使自行入海，亦不難疏銷。萬一海潮泛溢，即於二十里外，遥築攔潮土壩，亦可抵禦。此兩年來往還津静相度已審之情形。以爲欲興水田，非得海河運河兩水縱横貫注，盪滌澄清，不能大著成效者也。至減河宜閘而不宜壩，則沈聯芳邦畿水利條議已分析言之。河身宜直而不宜曲，則潘季馴逢灣取直，遇嘴切沙之説，尤爲確鑿。體察至再，竊以歷年津静積苦水災，南糧多歸海運，似無事蓄水，送漕引河之間略無窒礙。其波水、留軸等窪，即可因勢相制，圈爲圩田，永除巨浸，爲利更非淺鮮。惟平地生開一河，延長百餘里，即以寬八丈計之，土方不下五六百萬，工役煩鉅。卑軍月半後拔至新城，擬先將鹹水沽下引河，先行挑挖。達於新城外河，分注各溝。寬約五丈，深約丈餘。拉長四十餘里，每營攤作二里許，約須五十餘日竣工。又，附城營壘上年倉猝布紮，但取便於作工，逼城而勢甚局促。現在拓地漸南，就耕不便，擬於距城十餘里貼新道小站旁，擇定空廓大營基一所，現派弁分投搬運甎木料物，擬到新城後，即率諸將踹定地址，分築牆壘營房。星碁聯布，與新城遥連一片，以張遠勢。新開引河甜水縈繞於旁，設立行營買賣街，以便約束。秋還春去，歲以爲常。即爲久駐之基，期於一勞永逸。計各項布置就緒，亦約近一月。加以展拓新墾，糞治已成熟田，一切土工層出，南運引河，本年似無餘力興辦。若夏秋騰挪有暇，或可在下游再行試挑一段。以後分年代挑，不求速蔵。幸而防軍不調，或可因端竟委，以竟全功。此區區愚慮，不得不先事陳明，以求裁定於中堂者也。歷考畿省河道，水利所以屢興輒廢，其難約有數端。一在經費，國帑豈能數頒，民捐亦難久繼，則籌款難也。一在人工，雇之於官則計方授值，爲費過多，派之於民，則閭左爲虚，其勢易擾，則集衆難也。一在土質浮鬆，積潦所趨，泥沙隨之而下，大汛甫過，河身因而墊淤，則抉壅去滯難也。一在風水牽制，本河道應行之地，愚民以傷損墳脈忘肆阻撓，勢家以吝惜田廬騰爲浮議。致美利隳於一旦，大計阻於片言者，何可勝道。則力排衆惑以求濟事之尤難也。盛傳竊以爲，四者雖難，而尤難於久任。前明徐尚寶貞明、汪司農應蛟，皆以任事未久罷去，致抱志而不克竟行。今卑軍以防海之暇，試行屯墾，藉勇力以代役夫，人工之難，既可徐辦。至土鬆沙淤一節，尚有逆制補救之法，若挑河悉用坦坡，即少崩陷。浮土不堆河岸，可免墊淤。至水行以灣緩而沙停，直捷則沙隨水去。今河勢既直，再於閘之啟閉視水高下審定章程，更定爲水涸時挑取閘旁浮泥以引溜，則泥沙之患亦鮮矣。惟經費一節，現在庫款既難，餉源亦絀，再四籌維計，惟於卑軍下年米價銀內，先請挪濟。除置辦農器耕牛，修閘料物各件，業於上年先行置辦外，以後工料，動輒需款。擬請札飭揚州糧臺分局行營銀錢所，將卑軍來往米銀酌提數成，於二三月內，分起撥解，俾得通融挪辦。俟秋收有穫，即將子粒分年抵還。仍搭購南米，軍士可無乏食。每歲提前借給，均於頭年二三月解津。俾得逐漸經理，設法招徠，地辟民聚或可收效於數年後耳。至風水牽制一節，海岸漫衍寥闊，本無風水可言，愚民自私其土，亦將不免。恭讀雍正五年上諭云：「自古治水之法，惟因其勢而利導之。但恐徑直之路湮塞年久，或民間既已起造室廬，開墾田畝，或且安葬墳墓。人情各顧其私，不知遠大，見開河道，則因循規避，百計阻撓，遂致遷就紆廻，苟且從事。此治水之通弊也。今江南興修水利，若水勢必由之路，有破墳墓，即於興修水利錢糧内動支銀兩給與本人，令其改葬。」大哉王言！實能洞燭至隱。卑部擬挑南運引河，如蒙批准興工，擬請奏明立案，預杜浮言。此次所開鹹水沽引河，約有民田二里許段落，將來丈清折價，擬懇俯賜撥發以順輿情而示體恤，或亦破除群疑之一道乎。

開屯請奏立案稟

竊前將增挑鹹水沽引河及分建橋閘情形，稟陳在案，到工以來，各營踴躍争先，率作興事。引河四十餘里，面寬六丈，底寬二丈。已於前月杪竣事。石閘三座，大橋四道，現已一律告成。不日即可放水。民船礮艇均可暢行。上自鹹水沽，下達新城南，河順城東閘口入海，此現辦情形也。此後騰出勇力，仍擬接挑至大沽鎮，俾上游溝田刷去鹹水。隨勢東趨，去鹹益速。偶遇積潦，多一分洩水之路。南窪永無蓄水成災，裨益更廣。下游閘座，五月即可動工，此擬辦未辦之情形也。盛傳以時交夏令，弁勇棚帳荒區，易生疾疫。現今各營趕緊修壘蓋屋。并於田間搭造莊房，以藏農器，而便宿止。本年開田，即順新挑引河兩岸營基以外，各拓地五里而遥，圈定界址。中疏大小溝洫，節節貫注流通以資引溉。惟查鹹水沽以下迤南地方，斥鹵荒沙彌望無際，南至祁口，東逾葛沽、新城，百里內外，距海河六七里之間，皆爲廢址，居民或指認段落，以收刈草之利，偶遇無水之年，試種麥穀，亦有收穫。上年派員清查，縱横百里，可指者不過六十餘家。或寄糧於竈，或認墾於官，大率偶一輸課，水至則免。據葛沽馬守備單開，可考租錢，每歲不過一百二十九兩四錢有奇，津錢二十六千有奇。指荒段落，略認草課。并非計畝升科也。卑部此次所開引河，亦就僧忠親王開墾段内河形，擴充推廣。其間取用民地在鹹水沽鎮左近者，已經衛提督妥爲區畫。照熟田分等折價給領。此外去河漸遠，皆係老荒，間有新種麥秫數畝，并未墾熟。將來丈量已定，袛能折給行犁播種之費，不便按買田給值。蓋海灘荒地本無業主，又無糧差，即有曾經民人認墾之區，查其文據，多在明嘉靖萬曆年間，以李代桃，已非本主。其不足取信也明矣。盛傳目下雖就軍力試墾，而開河建閘，以及買牛、蓋屋、創造農器、水車百物，製備一新，需費頗鉅，乃知民間自墾之難。水利之屢興輒廢，良有由也。惟愚民私智自逞，不知遠計。即鹹水沽、葛沽一帶，難免無希圖阻水捕魚，就荒芟草之利，冀據廣土以自強。其來營呈詞嘗試者，業經詳切開導，諭以墾熟後，分别派給領種。有麥者，丈清，酬給種資。該人民等，亦無异説。如再有狡黠劣户，捏飾上呈，并懇中堂俯賜駁詰，以杜非望而儆刁抗。津民不慣習勤，咸豐九年，僧忠親王所開鹹水沽稻田，同治五年通商大臣崇，所開軍糧城稻田，歸土人領種者，大半已成荒穢。黄提督金志，練軍接屯，明驗昭然。將來卑部在海岸墾地日廣之後，即分給民種，亦當妥定章程，按照民户口數之多寡，人力財力之盈絀，區别等差，以期永守不廢。不能任一家認領多産，不久仍即荒蕪。至本年現開地段内，或經民人認過灶糧草課，應俟丈清後，繪圖貼説，呈請飭縣查案銷除。稻田成熟之後，當隨時查勘情形，酌請計畝升科，歸於正供。即國課當亦不無小補。抑更有請者，同治五年，總理衙門即有請直隸屯田贍軍之奏，九年十月二十日上諭，復以畿東水利，尤亟深廑廟謨。現雖開屯伊始，而引潮溉種，去年所開萬畝，收穫已有明徵，本年擬開地段，長約二十里，廣約十里，甜水所至，秋成當可預期，斷不至徒托空言，試而寡效。自來業廣惟勤，事豫則立。擬請中堂將飭辦情形先行附片奏明，奉旨後便可明白曉告，以破愚民之惑，而勵軍士之心。若待規模創定，始行成奏則必遲至數年成效大著以後，脱有浮議阻撓，如前明徐貞明故事，使百年至計敗於垂成。畿疆水利將永無興復之日，伏惟憲鑒。

附陳屯政情形請假省親片

再，盛傳春間至今，七次接閲家書，職母年逾八旬，屢諭促歸，情詞迫切。六月間，曾經具稟陳情，并懇徐鎮道奎代陳下悃，旋奉徐鎮傳諭，洋面方有交涉，俟秋冬再行酌定。時盛傳亦以屯務經手尚無端緒，未敢固申前説。現在逐漸經營又逾數月，所有應墾荒基，約計一千餘頃業經購定，本年課銀悉已代完。俟册圖繕繪齊備，即行呈請飭司立案。所需牛車，除各營自製外，仍代制七百餘輛。手摇小車二百餘輛，并已制齊，轉發各營。耕牛除各營自購外，仍代買七百餘隻，陸續添足。上下游開河處所，擬建大閘二座，石料亦經運到。來春釋凍即可興工。此外，添購水車機器，增置農具、涵橋、車棚各項，需款尚繁。明年開工，大段先挑下游引河，及鹽溝二十里，上游仍擬接挑二十里，或由擺渡口導流而下，藉甜水以資沖刷。其實較捷。或由中唐窪另開新河，十餘里，使鹹水多一去路。新農鎮一帶，河身亦免停淤，兩法統俟來春妥酌興辦。又，官墾地段，與民分界之處，現已攔築長隄，限以河溝，冀清界劃。來年尚擬將隄身相地加高。寬逾二丈，倘遇海嘯漫溢，藉資抵禦。界溝亦擬挑深八九尺，挑寬三丈。期稍經久。統計各工合農政操務兼營并作，明年軍士已無餘力。擬俟佈置粗定，經購槍件到齊，仰懇中堂俯念盛傳治兵日長，將母日短，值此桑榆垂暮，馳書趣召，不僅至再至三，若再濡滯戎旃，忍不返顧，脱有不幸，雖悔何追。爲此再行瀝情虔乞，曲予矜全，給假數月，俾早趨歸省侍，稍盡烏私。將來職母衰年思子，猶得旦夕相依，悉出自中堂之所賜也。至卑部統帶營官，皆有志精進，鋭氣不衰。俟後門槍全换，操練三月，儘可一律精熟。盛傳受知最深，不敢絲毫欺飾。念親情迫，尤不敢隨俗委蛇。伏惟鑒察。

輪船火車關係屯政稟

竊盛傳回防後，即料理泡種犁田，逐漸興辦，所恃者引河一水。海潮朝夕往來，可以藉資灌溉。惟潮水挾泥沙俱下，上游減河未開，沖刷自難得力。潮落時水勢平緩，即有停滯之虞。僅恃人力爬梳，終非善策。伏思若藉火輪之力，乘潮落時上下鼓盪，俾泥沙不得停淤，隨潮而入者，亦隨潮而出，或亦挽回補救之微權。查東局有小火輪船一隻，閒置無用，前稟中堂，已蒙鑒許，嗣因駛船之人，茫無熟手，又天寒值河凍，運用不行，是以中止。現值春水方生，亟思一試，應懇飭知吴道，迅將該船運營備用。計該船每日趁兩次潮落鼓行，需煤不過噸計，自四月起至八月底止，合計不過百六十餘噸，看舵司火各事，需三四人看管，加以薪工擦油各費，亦屬無多。每年總費不過九百餘金，即可獲無窮美利。應再懇準將此款暫歸東局開銷，俟有成效後，再由營中設法自辦。統俟上游開通，即可無庸疏治。再，營中前購辦火輪水車四架，原欲多資灌溉，兼可稍節牛馬餧養之貲，乃比較功用，每架火輪車可抵牛車四十架之多。每日需煤噸餘，計四五六七四忙月，火車四架共需煤六百餘噸。除營中去年訂購二百餘噸外，所需尚鉅。現值營中匱乏之時，苦無閒款，且零碎購買，煤户亦易居奇。唐鎮赴任以來，又繳已墾之田萬餘畝。營中水車尚不敷用，若將此已有火車無煤棄置，未免可惜。伏思兩製造局儲煤頗富，可否懇請飭撥數百噸暫資周轉。一二年後，秋收豐稔，即督飭各營趕緊彌補，不敢久假不歸，亦不敢援以爲例。伏惟憲鑒。

還火輪船稟

竊盛傳借東局火輪船，試濬引河淤泥一事，奉批輪船力小，引河泥深，恐難得力，試行無益，即行送還，以省縻費。盛傳初時愚見，本非謂輪船鼓盪之力遂可濬淺爲深，原欲置備梳形爬沙船數隻，藉以濬泥。彷彿黄河撈淺之法。惟以人力運動船行不駛，泥起仍苦復澂，不能得用。若得大力輪船係於輪後，借輪力以行船，即借船力以資梭刷。趁潮落時上下鼓動，足使宿淤盡起，隨潮出而不留。乃昨準吴道將火輪船送來試用，詳加體驗。該船吃水需四五尺之深，每點鐘僅行十餘里，力量本微，若尾後再繫撈泥船隻，則拖帶太重，行走愈遲。遂與民船無异，殊非意料所及。伏思該船工匠水手人等，皆係吴道向「操江」「鎮海」兩輪船假借而來，本不能久留試用，今即不能得力，自應遵諭送還，以省縻費而歸實濟。伏惟鑒察。

詳覆洋車利弊稟

竊奉照開云云，并發洋文圖説六套，仰見中堂實事求是至意。伏查水車機器一項，卑軍前因開辦屯墾，曾購八匹馬力四架試用，每架價銀二千二百兩，進水管徑一尺一寸。三四五六七八等月，車水之時，日需煤噸許。每晝夜四架灌田四百餘畝，可低水車一百二十架。以營中戽水騾馬全年餧養，比較六個月煤炭人工，尚爲合算。若民間餧養之費無多，冬暇，騾馬尚可拉車獲利，自與營中情事不同。今閱該商人所呈圖說，第一圖云每點鐘可汲水三萬六千斤，價銀二千七百兩至三千兩不等，查每百斤水照工部尺核算，見方一尺二寸，每畝二百四十弓，姑以二寸五分深計之，須灌水八萬六千七百八十三斤有奇，車水機器每點鐘只汲水三萬六千斤。合晝夜二十四點鐘，亦只汲水八十六萬四千斤，僅能溉田九畝九分。是其功用與卑軍前購之具相去甚遠，而價銀過之，其爲無益已可概見。其次諸圖未言每點鐘吸水多少，以第一圖推之，當亦不甚懸殊。近來洋商來中國售貨者，每侈言功用若干，意在歆動。及加考較，往往不符。終以洋商狡賴，不能退還，暗中喫虧尤眾。此等水車圖說，雖每點鐘能吸水三萬六千斤，尚無用處，況將來恐不如數耶。且此項水車，官辦既無此款，民辦亦無此財，目前旱路迢遥，轉運既屬不易，日後零星損壞，收拾亦且維艱。加以民間田地奇零，人工甚省，亦非可用機器之處。中堂所謂外洋與內地風土不同，情形各别者，固早深鑒察。至洋商云，爲晋豫災荒起見。查晋豫荒旱頻年，委係無水可車，并非無車戽水。該商所言亦未深明事勢。或者海河於兩旁平曠之地試辦開墾，尚有可裨。然亦必須水管徑六尺或五尺或三尺八寸者，灌溉方能得力。此等小車，進水無多，亦必難期實效。再，屯政大端全恃車水得力。卑軍自同治十二年秋季，在新城外試辦屯墾，仿造南式，大小手摇車六百餘架，以資灌溉。詎小車進水無多，難期沖滌鹻鹵，且僅能在距水二三尺上施用。若潮水過小，軸短則汲引無力，軸長又轉折不靈。迨十三年冬，興屯漸廣，又仿葛沽騾車、牛車之法，制辦一千八百餘架，較爲合用。然牲口有倒斃之虞，有餧養之費，加以僱夫各項，籌應亦艱。嗣又續造風車五十餘架，腳車五十餘架，以濟各車不足。查腳車難於持久，風車無風不行，是以上諸車，有利亦不無窒礙。惟火輪車滔汩不窮，流行甚急，盪鹹刷鹻，尤爲相宜。雖日需工炭擦油等費，然較馬騾餧養，尚不喫虧。卑軍前於光緒元年冬間，在上海定購四架，惜口徑尚小，不能暢行。現擬續購六尺、五尺、三尺八寸徑水管者，再行試用。今洋商所呈機器圖説，雖與民間無益，然苟口徑較大，尚與營中屯政有裨。謹開具火輪車與騾車合算，較爲便宜清折，送呈鈞鑒。又，擬購火輪車一函，懇祈飭下洋商赫德，是否可以照辦之處令其稟復，以便卑軍斟酌辦理。盛傳因屯務將成，諸軍尚未盡善智，盡能索，勉爲斯圖，不敢貪多貽譏，亦何敢爲難中輟？伏求核示施行。

車水機器片

再，奉縶開，車水機器，已由英國機器廠赫德聲覆。飭將籌議情形稟報，并將所繪圖式及赫德原函寄閲。盛傳詳加審看，據赫德函内所稱，未審何以要一尺深之水，及吸水桶要高三十六英尺等語。查此係指最大機器而言，北地土質浮鬆，易於滲漏，又地或高低不齊，往往車水之時，低處已盈，高處未及。洋商但以僾愣士水計算，是否合數，漫無稽考，故必以一尺深水爲言，庶免以少報多之弊。非謂車水灌田必需此數也。至高處亦因機器既大，需水必多，支河或虞不給。擬在海河邊戽用，海河潮水陡落時，水面或低丈餘，故需高至三十六英尺方能合用。今洋商赫德廠内，既無如此機器送來，圖説口徑僅長十二寸，仍繫卑軍前年所購之器，而價值過之。與營中屯田不合，應請作爲罷論。伏惟憲鑒。

開道種樹情形稟

竊盛傳於二月内分飭步隊各營，將防所牆屋濠隄略一修整。即於二十四日拔隊，由南窪東赴新城。向皆沮洳之産，本無坦道，夏秋水發後猝難涸出。上年徹隊回防，勇皆病涉。竊念卑部來往兩地，歲以爲常。莫若自辟一途，直穿湖窪海灘。起墊大道，高出平地數尺，既利車騎，亦禦衝刷。并於兩面插柳，以資蔽護。爰飭陳鎮連陞，先帶各營幫帶逐段丈量，牽繩下樁，分佈已定。乃令各營認定分地，取准直線，由老營牆外修起，遞至新城，約一百四五十里。各營自二月以次動工，約本月二十後，均可告竣。盛傳疊經履視，惟營牆附近十數里尚有舊路形址，距唐官屯不遠，略有麥地。取用不過數弓，里民來觀，亦知因公便民，尚無撓阻。再，去唐官屯二十里，悉爲湖蕩荒區，間有切近墳墓，均令紆途改避，略無佔礙。俟一律修整後，再爲相度地勢搭橋置涵，一洩積潦。計里添設大小墩站，另置長車三十餘輛，沿途屯政挨站遞換，期一日內，差文可以往返，庶公事遄行無滯。兩處呼應照料，亦較靈通。新城四嵎，前經派員購買湖桑數萬株，分投樹植。又在文安一帶，廣收桃、榆、楊、柳，度地分種。日以甜水灌溉，多已萌芽。節交穀雨，業經定購穀種二百餘石，分給各營，及時泡稻下秧，并添僱民夫二千，疏挑引河，爲試墾之計。馬廠外牆，本臨運河，現在河東添建小閘，引水入營，穿溝四注。并擬於步隊操場附近窪處，試墾種稻。令留防馬步之勇，一例操作，以均勞逸。馬隊夏時尤以得水爲便。此亦因勢制利之一端也。

請撥欠餉給發田價稟

竊盛傳前以新墾地段應給田價，稟請籌撥銀二萬兩，以濟要需。奉批，該軍近來修築城臺購訂洋槍，用款太多，現在經費异常支絀，該軍各營屯田自有收穫之利，應責令各營籌墊，於收穫籽利内扣還。以昭核實。仰見中堂籌畫艱難，自應恪遵憲諭。但盛傳承辦津東水利之意，與試墾需費之繁，及本年收穫籽利仍多抵款支用之處。有不得不爲中堂陳者。恭讀屢次諭旨，均以興畿東水利爲急，廷臣條奏亦多舉以爲言。伏查津郡爲京畿屏蔽，現值海防緊要，力圖富強，若屯田一興，軍食可裕，無事，藉興稌稻之利，有事，可扼戎馬之衝。百姓賴爲本圖，兵勇且恃爲退步。一舉而兼數利，實爲萬世經久良謨。故前奉檄委試辦時，明知費繁累重，然猶竭蹶奉行者，固以水利不可不興。又竊見西人每舉一利，往往不惜數百萬金錢，不爲一人一時起見。私衷有慕於此，故嘗奉命而不辭。及試辦之後，百廢以興。本年已墾者，約二萬畝。明年擬墾者，約三萬畝。除人工外，計購買牛騾，蓋造房屋，添置農器各項，先後用至四十餘萬串之多，另具清摺呈鑒。此款除蒙批准借給卑軍來年米價五涸月，共銀六萬五千兩有奇，各營領過春秋帳房，價錢三萬串，稍資貼補外，不敷甚鉅。明知籌餉一事蓋躬百倍憂勞，稍可設法之處，何敢動行請撥？惟盛傳多方借墊，并將歷年撙節各費移挪應用。此種苦累情形，想邀洞鑒。盛傳生平作事，從不肯懷利自私，亦不屑畏難苟免。然而區區之愚，可謂甚矣。以爲求名耶？則發蹤指示皆係中堂一人。盛傳不過效奔走之勞，供指臂之助。昔趙充國營田河湟，豈無偏裨致力，至今史册寂焉無稱。以爲求利耶？則盛傳現在賠墊已有二十餘萬串之多。有此財力，何事不可爲？而必於斥鹵不毛之區，任勞任怨？然盛傳獨甘心爲此而不悔者，竊以數年來修城築臺，所以固圉，興屯開墾，所以生財，即購買洋槍，創興街市諸事，亦爲講武通商起見。費用雖多，并非作爲無益。此則區區愚衷，所願求諒於中堂者也。至收穫籽利一事，本年查熟田約二萬畝，除各田刷鹹未盡種植外，已出之稻，又因蒔種稍遲，雨暘不一，計各營現收稻二萬餘石。本應遵諭令各營墊給地價，即以此項籽利扣還。惟查二月内復陳開河建閘情形，并請借卑軍來年米價以資墾費稟内聲明，俟秋收有穫，即將籽利分年抵還米價。俾軍士不致有乏食之憂，業蒙批准在案。是本年所有收穫，應還米價，不能再爲地價之資。況卑軍來年擬懇五萬畝，每畝種一斗，須留籽種五千石。北地寒暑不時，或早種不出，必須再種。故民間每畝皆留種二斗，以爲補苴之計。卑軍擬仿照辦理，應需留種一萬石。下餘萬餘石，各營分收，每營不過數百石，所存亦屬無幾。伏思人工辛苦，兩年有餘，加以添置莊房農器，公累實多。正宜藉區區籽利鼓勵群材，使其踴躍奉行，爲漸推漸廣之意。即應提還之米價，尚擬展之下年關發再行抵還，以示體恤。若令全提公用，於經費未必有裨，且轉生其懈怠。卑軍前於試墾稟內曾請以五年爲期，今甫及二年，籽粒亦未能多穫。擬請中堂賞令各營自收，俾有歆動，庶肯盡心耕作。不致墮惰農工。此又一得之愚，敬求裁正於中堂者也。盛傳前在天津，曾託商人與洋商面議，擬借銀十萬餘兩藉資周轉，據洋商云，中國官長借用，利銀僅五六釐，若營中借用，必須一分取息。當以議論不合，舉而未成。現在地價發給過半，萬難中止。環顧各營實無可以籌墊之區。惟有仍懇中堂俯念卑軍公累過重，再於卑軍未盡欠餉內，賜撥二萬金，以濟急需。明知卑軍欠餉無多，不堪屢撥。然地價既不能不發，中堂又無款可籌，不得不假此以爲挹注。至此次開呈屯墾各費，不過將區區艱苦歷陳中堂之前，并非另有請撥款項之意。盛傳雖虧墊過甚，亦必始終其事。斷不敢廢於半途。惟一意孤行，不免時招謗讟。尤願中堂堅持大局，深悉辦事者之艱難，不爲流言所動，倘有浮議之人，即請飭令來營，盛傳當同其逐一勘視，以祛其惑。伏惟憲鑒。

覆陳冒争官地稟

竊奉照飭，以天津縣鹹水沽地户監生王懷吉等稟稱，恆産俱失，查照奏案并原稟，批示分別認真妥辦。查卑軍本年開墾地段，自奉中堂奏明立案行知後，即傳諭認段各户民帶文來營丈量，分別給價。由鹹水沽下至新墊大道，每畝給津錢四百文。過大道以南，鹹氣更深，五里以内，每畝給津錢三百文。再過五里，則斥鹵不毛，每畝給津錢二百文。即無契據，但得近鄰保結，亦准照章給發。此等辦法，已在犁種各費之外，爲原議所未及詳。因念佔地刈草，不無亡藉貧民，故籌酌再三，爲此格外體恤之舉。查取該民户等原契所載，業已加倍相償。遂於前月望日，剴切諭告新城户民，無不遵照辦理。比派營務處陳鎮丈給一清，均各歡欣領價而去。謹將田圖繪呈鈞鑒，其認納竈糧草課，爲數無多，容俟查清彙算，再請飭行縣場，由營代繳。至鹹水沽各户，半係有力之家，争佔多荒，貪漁草利。偶爾傳喚至營，或言契據未帶，或言辨認不清，往往懷詐觀望。大批市井油滑之徒，見荒地逐漸成熟，妄冀瓜分佔産，故遲至半月以後，仍行聯名呈赴憲轅，企圖嘗試。其情似狡，其實則愚。該監生王懷吉等，呈内朦揑情形，業蒙憲臺詳切批斥，其冒指官荒，認爲民地，一經抉破，悚折自不待言。惟呈内揑稱「河佔四十餘里，兩岸均屬稻田」，伊等「不惜工本，培養數世，始得變荒成熟」尤屬膽大妄幹。前月中堂親臨勘視，新河兩岸空荒蔓衍，曷嘗有一畝成熟之田。天津吴道等由陸路履勘，經過之地悉數荒穢之區，并無民居村落。若果墾治易易，何至曠延今日始議開荒。現在營内儘力開治，本年成熟尚少，岸荒具在，不難勘驗而知。盛傳察度呈内諸名，多非占地本主，乃以漁利私見肆意阻撓，情事至爲可惡。然既仰承中堂指畫，諸將士殫財竭力，爲畿疆創此永圖，豈能與無識愚民校兹長短。仍遵憲諭於未經丈量地段，再行曉示，申明丈畝給價。定章分别妥辦。以期仰副中堂洽翕輿情，規圖萬世利賴之意。

民領熟田稟

竊卑軍墾熟之田，曾稟將新城一帶距營較遠之處，招徠民人領種在案。當派營務處陳鎮連陞、傅副將占魁，設局試辦。并酌定上中下三等領價，刊刻聯單執照發給。茲據稟稱，奉委後設局招徠，該民人領種甚爲踴躍。無如設局之時，已將歲暮。海濱一帶村落無多，由去年十一月試辦至今，并前裁遣各户，領去上中下熟田共一萬四千五百七十餘畝。每畝扯算，先收大錢一百余文。其餘應繳車屋各費，分期歸楚。茲先將已領各户坐落弓口畝數價值，另繕清册呈報，其餘仍陸續招領等情，查此項新墾之田，新城及各營一帶牽連下熟起算，不下五六萬畝。若同時領種，自非易事。茲於海濱荒落之處，兩月之間，除去裁遣各户已領去一萬餘畝，是此項新墾之田，爲此處居民欣喜已可概見。倘需以時日，似不難掃數全完。除飭該總兵等仍陸續招徠領種外，合將已領各户花名畝數造册呈鑒。仍俟領價繳清後，再將存根呈請飭縣立案换照，永遠爲業。其餘未領之田，仍飭各營雇夫耕種，以竟全功。再，卑軍墾熟田畝，均繫價買民地，立有契據。現擬將所購之地繪成全圖，并黏説，俟繪就日再行呈送，備案查核。

飭縣頒發田照稟

竊卑軍墾熟之田，曾於去冬妥擬章程，設局招民領種。并於今年二月間，將已領各户花名造册呈案。現今一載，各領户繳費寥寥。推原其故，本年立秋前後陰雨，禾中生蟲，以致收成歉薄。其中無力繳費者固多，尤有一種狡猾之徒，心存取巧，以營中斷不能久駐此地，一有移動，田將何往？遂造言生事，妄謂領種營中之田，必多轇轕。即有局照，不足爲憑。必須發有縣照，始足以垂永遠。此言一倡，不獨繳費者驚疑莫定，即思領者亦趦趄不前。實與招墾一事大相關礙。盛傳雖督飭局員詳加開導，而愚民之信營將，實不如信地方官。合無仰懇飭縣發給空白執照一百張，交盛傳度飭局員悉力稽核，果係實在完繳領費，并田地不致荒蕪者，按照原領畝數花名填給，以昭大信。若執照不敷發給，再行請領。若發出無多，仍行繳還。統俟彙有成數，另文申請奏明，以昭慎重。

水利應行事宜三條

竊盛傳於同治十三年間，奉飭試辦水利。光緒元年，卑部移駐新城迤南荒灘地方，購地興辦。歷年以來，開挖河渠，建置橋閘，挑溝種樹各情形，隨時稟陳在案。現在開辦已及十年。大致已粗就緒。惟查營田之議，稱名甚美，圖終實難。前明如徐氏貞明、左忠毅公光斗、司農應蛟，俱以爲日無多，未覩成效。識者惜之。本朝怡賢親王，當雍正全盛之時，經營創辦，成績爛然。謂可垂之永遠。及今歷年日遠，遺跡亦已就湮，豈地利不可強同耶？抑規畫未能持久耶？每一念及輒爲憮然。盛傳現就目前試辦地勢，通盤籌畫，有擬添設人夫以資照料者，有擬續訂章程以期經久者，或則有利之待興，或則成效之已著。謹繕清折上呈中堂，永奠海疆，利規百世。倘蒙鑒許，俾得推行盡利，則昔賢未竟之緒，庶幾可觀厥成。盛傳雖奔走其間，不勝大願。

一，減河兩岸添造橋閘，宜設汛兵，以資照料也。查建造橋梁，以利行旅。若僅商販往來，本可百年不敝。無如北地車行，強半重載，民間運草之車，多至四五千斤（整理者按：斤原誤作「金」）不止。橋面木板壓久難支，必須時常挑土，填築板上，稍資遮護。又大雨時起，若堆浮土，吹散即在須臾。尤須夯築堅凝，始爲合式，非有專管之人不辦。至閘座之設，係爲洩水蓄水起見，勢須斟酌情形，常時啟閉。亦應設有專司，臨事乃無遲誤。前議修守減河章程，原設有汛兵一百二十名，俾得分段巡護。新設橋閘，均在各巡地內，無難飭令兼司。惟是減河兩岸綿長，各百四十餘里，地段太廣，汛兵只有此數，既責其守護長隄，又令其巡緝地面，若新增橋閘，更令其一手保持查核情形，萬不暇給。通盤籌算，除靳官屯橋閘係河汛前哨地方，原設有汛兵三十餘人，足資防守外，前哨燒窑盆，濟運橋一座，外支河南北各橋一座，爲京東來往通衢，車馬絡繹不絶，擬添守兵六人。前哨左哨中哨，開成、惠豐、朝宗，三座，外支河上，南北各橋一座，擬各添守兵四名。右哨富民閘一座，專爲減河蓄水，孔多板厚，啟閉必賴多人。外支河橋五座，亦須隨時築土，擬添守兵二十人。南北兩岸十字交閘各四座，專備減河盛漲，放水溉田，使之積淤成熟。每岸擬各添守兵四人。右哨後哨交界之新農鎮，獨孔閘四座，觀稼橋一座，外支河南北各橋一座，擬添守兵八人。自新農鎮以北，至濟農閘五座，專屬支河，本無汛兵管理，擬添守兵八人。後哨履豐橋一座，外支河南北各橋一座，毗連新建橋兩座，擬設守兵八人。後哨界内新城之小西河接連減河橋閘各三座，擬添守兵四人。新城西北角三孔閘兩座，擬添守兵八人。新城以東南開地方鹽閘兩座，北岸大閘一座，擬添守兵十人。新城以西，鹹水沽、葛沽交界，泥沽地方，建有雙閘，擬添守兵四人。新城東門三孔閘一座，四門各橋一座，城南支河閘一座，現擬於西支河上再造橋一座，以上自新城起，各處皆繫葛沽營守備專司。四黨口守備營，汛勢難越界照管，其應添守兵者，擬請飭該守備於底營内挑拔，不得撥練軍，以重操防。仍照減河汛兵之例，略加口分，藉資體恤。至新城以南支河橋閘及城關橋閘等處，爲該營兵每日出入必由之地，但飭隨時照料修護，自可得力。如蒙核准，庶各橋閘管理有人，可期經久。而汛兵專顧河防亦無顧此失彼之虞。

一，附近減河購置田畝，爲將來善後策也。查右哨中唐窪地方，購地三十頃，減河盛漲之時，由南北閘放水灌輸，積淤成熟，現已漸著成效。三五年後，皆繫膏腴。無論水稻旱糧蘆葦，每畝總可收租錢一千余文。擬俟成熟後，妥定章程，交右哨把總經管。其富民閘一座，支河上橋五座，中唐窪南北兩岸十字交閘各四座，共擬添守兵二十四人。即可由此項經費撥給。後哨段内購就可熟之田，將來收租，應設看守閘橋之兵皆可裁去。以上各處地利擬歸各汛經管，統歸守備稽核。裒多益寡，以爲各哨橋閘守兵口糧。再，前左中各哨段内，亦擬於減河兩岸購置荒産百餘頃，放淤興利，以期推廣利源。如每年發給守兵口糧外，尚有餘款，即留爲修理橋閘之費。仍飭該守備將每年出入用款，於年終，報明天津鎮道查核。又，減河南官港，本係斥鹵不毛。附近民人春間來此爬鹽者衆，嗣由營中僱夫築圩，引水導淤，再買民人廢地，添益共二百六十餘頃之多。現飭營務處陳鎮連陞，督率長夫試種蘆葦，并建三合土閘四座，使之分别甜水鹹水，不相滲混。察看地勢，再須添建三合土閘兩座。

挖溝數道，約計僱夫辦料，不過萬金，現已逐漸料理，俟各工告成後，就歲出蘆葦一項而論，利亦無窮。新城大減河以南，外減河以北，舊有無名窪地亦係鹽鹻之區。同治十二年，營中買種蘆葦，每年約出千金。新城南門外現築三圩。興種菜圃已熟，後歸民人領種，未能實力興作，旋復荒蕪。由營收回辦理，現有一千二百餘畝，可以觀成。中有二三百畝低窪之區可栽蘆葦。三四年後，每年可出租利千餘千。迤南一處，約一千七百餘畝，亦擬照前築圩，逐漸推廣。以上各處均繫僱募民夫試辦，現在每年已收二千串。現擬統行撥歸新城義學應用。謹開具章程，另呈鑒核。

一，減河兩岸開溝種樹妥立章程，以期經久也。營田專資水利，附近減河一帶，本繫斥鹵不毛，經營之始，賴有潮水灌溉，又有南運減河以爲來源。略仿周官匠人之制，於經支二流，分挑溝洫，或引甜水以資浸灌，或洩鹹水以供刷除。二者相需，縱橫貫注，減河兩岸百數十里之間，多至不可數計。惟是北地土鬆，兩岸易卸成淤，風沙吹入溝中，亦易填塞，非三五七年一挑不可。自古講求溝洫，無如大禹之精，而孔子稱其盡力亦可爲。北地溝洫必須常挑，不能一勞永逸之證。擬俟田畝成熟，民人領種後，妥立章程。凡在一溝公同用水瀉水者，必須通力合作。仿照南方圩岸之法，業食佃力。溝洫在何哨境內，即歸何哨汛員董理。用水瀉水之期，必須稟明該哨汛官，呈明守備斟酌，毋得私行啟閉。仍嚴定條約，不准民人侵佔溝地，使上流水無所洩，致有漫溢之虞。統俟詳定章程後，再行隨處刊石示禁。再，減河兩岸上下百十餘里，行旅往來不絕，無樹蔭病暍者多，深堪憫惻。自同治十二年，奉文建築新城時，即上自馬廠下至新城，修大路一道，略仿古人列樹表道之意，每年購辦樹秧數萬、十數萬顆不等。分段插栽，無如土既鹹鹻，地段更廣，旱澇不一，照料難周。存活者甚形寥落。近年土爲甜水浸灌，變鹵成腴。栽植講求得法，計自馬廠營內外及附近各處，已活之樹，約四十餘萬株。各營屯地多於田埂栽插，計自新農鎮至新城上下一帶又活有五十餘萬株。總計在百萬株之外。差幸數年心力至此得以快然。實非始願所能及此。約計種樹之利厥有數端，行者既多，美蔭可以息肩。居者不苦炎蒸，無虞病疾，一也。柳枝柔軟异常，河洩潮漲之時，斫置堤旁，以禦急浪，隄埂不致傾坍。二也。秋深葉落，删伐樹枝，各汛柴薪用之不竭，三也。海防有事，砍伐數十萬顆於沿海要區，擇地挖溝建置木栅，伏兵在內，既可遮蔽敵人槍炮，又可於栅內横施槍炮，還擊敵人。尤爲利之大者，用是歷年以來，不惜繁費，刻意講求種樹之法，區區私意，實在於斯。所慮人存政舉，數十百年之後，寖失成模，是不能不仰望於後來豪俊耳。

祁口築隄稟

竊奉照開，天津道稟，擬於西大沽新開河尾，南至祁口建攔潮堤，冀變斥鹵爲沃壤。飭令就近察勘議復。遵即親赴祁口一帶，詳細查勘，沿途丈量。復向民人詢問，大約民居皆願有隄。竈户則以隄爲未便。尋繹憲諭，惟慮減河之水不能遍給，及竈户如何處置，是此隄應造，已在洞鑒之中。伏查該處地當下流，低窪者十居六七。卑軍新開外減河，上年曾造兩閘，静海縣復擬建新閘以資宣洩。不獨盛漲滔汩，足以刷滌鹹鹻，即積雨後群水匯聚，若無海潮闌入，日浸月灌積淤成熟，亦在意計之中。吴道所云，畦隴略高鹹水不到之處，皆可耕種者，此也。又，查南唐窪有鹽灘一所，竈户五十七家。誠如憲批所云，向以海潮爲生活者。查鹽灘以出鹽多寡爲衰旺，南唐窪之灘，現距海口七十里，潮水遠來無力，出鹽漸稀。加以雨水所聚，不能無漸漬浸淫之患，以故成鹵愈難，竈户頗以爲苦。愚見擬將竈户五十七家全行移至養魚池之外。另築一灘，以收曬滷之用。計每户遷移并築灘之費不過二萬金可以集事。如此辦法，隄內瘠土既可變爲膏腴，堤外鹽池亦不虞其衰耗，一舉兩得，無便於斯。

或謂移灘創辦恐難舉行，且移至養魚池外，則鹽斤運至銅駒場較遠。伏查該處本非鹽灘，詢諸土人，自道光二十年後，潮水衝破蚌蛤隄後，始行就近築灘。今若移近海岸，實係興復前規，并非創舉。若慮運道稍遠，則移歸李定灣一帶，距祁口較近，該處出鹽尚旺，運道亦不懸殊。至該隄如何築造，謹酌擬兩法，繪圖呈覽。如蒙憲定，何者可行，并乞飭知天津吴道會勘，以昭慎重。

卷八　河務編

覆陳開減河建閘情形稟

竊盛傳等接奉鈞檄，以大名徐鎮稟議，就新農鎮營田已開之河，接上開至馬廠以北，爲南運減河。闊十丈，深一丈。請調淮練各軍分段挑挖，賞給置備鍬筐等費。口門迎溜建築大閘，節節下注。察度建閘，飭盛傳等酌度丈量，繪圖貼説，估計具復；又，候補知府楊守琛稟議，鑿新不如修舊，請開南運捷地減河，飭令查勘議復各等因。遵於十一月十二日在小站會齊，將營田地段已開各河逐一查看，其直大河一道，從營田西起，經九十里徑達西大沽，暢出海口。并有横大河六道，各長數里，旁流而入海河。其間無數溝渠，多資蓄洩。測量地勢，上抵流河以北，唐官屯以南，靳官屯地方，運河口高四丈有餘，得建瓴之勢。擬開河身大半鹹地，并無廬舍阻礙。此擬開靳官屯減河之情形也。復往看捷地減河，自河口下約四十餘里，尚可通流。再下約七十里，至母豬港西邊，河底或與地平，或高於地。母豬港約十二里，一片葦窪，無崖無隄。再下，至祁口約三四十里抵海。年久淤墊，下游高仰异常。河頭舊有滚水壩，村民懼其下壅上潰，稟於龍骨上築成土埝，遇運隄喫緊之時，始拆此以洩异漲。全河舊有石柱板橋六道，間形坍塌。此捷地減河之情形也。盛傳等以捷地減河較靳官屯減河，皆減南運河水，一則下游已塞，一則上游未開，若接營田大河，開上靳官屯，將來就勢察酌，西可遞開引河，而洩子牙盛漲，東可灌注營田新開諸河。俾令阡陌縱橫，河渠饒複，歷久不致廢淤。并於海防有大裨益。勘議十日，應先挑靳官屯減河。定議後，復督率候補州同章兆蓉、鄭嘉榮等，核實丈量。擬開深一丈二三尺至八尺不等，挑時，河底一律取平。口寬十丈至十二丈不等，底寬四丈五尺至七八丈不等，兩岸皆十丈外出土，各堆成隄，完整高厚，隄頂一律取平。計挑河長六十五里，挑土九十萬九千四百六十方。按淮練各軍三十四營，分段詳估，釘標築墩，以便照挖。查上年加築東明黃河新隄，每營給犒賞銀七百八十兩，惟隄河上下，難易迥殊，況土工有多寡之分，時日有暫久之別。河身丈餘，出土十丈，隄河兩成，挑築實非容易，置具需費尤多。擬乞每營賞給銀一千兩，共銀三萬四千兩。河頭洩水，閘勝於壩，隨時啟閉，操縱在人。查南運減河，雍正四年曾建五空石閘。今擬兼參古制，於河頭建五孔雙料大橋閘，河尾攔潮建五孔單料大橋閘，新城西關外出海河口橫河，建攔潮三孔橋閘。又，自靳官屯至尾閭新舊河段以內，應擇衝要修建石鐵柱板橋七道，以便行旅。所有橋閘兩工，商定作法反復核減數晝夜，共實需橋閘工料銀十七萬七千六百三十九兩。挑挖民地，河身河灘并兩隄腳，共需占寬五十五丈。通長折算，約占地一萬八百四十八畝三等。酌給地價需銀二萬五千七百十二兩。新城河閘過窄，致有墊淤，閘既成，該河亦應疏濬。惟明年盛軍既有減河工程，力難兼顧。計周長千八十丈，估挑土方銀七千四百三十九兩，擬請中堂酌撥僱夫開挖。統計全河筐鍬、閘橋、地價等項，并新城城河工費，共需銀二十四萬四千七百九十一兩。理合開呈册摺圖說，稟懇核奪，祇遵。

覆陳減河情形稟

竊奉飭會勘擬開減河工段并捷地減河情形。業會吴道毓蘭等勘估，條復在案。查南運一河會漳衛各流，秋汛灌黄，漲勢迅猛。自山東四女寺，至直隸青縣興濟，向有減河四道，今三河皆淤，僅恃捷地減水石壩一線分流。盛漲時，僅能減水二三尺，即將土埝刷淨，亦僅過水六尺。下游通海窪港，迄未挑通，水無去路。上游僅四十里河身，尚能容水。自李天木辛莊以下，河高於地一二尺至三四尺不等。隄岸亦漸收窄，容蓄無多。所以每歲拆埝放水以後，運隄既幸保全。減河則無歲不決。今年下游數十丈決口未堵，而放壩時，距口門五里楊家房復潰。此亦可見，捷河受病已深，不足分消南運盛漲。而欲運隄之常完，減入津之大溜，非另闢一河直瀉不爲功矣。惟口門進水之處，建閘建壩，衆論分歧。議者或仍主築壩減水之説，不知壩口高低，一成而不易，閘門啟閉，隨水爲權衡。夏秋大汛平隄，可以啟板暢瀉，冬春水涸歸槽，仍可蓄溜送船。其功用實不相等。且壩口擡高，僅能洩漲至三尺而止。閘則啟板暢瀉，可消盛漲至一丈一尺有零。且隨漲隨減，不待各河并注，運隄險危，已經啟閘消去。不至如壩之束急衝猛，致將海漫以下刷成跌塘。此其去水遲速，收效多寡，固不待辯而明矣。或者又謂，減河洩水過旺，掣動大溜，南運恐有乾涸之虞。不知現定減河河身高南運河三尺，留老閘板二三尺，終歲不啟，是運河雖至冬春極淺，亦尚有底水五六尺。無論漕艘鹽船，及官商各舶，均可以資浮送。且自秋汛放水運隄平穩以後，即多閉閘板，蓄水亦自無妨。操縱由人，去漲即止。運河正溜依舊北行津門，不至淤淺。且從前減河四道分流，運河不因之枯涸，現止開挑一道，何能盡奪全溜，致礙運漕。此洩乾南運河之説，不足慮也。又，查現開靳官屯運河西岸，有黑龍港河。再西，即子牙河，亦名鹽河。盛傳平時來往，見河形東下西高，實可導之東注，由南運河洩入減河，以紓上游水患。此次會同勘工，復商囑吴提督殿元，攜帶水準弓尺逐細測量。計子牙河岸高於南運河西岸二丈三尺五分。導溜東行決無倒灌。自運河至黑龍港河，計十二里，自黑龍港河至子牙河口之姚馬頭八里，合共不過二十里零九釐。費工無多，取徑甚直，并無廬舍墳基阻礙。若減河開後，接開而西，上分滹沱之盛勢，下截文窪之來源，實於畿南紓消水患大有裨益。或者又疑子牙分流入南運，以一河而受兩水，恐致漫潰。不知南運自臨清以上，已合漳衛各流，亦未聞在上游衝決。現擬先開下口，去路已通。子牙分洩之水，但須取道南運，即東流入減河，不至停壅爲患。且大汛之來，不過數日，南運子牙未必同時并漲，且各有閘門啟閉，如遇發汛，先啟閘以減南運河之漲，待溜稍平，再啟子牙河頭之閘。自不至奔湍交匯，横潰難收。且以寬三十餘丈之減河，六七處分洩之下口，又有營田已開，支港溝洫縱横，即使兩河并漲亦自不難容納。大抵減河去一分之勢，如人之食飲有臟胃以融化，有尾閭以疏消，自不至食飽滯溢。此漲漫南運河之説，不足慮也。惟河道水利因革情形，非親履其地不能洞悉原委，非歷試有年不能確然自信。現在若開捷地減河，必由李天木辛莊以下疏濬，深丈餘，長七十餘里之河身，由母豬港穿通葦窪生開四十餘里，堆築護隄以達祁口，無論施工匪易，即土方亦必倍增。下口攔潮閘座、通道橋梁，勢皆不能不辦。僅就原建壩口，洩水仍屬無多，此疏浚捷地減河，增工費而於洩漲無大裨益之情形也。津南芥園一帶，昔人議辟減河，純廟禦制詩，曾有開門揖盜之慮。目下衛南窪民居日益，村舍廬墓窒礙甚多，且由運河挑通海口，河形徑直，亦須長一百五六十里，土方將三倍於現估靳官屯之減河，而閘橋相等。恐經費太鉅，籌措益難。此芥園以上開河勞費極多，仍無把握之情形也。盛傳從事土工河田諸務，幾及十年，粗知難易。議者或疑，接開卑軍已挑之河，專利盛軍屯墾，盛傳或有私意期於必成。不知屯墾以灌溉爲先，稻田以插秧爲亟。南運河四五月間，伏汛未來，河頭閉閘蓄水，涓滴不能下放，何益卑部營田？迨六七月間，洩漲東趨，其時雨水倍多，潮汐正旺，用之不竭。尚須閉閘遏潮，不令滿溢，無俟藉資南運上流之水，業已連疇交灌，溝澮皆盈。近歲減河未開，新田稔熟，其明驗矣。若云附河民田得甜水分溉，可變膏腴，則固地方之利，而非盛軍之私計也。矧開通南運以後，下游已挑之九十餘里，河面寬處尚須刷濬，已建橋閘尚須更改，工力實倍他軍。增勞費而無私利，此其尤大彰明較著者也。竊見津西南一帶，水患頻仍，時勞賑恤。中堂久廑民依，毅然欲謀補救，非另疏減河分洩南運，并洩黑龍港、子牙，殺三河之盛勢，不能杜來源之旺，抽釜底之薪。津沽洪潦，文窪積災，仍難消拯，鈞意并規全局，攄此遠謨。今勘估已定，擬求主持大計，分飭舉行，舉凡局外拘牽隔膜之談，悉與排斥。倘經費難籌，分作兩年興辦，先挑河身，并建河口大閘，要路大橋。次年再將橋閘建齊，以資挪展。伏惟鑒察。

河工告竣稟

竊卑部遵奉憲檄，分挑南運減河，業將興作日期稟報在案。查卑部步隊十一營，共分河段工，十二里一百一十丈，寬深綜合，實土三十萬五千二百五十方。先因低窪處所積水過多，當飭各營，於正河兩面各挖河溝，使窪水由此戽瀉，然後挑河堆隄。自二月十一日起，三月十五日止，正河十二里六角，一律竣工。恐新隄堆土浮鬆，泥潦傾灌入河，易受壅淤之病，因飭各營將隄腳重新裁削，加於隄上。隄內開築小溝小埂各兩道堵制浮泥，不使并流入河。新河隄下，裁整加高老河隄十里，以期新舊銜接。又將新作河溝兩道，接續下挑四十八里，兩岸九十六里，一律挑通，以洩民地潦水。以上四項皆正河外添作之工，共合尺厚土方二十二萬有奇，亦於本月杪蕆事。仰賴中堂指授，各統帶營哨官認真督率，實力講求，即勇夫亦無不异常用命。盛傳不時巡視，念期迫工鉅，復與各營勉籌墊款，添僱民夫幫作，以恤勇力而急要工。仰副中堂拯溺救災節費恤民之至意，現在土工已竣，應否派員先行履勘驗收，抑或俟各軍俱竣後再行派驗之處，仰候鈞裁。

減河章程條議

竊靳官屯減河橋閘工竣，業經稟蒙派委驗收，并飭會議善後章程在案。伏查此項減河，專爲洩南運河内漳衛黄各盛漲而設。一遇伏秋大汛，分洩不及，拍岸盈隄，勢所不免，而冬春水涸之時，亦須寬蓄底水，以資各船浮送。是以建造閘座，啟閉因時，期於河道兩益。至新修河隄，時須培築，明春沿隄植樹巡視尤不容疏。附隄兩岸，絶少村莊，民力既無可借，若非妥爲善後，竊恐功墮於成。盛傳等悉心籌畫，除下游直抵海口水勢通暢，暫可毋庸設防外，上自靳官屯閘口，下抵新城隄長一百四十里。一切巡防照料，必須分汛設兵，始足以昭周妥。應需官弁兵丁，商之鄭署鎮國魁，擬於附近各營分别抽撥，毋庸另行設募，以節糜費。謹議章程九條，開摺呈鑒。

一，議分設河兵，以資防守也。查新城減河上自靳官屯閘口，下抵新城，隄岸綿長，似宜仿照沿河章程，責令民間自行修守，方爲久遠之計。惟近隄一帶，荒田未能成熟，居民無多。應先分汛設兵，俾資巡護。擬每距十里，設立河兵八名。閘口另設八名，專司啟閉。計隄長一百四十里，連看閘兵丁，共一百二十名。茲會同籌商，由附近四黨口營挑兵六十名，并在務關、甄河、武清、静海、舊州、霸州等營，抽調兵六十名。既資守護河隄，亦藉巡緝地面，似屬一舉兩得。毋庸另募以節經費。

一，議分汛設官以專責成也。沿河兩岸，既設汛兵，若無官弁督率，仍恐於事無濟。至閘口啟閉，尤關緊要。擬請撥守備一員，把總四員，以資分佈。茲查得四黨口營守備，駐居河路之中，堪以管帶弁兵，總司查察。唐官屯汛把總，距閘較近，堪令專司石閘，兼管河堤。又，嚴鎮汛把總，并存營馬廠兩經制，擬按三十五里一汛，派令分汛駐守，各專責成。以上員弁額缺，嗣後仍歸原營補署。惟事關河務，應報由天津道核轉，以示區别。

一，議建造汛署堡房，以便棲止也。查沿河分設弁官責任既專，自應常川駐守，方足以收實效。閘口至新城計隄長一百四十里，擬按每十里南北兩岸各建汛房三間，共計汛房八十四間，俾資棲息。至守備衙署，已由營擇要建修，其汛弁公所，及各兵汛房，每間需用工料銀若干，請俟估計後，札飭釐捐局籌給款項，由道署派員就近會營承修。

一，議修守河隄以防疏失也。巡河既設汛兵，督率又有專弁，自宜隨時隨處實力修防。嗣後遇大雨時，應各按地段巡視。凡隄埂沖有水溝，以及獾洞鼠穴，即令該汛兵剷草和土補築，以免滲漏。每年大汛期內，由沿河地方官示諭，近隄十里以內，村莊地畝，無論紳民，按户按畝出夫，協同河兵晝夜一體防護。但不得科斂錢文，致資流弊。應如何酌減雜差之處，俟設汛後，札飭天津、靜、青各縣查明附近村莊地畝，劃分段落，詳請立案以杜苛擾。

一，議相時啟閉閘板以資蓄洩也。新建閘座，原爲專洩南運河盛漲而設。然須視河水之深淺，以定閘口之啟閉，於河道乃有裨益。查運河大汛多在夏秋之交，固宜開閘分洩，免致漫溢爲害。若值河水不旺，亦應倍加慎重，寬蓄底水。茲擬設立水誌測量運河之水，以極淺處爲度，至少須留六尺，俾資浮送糧艘及鹽商各船之用。如在六尺以下，即附近田苗需水澆灌，亦不准啟閘分流，以重運務。該閘設有專弁，每年大汛期內，應令將河水長落隨時單報天津鎮道及盛軍總統，以備查考。

一，議沿隄種樹以護隄基也。查榆柳盤根最固，取材最宜，既可禦水，兼可衛隄。實爲河工要需。茲擬每一里栽樹一千零八十顆，計沿隄一百四十里，約需樹秧十五萬餘顆。以榆柳二種價值高低攤算，每顆約銀一分，共計需銀一千五百餘兩。

值此籌款維艱，擬暫由盛軍購備，分作二年種齊。將來增補灌溉，即責成汛兵分段經理，倘致樹株乾枯缺少，即從嚴懲，以儆怠玩。

一，議籌給經費以資辦公也。查各汛兵丁，既令修守河隄，又兼巡緝地面，似應酌加口糧，以示體恤。每名每季除底餉外，擬請加銀二兩五錢，每名每年另給器具銀一兩，共計每年需銀一千三百二十兩，守備一員，每季酌給修防經費銀十二兩五錢，四季共銀二百兩以上。各項統共需銀一千七百二十兩。請由釐捐局按季撥發，俾資散放。緣新修隄身時須加意培築，且明歲春融，擬令汛兵沿隄種植榆柳，尤宜隨時灌溉，方能暢茂滋生。勢非分設弁兵難以照料周妥，三五年後，樹株根蒂牢固，附近荒田墾熟，居民漸多，自當察看情形，另擬修守章程，以期經久。

一，議劃定界址嚴禁樵牧侵種，以固隄防也。查沿河兩面均有界溝，傍隄豐草盤結最益河隄。附近村民應不准牧放牲畜，挖掘草根，其巡河汛兵祇準栽樹以爲生理，亦不得在界溝以內私自耕種，致傷堤埂。至河內簽樁、張網、下簖捕魚，最易壅聚沙泥，淤塞河道。亦應嚴行禁止。倘有故犯，由汛官移交該縣照例治罪。弁兵得規徇庇，查出一并究處。

一，議明定賞罰以示勸懲也。查河工積弊，弁兵往往私離汛所，致有失事。此次既已優給經費口糧，必責令該弁兵等，常川在汛，方能整飭。擬請嗣後飭令守備三五日一巡，河隄把總間日一巡，如有兵丁擅離汛所，春冬無事，由營弁分別責革，若遇伏秋大汛以及風雨搶險之際，即行稟明，從重辦理。守備把總擅離汛地，查明一律參辦。每年統由天津鎮道以及盛軍總統隨時查核，如果勤慎從公，河隄完固，三年以後，量加奬勵，以資觀感。

減河閘成稟

竊靳官屯減河河頭，建造五空大石閘，經天津吴道毓蘭、史道克寬等估計興工，奉諭由營妥辦。當派統帶卑部飛騎馬隊吕副將本元監造。該副將自承辦之後，督率弁勇夫匠，日夜趲築。至十一月初一日，一律完工。開具丈尺作法清册前來。伏查此項石閘，係爲減南運河内盛漲而設，必須力求堅固，始能經久。因與該統帶切實考究，不敢稍形草率。以故丈尺料件較之原估時有加增，亦微有更改。又添接出水海漫，剝岸河隄，皆爲原估之所不及。此次土方之鉅，料件之多，實爲自來工程所僅見。除將動用銀數另行繕册呈報外，理合造具簡明丈尺作法清册，呈請查核。又，減河以東建橋四道，除前兩道由史道克寬驗收外，其燒窰棚、十八户兩道亦於前月底告成。此橋全用鐵柱，仿照泰西作法，一并開册呈鑒，伏乞迅賜派員，一并驗收。

減河未盡事宜稟

竊卑部分挑南運減河，并承辦河頭五空大石閘一座，沿河鐵柱橋二座，石柱橋二座，均經先後竣工稟報在案。惟查原估單內，河尾尚應添建攔潮五空大石閘一座。憲諭籌款維艱，應緩至明冬再議。惟查此處橋閘，去海漸近，若久不建置，日後減河暢行，海潮盛漲，兩相抵托，易於停沙，新城一帶支河必有淤墊之患，明冬似難再緩。又，原估單內沿河尚應添建橋梁三道，查減河袤延一百四十餘里，現僅建橋四道，行旅往來病涉者多，實屬不可少緩之舉。現擬建造石柱橋二道，鐵柱橋一道，查每橋原估銀三千九百九十餘兩，前者承造石柱橋，每道合銀四千五百餘兩，鐵柱橋每道合銀四千七百餘兩，較之原估銀數，每道各溢用銀五七百兩不等，擬請按照原估銀數，每橋酌加銀五百兩，三橋共計一萬三千四百餘兩。委派妥員監造，抑由盛傳通融撙節核實辦理。統候示遵。又，新開減河河面均以十丈爲式，使中槽寬廠，容納較多。本年卑部所挑尾段下接新農鎮，乃卑部光緒二年所開之河。寬僅七丈，不獨河身過窄，與新挑減河寬廣不齊，且恐大漲盛行，不無漫溢之患。計自新開河尾至西小站二十餘里，均擬一律開至十丈。所挑之土添作河隄，俾與新隄銜接一片，除隨時僱夫挑寬不計外，估需實土五十餘萬方。明年防務稍鬆，即令卑部興挑，原無不可。惟勇力不可過勞，此項土方，出土較近，每方土價不過大錢一百二三十文爲止，共需製錢五萬千有奇。卑部仍可分任一半土工。仰懇俯念減河關係緊要，竟此一簣之功。派員會同覆估，僱夫疏挑，俾河身隄岸一律，容納洪流，於防汛實有裨益。

防護減河稟

竊南運河水勢自前月以來，日漲一日，歷飭馬隊統帶呂參將本元，督率唐官屯把總楊自新隨時啟閉，以資宣洩。并飭四黨口守備張麐，率領弁兵嚴行防護減河兩岸河隄，以備不虞。復飭馬隊哨長及差弁往來巡視測量，按日呈報。本月初一日，據張守備等報稱，減河水勢日大，河隄低處距水面僅二三尺不等。隨即親往查勘，該隄築成未久，沙土本鬆，風雨漂摇，裂痕時露，兼之狼窩獾洞，所在爲多。非大加修補不足以資保護。復經逐處履視，上段以郭家莊、燒窰盆爲最險。下段以臭魚窪爲最險，隄面高出於水僅止一尺七八寸。該處地本窪下，素爲積水之區。隄身高止一丈，今者河灘溢水已逾六尺，情形至爲喫重。當即馳往閘口，晤商吕參將，復據十八户、趙連莊、小應官屯等處民人稟稱，該處向苦積潦，自今年四月間，銘軍挑挖引河後，宿水漸消，足資耕種。目下秋收在急，豐稔可期，惟銘軍從前挑浚未盡寬深，附近村莊仍有積水二三尺之處。懇求一律加挑。查該民人所稟，尚係實情。自未便獨令向隅，坐使功虧一簣。隨派馬隊六成前往，挑治該處小溝寬至三四丈，深一丈五尺爲度。十數日可以竣工。初六日，運河復漲，中泓深至一丈四尺有奇。伏查前兩年運河水漲至一丈六尺餘，即有決口之虞。現在有閘分注，運河漲勢仍復增加，不得不大開閘座，俾令暢洩暢消。隨將閘之四空全行啟板。又慮減河隄身未爲堅固，稍有滲漏關係匪輕。并飭步隊各營，各派三成隊伍前往防護，就近將各隄穴洞分投彌補。統計全隄兩岸，應行修補之處五萬餘丈。步隊不能全顧，復令馬隊兼補上段各隄，以期周密。仍復親行督派，僅賸六百餘丈，交四黨口守備督率弁勇自行修補，該守備仍有難色，苦於人少，器具未全爲辭。營兵習氣既深，不能振作，深爲可恨。體察情勢，若能於減河隄身各加高二尺，燒窰盆、臭魚窪等處低堤各加高六尺，即使他日吉羊、鹽河等水通入減河，亦不足慮。日來運河水勢漸落，挑濬河水小溝次第蕆事，修補減河隄身本月底一律告竣。仍派營務處陳鎮連陞，代理中軍周鎮盛朝，常川在彼巡視督率，以冀上慰慈廑。再，靳官屯減河閘口，立有水誌，原所以誌水漲落尺寸，以便隨時啟閉，法至善也。該四黨口守備呈報水單或云漕尺，或云木尺，參差不一，難以爲據。查工尺係部頒之尺，自當依以爲式。應請飭下天津道轉飭該守備，嗣後呈報水單，均用工部尺量准呈報，以免混淆。

請收減河工程稟

竊南運減河尚須加高浚寬，前經估計土方，稟蒙憲鑒，本年春融較早，當於正月二十六日拔隊到工，中軍六營，分作上游河隄，自惠豐橋至朝宗橋，南北兩岸合長六十餘里。左右軍五營分挑下游河身，計自履新橋下至大沽，南北兩岸合長四十餘里。又於河隄兩旁開寬小溝，并挑濬新城一帶田河。各溝屈曲計算又不下一百七十餘里。綜計各項土工，合土方七十萬方有奇。已於本月初八日一律竣工。

據各營開單呈報，伏查此次土工，河隄則逐層幫築，取土較難。河身則一片沮洳，施工非易。加以附近河溝漸有淤淺，亦須順道挑濬，俾利農田。綜計土方之鉅，已較原估加增。實與前次開挖南運河無异。幸蒙憲臺格外體恤，賞給犒賞銀兩，士氣益形踴躍。各營官亦能多僱民夫，幫同工作。用能四十餘日成此鉅工。所有丈尺清單，另摺報呈。伏祈迅賜派員驗收，實爲公便。

減河餘工稟

竊減河工程第三段，自朝宗橋起，至中唐窪以下，兩岸各長二十五里，約計共八萬餘方土，繕摺呈鑒。茲據該河兩岸一律添挑土牛，期於盛漲工程取土不致費力。約土方亦二萬有餘。又，第二段隄岸夏秋暴雨沖刷，沙鬆隄峻，頗有狼窩，僅恃汛兵培補難期得力，仍擬一并由營完補。合之上項土方，統計十五萬方上下。伏查此項工程，原擬明年開辦，現值屯墾餘閒，理宜及早興作。來春開凍庶得專顧海防。已將步隊十營，飭撥七成隊伍，赴工修築，十月半當可竣事。合并聲明。

增辦河工稟

竊南運河兩岸隄身隄腳，陸續加高幫厚，并於朝宗橋以下，至新農鎮添築土牛，各工程歷經呈報在案。昨自馬廠閱操回營，逐加查看，靳官屯至灣頭河隄兩面，共計七十六里，前繫銘軍及古北、正定各練軍分挑之段。地勢窪下，隄身稍卑，本年六七月間大雨時行，河漲間滋漫溢。幸隨時堵築，尚無大礙。來春擬將全隄加高四尺，內有六裏稍高，擬加高一尺五寸。估需土十八萬六千二百方有奇。又，本年九、十月間，所做土牛工程，僅在朝宗橋以下。其上游靳官屯下至灣頭，河隄尚須添築。兩岸共計一百三十八里，估需土方，十萬五千五百方有奇。又，灣頭橋下至新農鎮兩岸河堤計長一百三十二里。每里擬挑土牮十八涸，以防沖刷隄埂，兼引河水歸漕，使河身愈刷愈深，自無積淤潰決之患。估需土方二萬二千八百餘方，另摺請鑒。伏查此項土工甚屬緊要，自應借資勇力亟時興挑。惟土方較鉅，筐鍬等件需用甚繁。現在已交春令，專瞬天氣融和，即須興辦。應懇中堂俯念工作勞苦，仍照今春土工成案，每營賞給湘平銀一千兩，以爲置辦器具及犒賞之費。出自逾格隆施。

改建石閘稟

竊照南運減河以東，中唐窪及距鹹水沽十里之支河，舊有木閘三座。創自光緒二年，以資蓄洩。其時減河未挖，隨宜築置未免過卑。歷年以來，河流日暢，隄身日高，此閘漸不合用。嘗測量地勢，此閘之設，若時值需水，自可引海潮灌溉，以潤民田。若當減河水旺之時，尤能開閘分注，以消盛漲。有減河以洩運河之水，有此横閘以洩減河之水，實與減河相輔而行，利賴甚廣。自應更造石閘，以爲一勞永逸之謨。前經面陳一切，當蒙購料興工，現在工已告竣，尚稱堅固。本屆直屬奇災，獨此減河上下百餘里之間，地勢素窪，并無水患，賴此横閘宣洩之力居多。且此閘分洩運河之水，仿前人放淤成法，逐漸推行，現近閘口地段已淤成沃地百餘頃，附近民人及時種麥，青葱滿眼，彌覺宜人。尤爲地方民生利賴。伏念此項該建石閘，用費稍繁，而爲惠甚溥。本屬萬不得已之工，營中别無閑款可墊，合無開具丈尺作法并動用料件，細册據實報銷。懇請派員驗收，所有工料銀兩并懇飭由卑軍欠餉内核發，俾得稍助工需。再，鹹水沽石閘閘板自爲開閉，潮來則閉，潮退則開。不受潮水倒灌之患，於洩水尤爲宣暢。合并聲明。

新河築壩分水稟

竊卑軍新開鹹水沽減河，前擬接挑至西大沽入海，以收利導之功。稟奉憲批，復蒙節臨驗視諭辦在案。現在下口建造大閘，將次竣工。田工稍暇，即擬分段挑挖。惟開河段内，切近蘆場，所屬鄧沽，内有商人撥鹽運溝一道，形勢自南而北，卑軍開河東注，直貫運溝。該竈户等，恐大河中横，撥運不便，又恐甜水灌入不利曬鹽。稟請察度核辦，旋準林運司函商，擬改坨地於新開河南岸，令商船由河溝駛入，直抵鹽坨裝運。惟慮舊溝窄淺，大船不便駛行。商囑營中代挑寛深，以利鹽運。當經察酌情形，欲杜鹹水甜水之摻混，惟於新開河南岸築起土壩，使兩水截斷，不得相侵，則曬鹽溉種可以并行不害。至於鹽坨，似可仍置新河北岸，大船舶此，由小船撥運。至壩不過略一轉手，但須造橋以通往來。由壩搬運至坨約數十步，統計十坨即分置兩橋，勢便而所費亦自無幾。若照營内各橋尺寸作法，每橋用工料不過二千餘金，由商竈合籌甚易爲力。至新河北岸鹽溝，届時卑部如能騰出勇力，當酌助人工。仍乞中堂行司察酌傳諭商竈，自行籌挑若干。俾官民合力較易集事。伏惟鑒察。

小站石閘工竣稟

竊查靳官屯減河以東，新城以西，距新農鎮十里之西小站地方，舊有石閘一座，本年春間，加濬河身，因閘座太小，隨於閘旁另闢四空，修成五空大石閘一座。俾資蓄洩。茲已工竣，據委員開具丈尺作法前來，伏思中堂全力開此南運減河，固爲宣洩盛漲而設，亦因減河兩岸瘠土太多，有此一河下注，可以分段浸灌，變斥鹵爲膏腴，用意至爲深遠。此間與靜海縣新設横閘，互相表裏，減河水勢盛漲之時，固可及時分洩，若來源不旺，上整理者按：上原誤作「土」游靳官屯閘座勢必關閉，則減河不能存水，時虞枯涸，更何從潤及民田。有此石閘，蓄水無難，兩岸上下百里之間，足資灌溉，實爲地方最要之工。又，上游水勢下洩已逾百里，漸覺平衍無力，下游潮水時有盛漲，頂托太過，實易停淤此閘。乘時蓄洩操縱在人，亦與減河有益。所有建閘工料，實須湘平銀二萬四千六百三十兩有奇。合無仰懇準行撥款給發，俾得清理工需，竟此一簣之功，共食百年之利，益仰中堂汪洋之德於無涯矣。

續建各閘稟

竊上年稟將南開石閘上游添築土壩，以資保護，另於閘南里許別挑河道，重建大閘一座，河南擬設小閘二座，新城橫河石橋及中唐窪減河旁亦擬添建小閘六座。繕具估册，稟蒙批飭運司撥銀九千兩，籌賑局撥銀六千兩，給領興辦。春初，遂委營務處陳鎮連陞、中軍周鎮盛朝督率馬隊弁勇，次第開工，其中南開河道水勢太猛，不得不少有灣曲，尺丈即不得不少有增加。閘座緻關，復經仿照西法，用機器啟閉。皆初議所未及。其餘各工，亦因力求堅整，核之原估銀數不無稍增。茲已工竣，除動用銀數另造細册，理合開具簡明丈尺作法，稟請中堂鑒核驗收。此外，重修來甘石閘，及臭魚窪以下接至新城減河下，小河埂上，代民人添建放淤洩水石灰涵閘三十九座。均係由營籌款興辦，毋庸開報，合并陳明。

建造三閘情形稟

竊盛傳今春閏三月間，曾將新城西北隅及鹹水沽下新河，現籌建閘情形稟陳在案。奉批，屯墾建閘洵屬要工，自可趕早興辦。當經分飭各員弁運石燒灰，不日興作。鹹水沽下新河大閘，派右軍統帶衛提督汝貴監造，馬隊後營派隊助工。新城西北隅大閘，派營務處陳鎮連陞監造，馬隊前左營撥隊任工。中右營分作灰閘十處。中軍徐鎮得元來往商督，并以是閘規址較宏，下閘上橋，用閘門兩層，欲使進潮瀉水均可自爲啟閉，門框用鉄藜木加橡皮小螺絲釘，轉合門縫，下置活輪，兩面閘口則用二寸厚直板三塊，上用繳關，欲使水不滲漏，扯放靈捷异常。灰土石縫交接處所，兼用灰泥碎甎灌稀作法，多由意創。仍不時親詣該工指派。閘口三空，寬皆一丈七尺，合共口面淨空五丈一尺，高一丈五尺。上加橋梁石垛，長二丈，寬七尺，高三尺，共高一丈八尺左右。雁翅各長二丈五尺，中央分水劍金剛牆兩座，每座均長四丈四寸，均寬六尺五寸，以上均用雙料石條海漫，夯築三合土。南北長十二丈，東西寬八丈，築厚三尺。海漫下根脚由平地刨槽，深四尺。兩岸碼頭及左右雁翅根脚刨槽深四尺，寬五尺，三面合長八丈。其間層層排釘木樁、灰樁，填築灰土，并加丁字咬口。共用木樁二千六百八十五根，灰樁八百三十八根。海漫灰土上砌石兩層，兩岸碼頭及左右雁翅皆鋪砌大石十層，五眠五側。中安金剛牆砌石，五眠五側。上加搭橋石垛，一眠一側。每金剛牆內，用咬口石四道，統計用大料青石一千三百八十丈九尺九寸。碼頭砌石後面用牌骨式接砌甎牆二十道，深三尺，厚一尺，高一丈五尺，中間灌稀砌甎，後面填築灰土。統計下腳灰槽及兩碼頭雁翅海漫，共築灰土一千零十六方九角五釐。海漫每方用灰四千斤，灰槽碼頭雁翅撥岸河隄每方用灰二千八百斤，碎甎灌稀交縫灰土每方用灰六千斤。計用灰三百三十八萬七千五百二十七斤四兩。其他建造長橋樑柱閘板所用杉木、松木、鐵藜木，椿木各料及釘鐵、螺絲、漿米、白礬、大甎、油麻，并閘房料葦等件，除人工不計外，每閘一座實需湘平銀一萬四千六百八十六兩九錢八分一釐六毫一絲。兩閘作法丈尺皆同，料物稱是。共需湘平銀二萬九千三百七十三兩九錢六分三釐二毫二絲。以營中燒用蚌灰，每斤不及石灰半價，大宗既可節省，即置辦他料亦均切實考核，杜絕侵蝕。故工雖鉅而費尚無多。詢諸熟悉工程匠人，均言料實工堅，足可百年不敝。伏念卑軍歷年辦工，添作橋閘多座，均繫自行捐辦，未敢瀆請撥款列册報銷。自光緒二年後，弁勇賞款俱停。蓋仰體中堂籌款之艱，又不願棄屯墾垂成之緒。苟力能措墊，何妨一例捐辦，以竟全功。奈志願雖殷而累虧增鉅，現在工料各需雖經隨時挪付，而各處積欠急待清償，不得不據實縷陳，仰懇中堂俯准，將今年稟辦三空大閘兩座，派員驗收，撥款給領。至本年屯墾段內，添作一丈四尺寬，口面石灰灌稀閘十座，每座用款約千餘金；二丈及一丈八尺寬，口面四座，內有石閘兩座，需款約三千金，合共用款兩萬餘金，皆自行墊辦，不再請銷，合并聲明。

開辦河閘情形稟

竊自叩辭後，屈計冬暮閘橋各工需用石料、石灰、椿木各項，爲數極鉅，採運尤難。途次即派副將劉超佩馳往房山琉璃河，副將吴東科在東山一帶，分購石灰煤炭及雙料豆渣石、條石各要件。過津詢問杉松，復飭木行承購。新正以來督令各營趕操，一月即備興工。一面置辦鍬鎬筐繩，僱募木、石、鐵各工匠夫役，逐件推求，堅實作法，反覆申論十餘日，漸有端倪。先飭馬隊統帶副將吕本元，督率夫役於正月二十四日，破凍將大閘塘口開挖，戽出漬水爛泥，以便下椿。河口五空大閘即派該統帶監作。仍不時親往照料。日來凍已融化，步隊十一營定於初三日拔隊到工。卑軍分段十餘里，積水未消，擬飭各營先將營基紥定。派中軍徐鎮得元協同各統帶營官，趕速開溝洩水，分段開挑。所有裝運灰煤石料，東西兩河均僱民船三四百隻，即擬分起編號，作爲長運之船，水程或可源源接濟。第大石質極笨重，由本山鑿出運至水次，尚有旱路數十里，春融後地脈蘇動，重車不如凍地易行，能否如期運竣尚未敢必。現飭採運各員務速趕運赴工，并派周令蓮芬、石倅有琛，馳往靳官屯河頭，設局收發料件，戴牧宗騫隨同籌度綜覆。總期功歸實濟，費不虛縻。河身所用民地，已商營務處先期示諭，函商天津吴道，請其蒞工會辦，丈量給價。飭派陳鎮連陞帶同業户，逐段清丈。據報，量至河頭，間有民墳數處，每塚酌給大錢十千文，悉願買地遷葬。查看民情，頗知感戴。其淮練各營柴薪墊草，俱經吴提督派弁籌購，不至缺乏。銘軍遠來行糧恐難速到，已由卑處備熟米一二千石，略爲通融。此外，客軍到工後，亦當隨時咨度，務令緩急可通，氣誼聯洽。以期仰副憲懷。再，奉新城新河挖淤及西關外攔潮三空橋閘，應歸盛軍另辦。查此項挖淤建閘工程，實需挖方購料銀兩。業蒙批飭行營銀錢所，撥發湘平銀二萬六千兩。仍歸卑軍欠餉内核銷。遵即領運到營，鳩工購料。現在城河業於正月二十六日開工，閘橋亦即開塘興作。統俟閘河工竣彙造册摺請銷。合并聲明。

請修壩閘石橋稟

竊附近南開地方，前於光緒二年，卑軍建有獨空石閘一座，寬二丈二尺，原便鹽船往來。現在上游開通，來水甚旺，又距海河過近。潮汐鼓盪，堂底愈刷愈深，閘勢日形損壞。非將開通減河之處堅築土壩，擋禦上游洩水，不足以資保護。惟土壩一築，鹽船多不便駛，再四籌思，惟於閘南里許，別開河道，於減河隄上另建小石閘一座，以便鹽船。此閘擬將閘空收小，僅寬一丈七八尺，庶來水不虞衝突。下安整閘板，即水勢過大，關閉亦自無難。估需工料銀五千餘兩。又，南開河南地方，鹽池居多。自減河通後，夏秋盛漲時行，甜水灌侵，即有不能成鹽之慮。擬設兩石閘，隨時啟閉，操縱在人，庶不致憂攙入。每閘估需工料銀二千兩有奇。伏查以上建閘之處，均與鹽務有裨，實屬關繫緊要，不辦則目前泛濫已屬不支，明春挑濬下游河身，沿隄加高數尺，漲水隨之而高，則區區橫河，上有減水暢銷，下有洪潮頂托，海濱沙土傾塌無難，勢必汪洋一片。北之民田南之鹽池，皆虞淹没。此兩處建閘之議之必不可緩者也。僅將議建閘座，估具清册，合無仰懇飭下運司迅行籌撥銀九千兩。遴派妥員及時購料，一俟春暖，即行鳩工。以期伏汛以前一律蕆事。再，查新城東門外，同治十三年，卑軍建有獨空木橋一座，現因上游水勢過大，獨空洩水無多，橋身碼頭因之俱損。擬改建三空石柱碼頭大橋一座，估需銀三千二三百兩。又中唐窪旁，卑軍原建石灰横木閘兩道，當減河盛漲下注之時，可以分水暢洩，使之刷去鹹鹵，兼使淤泥所積，變瘠爲腴。現於減河旁建六小閘，以資灌溉兩旁民地。約計每閘需銀五百餘兩。伏查此項橋閘，與南開擬建兩閘，均爲卑軍明春擬辦之工。現在南開之閘，業請由鹽務撥款興辦，所有新城及中唐窪兩處橋閘，僅需銀六千餘兩。爲費無多。而於商旅農田實有裨益。合無懇求派員勘估購料，以便來春興工。伏惟憲鑒。

自行開閉閘門辦法稟

竊奉咨開，以冀州吴牧擬造洋式牐門，飭令遴派經辦此式幹練弁勇，馳往幫同妥辦等因。伏查前造自行開閉閘門，本係意爲創造，并非有洋人圖式可循。其法於閘之上下游各設小門，潮來之時將下游小門鐵鏈放鬆，藉潮力將門抵緊，潮水不能闌入，潮退勁緩外無頂力，其門自開。以期洩水暢旺。如需蓄水，上游之門亦將鐵鏈放鬆，潮來力猛，其門自砉然洞開，潮即汩汩而入。退潮無力，門隨闔閉。不使潮水再行洩出。當日如此辦法，一内一外，一上一下，原係因地制宜，借潮水頂托之力，可以啟閉如意。冀州地當上游，未必有潮汐往來之力，地勢迥乎不同，若仿照船塢洋式牐門作法，情形亦復小异。蓋牐門開時必須内水與外水相平，啟放始易，船隖不過受長數十丈，寬十數丈之水，吸力本自無多，但能水由孔出，内外水勢自足相抵，施放不難。冀州既受上游最激之水，力較猛迅。僅由孔中洩水，本不能多，外無他水可以抵托，誠恐愈吸愈緊。牐門一閉不復能開。似反不若中法之便。若欲萬全無弊，惟有全仿西式作法。於原閘下百數十丈地方，另建一閘，以資蓄水，頂托可以得力。然爲費過鉅，未知該州能否作到。至卑處監工員弁，僅能依照成法幫同照料，若洋人繪圖測算，諸事亦所未諳。冀州此項督工員役，自不乏人。似可毋庸卑部派往，伏希憲鑒。

懇辭湖南提督即日赴子牙河工稟

竊盛傳請假歸省，已於本月初四日稟陳，茲復仰荷恩綸自顧終虞隕越。擬俟奉到行知後，再行趨懇代辭新命，以適愚忱。至子牙河工程，盛傳於八月初一日親赴察看後，隨即馳回新農鎮，督飭步營操演，兼看下游閘座隄身。疊於初三初六等日，接閱吕副將本元來稟，據稱自初二以後，雨水緜劇，北壩土櫃洗刷尤深，幾致掣動全壩。比令回營隊伍，專顧北壩培壘加樁，防守兩夜，始獲穩固。連日督飭各營加勁搶築，而初三初五等日，雨勢更大。鹽河之水長至二尺有餘。溜急水深，較前日工程尤形棘手，幸賴弁勇民夫异常踴躍。現今築成之壩，約將二十八九丈，中溜尚寬七丈有奇。若果天氣晴明，水勢稍減，似合龍尚易爲力等情。查口門愈狹則逼溜愈急而愈深，自非謹慎提防節節進佔，不足以底成績。除函飭吕副將加意堵築外，即於本日馳赴馬廠，親往督工。恐繫藎廑，敬以附及。

堵合子牙河稟

竊前因子牙河由大城縣境趙扶村之西，決開二十餘丈，文大窪區恐被淹没。當即派令馬隊統帶副將吕本元，督率所部八成隊伍，連夜馳往搶堵。無如倉促之間，工料不齊，水勢愈猛，刷至三十餘丈之寬。雖經趕緊填塞，乃旋築旋蟄，人力難施，復經吕副將派員購辦木料，并防偪堵過河工夫頭，添募熟練河工。兵勇仿照黄河永定河工程，兩面進佔之法，始覺少有把握。盛傳於二十七日親赴工次督率，并將民夫加給工資，以期集事。至八月初一日回防，茲據吕副將稟，自初九等日兩面進佔之壩，已及二十餘丈。中間口門僅留二丈有餘。屢奉面諭，合龍之際兩壩務期穩固，上壩尤須加埽擋溜，俱已遵示安置妥貼。即於十一夜間，督率勇夫加勁合龍。其時水勢愈急，下壩頂沖之地，猛溜下注，危險非常。賴將弁身先督率勇夫踴躍從公，已於子時將壩合龍，水歸正河行駛。現仍督將壩下細漏趕緊堵塞。不敢以大工已竟少涉疏虞。旋又據稟稱，新壩細漏業經連夜補築，又於口外另築滾壩一道，計長三十餘丈，底寬三丈，頂寬一丈，高八尺。并將決口相連上下二里許之裏隄，一體加高，以期結實。刻已工竣，全壩俱臻穩固。伏查該河本滹沱下游。於直境諸水素稱難治，與永定河相埒。自決口以後，大溜浩瀚奔騰，勢如赴壑。木樁柴料一無預備，即挑取素土艤搭船橋，猶有三百數十弓之遠。而節經雷雨，減落之水，又復逐漸增高。辦理堵築，頗形棘手。經該副將親自督率，沾體塗足，勞苦不辭。當合龍之際，與諸將弁夫三晝夜間不敢暫圖休息。計自進佔至今旬有餘日，仰蒙福庇，已將龍口合成。尚屬妥速。除將善後補築各工飭令該副將妥爲填築外，理合肅陳。再，南趙扶外隄，西岸前於決口之際，被水冲突淘刷之隄，除決口外，尚有二百四十餘丈，俱屬受傷，亟應一律培補。隄腳皆寬三丈五尺，頂寬一丈，扯寬二丈二尺五寸。受刷稍輕者，約高八九尺。其受刷太深之處，即須高至一丈五六尺，約計土方六千四百八十方。此外隄裏口之應修情形也。至該岸決口之處，極深者至三丈有餘，淺處約深一二丈不等。均拉計算，通深二丈五尺，正口長十六丈。兩頭約各長四五丈，拉長二十五丈。沖刷之處，培腳約寬三十丈，頂寬約八丈，拉算計寬十九丈。約計土方，一萬一千八百七十餘方。此決口應填情形也。又，西隄之外，當搶口之時，就沖塌廢隄取土，約高低不等隄一百六十丈，拉高一丈，拉寬一丈，計土方一千六百方。三共合計約需土方一萬九千余方，工程較大。若僅恃營勇，亦嫌太緩。擬仍照前倍僱民夫，發給工資，以期迅速。至取土之地，西隄外距隄稍近，而水尚未乾，現猶不足以供挑取。若河東隄外，既隔月隄，月隄之外，仍隔窪塘，再到取土之處，三百餘弓。計路幾及里餘。十夫之力日僅取土一方，勢非數十萬工不能集事。爰擬日內往勘，如有可以就近取土之處，自當力求節省。合并聲明。

堵河難易稟

竊聞梁家園决口屢堵不止，近已停工。展至明春再辦，竊於往來員弁細加詢問，據云决口十餘丈，海河自外灌入。惟水面僅高二尺，及玆堵合尚屬無難。伏查决口以内，地方縣廣，居民多貧，秋收已虛，愈形瘠苦。倘水勢不退，明春種麥無從，爲害，豈能殫述？與其明春興作，仍不免工費并勞，何如堵合及時較多裨益。况轉瞬霜降，水落尤易施工，附近土城取土亦爲便易，日後運土補築，更無煩費之虞。惟派地方人員承辦，則應令僱民夫，若以營勇工堅。費省，則物料一切，應請悉歸營員。事權既專，收功自易。伏候采擇施行。

卷九 行實編

報捐欠餉稟

竊叩辭後馳抵防所，勤督諸將，嚴整操防，一如上年。徐防操法海防一事，關係極大，仔肩極重。百年之計，非爲苟且旦夕之謀。前此僅將河南大略形勢粗覽一過，至全局經營，非倉卒所能立辦。明年卑軍北渡，擬紮静海操練以壯聲援。後於沿海沿河各隘細心察看，應若何聯絡布置之處，届時稟請方略，仍求裕餉以厚軍，儲材以待用。盛傳雖駑下，敢不殫竭愚忱以求上副委任。前者，面陳卑軍各營歷年欠餉，爲數頗鉅。稟請奏銷捐入學校，惟卑軍歷年馳逐無定，卷案分存猝難核查，擬請飭知後路糧臺報銷局，將卑軍自同治三年起截至七年冬季止，積聚欠款除米糧車價雜款銷除外，實存若干，由局詳報。應即協同胞兄前涼州周鎮會銜具稟。可否提存成餘，以備傷廢將士養贍，及陣亡勞故人員建祠置産，其餘悉懇奏請捐銷。歸於鄉試院試加額。淮部之興，近十年矣！少壯入軍，漸成老大，若不隨時整頓，日久必且寖衰。若以曾經出力之人驅歸凍餓，此心烏能自已。倘此項提成儲積專派妥員經理，俾從征傷廢員弁不致遽填溝壑。戰士聞之益當感奮，臨戎從容敢愾矣。

酌存捐餉餘款稟

竊上年稟請將卑軍歷年欠餉捐入學校加額，并懇提存成餘，以備傷廢物故人員養贍祠田之用。業蒙批准照辦，并飭糧臺查核總數申復。仰見中堂體念戰士無隱弗周。於矜恤之中默寓振興之意。頃接揚州分臺咨開，查明盛字傳字二軍先後奉札立營之日起，截至同治七年十二月底止，除扣米價并支過餉票現銀外，實欠發銀三十一萬九千九兩三錢一分四厘二毫八絲九忽。查銘軍報效欠餉銀三十餘萬兩內，提存二萬兩，以備將來開差用費。此次盛傳二軍報效銀數相同。可否比照銘軍成案，亦提存二萬兩，爲建祠置田之用。其餘分別加額。伏查卑軍自成營至今陣亡傷故人員奏准建祠者，已有數人。加以傷廢養贍置買田産，各費需款較鉅，銘軍先年營數倍於卑軍，其報效則與卑軍略等。統計先行動支欠款爲數已多，卑部歷年隨剿，百未安置，所有恤養存殁將弁全仰給提存一項，與銘軍僅留作開差費用者，情實不同。合無仍懇將此次核請前項欠款，以三萬九千九兩作爲提存之款，下存二十八萬兩悉數捐銷。聞皖省近年鄉試人數日增，所有此次捐款，自應以大段歸入鄉闈，餘者以廣學額。

此中斟酌匀配，想中堂自有權衡。非盛傳所敢妄擬。伏惟鑒察。

辦理養老敬節義塾等事請續撥存餉稟

竊卑部提存欠餉銀三萬九千兩有奇，稟蒙撥發萬兩有奇。爲故鎮程廣和、劉啟福，故副將周盛武等建置專祠在案。假歸後，即擬將祠基各項次第經營。程鎮劉鎮各建一祠，周副將等合建一祠。月餘以來佈置漸有端緒。惟數年以來，相從員弁兵勇陣亡死事之家，以及傷廢兵卒，困苦無依者，尤不得不設法安置。擬在盈緣寺側購買宅基，分爲三項，一爲養老之所，一爲敬節之堂，一爲孤幼讀書義塾。俾死事者鰥寡孱弱均有所歸。以恤其老，以矜其節，以訓其子弟。身後之事，一一妥爲照料，冀慰中堂痌瘝一體之仁。故將士魂魄有知應亦無憾於地下。惟養老、敬節、義塾三處公所，須起屋百數十楹，各須置田百數十頃，現已於八月動工營造，義産亦陸續收買。統計田房各項需款甚鉅，前領之項業經用罄，擬懇仍飭揚州分臺於提存欠餉項下，再行撥發湘平銀一萬五千兩，俾得即時經理。脫有不敷，再隨時續請動支。俟工程告竣，祭田義産辦理就緒，當詳細核實開報，伏惟鑒核。

本籍敬節育嬰義塾牛痘諸堂局懇奏立案稟

竊盛傳籍隸廬州府合肥縣西鄉，自咸豐三年郡城失陷，四年春賊隊大掠，所居適當舒，桐往來孔道，胞兄盛華首倡團練，約集族鄰結團築圩，以衛鄉里。期會甫定而賊股麕至。盛傳遂與諸兄會督團丁，且戰且守，屢挫賊鋒。時練勇新集經費不充，火藥糗糒之屬，不得不商諸坊民協力營辦。頗賴鄉人急公向義，彌縫其闕。五年二月，藍髮賊大股來犯，盛華血戰死之，族人及練勇從死者五十餘人。同治四年，報明本省，採訪忠義局奏請恤典。奉旨追贈遊擊銜，照遊擊陣亡例從優議恤在案。五年秋，前安徽撫部福，諭令盛傳仍辦團防。遂與四兄前涼州鎮盛波，免承兄志，再整練勇，疊戰獲捷。屢獲粵賊巨酋，解送撫部院行營正法。僞翼王石達開，復率十餘萬眾環攻，累戰擊卻。十月攻克上派河賊壘，遂從官軍克復郡城。六七年間，復帶練勇偕李道元華會攻潛、太、舒各城，破走援賊。八年，郡城再陷，髮賊踞爲窟穴者五年。民練多洶懼不敢抗，惟西鄉兩團并力拒賊，或固壘死守，或連營進逼，僞英王陳玉成，僞孚王陳得才，賊帥儀天福，捻渠孫葵心等先後竄撲數十百次。殺賊萬計。上派河、董岡、小蜀山一帶迄爲戰場。其時，隨從殺賊團丁，半係親族子弟。而米糧柴薪之屬，半由坊民踴躍輸將。十一年，官軍克復省城。同治元年郡城亦復。盛傳兄弟始奉憲臺檄飭。募勇赴滬開立盛字一軍。轉戰南北，盪平髮捻，肅清陝西北山土寇，迄今十有二年。所有隨征出力將弁勇夫，歿於王事者，業經隨時呈請奏恤，先後奉旨敕建專祠昭忠祠各在案。上年移防畿省，竊念將士，奉旨建祠，而經費難措，無由妥奠忠魂。請於盛軍欠餉項下，籌撥銀兩以資營造。旋經核准撥發，亦在案。計自十年鳩工時逾兩載，先後共建奏準之周盛華、盛武、行發、劉啟福、程廣和專祠三處，盛軍弁勇昭忠祠一所。已於上年告竣，設位致奠。以妥忠靈而昭國典。惟盛傳自倡練鄉里，苦戰十年，地方倖免從賊，而以此抵犯群賊之怒，日圖報復。西鄉亦遂數數被兵，與郡城賊患相終始。嗣後募勇東征，所部率皆起自田間，久經轉鬬，姻戚族黨相從者尤多。當其荷戟前驅，同心敵愾，前者捐生，後者益厲。及至身爲國殤，被詔旌恤，而凡寡婦幼子孤苦靡依，情形尤堪憫念。盛傳母氏，年逾八旬，目睹心惻，時以錢米周其困乏，年終歲歉，賑給尤多。顧念此項孤苦死事之家，若不代籌長計，終苦嫠節不能保全，孤弱不能教養，怵然引爲己疚。疊次傳諭盛傳兄弟累千百言，飭以力籌鉅款捐建公房，俾孤露得所依歸，免致流離失所。又念兵燹以後，族人多以貧廢學，婚嫁喪葬，時舉尤稀。又以舊習相沿，往往生女溺棄溝壑，以故生聚益寡。嬰兒患痘，亦多無法解救，猝致阽危。種種疾苦，皆視爲身受切己之痌。并命博訪昔人敦族恤鄰諸善舉，竭力捐産，次第舉辦。盛傳等懔遵慈命，由目前事定之後，追溯當日始事之難，未始非鄉鄰族党悉力匡助，強者備征繕，弱者具餱，糧，黽勉同心，以有今日。若竟漠視桑梓，略無扶助周恤之誼，上無以告慰老母，下無以對我鄉里。遂一面派員買基地估計興工，一面綜核歷年薪費節存款項，并舊産所入贏餘，悉數捐辦。先於舒城之三溝驛地方，買田千餘畝，建倉桃城。次擇家祠左側永濟鋪前莊房，首建敬節堂房屋四十四楹，以處死事之婦，并族鄰孀居不能自存者。按月給費，計口受食。章程限制略仿江蘇省城及湖北武漢之法，稍加增損。又於其旁建造義塾，以教本族子弟及節婦之子，死事之家。另闢莊基一所，置六十餘間，爲育嬰堂。凡生女無力贍養者，報明本堂，按月支給錢文。三歲後截止，約以二百人爲率。并附立義塾於堂側，專課鄰里子弟貧不能受學者。與本族不相攙越。旁置牛痘局，延請醫生善種牛痘，以濟疾厄。四項共置田四千四百九十畝，附大錢四萬千文，於合肥西鄉永濟鋪及舒城兩處，設立代典，月抽一分之息，以充四項公費。統計每歲額租五千石，息錢五千千文。節盈補縮，當可接濟無乏。除敬節堂、義學兩處房屋係欠餉餘款接用外，其他購租存息一切用項，均係自願輸捐。日後照管司事、銀錢、田房，均經明定章程，由盛傳之兄弟子孫會同族鄰，擇賢經理，不得以私意把持專擅。又，盛傳兄弟一介武夫，叨沐國恩，至優極渥。不敢仰邀議敘，惟事係創辦，法貴經久，擬懇飭咨安徽撫部院，俯賜查核奏請立案。頒發印帖并祈賜示勒碑，永禁盜賣，以昭遵守。伏惟鑒察。

懇將周盛華等奏建專祠稟

竊奉兩江督憲曾，照開甯國失守陣亡未報各員彙查奏恤，奉旨，周盛武著照所請分別議恤等因，欽此。轉行到營，溯查咸豐三年冬，廬州失守，周盛華督團剿賊，咸豐五年二月，血戰陣亡。稟蒙奏恤。奉旨，周盛華著贈遊擊銜，照遊擊陣亡例優恤。本年夏，張逆竄直東，卑軍在甯津、吴橋、毛家莊大戰，擬保總兵銜副將周行發，陷陣重傷，在營病故。業經稟乞奏請優恤，各在案。伏思胞兄盛華，堂弟盛武，侄孫行發，陣亡傷故均蒙奏恤仰荷恩褒，允昭泉壤之光，益勵軍中之氣。現在中原底定，每念故員等，志存馬革，誓報涓埃。先後血戰身亡，殊可憫惻。可否仰祈憲臺，奏請將該三員，在本籍地方合建專祠，爲奮力戎行者勸。再，盛武陣亡，妻陶氏聞訃仰藥自盡，節操凜然。并乞奏請旌恤附入專祠，以維風化。伏乞憲鑒。

盛軍建祠請奏稟

竊卑軍駐直有年，物故弁勇歷經按季呈報，分別呈請奏恤在案。惟是此項弁勇隨征駐防先後二十餘載，積勞病殁，歸骨無期，情事至爲可憫。前於同治十二年，曾在青縣馬廠附近地方，購置民田作爲義冢。當將購定義地各花户田畝實數，懇請奏予豁免正雜錢糧，并聲明於冢旁隙地建祠。以卑部先後已故弁勇合祀，以期歷久不廢，均蒙鈞鑒。伏查前項義地，業蒙中堂於同治十二年十二月十九日，附片具奏，請豁免錢糧米豆。二十四日奉旨「户部知道，欽此」在案。惟建祠一事，尚未呈請中堂奏明。伏思此項祠宇係卑部自行捐建，原爲妥侑已故弁勇，揆之古人以死勤事則祀之義，正屬相符。現在卑部駐紮此間，照料有人尚無廢墮之慮，將來年湮代遠，湮没自在意中。合無懇請中堂俯賜奏咨立案，并飭縣知照，俾垂永遠，而勵將來。無任悚切屏營之至。

變通新城田畝爲義學經費稟

竊卑軍墾熟新城之田，六十餘頃。前於四年冬間，招佃領種二十餘頃整理者按：頃原誤作「畝」試辦。其餘仍由營僱人耕種。原擬所得租息充辦義學，面稟在案。茲查該佃等領去之後，未能實力耕作，每年租息多欠，田畝亦多拋荒，殊非經久之計。新城新造之區地近海濱，人多頑詐，非導以詩書之教不能訓致善良。現設義學四所，入塾讀書者已有一百餘人。每年用度千餘金，日漸月摩或可稍變愚魯之俗。此時勢難停止，此項租息即爲不可少緩之需。而新城距營較遠，勇夫常川在彼照料田地，與民人雜居，亦非善策。現擬變通辦理，飭卑軍營務處陳鎮連陞，招徠附近人民，每畝令其略繳車屋農器之費，即將本田給令永遠耕種。所得之款，彙有成數，統行存商生息，按年支取，以爲義學經費。其附營稍遠之田，并令仿照辦理。以便騰出勇力專事操防。俟辦有成效，再行具摺立章存案。

籌辦懷新義塾經費并擬定章程稟

竊新城一帶地近海濱，民多窮苦，僅以揀柴撈魚爲生。重以性情頑梗，巧者習於浮游，強者且流爲盜賊。推原其故，皆以家貧無力讀書，風俗之衰殘乃至於此極。盛傳往來其間，傷其無教深用惻然，時以興立義學爲念。歷年以來，逐漸試辦，惟以經費無出，未敢呈明。現飭營務處陳鎮連陞購置荒地，積淤成熟，栽種蘆薪。又於附近田地築置圩基，廣興菜圃。約計兩項租數每年可得錢二千文，以之抵充義學經費，有盈無絀。又於南門外建置官房一所，共三十間。以爲生童棲息之地。惟事皆創辦，必須詳定章程，始足以垂久遠。謹將擬定章程另摺呈請，奏咨立案，俾得經久不渝。無任激切屏營之至。

一，學生每日清晨來學，日暮課畢散歸，聽師指授功課不得違命。有事向師稟明告假，始准回家。若蠢頑攪鬧，任意去來，不守學規，經師屢戒弗悛者，即行告知董事斥出。

一，塾中上書寫字認字講書講詩文，必先立定功課單，帖於齋壁，按時分課，每日至晚由師分別登記，逢朔望日，董事考查以區優劣。

一，塾徒家人親戚來塾，但在客堂會話，無須留塾閒談，致擾學規而妨正課。

一，學生入塾一年，至臘月散學時，由先生通核課程，切實考校，其質地聰穎學有進益者，董事即酌升入內學堂，若資性下愚，於書字概不能通曉者，董事即秉公甄別，出塾令其改業，除去名數，次年按名另補。

一，學生路遠，食宿往來諸多不便，准由懂事體察，該學生途路遠近，分别留住塾中，供給飯食。

一，董事須擇本地公正紳士，爲鄉里所推重者，乃可延訂入塾，每日須有一人住宿塾內，以便照料稽查，所有莊田租課歸其收管。塾中用款，照章動支，年終開具出入清册，呈送地方官查核，定章以外分毫不準浮支開銷，以昭核實。

一，先生每年正月半後到館開學，臘月半後解館散學，著爲常例。次年留館與否，由董事先期請示定奪。

一，董事經管一年，辦理各事妥帖認真，絲毫不苟，次年仍準留塾，若查有不能盡心職事或款項出入不清者，由地方官辭退另選。

一，夫役勤墮，董事隨時稽察，如有酗酒偷竊及門户失慎等事，準由董事秉公撤换。

擬立懷新義塾歲支章程

一，義塾學堂四處，延師四位，分內外兩堂，內堂講文理，外堂讀書習字。內堂師席每年束脩大錢七十千文，外堂師席每年束脩大錢五十千文，合計內外堂修金每年二百四十千文。節敬每節大錢三千文，合端五、中秋、除夕三節每位大錢九千文。共合錢三十六千文。

一，義塾學生以七十人爲率，每人歲給紙筆費大錢一千四百文，按四季支取，共合大錢九十八千文。

一，義塾立董事三人，每人每歲薪金四十千文。共合大錢一百二十千文。

一，義塾夫役四人，每日挑水除糞掃地烹茶，以及伺應先生，照料門户。每人歲支辛工大錢十八千文。造飯伙夫一人，歲支辛工二十千文。

一，義塾每日食米四斗，每月十二石，每石米價錢三千文，每年共用米一百四十四石，共合大錢四百三十二千文。大小建及閏月照算。

一，義塾每日燒草二百斤，每斤兩涸五毫，每日大錢五百文，每年合共大錢一百八十千文。大小建及閏月照算。

一，義塾每日買菜大錢一千文，油鹽在内，每年共合大錢三百六十千文，茶葉、火紙、燈油每日大錢二百四十文。每年共合大錢八十四千四百文。兩共大錢四百四十千四百文，大小建及閏月照算。

一，義塾動用器具每歲添補修理，合計大錢二十千文。

一，以上每年總共用錢一千三百七十五千四百文。現在每年收蘆柴菜租兩項錢二千千文。除用去外，實存尚若干。由董事報明新城同知守備，分年輪管，不得輒挪移他用。如積至二千串之數，即由董事稟請地方官應提出爲修蓋房屋，推廣學徒增置月課，添購書籍及各項之用，隨時斟酌情形辦理。

盛軍辦賑情形稟

竊查滄州以南與東省濱海各屬接界流民，就食相率北來。蒙中堂籌撥賑款，於津郡設立粥廠十餘處，收恤飢黎。而卑防偏在東隅，自南達北，孔道流亡麕集。近營中唐窪、八里臺一帶，適臥病新城周鎮壽昌，以狀來告。爰商飭部衆推廣中堂德意，於屯田公所設立粥廠接賑。先擇平曠爽塏空基一所，編搭蘆棚，分路列號，下墊稻草，界以圍牆，使男女异廠而居，按人派米五合，日給兩餐，夜爲司守，領粥探問均有定時，使無淆亂。區別尤寒苦者，散給棉衣，自前月開廠所收男婦已七千人。分令該營務處等督飭委員，部署所需米柴。各種款項，均由自行捐辦。來春資遣，以各員輸款濟之。現當隆冬歲迫，察視附近窮民尚無失所。伏惟鑒察。

請發養廉并房價捐稟

竊直隸本年秋旱，津滄西南毗連晉豫各境，多被遍災。河間所屬交河獻縣被災尤重。流民相率東來，半由馬廠、唐官屯一帶，沿運河赴津待賑。而營中新大道及海濱空闊之地，處處可通，流民絡繹不絶。每一出營，即有老幼婦孺百十成群，環跪道旁，涕泣求食。雖暫以錢米散給，權資度日，將來隆冬乏食，來者益多。防營肅静之地，本不容其擾雜。而極苦望救之民，又未便嚴行驅逐。更有津静所屬極東窪鄉百十村莊，向以刈草捕魚爲業，無如今歲草爲蝗食，穀價倍昂。窮民生計尤艱，紛紛詣營求賑。盛傳歷年竭蹶從公，本無拯災之力，目擊顛連情狀，又難恝置於懷，伏思中堂智周道濟，既於被災州縣散給米錢，復於天津郡城分設粥廠。遠至晉豫鄰省，無不曲逮恩施。津東近在覆被之中，必不忍令踵至災民獨填溝壑。溯同治十年十一年間，馬廠散米賑粥，及去冬新農鎮設立粥廠，均自行捐辦。未敢請領分毫。本年甫交九十月，業已滿目流亡。况值鄰境皆荒，續來必衆，釜鐘之惠勢必不支。仍非推廣粥廠圈地搭棚施放，不足以資存恤。已飭各營，築就寬大營基一所，用備棲止。惟營中實無現款，獨念前此請領廣西右江鎮任內養廉，核准庫平銀四千八百十五兩，業蒙轉咨廣西撫部院，飭司解直。此項有著之款擬懇先行賜撥，又，調任天津以後，本缺應領廉薪，自光緒元年七月起至本年十二月底止，均未具領。此項公款，本擬留爲防海工需，現在飢黎待賑孔殷，自應移緩就急。倘蒙發給，即將前項廉銀悉捐辦賑。至直隸武員養廉僅發六成，大沽各營曾蒙飭發全廉，以資體恤。津鎮事同一例，可否行司照數核給，免扣四成。增一分實款，即多一分實用。如蒙俯準，即乞并廣西養廉於津局先行借撥，俾得早購薪糧開廠趕辦。毋任激切屏營之至。再，目下米價日昂，銀價日減，賑廠約以冬月開設，二月徹裁。揆計人數必數倍於往昔。儘廉動用必不能敷。查卑軍建築新城時，各營曾於城内捐蓋市房三百六十一間，估以每正房一間，作價五十千文，廂房一間，作價三十五千文。計正房一百九十三間，廂房一百六十八間，統合製錢一萬五千五百三十千文。元年稟請變價歸公，奉批，宋丞寶華出差，無人經管。俟該丞差旋，再行核議。現在同治衙署已移新城，閩廣海船亦經移泊，貿遷生聚，色色日新。前曾面稟，請以市房租價，再撥附城熟田若干畝，作爲新城城垣炮臺歲修，歸城守收租經理，仰荷垂察。此項房租歲約製錢一千餘千，將來與田畝兩項，永作歲修，不須另籌別款，亦不準挪移他用。實與防務永遠有裨。如蒙變價歸官，即乞飭下同知守備，會同察勘。將應得房價一并捐賑。以備來春接賑及撤廠資遣之需。庶免臨時竭蹶。事關城防要件，歲修亦須預籌。可否飭知海防支應局，陸續籌發，一轉移間，賑務防務兩有裨益。益感中堂德意於無窮矣。

再請領鎮廉辦賑稟

竊前因津東就食飢黎，擬捐廉籌設粥廠，稟陳在案。奉批，飭銀錢所先撥銀四千兩，以資趕辦。仰見中堂心存利濟，不棄偏隅，於通籌肆應之餘，仍廑一視同仁之抱。盛傳仰體德意，凡遇防境應籌事件，未敢以軍營漠視民艱。故歷歲營中辦置粥廠，散放錢米，先事均未請款，事竣亦未列銷。此次捐辦粥廠，業蒙批發廉奉四千兩，苟有閑款可籌，亦或儘款可辦，決不敢瑣瑣瀆陳。惟查目下糧價之昂，倍於往年。包米每石幾及四兩。即次色之米每石亦需銀價三兩三四錢。卑軍向辦粥廠章程，每人食米四合，即以萬五千人計之，日需米六十石。每月即需米千八百石。加以燒粥之柴薪，居住之棚席，疾病醫藥，死亡收斂各費，無論如何節縮，按冬月初開辦，正月杪徹裁，不敷甚鉅。若待飢黎入廠待哺嗷嗷，始以款項不敷陳請，民命所繫必致輾轉稽延。惟有籲懇中堂，俯念災民待賑孔殷，仍準將廣西右江原缺未領俸廉銀四千八百十五兩，先行借撥，一面咨催廣西撫部院速解歸還。此項銀兩本屬應領應發之款，業經全捐辦賑，該省或不至延宕稽時。至津鎮全廉按照部章，每歲應領銀一千五百兩，若減成核給歲尚不及千兩，爲數無多，當此賑需孔迫，朝廷尚准截留漕餉，疊施浩蕩之仁，司款似亦不妨移緩就急，悉數籌發。多一金實款，即可多賑一人。他處當不得援此爲例。如蒙核準，可否行司仍照全廉核給，俾濟公需，尤深感仰。現在卑防設廠已圈營墻兩所，棚用葦蓋，兩面加厚草厚泥以禦風雪，均已部署就緒。流民聞風麕集，月初即須開廠。瞻望德音，無任悚迫。

辦賑情形稟

竊自馳回防所，流民麕集已有二三千人。途次老幼婦孺環伺哀請，不得不聊與拊循。遵照憲批，予以日食之米，令其轉向地方報名領賑。河間各屬，諭以仍回本籍就撫。該災民迫切求援，涕泣弗去。惟有趕緊運米運柴，克日開廠。一面傳諭分投報名以免擁擠。剔除丁壯以拯貧弱。於十一月初九日開收，十五日截止，登册住廠者已九千人。遠方聞風而至饑苦難歸，雖在截數之後，亦尚須量爲收恤。月來續至者，又有一千五百餘人。查詢住籍，大約直隸交河、獻縣、東光、滄州者十之六七，隸外州縣者，十之二三。按人日食米四合五六，每日約需米五十石。以保甲門牌之法，編號分居，不使攙亂。以闈場換旗之法挨次赴領，不使争先。其他極苦綿衣，疾病醫藥，生産肉湯、糖食，病故棺木斂收，逐細研求，隨宜施給。復飭營務處戴令宗騫，中軍營務處徐鎮得元等督同照料。顆粒必使實沾，用費務求撙節。盛傳仍不時赴廠察看情形，災民初至飢憊，數日漸形甦轉，尚不至流離失所。月來營中試演鐵靶取准，綫路又與擬定，操法不同，必須略爲變換。督飭各將領哨弁，加意講求。海濱雨雪未加，冬操當可不誤。礮隊打靶，現令展開里數，駕車生馬亦已漸次盤姗。津東一帶民情甚謐。惟隆冬無雪，間有火災。津郡東門外保生粥廠，亦有回禄之厄。撫恤情形，當由駐津司道詳報。營務處丁臬司賑糧運至馬廠，河冰難進。往復函商，改運獲鹿。隨飭陳鎮連陞，吕參將本元，幫同僱車派弁照料改路情形。想由丁臬司稟報查核矣。

加賑請給房價稟

竊卑部自正月初四日開操，槍隊仍演鐵靶。按照操章，先練頭目，親自逐日調閱，營官幫帶哨官哨長步小隊，中靶約五成至六七成不等，各營棚頭中靶約四五成不等。操練雖軍中日行之件，欲求精進亦非於常格而外稍示勸懲，不足以作新士氣。檢閱舊制銀牌，自三兩至五錢，尚有四千餘面。足敷全紅獎勵，不中者罰跪，惟中兩槍者須搭賞錢文。每每多於全紅。計銀牌四千面用完，又需製錢萬串，雖值領款日短，不敢第事省嗇，致怠操防。礮隊打靶現展至三里外，營哨官哨長棚頭中靶均在六七成。值此天氣漸和，端架蹲立較易平直，必應力督求精，以期仰紓憲廑。卑處粥廠自冬臘釐定章程，承辦各員，悉心經理，猶復不時查視，親與拊循。災黎收廠月餘，漸除菜色，惟有感病死者，日不乏人。雖分飭醫生勤加診視，每日代煎湯藥，多至百數十人，亦苦不能全活。細揣其故，大半忍飢日久，虧苦太深。又迫嚴寒侵入腠理，故一至病臨遂傷垂斃。上元後天時漸燠，津門各廠已陸續徹裁。卑處亦自十六七日分遣。人給米一斗五升，津錢四五百文不等，有尤苦者，加倍。或增至兩三倍。搬取已故棺木，則量其路程之遠近，從重給資。有婦孺而無男丁，實不能成行者，車送回籍。抱病未痊約近百人，暫留調養。月内當可一律散竣。營近海灘窪區，歷年收成本少，向以刈草捕魚爲業。上年草爲蝗食，湖泊皆乾。情形亦較往歲爲苦。自粥廠開設，多扶老攜幼盡室偕來。維時以流民就食衆多，交河獻縣一路待賑遠來，尤爲急迫。近處老弱婦女只可略收一二成，其餘諭令暫歸，俟年冬察查成災輕重，分別賑給錢米若干，稍資補助。該貧户等時亦聽從開導，由莊頭帶領還家。迨至歲暮，紛紛稟求，出入輒有男婦環跪遮道。迫申前請。不獲已，於臘暮派員分履各莊，查點户口人數，剔除次户，計津、静、滄三屬迤東，四十餘村莊，應賑者一萬五千五百餘人。擬按極貧苦者，每口二斗，次貧一斗，小口減半發給米糧。其收麥各村，擬按口發給津錢五百文，小口三百文。日來分別散票，亦擬於月杪月初一律散放，藉度春荒。通盤籌畫，粥廠遣費合計不下兩萬金，前承賜撥津鎮養廉銀四千兩，益以辦公薪費不敷尚多，無已仍懇俯準將新城勘明市房三百六十二間，共合製錢一萬五千五百三十千文，早予撥發俾得添入賑款。至此項房價本備收租，爲防城礮臺歲修之費，應於何項移緩就急，統求憲裁。一俟奉到批示，即將房間開摺繪圖呈報，移交地方城守官經理。合并聲明。

籌辦交河等縣賑稟

竊自移住馬廠，逐日調取馬隊各營，分演遠近各靶。獎戒兼施，先演百四十步，牽算中槍在五成以上。復展至百六十步，中槍在四成以上。自統帶營哨官、哨長、棚頭、散勇并幫辦差弁，分投調考，較之去冬初演鐵靶略有進步。正在講求校練間，適差員護送粥廠災民回稟，行經交河、獻縣、東光等處，哀鴻遍野，地方困苦异常。廠中災民回籍，見鄰里餓斃流亡，仍恐不能活生等語。隨即飭派原辦粥廠委員副將張應龍、縣丞周蓮芬馳往被災各處，輕裝便服，分歷交河、獻縣、河間、東光、阜城、武邑、景州八屬查勘。情事相符，而交河、獻縣、阜城、景州爲尤苦。每遇村落，幾至寂無炊煙。入莊探問，壯丁大半逃亡，男女幼孩皆求鬻於遠鄉，甚至不索一錢，但求度命。其或顧惜體面，不肯令婦女弱息拋露他鄉者，多至闔室困餓，病不能興。數日所聞，皆哀苦愁歎之聲。所見盡鵠面鳩形之狀，約計八州縣境，百數十萬人，逃亡者十居其三。僅能自存亦與相等。倘遲至四月無雨，無資以生者，必至十居三四。待救情形萬分危迫。接據該探員等回報，焦窘成疾，罔知所措。明知中堂統籌賑糶，肆應鄰封，撥給各縣米糧，業已不遺餘力。惟成災太鉅，分潤無多，州縣悉籌款之艱，亦不敢數數瀆請。如交河東北鄉，原勘尚未成災，餓死實已不少。青縣西南數十村莊，上年秋收全無，亦未敢列於極災之內。非牧令隱忍不以上聞，實亦知災廣用繁，難以博濟。伏查救荒本無良策，辦賑非鶩虛名。不問公帑私捐，總以救活民命爲主。查同治十一年水災，中堂籌給各縣賑糧，每縣多至二萬餘石，災民每口多至二斗五六升，今河間各屬饑苦情形較昔年津屬尤甚，仍不得不籲懇中堂於無可設法之中，附片陳明近畿春荒無雨，待賑孔迫情形，無論何宗款項，暫行提出挪辦春撫，以活垂斃之民，而慰災鄉之望。盛傳身履戎行，本無地方之責，又值連歲工賑疲乏之後，本不應舍田而芸。惟目擊顛連情狀，反覆思維，實不敢恝然局外。現商卑部文武員弁，各願將月領薪水悉捐辦賑。款內擬趕辦高粱五千石，運往交河、獻縣境內，儘極苦村户妥速散給。約賑大小口三萬餘人。一面函商署海關丁道等，設法籌捐，以輔中堂無量施濟之志。伏求訓示祗遵。

津南籌賑稟

竊照，本年夏秋間淫雨過甚，積水成災。附近馬廠、新農鎮一帶，津、青、靜、滄各屬村莊情形尤爲困苦。屢來營中呼號拯救。盛傳職司軍旅，本無地方之責，當此操防喫緊之時，又值工作積虧之後，豈能越俎而謀。屢以此意曉諭災民，舌敝唇焦，終不見信，蓋以同治十年、光緒三四年歷屆水旱遍災，營中俱籌賑撫，懇乞照例放給爲言。開導不止，驅遣不行，出則環跪哀求，必俟收稟後去。統計積收稟帖一百九十餘紙。求賑村莊四百二十餘處。深惟駐軍日久，凡此村莊，稔熟有若居鄰，不忍覩其顛連之狀。又仰體我中堂，胞與彌廣，施濟無量之心。當與營中諸文武悉心商量，以爲求賑村莊至四百餘處之多，即以每村三百人計之，再以極貧次貧分別，每百人按照四成計算，約萬餘人。牽合計算，每日給米三斗，約需糧十五萬石，款費太多斷難辦到。因議於靳官屯閘口，設立粥廠一所，即可接濟運河以西困苦之民，即附近減河村莊，入場食粥者亦不甚遠。於無可設法之中，商諸衆將領，撙節一切用度，藉作賑撫之資。當飭馬隊統帶吕參將本元，督率弁勇，築立土圩一所，以作粥廠。圩基東西寬一百餘丈，南北長一百二十餘丈，圩中築隔牆一道，分爲兩圩。以便分别男女。每三丈寬六長長地面，安設一棚，寬一丈五尺，長二丈五尺，共搭七百餘棚。每棚可收飢民三十餘人，總共約收二萬數千人。棚外直處見空三丈五尺，横處見空二丈五尺，所以防擁擠而慎火災。又於圩之四角，另設多棚，以便病人及産婦居住。死者給以棺木掩埋。圩基甫築之時，難民即紛紛四集，深慮棚少人多，開早頗難截止，又慮河西水套極苦之民，當此河水未合之時，未能遠出，徒爲近處油滑之徒冒領。殊非實事求是所宜。是以棚廠雖成，未敢遽行開放。現在節逾冬至，天氣嚴寒，飢民來廠者日益加多。因飭管場委員，於本月二十六日開廠放粥。并多派員弁分投料理。昨據報稱，本月已收男女大小二千四百餘口。均係貧苦不堪，面有饑色，現仍趕緊收集，民情安謐异常。除仍飭該委員妥爲經管外，理合將卑軍辦理開廠情形呈報，伏乞飭知籌賑局司道一體查照。再，卑軍所設粥廠約計可收二萬數千人，擬開設三月，每人日給米四勺煮粥。統計需米約九千石，散場時，每人又需酌給雜糧三二斗，大錢二三百文，以資播種而謀生計。又約需糧食六千餘石，大錢六千餘千。又有搭棚葦稭，燒鍋煤柴，以及醫藥棺木器具等件，需大錢六萬餘千，合銀四萬兩，始能竣事。營中本無餘款，雖極力撙節籌措無多，合無懇請中堂俯賜籌撥銀一萬五千兩，俾得始終其事。實與億萬災民鼓舞盛德於無涯矣。

裁撤粥廠稟

竊因直屬水災，商同諸將領在靳官屯設立粥廠，蒙撥給賑款，俾資接濟。各在案。現在已交春令，陽氣發舒，難民群居至兩萬人之多。誠恐穢氣薰蒸，流爲疫癘。查津廠已於正月半裁徹，營中自當援照辦理。當飭承辦委員逐漸料度徹廠事務，大口每名給糧二斗，大錢二百，小口減半。於前月二十七日徹起，至三十日一律徹清。民氣極爲安静。計廠中存積大米高粱約計四千余石。南皮王令金銘來營轉述鈞意，即將此項糧食，撥歸南皮疏浚宣惠河，爲以工代賑之資。現今已派員堆存，聽候指撥，并乞飭知籌賑局知照。

籌賑情形片

再，盛傳自同治六年補授廣西右江鎮總兵實缺，迄今十有八年。時以母氏年高，未能迎養，防務緊要，又未能時省高堂，惟將歷年所得廉奉全數寄歸，藉博堂上之歡娱，稍釋孤兒之疚歉。母氏好善性成，習於勤苦，每聞四方飢饉，輒爲憫蹙不安，時以此項官俸養廉分資賑濟。同治十年，光緒三、四年直隸水旱遍災，八年安徽水災，皆捐資助賑。歷蒙中堂鑒核，并蒙安徽撫部院奏報在案。去年積算，天津鎮歷年廉奉約計萬一千餘金，即行馳稟母氏，寄歸田里。旋奉母氏來諭，誡以渥受國恩，現在畿輔成災，屢聞回南人言，附營各屬飢民困苦不堪，呼籲豈容膜視。家中岡田收穫，足資温飽，得銀無所用之。囑將所余廉奉全數放賑。并恐廉奉領到尚需時日，飭前涼州周鎮先行集捐米千六百石，合銀三千餘兩。盛傳懍遵母訓，商同諸將領於靳官屯閘口，設立粥廠，留養災民，計先後收養二萬餘人，綜六十三日。現值裁撤完竣，辦理報銷之時，所有母氏來諭捐廉助賑緣由，理合呈請中堂查核。再，疊奉母氏來諭，以受恩深重不敢仰邀議敘，堅誡毋得告人。伏乞垂鑒。

請開右江鎮缺稟

竊閲邸報，劉蔭渠中丞奏請廣西右江本缺，鎮撫需人，現任人員不能赴任，請旨另行簡放。盛傳一介駑庸，叨竊逾分，自蒙聖恩簡放是缺，幾及十年。自揣愍愚，不克肩勝閫職，又以隨侍中堂，奔馳南北，近復承乏海疆，未能一日履任。致邊省鎮缺虛懸，早深曠愧。祇以連年經手城池，礮臺，開墾各項工程，事務較煩，未敢率請開缺。而内顧職母八旬垂邁，景迫桑榆，亦何能遠奉板輿，一官迎養。本年春夏五次來書，促乞假歸，紙尾備述衰迫情況，有再遲恐不及見之詞，捧書涕零，罔知所措。祇以開河屯墾，正當緊要之時，區區下情，未敢上達。曾囑徐鎮道奎代陳，計邀鑒察。現在奏摧，出於本省呈請開缺，略無引避之嫌，公義私情尤爲兩得。在廣西及各省提鎮記名人員，所在多有，騰出一缺既可藉以勸後進之有功，而積年曠素歉衷亦可稍釋。倘仍遲留遷就，貪擁虛名，不惟負竊位之譏，抑且使邊疆有乏才之歎，於中堂公忠體國之意，絶不相孚。尤示遠人以不廣矣。

請假省親稟

竊前在津門，懇以母氏就衰，思子綦切，籲請準假歸省，荷蒙鈞鑒。昨聞圩中來人，言及母氏本年二月及七月間，曾染微痾，現在雖調理就痊，而衰老情形較前更甚。聞信之下，焦急不知所裁，伏思母氏年逾九旬，西山日薄。每一念及，喜懼交并。念自辛未乞假後，隨侍憲節又十餘年，從未固請歸省者，一以海防緊要，不敢偷安，一以母氏神明未衰，屢次來書，皆以公義相勖。勉仰酬憲德，即所以上慰親心。故未敢以私言省。今者，海波不警，而營中承辦建橋濬河各工又復先後告竣，老母景迫桑榆，烏鳥之情，曷能自已？合無仰懇中堂俯准給假六月，暫行歸省并派大員接統。俾得交卸起程。仍懇附片奏明以重職守。如蒙恩准，盛傳得遂反哺之私，堂上亦有忘憂之日。成全終始，豈有津涯，無任悚迫屏營之至。

乞假省親稟

竊以母氏年逾九旬，老衰日甚，屢次乞假省親，未蒙允准。自去夏至今，母氏來書述及思子老懷，辭意極爲危苦。當以法越搆釁，防務方殷。正臣子致身之日，非小人將母之時。勉抑私情，益形跼蹐。今幸和議告成，又值承辦大沽以上隄工竣事，别無事件經手未完。老母景迫桑榆，倚閭更切。每一念及，喜懼交并。擬懇中堂體恤逾恒，俯準賞假歸省，出自逾格矜全。自揣年力未衰，倘海疆有事，一聞鈞命，自當迅速前來，力圖報稱。伏求垂鑒。

乞假省親兼請代將稟

竊自回營後，逐日督理，土工營壘河隄礮臺大致就緒。日來復添築大礮臺十餘所，約五月内可以竣工。昨接胞兄盛波還營，面述中堂勘履海口，旋節津門城隄一事，尚須緩辦。俟地買定然後興工。值此屯防漸就，版築未興，區區下情又不得不爲中堂陳者。盛傳早經離亂，束髮從戎。嚴親先逝，母氏劬勞。昔年同胞兄弟六人，年力均壯，堂上藉以忘憂，殆至辦團剿賊，三兄盛華遇難，六弟盛春亦於同治三年駐防溧陽時，病歿於軍。伯仲相繼殂謝，僅存盛傳與四兄盛波兩人。壎篪之和漸孤，桑榆之景復迫。是以盛波於七年張捻肅清後，請假回籍侍養。盛傳亦於八年率隊過廬時，蒙恩給假省親。現在老母年逾八旬，西山日薄，益覺望切倚閭。春間調防直境，軍務稍鬆，曾經面達下情，仰蒙俯允俟胞兄盛波接替，即可假旋。感激涕零，不能自已。古者二子從軍一子歸養，矧蒙中堂格外施仁，推孝思以錫類，待部曲如家人。現在涼州周鎮業經到軍，擬即趁此軍暇，懇乞賞假六個月，俾得馳歸省親。稍遂烏私。一俟期滿，即行來營供職。若疆場有事，雖在假内，亦必聞命星馳，以圖報效。至平時一切整練操防，及助修城隄各件，均可責成前涼州周鎮，照常經理。惟念大軍交替，似須明奉鈞諭，將士乃有遵循。應懇札飭通行遵照。至於可否俯賜奏明以重職守之處，仰候鈞裁。

壽母乞恩稟

竊盛傳恭閲邸抄，敬知本年十月初十日，恭逢皇太后五旬萬壽。京外文武一二品大員，有老親年過八十者，得推恩賞賚等因，仰見皇仁浩蕩，欽感莫名。伏念同治十三年，恭逢皇太后四旬萬壽，時母氏年已八十有五，曾蒙代咨兵部，獲邀恩賞，闔家感戴，永矢弗諼。兹者復逢曠典，母氏年已九十有五，自合重懇恩施。竊思盛傳從事戎行，遠違親舍，疊經乞假未荷允行。今以海防緊要，四兄盛波復奉調北來，愈疏定省，不獨天涯遊子陟屺興懷，益恐堂上衰親倚閭莫慰。每一念及，寤寐難安。何幸温綍下頒，推恩錫類，冀沐天家之雨露，藉增宗族之光榮。庶幾白髮開顏，捧詔書而抃舞，更願丹綸錫福，卜晚景之康強。烏烏私忱，諒蒙俯允。至於聖恩之逾格，出自中堂之成全。謹將盛傳出身履歷及三代名氏，繕造清册，并開呈親支子孫世繫清摺。伏乞鑒核施行。

代陳吴軍門事蹟稟

竊頃接慶軍營務處朱提督來函，駭悉吴軍門已於本月二十一日病故。金州展其遺書，深以賫志以終爲憾。循閱之下，悲痛實深。伏查吴故軍門，苦心任事，懋著戰功，訓練精嚴，持躬廉潔，久邀鈞鑒，無俟贅陳。惟盛傳與吴故軍門共事最久，相知最深。實見其志趣卓絶，操履篤誠，非時賢所能企及。請略爲中堂陳之。

吴故軍門生平儉素自持，絶無聲色之好，所得廉俸，悉分給將士置辦軍中要需。未嘗一肥私橐。原籍地方任睦拯恤諸善舉，無不竭力以圖。好士之誠，出於天性，有鄭莊置驛之風，海内名流無不傾心嚮往。念自與吴故軍門相識，始於舒城，時方督率鄉勇攻城，即講求分合進退之法。其後進軍廣德，部下才一兩營。維時諸事創行，西國操練章程未出，吴故軍門獨能勒部井井，好整以暇，吴會盪平，駐軍江表，無日不以操務爲急。蓋數十年如一日焉。生平尤好經史，每喜講明古義，以決戰陣之機。憶嘗同役信陽州，見後車纍纍所載者皆經籍，偶抽一帙，吴故軍門琅琅背誦不遺一字。聞者無不驚服。當捻氛猖熾之時，卑部與慶軍嘗追賊於内黄、清豐、南樂之交，猝與賊遇，衆寡懸殊，吴故軍門躍馬欲出，盛傳止曰，賊鋭甚，我請先之。即死，我兄弟衆多，猶有人復仇。吴故軍門義形於色，卒同破賊衆而還。其臨難不避類如此。盛傳與相交，垂三十年，平日書牘往來，惟以古誼相敦勉，不作一世故酬應語。日者，同在天津，深談數晝夜，惓惓以時局艱迫爲憂。赴金州時，道過卑營，流連盡夕，復同舟至大沽，瀕行話及近事，相向痛哭失聲而别。綜其生平行事，實爲淮部出色之員。前者浙江劉中丞奏調赴浙，中堂留辦海防，是其沉毅有爲，尤爲中堂所深悉。不圖一痛不起，遂失斯人。思之可勝痛悼！現吴故軍門身後虧累頗多，已有遺稟上陳，并據該營務處函稱，即現在治喪搬柩各事，均費躊躇。中堂篤念舊部，必能深慰吴故軍門於九原。茲將吴故軍門遺函及朱提督來書，稟呈鈞座，敬乞垂鑒。

外集卷一　教令編

矜勇類

整頓官藥局諭

照得本總統設立官藥局原爲體恤勇夫，初定領藥章程本臻妥善，乃日久玩生，幾至有名無實，亟宜力求整頓，以復前規。傳到各統帶營官，即至中軍徐鎮處領回聯票一本收存，如有勇夫服藥者，即持藥單至營官處呈驗，營官隨於存根注明，再發票至官藥局領藥。票根完日，仍交中軍處轉送查核。庶昭實濟，而杜虛縻。

保護勇丁諭

照得天時不正，染病者多，各統帶營官等宜傳知各哨各棚，加意省視。察其致病之由，或因居處不潔，則勸其加意掃除；或因眠食不時，則囑其留心調攝；房不透風，則告以多糊冷布；涼多過度，則戒以露宿中庭。務宜隨時多方教誨，方爲愛兵之道。疾病偶生，即請醫看視，取藥調治，毋稍延忽。又天氣燥熱异常，必有大雨。久晴之後，尤慮久陰。各營柴米等事，務須勤加檢點。堆存柴米之屋，并須先時泥固，以防雨漏淋漓。傳到各營即便傳知遵照，切切！

按稻分給諭

照得屯稻藉資勇力，每於收穫時，酌照成數分給，以償辛苦。本年風蟲爲災，收成歉薄，患在天時，非勇丁之不力也。本總統細核各營呈報收數，按成參較去年，分給各棚米數，酌中定給。傳到各營遵照，按照每石重百五十斤熟米發給。仍具報并懸牌營門曉示。其哨官哨長人等，仰照舊章，由各該營自行酌給。無少偏枯，其各懔遵毋違。

禁勇樵採諭

照得各營打柴，向只派令長夫在本營草場採取。現在冰雪滿地，柴草想已採齊。

即屬長夫，亦應體恤。昨聞各營仍有私派兵勇打柴之説，農工既畢，正應講求打靶之時，何得仍令散漫。且兵勇號褂均宜查照收存，非遇差操，不得聽其穿著。以免損換，亦體恤兵勇之一端。如有上街買物等事，前令各營制有號夾，儘可穿著，以便稽查。傳到即便遵照。切切！

防勇患病諭

照得天時暑濕薰蒸，易生疾病。近聞霍亂、吊脚痧尤爲危險。稍有耽擱，即成不治。查此證多由居處不淨，夜睡貪涼，喜食生冷致外感風寒，内傷臟腑而起。勇夫人等，年少恃強，多半不知調攝。仰各營官，務將各棚督率打掃，積水之區，立即抽溝分洩，免滋潮濕，并諄囑各勇毋得貪涼食冷，致起病端。聞此證初起時，有熟諳穴道剃頭之人，照法刺針，立時可愈。此證多起夜深，臨時恐難尋覓，各營務覓熟諳針刺剃頭一二人，在號房歇宿，一有痧證，即行針治。人命至重，所費尤屬無多，務即遵行爲要。至霍亂等症，延醫診治亦勿躭延，毋違切切。

領行糧諭

照得中法和約未定，倘議不合，戰事即在目前。我軍爲行戰之師，所有行糧自宜先行預備，以昭妥慎。仰步隊各營赴糧臺，每營各領糯米三十石，馬隊每營十六石，步小隊十五石，馬小隊八石。先用開水一泡，再行炒好收存，以爲行戰之用。傳到各營即便遵照辦理。

新舊各勇辦理諭

照得此次新勇成營後，人數尚多，當分飭步隊十一營，每營留四十人。步小隊留三十一人。馬隊五營每營留十八人。俾作餘丁隨同操習，與舊勇一例發餉。查新勇前奉中堂批示，於九月初一日起，支大口糧，照淮軍章程先發足餉，兩月後與各勇一律發餉等因。本軍門查餘丁若與舊勇一例發餉，計須四十日一關，較之新勇領兩月足餉者少二十日糧，未免相形見絀。且餘勇領用棉衣號褂等件，須與新勇一律。扣還少二十日口糧，亦非所以體恤所有。此二十日口糧，由本軍門自行發給。仰各營開具人數花名，送所查核給領。俟新勇領過兩月足餉後，即與舊勇餉章一律。庶無偏枯。至各營餘丁應扣軍衣，及起支後支食小口糧等項，并仰各營與新營管帶逐細核算結報，毋少舛誤。再，各營挑出老弱病廢之勇，應行資遣回籍者，仰各營查照入營久暫，路途遠近，除應發餉項外，自行優給川資，是爲至要。本軍門深知，各營資遣病勇留養餘丁不無苦累。惟現在有事之秋，但期多一兵得一兵之用。尤必須一律精壯，方可成勁旅而張國威。各統帶管帶敵愾同仇，想有同志。其各遵照毋違。

整頓官醫諭

照得本軍門前令各營及各官醫，月終具報各勇患病醫愈清册，以憑查核。昨屆各處報到細加核閲，有該官醫具報而本營不報者，有本營具報而該醫漏報者，有此官醫報明醫愈，該營報爲他醫始愈者，有官醫已報病癒而該營報爲未愈者。種種舛謬，不一而足。總由該營官以爲小事不甚經心發條，諉之號房未嘗清理。該官醫又以多爲貴，遂致兩下參差，殊非慎重病勇之道。現在妥訂章程，力圖整頓，所有各件列後：

一，凡兵勇有病，赴某官醫處醫治者，先稟明本哨哨官，轉稟營官發條用戳，持往是爲初條。

一，該兵勇赴官醫處醫治痊癒，或醫治至七八分者，即再稟明哨官，轉稟營管，另給内號戳條，註名何病，診治幾次，何日就痊。由該勇送至某官醫處存案，名曰轉條。將來月終時，該官醫即憑此條具報，以憑考核。醫愈若干如無此條即成虚捏。此事責成營官文案，須知一營每月能有幾許病人，病好轉條能有幾件，若再有舛錯漏報等事，亦安用此營官文案爲也，慎之。

一，各病如推拿穴道，手足拘攣，筋骨疼痛，半身不遂，以及癱瘓噎膈等證，是孫官醫所長。符水針法是王官醫所長，至内外各證，華洋各官醫各有所長。孫王均住本營，其餘均在藥局。該勇如有所患，係某官醫擅長者，該營官即須派人送往，或聽該勇自赴某官醫處看治。須知患病一事，除小傷風及尋常瘡癤外，斷非一二次即能奏功，該勇自經赴某醫看治，不可朝三暮四，往返徒勞。

一，各營官長有病延某官醫診愈者，亦須付給轉條，俾該醫憑以具報。至各處辦事人等患病，須醫者由中軍處發條前往，將來醫愈之時，再給内號，轉條亦照各營之例。

以上各條仰該營官及各醫，自四月起遵照辦理。倘報册再有不符，是否營官疏忽，抑係官醫弊混，本軍門定行查明，以昭核實，其各懔遵。

重物類

存放槍彈法

照得軍營利器以洋槍子彈爲先，必須安置妥帖，方免失誤。連日大雨時行，易滋濕氣，各營存放士乃得兵槍及隨帶子粒之處，務須四面離牆，不可沾染鹻氣。下面須用板片墊高，潮氣無從侵入。上面屋宇亦須檢蓋周密，毋使雨漏淋漓，最爲要緊。再，礮隊三營，礮膛槍膛現用何種油擦拭，并註明以資考證，毋違。

領洋式槍靶諭

奉爵督部堂李照開，據天津機器局稟稱，前奉憲臺面諭，仿造洋式熟鐵槍靶，以備各營操演。遵經督飭員匠，仿照慶軍吴統領所開尺寸製造。兩旁用圓鐵柱作架，支以横樑，中懸鐵板，靶心聯以鐵練，其鐵柱中間用圓鐵斜撑。下面作三足形，以便植立地上。靶心鐵板高寬，合洋尺一尺八寸。槍子中靶，鏗然有聲。洵爲操槍妙法。頃已造成十具，聽候發營操用，據此。查此項鐵靶實爲操槍妙法，該局製成十具，應即分發三具。交總統盛軍周提督收用。督飭弁勇認真操演，以期精進等因。奉此，除操槍鐵靶三具業經驗收外，合行傳知該統帶營官一體知照。

慎重槍礮諭

照得前因天氣暑濕，各營槍礮慮有霉銹。曾飭員每届十五日，親至各營查驗一次。具報原爲考試各營擦拭槍礮是否得法，茲據該員稟稱，各營擦拭槍礮半係磁沙粗厲之物，專派十餘人，每日周而復始極力磨光。職等至營，見其擺列整齊，望之如雪。及取而詳視，則槍後底門機關，磁沙填塞者多，平光之處擦痕縷縷。格林礮管亦然，鋒稜漸就銷蝕。若如所稟，實屬不知慎重利器。查各營槍礮均係精緻之物，只須用布沾油拂拭，不令起銹，并不準用磁沙磨擦，致有損傷。去歲曾經嚴飭在案，合再傳飭各營即便轉飭各該幫辦，毋取美觀，但求實濟。嗣後如有用粗厲之物擦有條痕，及懶不拂拭致起霉銹者，一經委員稟明，營官記過，幫辦責究，其各懍遵。

惜馬騾諭

照得軍中騾馬，以膘壯爲主。近見各營牲口往往疲瘦不堪。查各營馬匹均領餧養之資。即自置馬騾無資可領，亦必加意調養。方能得用，各統帶營官務須專派妥人管理，麩料水草不可稍涉疏虞。再，時方盛暑，各營水車牲口正午亦須少息。以順天時，切切。

慎重糧械諭

照得軍營以糧械爲大宗，必有專責乃可不致貽誤。各營近來疲玩，如應繳洋槍子殼箱具及米袋等項，往往躭延不解，或竟遺失無存。查一營幫辦有五七人之多，所司何事？此後應責令各統帶營官，每營派妥慎幫辦二人，一司軍械，一司糧米，司軍械者，槍件子殼箱具，是其專責。司糧米者，口袋是其專責。如有躭延遺失，先將派管幫辦徹究追賠。仰各統帶營官開具銜名送呈，以備查核。

整頓站馬諭

照得自馬廠至新城等處，設立站車，原以便往來公事，近來不論何人何事，輒私發站條來往，以致站馬倒虧，實屬不成事體，合行傳禁。嗣後，非遇真正公事，不準輒發站條。由馬廠發條者，須會同吕統帶查明。由新城發條者，至新農鎮時，須由中軍營務處轉條。由新農鎮發條者，須報明本總統查核。均須實係公事，方準前往。其各懔遵。

整理洋槍諭

照得營中現用後門槍，最爲精利。必須時擦時修，臨時方能應手。本總統前慮後門槍上火針火門，或有損壞。飭員親至各營逐查詳報。兹據報稱各營損壞火針火門之槍，竟有數十桿之多。并有全桿損壞未經稟换者。當此有事之秋，尚且疏忽如此，平日疲玩可知。查各營公費，原爲添置匠人製造軍械而設，何以各營并不僱用銅匠修理洋槍？殊不可解。嗣後，各營於洋槍一事務宜加意愛惜，用心講求。如有小損，即由營自行修理。倘全桿損傷，由軍械所稟請更换。其各營管理軍械員弁，并著時至軍械所討論詳求，以期互資進益，毋違。

調用牲口諭

照得現交夏令，各營馬棚務須收拾乾淨，水草調匀。勿令馬騾受病。昨見各營戽水大半人工，并未用及牲口。人工戽水，只可用於忙時，尋常仍以牲口爲上，牲口過閑，易於生病，尤不可不知也。

嚴防礮位諭

照得營中礮械，最爲緊要。必須妥慎照料，以備不虞。昨閲《申報》，七月十三日，張振軒宫保親出虎門視師，德國某員偕往。見臺中礮位鐵色迥异平時，細加辨認，已塗强水。宫保急欲燃放，以驗情形。德員謂，燃必炸裂傷人。擊之以鎚，礮果應手而裂。查新聞紙之言，本難盡信。然傳聞如此，尤不可不預爲之防。仰各營所有礮位，務須時親審察，礮勇必須可靠之人始令操習。不得以油滑入教之人濫行羼入。管理礮房員弁，尤須妥慎察看不得稍涉疏虞。所有管礮員弁習礮勇丁，仰即日開具籍貫呈報。

槽船運煤諭

照得本軍製辦槽船轉運煤炭，原備各營炊煮之需，必源源起運接濟，乃可無缺。近聞槽船運煤至營，竟有任意躭延，不令勇丁起煤上岸，致令槽船守候，實屬疲玩成習。須知每次躭延一日，以終歲計之，即需二十餘日，非惟多所耗費，即各營需用煤炭亦恐時有缺乏之虞。傳到各營，嗣後遇有槽船運煤到營，經軍柴局派人知照，即便督飭勇丁迅速起運，不準片刻躭延，再有遲滯，即將該營官記過。其各懔遵。

精技類

操演槍礮事宜諭

照得營中以操練爲先，各營現在撥給格林銅礮子藥，副車拉車馬匹器械不爲不多，車馬不爲不足，亟應加意講求，以期精熟。應傳事宜開列於後：

一，藥房。各營俱宜建造，堆存子藥。現在天氣漸凍，不及起造者，應於營中謹慎之區，用土基砌成，暫存火藥。惟須足用，切勿多儲。其領來火藥，須於藥箱外加一套箱，以防不測。開花礮子，尤須加意慎收。毋稍疏忽。至格林礮子士乃得槍子，尤屬精緻之品，必須另存。

一，打靶。各營從前中靶總在七八成內外，乃日來看操，各營中靶者，僅二三成不等。轉瞬改用長靶，各營中靶成數，必須較前加增，方爲精進。營哨各官務須教令勇丁，時時端架以求臂力穩固。再將槍膛機括用油拭淨，以防滯澀、炸裂之虞。并將槍口尖鋒塗黑，不可過亮。亮則耀眼，瞄線即不能準也。此等，總在營哨官平時留心加意訓誡，方有進益。

一，各營現有小格林礮儲礮之房。須用寸厚木板墊地，前經傳知在案。其急切不能全鋪者，須於礮車輪軸之底鋪齊，以免鹹潮浸壞，本總統不日查驗。至小格林礮子，現由新城撥來八萬粒，每營各儲萬粒。此係外國製造，以備有事之用。各營務須收存。其平常操練仍由軍械所領用。礮隊三營前存之格林礮子，亦著各存一萬，儲爲哈治開司兵槍彈子，如有多餘，著繳軍械所。

一，輕銅礮亦須時常操練，此礮車盤連虎頭之處，雖運走靈便，打靶最難合準。臨放礮時，宜用鐵箍墊上，以期穩固。再，輕銅礮打響用藥，至多不過十二兩。放子用藥，不過九兩。放至十礮八礮後，即須減至七兩。

一，新到之馬，必須先灌清火之藥。起造寬大馬房，加意餧養。新馬性急，務須先駕拉土各車，以柔其性。後再拉礮，庶可日漸嫻熟。

一，輕銅礮每月前有餧養津貼銀六百兩，輕銅礮既行改撥，自應將此項攤入各營，以爲輕銅礮并格林礮餧養製造之用，庶昭公允。查左右軍正營較之各營多領格林礮兩尊，每月應給銀九十兩，各營均領六十兩，左右軍正營每月以十八兩添造子藥車零件及用人之費，以七十二兩餧養牲口二十四匹，專拉小格林子藥，副車各營，每月以十二兩爲添造子藥車零星各件，以四十八兩餧養牲口十六匹，專拉小格林子藥車之用。其馬匹前經發給，子藥車即用各該營自行製造雙套頭快車兩掛備用。餘銀六十兩歸小隊，爲津貼餧養之費。其大格林礮拉子藥車馬匹，已經發交各該營收領，所有餧養及子藥車，隨後再行稟請發給。

以上各條，仰即遵照辦理，本總統不日親行查驗，如有陽奉陰違，定惟該營官是問。光緒六年十月二十八日。

操練繪圖諭

照得營中以操練爲重。我軍槍礮至精，亟應加意講求，以成勁旅。現在各營雖日事操演，然不刻意考究，積久則疲。殊非精進之道。合行傳飭所有操演各種槍礮營哨官，務須自傳口令，并時表對準，約須幾時幾刻始能操齊，明日操時再用表對，倘能愈操愈快，愈快愈精，則技藝熟矣。自立腳以至操完，步法手法，分合進退之間，以及過橋各種陣法，務須逐一繪圖，并將口令旁注。何種操法最難練習，亦著詳悉注明。每營各繪各圖，紙長八寸半，寬一尺一寸半。馬儘四分，人儘五分。限二十六日送轅，以憑考核。馬隊尤以肅静整齊爲主，其操演陣法，自立腳以至操完，并著繪圖，與步隊同送。至於新式端架，如不合法，營官幫帶親理，哨官哨長以次遞至，棚頭散勇務期平穩如式。應端時刻，亦用表對，功力不可稍疏。靶子當中，以石灰刷線，靶寬八寸，線寬二寸。每邊仍餘三寸。打靶時即瞄線未准，子彈尚可在靶中也。新馬必須駕車勤壓，始能馴熟，倘任意騎走，必且傷人。仍以駕車壓性爲上。再，本總統昨至左軍右營，見韋營官手鈔輕銅格林各礮，口令、操法，用心可嘉。各營官固須學習公事，然此等操務尤須講求。願各勉旃毋忽。光緒六年十一月十五日。

講求操防諭

照得營中以操練爲重。我軍習學洋操，十有餘年。亟應加意講求，以成勁旅。現在各營雖日行操演，然不刻意考究，積久必且生疲，殊非精進之道。今將講求操練事宜逐條列後：

一，馬步各營操練必須限定時刻，以期精熟，而免曠誤。早操七點鐘起，九點鐘止。晚操三點鐘起，四點鐘止。中間自十一點鐘起，講求打靶端架等事。步隊端架即馬隊蹲襠。蓋前隊打靶，後隊即可端架。各宜精心習練，毋飾外觀。

一，端架用口，數字雖有限制，然口中氣息或躁或静，數字即有快慢之分。必須用表考求，方能定準。如端六十字者，即端六十秒工夫。餘可類推，以昭畫一。馬隊步下蹲襠同。

一，操演必須步伍整齊。如上刺下刺，上護下護，縮蹲翻身成排各項，手法較多，各營哨官務須親理。最忌腳步不整，轉身不對，尤須用表對準。按定時刻，操畢，必如洋人静健，方爲合法。

一，操左右轉身之時，槍須扛順，轉身須要整齊。腳步轉還，仍須不失分寸。如此操法必至整至快，乃可合宜。初操限六秒鐘，操畢即洋操之「來得非司」「來得寶非司」兩句口令以後，逐加考較，總須愈整愈快乃爲精妙耳。

一，操過橋走路高低之時，往往隊伍不合，腳步不齊，最爲大病。嗣後如操此等步法，無論二三千人或五百人，合操須一分鐘時走一百八十步，并如平地，不得參差。初操如此乃可逐漸增快。

一，常操行走大排，即成四人排，在本營操場轉走，約合十六里尺碼。走時陣起陣落，腰挺槍順。不問提爐換肩，均要整齊。中間叫口令，裝左右打式樣，腳步尤須合一。用表對準，限一涸時辰。操畢以後，須逐漸長進。

一，操打衝鋒。一排下去，先走一千四百步，各統帶營官，從旁觀看，就一字陣爲説，須要合腳步一點不灣。臨到之時，叫口令放排槍，尤須嚴整，不得參亂。初操限八分鐘，以後愈操愈快。

一，大操打靶，應名時，用右倚勢，翻轉面時，槍口必須颺起。槍托須靠右胯，貼緊以防誤響。上操場數步，尤須有勁。馬隊無論新手舊手，必須上馬始準裝子。

一，操場打靶之時，如槍未掛線而響者，謂之失儀。兵勇均須罰跪，與脱靶者同。官長記過一次。如槍放數次不響，必係槍簧軟弱，或碰針太短之故，該營官不能先行查出，應一律記過。放槍之人，不知考究，應行罰跪。馬隊失儀同。

一，前令步隊各營均打草薦，爲打靶之用。嗣後各營遇操演打靶之時，即將草薦帶齊，隊伍排在何處，下鋪草薦，令未打靶之兵勇蹲好，既可免受潮濕，兼不許後隊兵勇至前隊打靶處窺看，以期肅靜。因海灘地多濕氣，兼有冰凍，兵勇終日在操場，不能不稍作休息，若無草薦，則衣褲必多潮濕，似不足以示體恤也。

一，前令馬隊各營打鍬操演，現趁天氣和暖，土未堅凍之時，亦須抽日操練。

能否於五分鐘時挖成土溝，宜用表對準，細心考究。

一，前令馬隊各營，無事常須準備，并發一匣裝放槍子，與槍并存，以便臨時取用。開槍時，限四十秒鐘打出，仰於中軍帳外各樹一竿，出土一丈四五尺高，上懸一靶，預備本總統無事來營考演。届時如營官不在營中，即守中軍帳之弁勇，亦須照試。如逾秒不能打出，即將該營官記過。營務處并傳各臺所，一律遵照。

一，馬隊操演分排最難者，馬上轉身打槍。如正朝東打槍，忽轉身西打，必須馬頭與馬頭平列，馬之行間，僅留一馬轉身地步，尺寸必須一律，不可參差。馬勇在第幾名者，轉身時仍列第幾名，不得攪亂。大顛步走，較步隊常行走排應快一倍。仰該統帶用表對準，是否一點鐘時可走十六里尺碼。此指初操言，以後愈整愈快愈妙。

一，操演馬隊一排或三里或二里，統帶營官須從旁觀看。馬步是否相合，人性是否不亂，臨到之時，叫口令，放排槍，尤須整肅，不可稍有參差。初操限八分鐘時，以後愈操愈快。

一，馬隊現用槍子，共分三等。其有受潮之子，係由天津西沽發來，暫行留用。由該統帶營官自行體察，倘實不可用，即行繳回，不必勉強將就。可用之子，只可打座靶，跑道放槍，必須佳子也。

一，此次傳示各種操法，各統帶營官務須細心操演考究，毋得視爲具文所限，各分秒鐘能否如式操試，均著於操試十日後，逐條開單具報，以憑查核。

嚴定槍程諭

照得前令各營於四十秒鐘内開放響槍，以示防備之道。茲本總統初次較試步隊各營，除左軍右營竇管帶逾限未行放響記過外，其餘各營均如限打響。惟架式一切尚有未盡合宜。合再逐條傳示：

一，本總統自行驗試，或命營務處來營較試，必須至中軍帳坐定，傳令開槍始行打響，不得先行執槍伺候。

一，各營之槍，須放架内，每架須列四槍。并備百十粉條應用。不得先行投子。如本總統來較時，有先行投子者，定將該營官記過。

一，較槍時，如營官公出，即令文武幫帶演放，該統帶營官務須平時督令演熟，以期有備無患。不得俟本總統一較即爲了事也。切囑切囑。各臺局所，如總辦不在家，即令幫帶打響亦可。

一，放槍時執槍之人必須將槍朝上，靠緊胯骨，傳令開放方爲合式。如違，以失儀論。

一，令各營四十秒鐘打響，臺局所五十秒鐘打響，係爲初試時而言。現在爲日已久，自應日漸嫻熟。嗣後各營限三十秒鐘打響，臺局所限四十秒鐘打響。

一，各統帶營官照此傳示各哨，無事之時，親至各哨官棚内較試。如哨官公出，即哨長文武護哨，亦須令其試放。即查其能否照辦，以定優劣。務使人人皆知自強，皆知備禦之道爲要。

嚴操懸靶諭

照得營中操試懸靶最關緊要。聞吴督辦已選精練送津校閲，我軍亦須照辦。亟宜趕操，以期精進。仰各統帶管帶，於正月初二日在營看靶。各營哨官哨長及勇丁，挑選精練數人，暫免查夜各差，務使神完氣足，專心打靶。哨官哨長用哈治開司槍，每人準給二十子，每營挑出勇丁，亦用哈治開司槍，每日準給十五子。打靶時如挑勇三次脱靶者，即令歸伍，另挑補數。本總統隔三數日後，必躬親校閲。倘哨官哨長等仍無精進，定行責究。該統帶管帶一并記過。務使日有起色，方不失爲將之道。本總統有厚望焉。茲將員弁懸靶事宜列後：

一，初靶長四尺五寸，寬一尺二寸，一里路遠，靶面全黑，中畫白月過心，七寸偏左，每打五粒。

一，懸靶見方，一尺六寸，每遠五百四十步，靶面全黑，中畫白月過心，六寸偏左，每打五粒。

一，懸靶既久，宜八寸或一尺見方，遠三百步，靶黑，月白過心，二寸偏左，每打五粒。

精求懸靶諭

照得懸靶一事本總統幾於舌敝脣焦，而考究中槍成數，終難精進，皆由統帶管帶教導無法，哨官哨長不肯用心之故。再示數條列後：

一，打槍必將肩窩抵緊，前手端穩，方可望中。尤須將碼抬高，從缺望尖鋒如半脂麻大，用目力對準，庶可中靶。

一，每營挑選精練數十人打靶，每三日總操，如三日內不上成數，即將此人剔去，另挑年少靈敏之人充補。若初十以後三日總操如前，惟剔去之人不必再行挑補。良以爲日無多，再挑亦難趕練也。

一，哨官哨長脱靶後，往往嘻笑自如，全無愧色，兵家之道全賴志氣爲主，若自甘暴棄不求勝人，其勁尚可鼓乎？從前我軍打靶，日中不著，夜間必趕練工夫，明日必須打著方能罷手。曾幾何時遂乃懈疲至此！仰各統帶管帶，務須督令員弁刻意用功是爲至要。

護哨同操諭

照得各營講求德操，所有教操學操之人，必須勤苦精細，乃可得起竅要。各營文護哨較之勇丁必加精細，果能與勇一律學操，進境必速。前於九月初十日傳知各營，令將年老哨書更换，并飭令不穿長衣，與勇丁一同操練。本總統此舉并非强以所難，只以現當有事之秋，正豪杰立功之會。該哨書等，果能精心學習，將來營哨各官及哨長缺出，即可於此中選補。既可培植將才，該護哨亦得進身之路。倘以短衣爲恥，須知軍中制度，本自不同。今浙江劉撫部，廣西潘撫部，爲統領時皆係短衣帕首，與勇無异。彼皆舉人翰林出身，尚不以習武爲恥，該護哨等，更應如何激勵。傳到限半月内，調集操場通行考驗。如果學習有成，定當先行記功或發給功牌，以資鼓勵。并當選擇精細勇敢之士，教以水旱等雷，以期遠大。遇有哨官哨長缺出，即行拔補。來年如有戰爭，自多保案，若願就文職，亦聽其便。倘狃於故習，不能實心操練，一經調操，勤惰立見，其毫無成效者，定當記過，并派人督令操習。其在營充當教操之人，如或未通文理，宜勸令學習認字，以期益臻精細而免粗浮，切切。

學習地雷諭

照得地雷教習廕令由粤到津，奉督部檄，飭馬道臺相伴來營教習弁勇，業備公所分派弁勇習學。該統帶管帶等，現在朝夕督操，每日約需五六點鐘之久。自無瑕親與討論。但其中竅要不可不知，特將廕教習前上條陳，粘單抄發，務即詳細察度，以便臨時調度弁勇，并將此中利弊開摺呈核，以憑互證得失，共悉機宜。

教練洋操諭

照得現在教練洋操，務須實力整頓，應行傳知各條，開列於後：

一，每營應各挑二十人，專司教操，務須擇其氣力慓悍，聲音宏亮，心思精細而眼目有神者，方能得力。限二十日開摺呈報，并將其長處注明，聽候調驗，毋得稍有不符。至挑出堪勝教操之人，識字最爲上選。如數端俱備，而獨不能識字，亦可先行選用。仍著派人教授，俾漸通文義。尤爲合宜。

一，現在各營須設地雷，應用電線甚多，已飭購辦銅絲，仍須用麻線帶護於絲外。每營應各挑二三十人學打麻帶，俟銅絲購到，即作電線之用。

一，站隊疏密須預定尺寸，以免臨時錯誤。如接差即用雙行隊，每人離一步，前後斜搓站立。後行之人即正對前行兩人之中。約計一營全隊須站至九十丈之遠。如遇洋教習等驗視隊伍，可用三行，計一營全隊可站至五十丈之遠。毋得違誤。

一，槍上九龍袋，皮袋，如值打仗時，可放在號衣之外，以便取用。如平時出隊接差，均著一律在號衣之內。不得稍有參差。

一，槍上刀頭，平時可插在架上，不得套在槍上，以致生銹。

一，營中一言一動皆有規矩，如營官談及勇丁，或稱其名，或稱勇丁，不得呼爲老將。勇丁説話，統領即稱統領，營官即稱營官，不得呼爲營主，凡此皆須切戒。

一，平時操練腳步，原爲走路之用。如遇上橋下橋，均須按照腳步挨次前進，不得參前落後以致擁擠。

精練馬隊諭

照得西洋軍火猛迅，馬隊恐難得力，誠係實在情形。但遇有機勢相宜之處，仍可用以衝鋒，或抄襲輜重，或截其歸路，均以馬隊爲宜。況洋人内犯，人數不多，必誘僱越南士兵，或裹脅兩廣之衆，用爲先鋒。紀律必不及洋人之精正。可用馬隊衝突。所有馬隊操練，務須格外整頓，不準稍涉疏虞，切切。

營弁操諭

查洋員教操，口令指揮，在平日練操之時，一至臨敵隊伍分合進退，惟視各營哨官隨時傳令，教操之人不能指揮於其間。合亟傳知，嗣後隊伍教操，即仰各營管帶、幫帶、哨官、哨長，一律在場教操，各將口令熟習，臨事指揮卒伍便無張惶岐誤之虞。切切。

地雷利弊諭

照得電線燃放地雷，最爲制敵要著。去歲秋冬，本軍門多方考究，計可放至八百餘步，現在復經體察，每雷放至百餘步尚無把握。昨面詢各營將領，雖據稟稱可放半里之遠，皆係約略之詞。事關軍務大端，豈可不加意研究。仰各營傳到之日，即行虛心體察，究竟放至若干步，能否全響，否則或係電盒銅絲之病。逐一研求，即日呈報。本軍門三日後親至各營督同考較。察其是否與前報相符。以定該營用心與否。再，埋雷時，須將地蕩挖好，將雷緊對蕩中。放正不得稍偏。發出之時，石子即在面前及左右，轟炸即有飛石向後，亦不過數丈之內。人之離電，總有四十丈之多。大可無慮。此係本軍門所親較者也。再，昨考問存儲槍子，各將領均未能確指其數。或云三萬，或云十萬。查此項槍子，有小格林礮者，每營尚存九萬粒。無小格林礮者，每營尚存六萬粒。皆係預備打戰之子，并非日事操練之子。以現在防務方殷，此等軍械爲營官緊要之件，尚且模糊影響，豈屬爲將之道。嗣後務宜振刷精神，將營中之事，逐一加意講求，是爲至要。

訓農類

諭辦屯墾法

照得時屆春融凍解，工作將興。查海岸引潮溉種必須鹹水與甜水兩不攙越，乃得漸次化鹻成腴。現擬將各營田鹹水抽溝外放，不使涓滴入河，俾數十里田疇均係甜水滌盪，鹻氣自可漸祛。其與民田分界之溝，俟挑挖寬深，鹹水專由是出，自可不相攙混。各該營務就分墾段內，相度挑溝。放鹹外出，并先行酌設涵橋，以便行走，至所耕地段，如有民人墳冢圈在屯內，務即察度形勢，於墳後展挪數丈，按照後開圖式，寬留立界，以便識認。此傳。

飭勇種樹法

照得各營種樹，現值九九已完，自應一律趕種，毋得失時，限於本月底告竣。

其已種者務須急用甜水灌刷。甜土培壅。使之易長。未種者亦須移置屋後背陰處所，先用葦柴墊底，再用甜土護根，毋任摧折。此傳。

農田戽水諸法

照得農田全資戽水，戽水尤恃調排。查各營水車除仁軍外，多不設立缴關。又車頭安放不盡合法。或潮水大時車頭落下，小時車頭反高，多不得力。此後各車棚務須選用叉樹，安置缴關。叉樹不足，即用橫樁亦可。又，車頭之旁須添靈便之人看視。以潮水之大小，爲車頭之高低。限五日內，一律辦齊。届時委人查看。以驗勤惰。再，每田須澆水三次，始能有益。轉瞬分秧，必須趕緊戽灌以期無誤。連日潮水甚大，正可戽水灌田。各營所有騾馬等車，每日夜除餧養外，戽水總以七時爲度，騾馬眼套，必須多蒙數層，又須專派一人執鞭督率。各車棚多在一處，僅須一人便可照應七八棚。再，牲口自二三匹起至二三十匹在一處者，均可砌成一槽，以便餧養。至各營閘涵旁邊，亦須搭蓋草棚，派妥人看守，查視潮汛大小，及涵洞有無穿漏等事。以上皆墾田必不可緩之事。各營務須隨時講求，以收實用而免曠功。切切。

諭惜秧苗

照得秧苗最宜護惜。近聞各營秧苗類多變壞，推原其故，總以秧苗初拔，任拋烈日以致受傷。既拔之後，堆積船上，不使透氣，種種病根，皆由各營不能細心調排，殊非慎重農事之道。各營嗣後拔秧，總以四五點鐘爲度，至二更拔齊，堆放船上，務須匀排，不得擁擠。如因船小不敷多放，先將船面匀放一層，上用棍棒架住，再放一層。極多以三層爲止。總以熱氣不致薰蒸爲宜。拔齊之後，即放船前行，各營秧田或在新城，或在鹹水沽，至多不過二十餘里，天明總可到營蒔插。著各幫辦加意照料，毋稍疏虞。切切。

詳教田事諭

照得種田一事，全賴講求，一法偶乖，收穫必多虧折。非盡地利之不宜，抑亦人事之未修也。今將開種事宜條列如左：

一，車水灌田，全恃與甜水溝相近，方能有益。頃見仁軍前營車水之處，水頭不合，該營不知移車就水，以致水味帶鹹，所種之秧全不得活。業經飭其改辦，嗣後各營安置水車之處，總宜查明水味。如水味稍鹹，即將水車移置甜處，或另抽甜水溝亦可。總期灌溉有資，萬不可拘泥成法。

一，田畝過大，鹹水抽出較難，宜就田中抽出小溝，俾易分洩鹹氣。田塊較大者，即分抽數溝亦可。

一，各處閘水宜飭看閘人經管。如水味稍鹹，即將閘板緊關，毋許放入。

一，各營所種之田，有須補秧者，稱此陰天最爲合拍。若俟種秧完時再行補插，不獨時日躭延，且薅草期近，亦嫌促迫。若隨栽隨補，自可兩不相妨。

一，各營甜鹹各溝往往公共，各營官務飭各哨官幫辦，凡遇進水放水之時，必須和衷商辦，不可稍分畛域，以私害公。

以上數條，久經面諭，現值分屯，誠恐奉行不力，再行傳諭各營，務須儘此十日内振刷精神力圖補救。倘節氣已過，悔之何及。勉之，望之。

防海嘯諭

照得天氣連陰，北風大緊，易成海嘯。不可不先事隄防，以期有備無患。新城及仁軍紮營處所，并右軍新開河等處鹹閘甜溝，一切低窪之處，務須多派妥人，常川巡視。預備土草，抵禦海潮。潮至即填，毋使鹹水絲釐攙入。使已成之功，隳諸一旦。傳到，各營飛速派人照料，切切。

藉潦滌鹹諭

照得陰雨時行積潦泛漲，以之蕩鹵滌鹹，最爲合用。各營所已開未種之田，務將田間缺口一律堵塞，俾積雨久存，庶收刷鹹洗鹻之利。其缺口有低窪，易於出水者，并著培高，以資儲蓄。傳到，各營即便遵辦毋違。

閘工諭

照得工程一事，亟宜講求。本總統添置各閘，不惜鉅款，原期創制精詳，垂諸久遠。歷將作法面諭，迺聞各處閘工仍有未盡合法。查金剛牆下腳，三合土石閘，須用灰六成，土四成。木閘，須用灰四成，土六成。搥築要堅，灌稀灰土要篩極細，須用石滾碾過，先將灰土放在兩旁，如慮風吹，即用帳棚遮蓋。臨下再和，早和恐難喫水也。右軍統領營務處承辦石閘，金剛牆裏面，每隔三尺，亦須添一腰牆。儘一甎，寬約八寸餘，計金剛牆一道約添腰牆十道。內外兩隄碼頭，每隔三尺亦須添造横牆五尺，儘一甎寬約八寸餘，以期幫護穩固。馬隊右營哨官紀鳳章、嚴正禮，承辦中唐窪新河北岸泄水閘，工程草率，業經記過。各處經管灰土灌稀之幫辦差弁，即著開具銜名呈報。倘作不如法，即惟承管之人是問。其各懔遵。

考栽種勤惰諭

照得節交小暑，各營栽秧之事，想已一律告竣。所有各營栽插若干畝實數，仰各統帶營官三日造具清册，將某哨實栽若干畝，詳細開報。本總統藉以考見各哨用力之勤惰焉。

屯田事宜諭

照得各營屯田亟宜隨時調排，以期妥善。應傳事宜列後：

一，腳車戽水最勞人工，原因水源不暢，暫時搶水而設。現在大雨時行，溝渠已足。此項腳車，即應暫停。以惜勇力。

一，各營派出照料田間之勇，不準在各處車屋住宿。晚間仍須點名。如有不到，即行懲責。各處車屋并須派人查點，亦不準閒雜人等逗遛。至左軍正營派往新城種田，中軍後營派往仁營界內種田之勇，距營較遠，自應就車棚内住宿，晚間仍須點名。并派人查點，如在營中一律。

一，車水牲口亦宜在營餧宿，如車水時必須在外者，仰即派妥當幫辦傳號，常川照料。

種樹諭

照得天氣和暖，各營尚須栽種樹木，現將購到樹條，發交各營收管。未栽之先必將條置陰涼之地，用板架好。離地尺餘，以防鹻氣浸壞，致難生發。回凍後，須看已熟田地可栽者，計算數目，先挖坑蕩具報，俟本軍門派人查看後，再行栽插。臨種之時，仍照從前種法，樹根以入土二尺五寸爲度。仍露樹身五尺。每樹以七尺五寸爲率，過長即須截斷。另將截下之枝，插於熟地甜土，以期插活。每營約發樹條六千根。加以截枝，計有萬數，務須小心栽插培植。如能全數暢活，生意盎然，亦一大觀也。傳到，各營官務各親身督視，不得任勇丁敷衍。本總統仍不時履勘，如有不合即惟營官是問。切切。

申飭種樹諭

照得栽植樹木，務在培土深厚，庶易發生。現據差官黄國安稟稱，今年各營種樹，惟中軍前副暨右軍左營稍好，其餘培壅均爲一律，今河流淺涸，浸潤無由，亟宜加土培覆，以資潮潤。核計一營樹秧并截枝分插者，約共七千餘科，每科應加土高約三四寸，寬培一尺許，計一人每日可培補二十科。其土不出溝旁田内，無甚過勞。現在勇丁除在段築隄及泡稻犁田外，各營尚留親兵五棚，計人五十，除看守營門巡查執事外，仍有親兵四十人。每人培補二十科，一日可補八百，八九日便可告竣。再，僱民夫更爲迅速，除栽甜水溝旁沾潮無須培壅外，其栽放田埂者，應一律加土培覆。仰各營文武幫辦，督率在營親兵，限初五日起工，照高厚尺寸，每樹加土，務令十五日內一律完竣。再，培土時不得動摇樹木，恐傷生氣。本總統留心栽植，具十數年苦心，文武各員均宜加意。仰體隨時督率勇丁，勿得令其偷墮。每人須將二十科培補完竣方準休息。

申明種法諭

照得本年栽植樹秧，連陰後，萌芽色變，想由鹻氣被雨淋漓，逐漸拔上整理者按：上原誤作「土」，一朝日曝，致損嫩芽。亟宜設法補救，以資成活。查鹻氣既經拔上，惟有趕緊澆水，加土壅培。查各營每哨水桶十副，每擔盛水百斤，可澆四科，一營六哨，計桶六十，儘六十人之力，一營所栽，一日無難澆遍。次日培土，按十五日再行加澆。至抹杈，應視樹之大小，以爲多寡之衡。樹在寸徑三分內者，高處嫩苗留一尺五寸，如寸徑二分外者，則約留一尺二寸。緣樹力長養未足，抹多則易傷生氣，此亦理之可見者也。再，查各勇澆樹，每於日曬土熱之時，實非滋養之道。嗣後應於早晚澆灌以資潤澤。毋違。

嚴禁洩水諭

照得雨澤愆期，上游河源不旺。各營正在插秧，需水亟宜加意撙節，期勉匱乏之虞。所有各處甜水，務使全灌田中，不使一毫漏洩。自應明定罰章，以昭恪守。如有甜水從旁洩出一二寸對方者，罰修閘，稻一百石。三四寸對方者，罰稻四百石。五六寸對方者，罰修木閘一道，八九寸及一尺對方者，罰修石閘一道。又，各處小鹹水溝，其有栽熟之田，由各營分別田之高低，暫行堵住。新田酌量，可堵則堵。凡此設法多方，皆爲水澤不敷起見，各營務須實心講究，毋得視爲具文，本軍門仍不時派人查視，倘有故違，定即照章議罰。

種樹諭

照得天氣和暖，種植爲宜，現已多購柳枝，以期及時栽插，所有樹事列後：

一，購來柳木分作三等，自二三寸至一寸九過心者，爲第一等。自一寸八至一寸以上者，爲第二等。自一寸至不及寸者，爲第三等。除第三等不必栽種外，第一等另提種往他處。以第二等爲最宜。每科以五尺五寸爲度，能截三枝最妙。截下細枝三四尺者，可另插他處。種時先行挖蕩，每隔一丈遠種一科，行列須要整齊，不可參差。以栽深二尺五寸爲度。

一，種樹之地須在熟田，以四成種埂上，以六成傍水或補前種未活舊地。截下細枝，亦須在已熟內地分栽。

栽種柳枝諭

照得現值夏月長養之時，栽種柳枝最易長活。各營種樹多半長成，正可砍伐枝條，及時插種。其砍下之枝，粗以大拇指爲度，細以小拇指爲度。均在已成熟水田旁近栽種。如田埂離水高五六寸者，栽種時，須將浮土挖去二三寸作蕩種下，再行培土，以便樹枝吸引水氣。每隔五六尺遠種一科，入土不可過淺。其餘種植之法，悉查照歷次傳單，參酌辦理。每營須栽二三萬枝，限三日一律插完。務使全數暢活，生意盎然，是爲至要。

分撥稻種諭

頃準天津籌賑局司道函稱，竊昨奉傅相檄，飭以今歲南漕暫阻，北方米價驟昂。向來畿輔沮洳之地，本可栽種稻秧，行令籌款酌辦。分飭窪境各州縣一律勸種等因。是播植之中，即寓儲備之意。利賴曷可勝言。遵查直隸水窪各屬，凡可種稻之處，不下十數州縣。如果及時興辦，仿南方播種之法，推廣行之，洵於國計民生兩有裨益。八年春，金苕人觀察遴派紳董，於文安之勝芳，静海之洋芬港兩處，給資本酌種稻秧一百數十畝。鄉農翕然稱便，是勸種一端，尚易見效。兹奉前因自應由局籌備資本，分飭各屬，設法興辦。惟是北方種稻甚少，益以頻歲災祲，有力者或可自行購覓，無力者不能籌給秧種，局中存款又絀，一時選購爲難。再四籌思，素諗麾下於賑務不分畛域，施助多方。至今溝轉餘生，猶歌頌仁恩於不置。而貴營試辦屯田，歷有年所，餘存稻種必多，用敢商請可否賜撥若干？以便分給水窪窮黎，及時勸課等因。查本軍稻種所存無多，自難再行撥出。業由本軍門函復所有直境擬辦情形，合行抄函傳知各該營查照。

開水溝諭

照得朝宗橋以上，灣頭以下水道，現因築填堵塞，下游四黨口以下小溝，苦難宣洩，經該處民人再四懇求，業飭營務處逐加看量，擬於中唐窪西北，至右軍田北首出水地方止，口寬二丈五尺，底寬一丈二尺，深六尺。約計工程，連雙閘外向北一道水溝，不過六七日即可竣事。現在天氣晴和，亟宜及時興作。限於初十日起，十二日止，頭尾三日，各營出隊到工。作工之時，東南兩方出土六成，西北兩方出土四成。土出離溝必須丈遠。營中出隊時，營官幫帶務須一人在營，一人在工，照料一切。所有營中騾馬、柴草園，務派妥弁照管。仰即開單具報候查。

明法類

嚴整營規諭

照得初三夜，匪勇滋事。業經迅即撲滅，幸免貽禍地方。惟我軍近因駐紮稍遠，諸務漸就廢弛。亟應痛加刻責，實力整頓。以期重新振作，稍贖聲名。連日傳問勇夫，各營有無刻待偷減情事，該勇大半不知稱謂，爾我平施。皆由該管帶等平日毫無訓導，何以固軍心而飭戎行。自今以往，亟宜振刷精神，勤操勤點，日日以大義開導，重整營規。出入稽查務須認真嚴密，不準藉故到鹹水沽、葛沽一帶行走。如有贖當，可派差弁持票代贖。勿許再當各站盤查。必有公事，持營官護照，始準放行。不準亂給手條，致滋流弊。倘再玩疲，定即從重懲究。該營哨官，不得擅自離營，致干重究。切切！光緒三年正月初十日。

再整營規諭

照得新年已過，亟宜申明舊規，實力講求訓練。橋聞各項，現在屯田已熟，亟應一切停工，鋭意講求操演。各統帶營哨官，務期逐日躬督，以期精練。即有公幹，必須遣弁赴本總統處掛號，知會卡巡，以備查考。每次關餉務須點名，戥足匀包親自發給。米糧勤加檢秤，每發必督各哨算清，勿任侵減。糧餉乃營官專責，除本總統隨時派員查驗外，該各營務，宜刻刻仔細以固士心。每月除日點外，管帶仍點名兩次。將勇夫詳切開導，使之明白知禮，自不致被人引誘，自取罪戾而敗軍聲也。

光緒三年正月十六日。

選拔將校諭

照得治軍之道，以選拔將校爲先。統帶管帶各官，各有分轄之責。所屬哨官什長，不能無升降假革。全在分統營官平日留心察識。視其膽氣之勇怯，精神之疲振，調理之當否，臨事之果決遊移，練隊打靶能否盡心不懈，再覘其氣宇之軒昂，口鋒之勁快。果於數者有合，即可儲備頭目之選。於散勇中選什長，於什長中選哨長，於哨長中選幫辦，哨官。果有出衆之材，不妨破格録用。各營能時刻以選兵練將爲亟，臨時出缺，多舉數人，自可愈換愈精。不至寖成暮氣。現查各軍近來所更哨弁，半屬平平，殊非自强之道。以後亟宜時刻加意體察，萬不可稍涉偏私。或委任親知，或瞻徇情面，致墮軍實而誤戎機。兵事一日不能卸肩，即須一日卧薪嘗膽。偶涉衰懦，禍敗隨之。諸將各宜申戒，勉持末路，以保準部令名。本總統有厚望焉。現近秋凉，以後專意練隊操靶，軍士所長所短，孰精孰懈，亦可隨時詢試略見一斑。中軍營務處，兼轄先鋒差弁，尤宜朝夕與之討論軍營道理，教習槍礮口令，造就成材。不可任其懶散，但聽例差。各營弁勇，每於關餉後，上街亂用錢文，不知愛惜。各統帶營官務宜詳導戒斥，使知餉項出於朝廷養士優厚之施，其來不易。再，近日時疫傳染，霍亂甚多，由於冷熱不均，伏寒在内。務飭各棚多買生薑，搥成大片，得疾即刻以開水沖服，得汗自愈。士卒疾病飢寒皆爲將者所當體恤也。

年例諭

照得年例停操以示體恤。瞬交光緒五年，自當查案辦理，所有各營操務，仰於二十八日操後停止，明年正月初四日開操。停操期内洋槍等件務須擦拭乾淨，一律封存。各營務須嚴查出入，禁止賭錢，飲酒，放花炮等事。勇夫等，并不許來往拜年。元旦日步隊除各統帶營官照例來營團拜外，哨官幫辦各員弁，一概不準來營賀節。馬隊統帶營官，均不得遠來拜年，致曠職守。毋違。

裁勇札

照得本軍奉文裁撤五營。自宜明定章程，俾知彷辦。查勇丁自同治十一年正月起，至光緒四年止，所補之人，察其實在年老疲弱者，由該統帶營官詳細選提，每營汰去二三十人之譜。不許該勇丁求免求留。所裁之勇，軍裝號褂應行繳清。并不許持帶寸鐵，護照由各營自行發給。每人按照十五日行糧，發米一斗五升。十五人發三套頭馬車一駕，并派妥幹差弁護行。限十九日清晨至本總統行營驗看給票。凡黄河以南之人，於東阿縣設局，黄河以北之人，於滄州設局，均派妥人發給該裁勇四關欠餉，該營并須造具該裁勇黄河南北籍貫，年貌，箕斗，姓名及入營年月清册各三分，南歸南册，北歸北册，南北共六分。二分留本營，二分送本總統行營，二分送南北發給欠餉局，以備查核。札到，該管帶等，即便遵照妥慎辦理。

區名勇服諭

照得各營勇夫，衣服向以藍色爲主。原所以昭沉静示區别也。茲查各營勇夫當差人等，間有身穿白布褂褲上街閒遊者，實與民人無别，合行傳禁。傳到，該營即便轉飭各棚勇夫，以及當差人等，一律遵照。

禁養幼童諭

照得各營棚内不准收養幼童，歷經傳諭在案，現查各軍差丁哨勇，仍有蓄養孩童，呼爲養子，實屬不遵營紀，傳到，該營尅日飭督各哨棚，一例驅逐，認真清釐，并將養留閑人，耗食錢糧，誤人子弟道理明白開導。本總統隨時察看，如再有攜帶途市，藏留營棚等弊，一經查出，定惟該營官是問。

嚴飭操演諭

照得營中操練，所以戒備不虞，最爲緊要。前已通飭各營加緊練習。并飭委員分查各營槍礮，是否一律油擦，分别等第具報在案。現各營雖照常操練，仍須逐日講求，以期精熟。人數尤須整齊，該營官等宜時時點名，不得稍存玩忽。槍礮爲最利之器，務須加意油擦，毋稍銹滯。前曾面告各營官，令於操後將洋槍收存中軍帳，以昭慎重而便查看，仰即照辦。所有矛桿亦須檢出油好，以備應用。礮隊三營操時，務將馬匹配駕演試，不可但操手法。該委員查閲各營槍礮，申報時務須剖明優劣，分别等差，不得統言一律明亮，意存敷衍。至所有洋槍，務將刀頭開出磨拭明亮，預備有事時抵用。操練時，各統帶營官，仍須自行點名。本總統不時親來閲看，倘有人數參差，操法生疏，定惟該統帶營官是問。軍務至重，其各懍遵。

嚴飭營規諭

照得營中諸事，最易整齊點名。大操尤須嚴肅。一切事宜列左：

一，凡遇點名之時，如有勇夫病者，應用車載往聽點，點後仍用車載回，以示體恤。其不病之勇，務須隨隊往來，不得三五成群，致有先後參差之事。

一，凡遇點名大操，統帶營官侍從之人，尤須嚴肅，只準傳號一人冠戴著短後衣往來傳達。其餘概令兵勇裝束，以昭整齊。

一，各營打靶用寬長一尺一寸鐵靶，以一百八十步爲程。演習逾月，展靶二十步。半月後，再展如之。至十二月半後，靶展至二百二十步爲止。務須加緊嚴操，逐漸展遠。以期精熟。

赴保定諭

照得時届歲暮，營哨各官務須終日在營講求，以資表率而期整頓。現在本總統因公赴保，所有統帶營哨各官以及哨長幫辦人等，概不準擅離防所。柴草園、馬房，尤須派得力員弁看守照料。該營官每夜必躬親巡視。本總統仍派營務處不時抽查。如有陽奉陰違，查出決不寬貸。又，風聞各營有在營中開店賣物兑錢與勇丁之事，自因距街較遠，體恤勇丁，究與營規不合。仰該營自行訪察，如有此等情事，即將在營開店之人指名稟劾，以憑嚴究。

拔隊赴工諭

照得我軍本年應作減河築堤挑濬各工。業經分段派定。現在風日暖和，亟宜及時興作。以期早日告成。中、左、右軍仰即拔隊，前赴所派工所，督飭勇夫認真辦理。所有本營洋槍等件，均宜存放中軍帳，派妥員照料。柴草園，騾馬房等處，尤須派得力員弁巡守，毋令疏虞。仰將本營酌留親兵名數，并照料看守之文武銜名。逐一開報，以便查核而專責成。切切。

大操定式諭

竊照大隊操演，擺列行陣，當有一定法度，庶進退分合之間，可以整齊畫一。茲將應告之事條列於後：

一，凡操時，左軍在左，右軍在右，中軍前營傍左軍，中軍右營傍右軍，副營在中行擺列。

一，左軍藍旗，右軍白旗，中軍六營花旗。各軍務須認明旗幟，臨時方不誤淆。

一，操場高處立數標竿，將諸色方旗懸掛，先招綠旗，諸軍即面向演武廳謝操。招紅旗即發號開操，紅旗卷即收隊仍歸原所。綠旗招，諸軍齊至演武廳前聽令。如操兩軍，即落下一軍不操之旗，操一軍，即落下兩軍不操之旗。

一，本總統座前另備小尖旗，如手摇白旗，則右軍全至。藍旗，則左軍全至。花旗則中軍全至。兩旗則一營至，三旗則兩營至，四旗則三營至，五旗則四營至，六旗則五營至。各該軍須認清旗色，應至何營，由該軍自行酌定。

一，中軍傳盛兩營本總統另備黄色兩尖旗，以爲識認。如本總統手摇兩旗，另插兩黄旗在內，則傳盛兩正營即隨中軍應至之一營同上，摇三旗另插兩黄旗在内，則兩正營即隨中軍應至之兩營同上，餘可類推。

一，如馬隊同操，另備黃邊黑旗爲識，亦照前例。

築牆事宜諭

照得現因防務緊要，擬於大沽以下修築牆隄備行戰往來，防守瞭望之用。曾飭營務處帶同各營員弁，親赴該處查看地勢，丈量分段興作，所有應傳事宜列後：

一，各營前次挑打小靶，弁勇經本總統及中堂較試者，中全紅之勇，每次準抵工作五日，中四槍之勇，準抵工作兩日，中三槍者不在此例。仰各營細加查核，開單報知，以憑考究。

一，各營拔隊赴工，所有本營軍裝糧餉等處，以及柴草園，騾馬房，各地均須派有妥員帶人看守，仰將派定看守各處員弁，開單報知，以便查核。

一，此次工作經本總統呈明中堂，請酌給銀兩，爲添僱民夫，置辦筐鍬繩索等用。所有應辦器具仰各營自行購辦。毋得私派勇丁。違者一經查出，定行參辦。至添僱民夫亦須量工定僱，倘僱夫過少，及以少報多者，查出懲究。

一，各統帶管帶親赴工所，亦須隨帶得力親兵，常川督率。并照料巡查，毋稍疏懈。

訓將領諭

照得昨給各營《陸操新義》一書，原飭各統帶管帶，將書中要義熟記於心，預備本總統隨時考問。兹查書中條目甚繁，考問恐難周備。仍仰各營將原書逐加講求，或有益操防，或有裨戰事。閱看有得，即按條簽出，以凴考核。但求躬親體認，不可假手他人，致將來考問時應對不能吻合，是爲至要。

操槍程式

光緒元年二月

一，後門進子槍，内外均貴潔淨，而内膛尤不可積有藥煤。宜於放槍後，乘熱用碎布條穿入通條上之孔，插入槍管擦去藥煤。惟不可多沾濕，防生銹也。

一，槍上機簧貴靈活，一有滯澀，線雖掛準而扳機每致移動，因而槍打不準。

欲得機簧靈活，必須用時細心，不可令機上稍有塵垢。機簧尤須常用油擦。

一，靶有遠近之分，即碼有高低之別。若路近而用高碼，則鉛丸必越過靶，路遠而用低碼，則鉛丸必不及靶。以土乃得而論，碼上至高爲一千二百五十碼，查泰西以三尺爲一碼，約合中尺有三百七十餘丈。以華里一百八十丈爲一里計之，約有二里八分之譜。至呍啫士得馬槍，只有九百碼，鉛丸約可及一里半路。碼上係西洋數目，早已通飭各營留心體認，以免懸虚捉空之病。

一，槍藥有好壞之分，存儲日久，又有乾濕之別。過於潮濕者無論矣，今以至乾微潤之藥論之，在數十步内，試放乾藥，可穿寸厚松木板十層。微潤藥只能穿七層。考藥力，能令鉛丸穿通一層板，其力可及一百八十五步，穿十層板，其力可及一千八百五十步。回潤藥僅穿七層，其力只能及一千二百九十步。較乾藥已少五百五十步之力。夫同一藥也，而十數步内較試乾濕，即有三七之别。加以藥裹有鬆緊，若裝藥時擣藥不緊，日久搬運，每易鬆散。放槍時鉛丸出口亦覺力減數倍，即穿板亦必少一二層。此又在造子裝藥時留心體會。

一，清晨打靶與午後打靶均有區别。查打靶係從碼上之缺口望槍口上之尖鋒，俾一絲尖鋒一直對靶，則取中較易，若清晨日在東，而靶亦在東，不獨靶背日無光，且日光必射入人目，而槍口上之尖鋒，每難望准，中靶亦因此較難。午後日漸西，若靶亦在西，其弊亦與清晨同。蓋靶心須向陽，則人目背陽可得回光，較之背陰打靶殊有難易之別。推之迎風打槍，碼數必須稍高，蓋鉛丸至千步外，藥力將盡，風之阻力亦能稍減丸之去力。故碼數必須較順風稍高。況迎風則藥煙必致回撲，且間有火星。即迎風掛線亦不若背風掛線有準，此皆用槍者所宜知。平時操演既能熟悉陰陽反背之理，一旦遇有戰事，應從何路進兵，較之茫無覺察者，似有裨益。

一，操演打靶必須定有限制。閒時每月打九次，以三六九爲打靶定期。每次只準打五槍。忙時每月打三次，以逢五之日爲率，每次打十槍。先由統帶及營官哨官打準，然後再考試兵勇，如兵勇中有能屢次打全紅者，即將闊靶漸次改縮窄小，倘兵勇中有不中者，應由該管官時時教導，以期共臻精熟。

一，打靶中否貴嚴賞罰也。如兵勇能於二里路此係指用新槍而言打中裁尺六尺五寸高、三尺六寸寬之靶，即賞二兩五錢重銀牌一面。能於一里半路打中五尺八寸高、二尺八寸寬之靶，即賞一兩五錢重銀牌一面。能於一里路打中五尺二寸高、一尺九寸寬之靶，即賞一兩重銀牌一面。能於五百二十步打中四尺二寸高、一尺二寸寬之靶，即賞五錢重銀牌一面。能於半里路打中三尺八寸高、九寸寬之靶，即賞五錢重銀牌一面。能於二百四十步打中三尺二寸高、七寸寬之靶，即賞五錢重銀牌一面。能於二百步打中二尺八寸高、五寸寬之靶，亦賞五錢重銀牌一面。倘一次五槍不中，兵勇罰跪一刻。二次五槍不中，罰跪二刻。三次五槍不中，棚頭降爲散勇，散勇降爲長夫，如統帶及營哨官不中，分别記過。如兵勇能五次全中者，亦分别記功奬賞。或一營有八成打中全紅，或一哨有八成打中全紅者，則該營營官哨官亦另行請奬。倘此營此哨有四五百人打中全紅，而彼營彼哨打中不及此數，除兵勇有應得之罰，該營營哨官亦另行記過。打礮亦照此例。倘更有精於槍法者，能於一里半路打中五尺高、一尺九寸寬之靶，或於一里路打四尺高、一尺二寸寬之靶，或於四百步打三尺六寸高、八寸寬之靶，二百步打二尺高、三寸寬之靶，一百六十步及一百二十步打二寸半之靶，又如百八十步及百六十步打二寸寬之靶者，加等另請給奬。

一，打靶之式不一，有馬上、步下、站著、坐著、臥著、靠著、走著、蹲著、仰、俯、斜、騎馬、前走向後、後退向前各式。以上二式係打飄忽無定之人。或於百步内外打尺餘寬擺動之活靶，所謂活靶者，比人之跑走不一，蹲坐無定跳躍靡常也。此係爲練打土番苗蠻而設。苟能逐式操演，使槍無虚發，則一切奥妙可能精熟矣。

一，打槍氣貴静也。考打槍掛線之時，絲毫不能移動，若呼吸氣粗則線每不準。

昔在吴中剿粤逆時，見洋槍隊步伐整齊，即百忙中亦覺閒暇。今乃知彼之所以整暇者，爲用槍取準之意也。

一，洋槍宜常端架也。蓋打槍時眼貴掛線，而手尤貴端平。并宜以槍之後托，抵緊肩窩。則子出雖有坐勁而前口不致移動。若把槍腕勁稍弱，則槍每易左右摇動，再兼呼吸氣粗，則槍更易高低不一。今擬空中懸一鐵圈，圈下掛一銅鈴，令兵勇早晚端架二次，將槍口送入鐵圈中，周圍與圈相離，若一移動即撞圈而致鈴響。如端架能口數五百字，而鈴不聞聲，則手勁練穩，而命中較有把握。

一，馬上打槍比步下打槍尤難取準。蓋大隊群馬之中，不能無生馬聞槍驚跳。則眼線不能驟合且恐失手傷人。須於未操打靶時先操空槍，使其聞慣不驚，韁轡嫻熟，又須跨鞍靈便。至打靶時氣静體直，施放宜快，合線即發。若手生人滯，人與馬一呼吸間即易走線，必難著靶矣。

一，洋槍一軍必須一律也。查近日洋槍機巧百出，式樣不一，有此槍鉛丸不合彼槍膛者。或此槍較靈而鉛丸施放太多，彼槍太笨，而鉛丸打出不易，不能通同合用矣。況用槍之人，亦有巧拙快慢之分。若改用一律，則鉛丸皆可適用，而鉛丸所及之遠近，兵勇亦一律周知。臨陣更易中敵。推之礮位，只有攻守行戰之别，亦應一律爲便。

續增操鐵靶式

一，宜打鐵靶其法以鐵爲之，方一尺五寸，懸掛當中，上下皆空。凡擦邊過頂攛襠，皆不算中。

試驗新舊兵馬後膛各槍節略

哈治開司兵槍

管長二尺八寸半，前口徑三分七釐半，後口徑四分一釐。後膛機簧共計二十一件，借用四分徑格林礮子，鉛丸分量，火藥力量，頗適於用。試放時彈落四百五十丈內外，快步走打，每一分鐘二十出。立靶十二步，打穿半潮松板八寸半厚。其馬槍力量較步槍約少半寸。按此槍與格拉毛塞或特來司馬蹶呢，三項均爲四手槍。論手法則無馬蹶呢之直捷。而後膛另貯備急五子，較諸種尤爲巧便。惟隨槍本子，鉛藥分量尚須與格林子比較，方能定準。極遠至足碼可打四百七八十丈内外。

格拉兵槍

管長二尺八寸五分，出口徑三分半，進口徑四分半，後膛機簧十八件。隨槍子彈，銅殼三錢七分，鉛子六錢七分，紙并半分，藥一錢五分半，共重一兩二錢。立靶十二步，打穿半潮松板七寸半厚。快步走打，每一分鐘十二出。但槍質雖堅，而無哈治開司之適用。緣其扳手進退轉角之處，方而易滯。不能如哈治開司之扭轉靈快。且槍子用藥太多，試放時槍頭左右擺動，槍尾坐力極猛，彈落遠近不一。查近時西洋後膛槍藥，以一分六七釐送鉛一錢。此槍以藥二分二三釐送鉛一錢。藥重鉛輕，故有是弊。況兼扳手凝滯，洵非洋槍上品。馬槍略同。

毛塞格脱來司兵槍

管長二尺九寸六分，出口徑三分六釐，進口徑四分一釐，後膛機簧大小十九件。隨槍來子，管徑略大，間有勉强裝進，放出後子殼漲大，退出維艱。立靶十二步，打穿半乾松板七寸厚。其扳手靈快遠遜於哈治開司。以子管槍膛徑口未合，故未試打。請更發隨槍子數百粒，試放比較爲要。再，查此槍寄來子彈并子樣，進膛時均餘二三分，不能裝進，以墨塗子殼裝進，一時透出細看，子口光亮。蓋制時子口漲大，收攏未緊。若用套模收緊，子口恰如槍膛之大小，當可適用。馬槍略同。外國子合膛，每一分鐘能放十五出。極遠至足碼，可打四百四五十丈內外。

亨利馬蹏呢兵槍

管長二尺九寸三分，出口徑三分半，後口徑四分三釐，後膛機簧連護手弓共計大小二十二件。隨槍子彈，現時無存，借用機器局製造林明敦槍彈試放，彈落四百丈內外。快步走打，每一分鐘十八出。立靶十二步，打穿半潮松板七寸六七分，其直捷靈便，實爲各種兵槍第一。若能如哈治開司膛後可貯備急五子，最爲極品。

士乃得兵槍

管長二尺六寸六分，出口徑四分六釐，後口徑五分二釐，後截機簧共計二十七件。試放彈落四百丈內外。快步走打，每一分鐘十二出，立靶十二步，打穿半潮松板八寸半。按此槍係由前門來福槍初更後門進子時所造，故雖起捺試放須六手方出，而精實力量，遜近來新式兵槍無幾。亦無坐力擺動、彈落遠近不一之弊。尚堪備用。極遠至足碼可打四百一十二丈內外。

呍啫士得馬槍

節略。前已細考聲明，茲不復注。現較致遠之力及試放快速對表計晷，一分鐘能放二十四出，彈落處在三百丈內外。按新式兵槍馬槍，再未有靈快便捷如此者。其膛內機簧除外門螺絲筒內銅絲不計外，大小共四十八件。極遠至足碼，可打三百五十六丈內外。

盛軍訓勇歌

同治十年

三軍聽我苦口説，教你當勇十妙訣。第一莫結哥老會，哥老會是斬頭罪。三個成群五結黨，是你自家投法網。有何名來有何利，未必燒香就義氣。況聞老帽私令嚴，重則處死輕則鞭。我今勸你學正道，學做好人有好報。

第二切莫鬧糧餉，軍令森嚴莫亂闖。積年陝省聚潰兵，先因鬧糧起壞心。我兵打進北山口，數千之衆都斬首。籌餉本來非容易，大帥也要費心計。朝廷哪肯差餓兵，稍有遲發莫作聲。

第三切莫出怨言，我帶兵勇已十年，未冷爲你製寒衣，有病捐資替你醫。米麵辦齊買柴草，無非想你肚內飽。我既待你似弟昆，我的軍令你要遵。若在背地啨議論，惑亂軍心罪不輕。

第四切莫混出營，無事不準四鄉行。姦淫擄掠罪極大，梟首轅門你可怕？人家調戲你的妻，問你居心依不依，人家搶了你衣物，問你居心服不服。人心己心俱一樣，天理昭彰打對帳。

第五切莫吸洋煙，吃上癮來禍患連。兩眼淚痕雙鼻涕，皮黃骨瘦真晦氣。又花銀錢又傷身，上陣發癮命必傾。況且軍營查得緊，躲躲藏藏難過癮，勸你早覓戒煙方，打碎煙燈劈破槍。

第六切莫貪嫖賭，嫖賭之人終喫苦。好嫖必害楊梅瘡，魚口便毒痛難當。貪賭發財世間無，久賭神仙也是輸。有錢早早寄回家，免得父母餓眼花。保得身體聚得錢，縱然窮困有人憐。

第七技藝要勤操，操了矛桿又操刀。洋槍磨得明滉滉，耀眼金光如雪亮。早晚兩次不可少，進退連環打得巧。平時操得好刀槍，免得臨事上陣慌。任他衝突我不怕，賊匪自然難招架。

第八同伴要和好，些須小事莫爭吵。你懇讓來我肯讓，大家同心好打仗。在營疾病相扶持，上陣隊伍要幫依。萬一有時鬧口角，不管是非皆責革。自古用兵重人和，哪怕賊匪百萬多。

第九買賣要公平，不可恃衆欺商民。商民將本來求利，爲甚要受你的氣。你若説他價過昂，再買一家又何妨。切莫逞強與他吵，他若吃虧不來了。我們到處肯讓人，誰説好人不當兵。

第十你要學禮貌，遇見官府須避道。在營早晚站个班，朔望官棚請个安，開差行路莫喊叫，上陣打仗莫嬉笑。英雄包巾紮得緊，號衣穿著要齊整。你若爲官帶了兵，人家一樣把你尊。

以上十條眼前事，朝夕口誦心謹記。兵勇照我十條行，到處傳出好名聲。蔭子封妻皆由分，只要大家肯歸正。班師奏凱罷遠征，同沐皇家雨露恩。

盛軍訓裁勇辭

光緒五年

諭裁勇知悉，汝等隨本總統多年，辛苦備嘗。今以時際升平，裁遣歸農，實屬可喜之事。惟念汝等出外已久，平日在營有營哨各官教導，於營規亦能恪守。而於鄉居做人度日諸事，或未深悉。除發給三個月恩餉外，本總統復捐送餉一月。汝等不可浪用。特編俚語二章，以當臨別之贈。汝等其諦聽之。

第一要孝父母盡心奉養，第二要敬尊長和睦街坊。第三要務本業耕種爲上，第四要守國法早完錢糧。第五要少飲酒做事穩當，第六要親正人舉止端方。第七要免是非甘心忍讓，第八要守本分貧窮可防。第九要戒遊惰勿事閒逛，第十要學勤儉好過時光。

切不可性強暴逞兇打仗，切不可淘閒氣騷擾村莊。切不可亂賭錢家産傾蕩，切不可好女色偷人妻房。切不可結匪人成群來往，切不可吸鴉片精血消亡。切不可譏誚人説短道長，切不可爲小事亂把人傷。切不可混用錢不知算量，切不可遠出門不顧爺娘。

以上二章皆淺近之語，願汝勇丁等安分回里，勤思斯言，共爲盛世之良民，本總統實有厚望焉。勉之！戒之！

生活俚言

同治七年

語云：「一勤天下無難事。」又曰：「業精於勤。」可見「勤」之一字，是衣食之本源，興家創業之由來也。今城鄉街市中每多鵠面鳩形，赤身露體，雙眼淚痕，兩管鼻涕，以及倒街臥巷之輩。非天故靳其禄而欲置之死地也。必其人懶惰偷安，或迷於煙酒，又困於賭嫖，遊手好閒，所以一窮至此。此即驟與千金，亦不過供暫時之揮霍。所謂千金不能滿無底橐是也。夫天之生人，未有不與以衣食者。少年精力強壯，如果夙興夜寐，勤耕苦織或肩挑貿易，或手藝傭工，即貧無立錐，亦可日漸充裕。若稍有把握之人，并可就積蓄之資，多方生息，日積月累，不數年可致富有也。特患人不自強耳。鄉間愚人，動曰無日子過，余亦嘗就其言而代思之，誠使上有老親，下多兒女，耕作人少，穿、喫人多。他如鰥寡孤獨，殘廢老朽，似此云無日子過，真令人可悲可憫，好善樂施之家，不妨量力周濟。外此，年力正富，人口不多，而動以衣食缺乏，向人饒舌者，吾不知其意云何也。予上承祖德，近荷國恩，現雖稍有衣食，而親族鄰舊窘迫難堪者，未嘗不留心體恤。蓋予自幼至今，險阻艱難固以備嘗之矣，特恐心有餘而力不足。不能盡如人意耳。今就農民極窮之輩，示以作活度日之方，特就鄉里情形，代擬數條開列於後：

一，宜早起尋糞也。田地興旺，全賴糞力。是糞爲耕田之要物，不可視爲污穢。

一，菜子宜興種也。小户可興菜子石餘，收菜子即换油五六十斤。按油每斤值錢百文，是春季菜子一項已得錢五六十千文。

一，豬宜餧養也。買小豬一口，約二千文。餧養百日之後可賣錢四五千文。一年養三圈豬，可得利十一二千，且濃水皮糠，剩飯餘粥，不致糟蹋，可免暴殄之罪。

一，母牛宜與人合養也。年子牛一隻，約值錢二十餘千。小户力難獨買，不妨四家公養。每年可産小犢一隻。值錢二十餘千。四家攤分，每家可得利五六千文。

一，麥宜勤鋤也。以石種而論，大麥收四石，小麥收一石。可值錢五六千文。

一，栽插不可緩也。小户耕田十餘畝，收稻二十五六石。即佃人田半邊租，可收十五石，亦值錢十五千文。

一，棉花宜勤鋤勤紡也。作八斗種而論，鋤的好可收棉花三百餘斤。約紡細沙九十斤。按四百文一斤，可值錢三十六文。

一，村周圍宜多栽果木雜樹也。樹木茂盛，可增一村之氣象。且叉揚扁擔及莊農器具，均可取給。數年後亦可取果木賣錢。

一，有塘宜養魚也。魚花需錢有限。養入塘內，不須餧食，滋生多時，可網出賣錢。且可備不時之需。

一，煙葉菜蔬宜興種也。婦女早晚灌溉芟鋤。按一畝地可收煙葉二石，值錢二十餘千。菜蔬并可供日食。

以上十條每年約得錢一百餘千。

再將小户三四口人，一年穿吃需用各款，及應酬雜項，開列於後：

一，擬一年吃米十二石，去錢二十四千。

一，擬一年吃鹽六十斤，去錢四千。

一，擬一年吃豬油十二斤，去錢二千。

一，擬一年點燈油二十斤，去錢二千。

一，擬一年添補衣履去錢十千。

一，擬一年所需茶葉、火紙、黄煙去錢三千。

一，擬一年親友宴會及送人禮物，并門差。共去錢四千。

以上一年約去錢五十千。由前所得一百餘千内除去用款，仍餘錢五六十千。若上有老親，再除三十千，以作奉養之費，仍多二十餘千。如果照樣勤苦，不但日子好過，且可日就小康。况男子漢總要立志自強。即人肯幫助我，亦是人的恩惠，我仍當自愧自勵。他即不望報，我不可不存是心。萬不可藉他人之銀錢，恣自己之頑笑。不勞而獲，身之災也。勉之！戒之！

此編係同治七年，先武壯公因捻匪肅清，中原底定，從征士卒久役思歸，遂編此垂訓。俾知各勤職業，不致遊惰爲非。此亦臨別贈言之意爾。光緒三十一年仲夏月。男家駒謹識。

外集卷二 書牘

上李傅相

光緒九年四月十三日

頃聞朝命以法越糾纏，急徵中堂，由籍啟行，前赴辦理一切。兩粤及滇南防軍，均歸節制。逖聽之下，奮躍難名。惟盛傳竊有請者，當今擬清屬邦之轇轕，藉伸大夏之威靈。揆厥情事，蓋惟和戰二端。朝廷素示懷柔，綏服异域，固不樂於多事。況兵端一開，堵禦紛乘，一時難以休息。此則議戰之難，而不得不首在議和。然在內之清議者流，在外之愚闇者輩，莫審強弱，不識兵機，誇口稱雄，絶不知身任者之難，動欲試天下於一擲。否則謗議乘之，讒毁加之。如光緒六年，俄事之交涉，其間之紛紛多口，固已耳聞而目睹也。蓋和之一字，出於他人之口猶可，而以中堂身臨之而親議之，則怨謗者必有紛集之勢。然時勢苟有出於必不得已，法之於越，竟不可以常理論。則在我亦惟有與之議戰而已。

竊思，中堂有節制數省之名，而按之滇粤之軍，素昔未經訓練，無多利器。試與角力，其能稍有把握乎？現在淮軍，似較他軍爲稍強。然統計人數，過於寡弱，即利器亦尚爲不足。況在他之狃於常習，不求實際，似更難以比數。倘爭端一開，則各省海口，均應添設防師。料彼必有偏師遊歷各處，虛聲嗬喝，藉以牽制我師者。然不於此時趕爲籌餉添兵、置器，奚以爲戰守之備？此則和戰之均未易輕議者也。然審知其細，能通籌於事之終始，不尚虛聲，務求實效者，中堂而外，能有幾人？誠恐身肩其任者，功則無聞，咎則有歸耳。此時朝命久下，責任想已無可推移。愚昧之見以爲，如曾岑左相各帥，向有聲稱，彼亦自誇兵力足以取勝，如曾岑兩帥，則更就近邊圉，似可請令視師，暫釋已責，觀其得效與否，而後再作計較。蓋非出於推諉之私，亦正爲斯事留有餘地步。

當茲法人之狡焉思逞，久已視越南爲己有。而現在滇粵之軍，紀律無聞，軍器不備，雖盡歸管轄，奚足以驚其膽。前之捻逆，止此內地之草動，而僧王之威權節制多省，祗以取敗。衡以法夷講練之師，其堪虛聲震懾乎？在朝廷之意，原以爲非中堂前行，不能挫折其氣，即時了辦。而或加之以惠，不足厭其心，示之以威，而數省之兵力不足恃。一朝奮決，更賴誰人以持其後？此則非爲中堂一身計，正爲天下計也。

盛傳隨侍憲節有年，於夷務兵事久叨訓誨，略審一二。自揣聲望尚淺，於天下無關重輕。如令前行，先爲嘗試，酌帶通事兼識彼文字者數人，且與評議，似不至與之決裂。如言詞不足挽回，實逼處於議戰。盛傳久叨糈禄，未經報稱，決不致圖身家而稍形退縮。惟本軍人數，不足敷布，應請準令，另行招募二三萬人。一面訓練，多備槍械，再得後路糧餉源源接濟，不致缺乏。盛傳不敢謂足以取勝，而自問兵力既經講求，便足十抵其五，且和戰機宜，仍可隨時稟命，更不至於外誤。

如虞直隸門户，不克抽此防軍，儘可酌提統帶營官數人。於赴粤時，一路招練，另募成軍。而此軍另請委人統帶。只求給予餉項，以爲招募之資，與購軍械之用。竭此二三萬人之力，即時訓練，亦尚足爲禦侮之用。應不致如他省之土槍弓矢之兵，不足以壯觀瞻，而更無實際也。

愚昧之私，實爲大局起見，非虚圖赫赫之名。希倖邀於身外，倘所辦不效，中堂再行臨境伸討，庶於國體爲較尊。而於事益爲有濟。如旨意難違，憲節定欲即時前行，盛傳尤當執鞭前驅，藉效奔走，芻蕘之見，出於愚忱。幸蒙知遇，諒能鑒察。

再，審法人狡計，彼之圖越之心，恐難中止，即戰端未必不以此事而興。竊以中夏，非練百萬之師，效西法之制，添造鐵甲，趕造鐵路，多置利器，不足爲戰守之道。中堂似可趁此有事之時，剖晰入告。否則值於堵禦紛投之際，其將何以爲力也？盛傳以爲，此次如率兵前行，即洋醫亦宜攜帶，鋼鍬亦宜多購，軍中隨處可以適用，何況於槍械之要件哉！

致廣西黄蕙亭軍門 光緒九年九月

接奉六月十三日賜書，具悉。臺旆出關，駐守、籌布邊防，壯保障於粵西，播聲威於閫外。并悉貴軍臨敵甚近，麾下扼要設防，嚴密佈置，既杜强鄰之窺伺，又不輕啟夫兵端。仰見老成謀國，藎慮周詳。遂聽之餘，莫名欽佩。近日振帥回任，則兩粵全局，自必統籌兼顧。貴軍後路，亦更得所依倚。岑帥調任東粵方伯，晋擢中丞。想仍須駐守邊陲，運籌防務。我兄和衷協力，相與有成。行見底定藩封，上邀宸眷，荷芝綸之錫寵，卜茅土之榮膺。企禱私忱，曷可言罄。

劉軍獲勝，前閲《申報》所言，略知梗概，但未敢信爲確耗。今承示知詳細，俾廣見聞，尤用感佩。弟思劉義以蕞爾之區，當此强國，竟能獲勝，誠不易易。竊揣其故，劉本粵黨之餘，久經大敵，於臨陣指揮，自必深得竅要。其衆，多當日心腹，自皆精悍，故能摧鋒陷陣，猛厲無前。此其所以能勝者一也。劉義初入越南，立足無所，幸賴越王容納，得以自存。今見法人陵越日甚，代抱不平，發憤而起，受越官職，爲越復仇，即保越境土，故血性奮發，足以感動人心，激厲士卒。此其所以能勝者二也。越人既不能敵法，惟恃劉義以禦外侮。遂一切聽劉之所爲，而越廷不復遥制，故進退之機，戰守之策，皆能隨機應變，絶無牽制之苦。此其所以能勝者三也。越南地多山險，劉義駐紮既久，深悉地勢，足以扼險自守，阻法人進兵之路。所守既固，乃得伺隙蹈瑕，出奇設伏以制之。此其所以能勝者四也。劉軍戰守既皆自立，而法則係民主之國，調兵任將必須衆議，僉同乃能定見，往往議院辨論，主戰主和各持一説，外部大臣，不能遽定，故事機不無少滯。此劉軍所以能勝者五也。弟之愚見，度劉軍所以能勝之故，當亦不出乎此。但其中亦深有可慮者在焉。查法人持利器以爲強，講求素審，礮火所及，無堅不摧。劉軍所用何械，雖未盡悉，但既未購儲於平日，總難猝辦於一時。聞其間用有林明登快槍，固已勝越人之土槍土礮。但恐所得不多，難於成隊，不能如法軍器械之一律精利。從來兩軍相交，先及者勝，設此軍雖有槍礮，稍一遲鈍，而彼軍之子彈已如雨集，則損傷必多，立腳不穩，雖有強兵，難保必勝。況洋人遇河，則用小木船搭浮橋。遇窄河，則用洋鐵浮橋。頃刻可就。此在攻常州時，吾兄所親見。又赴水則有氣包袋，渡水便利。其他種種器械之利，類非劉軍所可及。此其可慮者一也。泰西用兵必先厚儲餉項，以防缺乏，又有輪船運解，自法至越，約不過四旬可達，且已得南圻六省之地。就地購糧，亦不甚費轉運之力。劉軍據越南三宣之地，幅員非廣，磽薄尤多。平日且耕且守，當亦僅足自給，今自拒法起釁，養兵購械所費浩繁，一隅之地，何從籌畫？縱賴越人接濟，猶慮徑路崎嶇，法軍間阻，或有饋運不繼之虞。況他人之助，豈能源源不絕，設有匱竭，憑何支拄？此其可慮者二也。西洋兵卒，非徒恃召募而來。平日養以厚糈，訓練有素，臨陣步法最尚嚴整。且礮臺營壘堅固如法。槍礮所施及遠命中，難於進逼。即使偶敗，足可自守。劉軍雖勇，但至越已久，今日從戰之士，未必皆當日死黨。或一時激於義憤，攘臂而呼，相從赴難。設有小挫，即恐衆志難堅，此其可慮者三也。且洋人用兵非徒尚勇力，其籌慮處尤極精細。天文演算法，本所專長，風雨寒暑，皆能預爲測量，早作準備，故水路二戰皆易得手。劉軍雖勝，恐勇力過之，而精細處或有未逮。則偶有疏虞，恐被暗算。此其可慮者四也。劉軍雖據山險，而其地不出三宣，法人自得東京，越王坐困。則越境以內，凡非劉軍所守，自必四出布置。山川險易，道路通塞，勢將任其探訪。是越境地利，法且與劉軍共之。且洋人每敗，必思致敗之由，前此之戰，既以失地利而不能得手，後必窮搜廣探，三宣周圍之路，地段綿長，要口雖已扼守，別徑不免紛歧。況山勢雖高，豈皆陡峻，或有陂阤，可上之處，即屬在在堪虞。洋人鑿險縋幽，是其長技。平日探訪無人之境，往往裹糧深入，不避艱險。況當用兵之際，地利所在必争。其軍中又多越人，足爲嚮導。則凡有可進攻之路，無不百計以圖。一隙偶疏，動關全局。此其可慮者五也。洋人用電線以通軍報，相隔雖遠，瞬息可達。越則山徑險隘，動用曲折，文牘往返，每需時日。彼以數萬里而已達者，此以數百里而或未能達。稽延輾轉，易誤機宜。此其可慮者六也。用兵之道，全恃信賞必罰以爲激勸，劉義雖已受越南三宣提督之職，而東京既失，越王已聽命於法，則前此所受爵位，藉以維繫人心者，恐難深恃。況餉項不裕，則雖士卒争先，難籌破格之賞。傷亡可憫，或鮮撫恤之資。日久相持，深恐群情易涣。此其可慮者七也。法人兵艦堅利久著泰西。此次屢聞增調戰艘，使其乘機駛入，擇便登岸，防不勝防。且水陸互相依倚，進則奪地，退則登舟，尤不易破。劉軍本無鐵艦，僅恃在岸設守，而無水師以爲牽制，恐難得勢。此其可慮者八也。西人醫藥之精，勝於中華，臨陣受傷之士雖至斷肢折體，皆能醫治如舊。劉軍中恐無此精技上藥。則傷一人即少一人之用。倘所損較多，士卒不免爲之奪氣。此其可慮者九也。劉軍自懷德獲勝之後，《申報》所紀，疊有捷音。恐其當屢勝之餘，稍存輕敵之心，即不免授敵人以可攻之隙。況法人強悍，今忽受此大創，必以爲恥，積慚生忿，勢將大舉報復。且其國人素極詭譎，一擊不中必另設密計。使防範稍懈，或中狡謀。此其可慮者十也。

有此十端，故劉軍雖有捷音，而不能不代爲過慮。然則今日之越南，豈遂果無自固之術乎？夫劉軍所據者固越土，而所用以禦敵者，即越民也。何以越將用之，一遇法人，望風奔潰，劉義用之，則搴旗斬將屢著戰功？勝負之數，前後懸殊。可知民無強弱，亦視在上者之激勵訓練何如耳。越人果能乘劉軍之勝，暫阻敵氛，因就現有之疆土，勵精圖治，痛戒因循。君相具卧薪嘗膽之操，士卒抱敵愾同仇之志。凡選將練兵，購船制器，一一盡仿西法而用之。舉國上下，同心一致，早作夜思，以求富強之本計，何患不能禦外侮！如古之趙武靈王，近代之米利堅國王華盛頓，現在之日本，其初，皆非有強大之基也。特以發憤修政，力求自強，遂能以屬邦而爲敵國，以片壤而啟雄圖。強弱之機，轉移甚捷。越亦何憚而不爲乎？特無如越人之因循而不振耳！

弟每念世間事關乎人之性命者，莫如醫，而世人偏視爲末技。關一國之安危者莫如兵，而世人偏輕論戎機。可爲浩歎！不意越人怠忽，適蹈此弊。以致坐擁土疆，束手受制。雖有劉義之勇，孤立無援，難於深恃。每一念及，輒深杞憂。因憶咸豐年間，粤匪倡狂，全局糜爛，得駱、胡兩文忠，曾文正，及塔、羅、楊、李諸公，謀勇兼優，卒能克敵，恢復疆土。即至三河之挫，幾於不可收拾，而胡文忠任用多鮑，復能轉危爲安。可見天下事，只在得人。今日時勢，果能如戚南塘之精細，周公謹之雄略，及以上諸公之經濟，無不可挽回之氣運。然用人難，而知人尤不易。昔李次青廉訪，與席蓮鄉方伯，同功貴州，以大隊攻數年而不克，後吴仲宣，用周軍門，由四川進兵，年餘而奏效。可見用人得失，相去懸殊。以曾文正之知人善任，而湖口之挫，徽州之失，皆以誤用李次青之故。劉霞仙中丞，用毛方伯援漢中府，連營一百餘座，日久無功，使盧又雄守八月之久。掘鼠而食，苦甚。睢陽卒不能救。此二君未嘗非當代傑士，而卒至於此者，人各有能有不能，彼雖學問淵博，下筆千言，而戰陣非其所長，即難成功。夫以曾文正之取人精細，猶有千慮之一失，誤於取其議論，而未及考其實際。故其文集中，偶論及此，輒深悔之。至中興諸佐，弟尤服楊厚庵宫保，其昔日戰功，本蓋一世，而前歲來弟營小住數日，口不言功。其心虚處誠不可及。且其論曰，人有常言，每以名相名將并稱。究竟名相尚易，名將更難。爲相者，非盡黑頭公輔，高年入相，門生故吏甚多，每發一奏，集思廣益，自易見長。爲將者臨敵調度，成敗呼吸判於俄頃，皆須一人定見，稍有遲滯，即措手不及。此名將之所以難也。其持論如此，想見伊深知此中艱苦，非空言所能濟事。即如當世重臣，莫如左相，其初入樞府時，即自行奏請疏浚永定河。調湘軍數營，前往工作。就原摺計之，約不過十數萬土方，旋即奏稱京畿數十年之積患，一埽而空。聞者必以爲水患全平矣，不意次年漲發，依舊漫淹。今更一片汪洋，災黎遍地。可見前此河工，亦難久恃。其至江南，教民間於河畔種柳若干，而奏牘聲稱民心感激，沿岸焚香跪送。試以弟營比之，弟到防以來，歲歲種樹，合十餘年，統算約有三百餘萬株。亦皆爲民，并非自利。從未見民感謝，即開河屯田之工，除小溝渠不計外，前後挖河築堤共計二千六百萬方之多。所開屯之地，寬約三十餘里，長約五十整理者按：十原誤作「千」餘里，今年大水，附近盡淹，而屯田無患。運河兩岸，各長三百餘里，減河兩岸各長一百五十餘里，并無決口。民間受益良多，亦從無跪謝之説。即敝軍歷年承辦要功，從未見諸奏牘。誠以各工皆用兵勇之力，領國家之口糧，爲將者不過督率之力，何功可言？從未敢自誇。乃觀左相，以老成宿望，而所陳開河種樹之功，猶未盡除鋪張之習。可見國家任人之難。

尤可歎者，近日外間議論蜂起，閒話太多，尤足爲患。即如前此劉省帥上摺請開鐵路，若果能行，則饋運靈便。前此山西大災，近日直東各災，運量賑濟剋日可到。如近日南中糧賤，若有鐵路陸運，尤爲便捷，全活必多。何至數十百萬之生靈，坐待餓斃。鐵路之益於世，固難縷述。即以賑濟一端而論，關係如此，奈以一人議阻，遂不能辦，至今無能復創此議，豈不可惜！又，軍中利器，最關緊要，近人每謂吾軍盡買洋人之器，以制洋人，是隨人學步，何能勝敵？然米利堅何嘗不用英人之製造？日本何嘗不仿西法？而即能自強，敵不敢犯，可見利器之有效。或又謂洋人尚巧，吾惟以拙勝之。器械雖不如彼，真到力不能敵之時，拼出一死以報國。要知古之見危授命者，其先皆有殺敵之功，不幸而遇事機不順，倉猝被陷，慷慨捐軀。如江岷樵中丞之在廬郡，亦復何憾？未有平日不講軍械之利鈍，徒手受敗而可爲忠者也。弟近日所聞議論，皆不出此二端，真足使人悶悶。即如李蘭華之守蒙城，苗沛霖圍攻之衆，兵力厚於李者，不啻四十倍，幾於糧盡援絶，而卒不能拔。由於器械足以相抵，故能保守。其時苗營若有今日之開花礮彈，李雖善守豈能當哉！及僧忠親王，大兵雲集以開花礮以攻苗党，而苗逆旋即授首，尤見利器之不可少。弟處現用後門槍礮，已有數千根，統津防各軍計之，約萬餘枝。稍足備用。

若論天下大局，必須數十萬衆一律選用後門利器，乃可制敵。至於訓練操習，其打中、及遠，并遲速三層，尤須詳細講求。弟與諸將士逐加考驗，當以哈乞開司步槍及吃啫士得馬槍爲最利。雖不敢謂外國利器無勝此者，然就中國現有之洋槍論之，當以此二種爲上。近日振帥回任，因海防喫緊，恐購械不及，已由津防撥帶後門槍礮若干，所帶槍名毛瑟。津防軍械所，尚存儲毛瑟槍若干，弟尚未能盡悉。亦係當今最利之器。以振帥之宏謀遠慮，布置海防而不能不以利器爲先務。亦足證此事之緊要。非弟一人之私言矣。至器械雖足利用，尤貴得人，選拔將士總當以強壯而精細者爲上。緣用兵首貴得地勢險要之處，必須親歷乃能周知。若在邊外用兵，地多山險，倘遇崎嶇之徑，乘馬則不便馳驅，兜輿則亦難利捷。尤須艱苦耐勞而又明於事勢者，乃能勝任。弟尤慮者，劉軍若保必勝，固屬甚願，倘有挫失，則法衆或乘勝長驅中國，邊防尤爲喫重。滇粵交界無業窮民，難免有投入劉軍者，設爲法所獲，問出華民，藉端恫喝，亦屬可慮。且劉君爲人雖止效忠於越，而奮勇亦自可嘉。設竟力不能支，則所以默予護持，而隱爲援拯者，想我兄不能不預爲留意。幸勿學某君之待徐大雄乎。況法人得志，種種恃強欺弱，足以激華人之怒，倘積忿過久，尤易肇釁。是即目前無事而後患正長。萬一邊疆多故，則陸路之師，貴軍實爲前敵。非有得力軍械，雖多良將，難奏全功。現在貴軍用何軍械，是否後門槍礮？惦繫實深。如尚未足用，似宜請於張宮保，與新任徐中丞，速議購備，以資守禦。

果能多備利器，經我兄訓練，立成勁旅，戰守堪資。即一旦遇敵，必能制勝。較貴軍昔日奔牛之大捷，更建奇勳，豈非快事。我輩同袍至好，今見我兄當此重任，關係全局，刻刻代爲籌慮。蠡管之見，輒欲自陳。

又，以弟分戍海濱，少可與言心腹者，每念多年至契，遠隔萬里，恨不獲把臂暢談，故不禁形之筆墨。想知己有素，必不以爲謬而棄之。法與劉君勝負情形，并乞詳示。弟析津駐守，歲紀頻更。前以家母年高，倚閭望切，屢請給假，歸省晨昏，緣傅相挽留，未能如願。現值海防告警，邊鄙戒嚴。更不敢以私情上瀆。刻下津防一切如常。傅相雖以洋務吏治備極辛苦，而精神甚健。賤軀亦託庇較前㑥適。尚可耐勞。現惟有督飭軍士勤練勤操，以資守禦。前因節餉，減裁二成隊伍，刻已奉文招募補足。一律簡練督飭操習，稍盡職分所當爲。愧乏涓埃之小效，尚祈我兄有以教之。則幸甚幸甚！

致楊堯臣

光緒九年十月

前聞臺旆有粵東之行，素知振帥相契最深，倚任必重，足以大展宏才。頃奉賜書，備荷隨時，記注就諗。新募十軍分防要地，作省垣之保障，壯邊檄之聲威，遯聽之余，莫名欣頌。吾弟自隨兄辦團禦寇，并征剿粵捻各匪以來，前後數百戰，莫不身先士卒，奮勇無前。即如兄解雉河之圍，幸以偏師破賊數十萬眾，其爭先陷陣，吾弟之力尤多。英西林宫保，與兄談及，最爲欽佩。又如攻江陰，破僞扈王之戰，尤極爲劉爵帥所佩服。是麾下膽略之優，勳績之懋，不獨兄所素諗，凡同袍澤莫不傾心。

此次駐守粵境，當邊疆多事之秋，正豪傑立功之會，建牙專閫，列爵分茅，皆指顧間事耳。但與洋人交鋒，與剿內地之寇不同，內寇雖皆慓悍，要皆烏合，我軍可以鋭氣勝之。彼一經敗潰，即不能支。洋人則器械既精，訓練有素，任邊防者，非謀勇兼優不足以操勝算。每就愚慮所及，禦夷之計，最要者約有十端：一曰利器械。兵志曰，器械不利，以其卒予敵也。是器械一端，古人已最爲加意。洋人礮火之利，日益求精。而近日所用後門槍礮，尤爲猛迅。秋間振帥回任，已由津防撥帶若干抵粵。後想又籌款購買，未知買得大批利器否？貴軍既繫礮隊，自必輔以槍械，未知共有槍礮若干？是否一律後門？倘有不敷，似宜請於制帥預爲購備。緣後門槍之與前門，其功用相去懸殊。試以後門中之士乃得論之，每一分鐘，可十二出。足碼可及四百一十二丈。打放準頭，大隊合算，可十中七八。前門來福槍，一分鐘不過五出，打二百步遠可中一二成。打半里遠，即無把握。是後門比前門，速處勝一倍半，遠處勝一倍半，準頭約勝七倍。統計，可勝十倍。若比舊式土槍及弓箭等，則勝數十倍矣！吾弟試思之，後門利器可不亟備乎？至子彈等件，尤以外國製造者爲佳。內地所造，每有脱底、炸火、不合膛等弊，以之操演，尚恐傷人。以之臨敵，尤足誤事。故槍械既須預備，子彈尤宜廣購，乃免缺乏。此器械之不可不講也。一曰精訓練。器械既利，尤須講求操練。步武貴整齊，打放貴有准。每一排槍礮，必求傷敵若干，庶能制勝。其尤要者，在操習手法，開放迅速。設我軍手法稍一遲鈍，彼軍子彈已如雨集。一經傷人立腳不穩，雖持器械，有措手不及之苦。故必須平日詳細講求。如距靶若干遠，十槍可中幾槍，且以鐘錶對準，每表行一秒時可出子若干粒，皆須逐一考驗。現貴軍操槍，有無西洋教師？抑係華人教練？其步法手法如何？倘尚未得人，務須趕緊物色。又吴瑞生軍門，久駐南省，於洋操自必熟悉，亦可虚心訪問。總期準益求，速益求速。平日既有把握，臨事乃免張皇。此訓練不可不講也。一曰察地勢。貴軍現任省防，關係緊要，即一旦有事，調紮要地，亦必不遠。故附近一帶形勢，皆須留意。預覓精確地圖，詳細考究，測量遠近，如敵人臨境，何處可以泊船，何處可以登岸，吾軍於某處紮壘，可一擊敵人之船，某處設伏，可擊登岸之賊。某處可資障蔽，以避敵人之礮。某處可有險隘，以限戎馬之足。以及後路轉運糧械道里遠近，均須一一講求。成竹在胸，臨時易於布置。庶幾元戎之籌畫，可免一隙之疏虞。此地勢之不可不明也。一曰料敵情，兵法曰，知己知彼百戰百勝。故從來用兵必以料敵爲先務。況洋人詭譎，變換多端，聲東擊西，避堅攻瑕，皆其長技。往往緊要口岸重兵扼守，彼不能攻入，輒於港汊小口，以小船載兵偷渡。雖小舟不能載大礮，然一經登岸，即整隊而前，足以擾我後路，摇惑衆心。咸豐庚申之役，僧邸以宿將重兵布置守禦，兵力萃於大沽，而夷人已由北塘口乘虛掩入。以致腹背受敵，卒不可支，可爲殷鑒。此敵情之不可不料也。一曰選勇敢，兵者勇氣全恃義氣奮發，始能制勝。向使器械不利，徒勇固難成功，若器械訓練均與敵人相等，則又必須氣勝。每當兵力既接，賈勇先登，大衆一心，如牆而進，彼雖堅陣，抵禦亦難。吾輩從前屢當大敵，往往以少勝衆，全恃乎此。此皆麾下所親歷，自必深知此中竅要。現在用人若求統將之材，固須久歷戎行，資其宿望。至偏將哨弁，下及什長親兵，必須求少壯精强之士。奮勇耐勞，每戰争先，始足以激衆心而勵士氣。此勇士不可不預選也。一曰尚精細。勇士既得，又恐氣過猛鋭，或中敵人狡計，尤當預防。況洋人用兵，最爲精細。船隻入口及隊伍登岸，處處皆不肯大意。彼既以精細來，吾亦當以精細勝之。立營之處，須遣哨探以審賊蹤。嚴守禦以防夜襲。兩軍相遇，尤尚整齊。彼雖猛撲，我惟嚴陣以待之。槍礮可以打及然後施放，即使敵人小挫。彼素講紀律，必不肯四散狂奔，我即不可肆意深追，致隊伍參前落後。恐彼一回撲即不免有失。仍須整隊前進，步步察看穩進穩打，庶免疏虞。況現用新式槍礮子藥等件，性極猛烈。即存儲收放皆當用謹細之人加意照料，所有火藥子彈及一切易於引火之物，須存空曠之處。尤不可與别項軍裝存放一處，以防不測。平日操演亦當加意防範。即如前此津防親軍礮隊趙培斎者，人亦精細難得，而操演之時，尚不免炸裂傷人之事，亦足見意外變端尤須慮及。且海上用兵，風雨寒暑關係極重。洋人所制風雨錶寒暑針，皆能測度，從不愆期。亦須預爲購備。平時考驗極準，臨事乃免疏失。此精細之不可不講也。一曰明賞罰。軍中鼓勵人才之具，惟恃賞罰二字。但總要一秉大公，方能使人心服。若以國家之賞罰，全憑我心之喜怒，而不顧是非之顛倒，必失衆心。甚至怒責之時，雜以土語辱罵。勇敢之士每不甘心。即或忍受，心懷怨恨，臨事安能得力？又或自己雖無私意，而無真識確見，有數人稱説，便思重用，有數人謗毁，便欲棄去，如此亦難得人。此賞罰之不可不明也。一曰同甘苦。行軍之事全恃統將爲士卒之倡，乃能齊心合力。但欲同甘共苦，必先能耐勤勞。欲耐勤勞，必先屏除嗜好。廣東繁華之地，最易沾染。務須痛自警戒。嗜好之事，切勿再沾。遊玩之地，萬不可往。全要磨鍊此身，以爲士卒之效法。即如近日吴清卿星使，以詞林帶兵而能實力整頓，不辭勞苦。每日黎明即起，練馳馬練打槍，無一日之怠。其槍法至能於一百步外以鐵絲懸鴨卵，爲將者果能如持槍擊之，十中四五。雖其將略之優，不盡於此，然即此一端，亦可見其苦志。緑營兵力此，士卒安有不奮發哉！此甘苦之不可不同也。一曰除習氣。軍興以來，而無實際。所以不能用者，由於習氣太重。平日長衣大帽，應對趨蹌，全講虚文，即易失我淮部吾輩募勇立營，原與此相反。但恐距省太近，衙參酬應，漸效官場。及親隨差弁樸實之風氣。兄在營中，向戒此習。除統領營官文案外，自哨官以下，吾等，一律短衣帕首，槍械行步不離。雖在無事之時，如臨大敵，庶可稍免鬆懈。英雄本弟亦可照此辦理。又，近日風氣多講應酬饋贈，以爲周到。或以豪舉揮霍爲亦必漸多。色，致用項日繁，諸多掣肘。吾弟此時局面較闊，親友相識投靠通融者，以致入不敷即素無瓜葛，而欲抽豐者，亦必不免。但須自度力量，不可專務應酬。前歲出，左右爲難。轉足分治軍之心力。即如湘軍統領章君合才，其人不講應酬，可見能吴筱軒、唐俊侯兩軍門來兄營中，兄向之訪問，據云此公辦事，結實可靠。

辦事者，必不講應酬。雖不爲衆人之所快，終必有識者之所欽佩。至自己服食起居，亦須力求儉省，痛戒奢侈之習。庶可免匱乏之憂。而益得專心於軍事。此習氣之不可不除也。一曰戒驕惰。法人自攻越南以來，屢敗於黑旗人，皆以爲法人無能矣。使因此稍存輕敵之心，即恐啟懈弛之見。要知法人雖敗，而越人前失之地，尚未奪回，且法人詭譎，未必不增兵籌餉别設狡謀。正要刻刻嚴防，倘有戰事，尤不可輕視敵人，致有疏失。即如近代名將，兄最服楊厚菴宫保，其平日戰功本蓋一世，而前歲來兄營小住數日，言及戰事，極爲虚心。亦可想見其平日帶兵智勇深沉，無一毫矜張，故能屢立大功，真足爲法。又如泰西各國及東洋日本，近皆練兵制器，力求自强。而兄向該國人詢及兵事，皆極謙讓。其謙處正其陰謀很恨鷙。欲示我以弱，使不設備耳。彼既如此多詐，我更不宜輕之。此驕惰之不可不戒也。

以上諸層，吾弟久歷戎行，豈有不知，何待兄之饒舌。但念我輩數十年患難朋友，互相關切非同泛泛。今吾弟受振帥賞識，畀以統將之任，兄固代爲欣慰，尤願麾下振刷精神，自立於不敗之地，以保振帥之知遇。故敢獻其愚忱，尚求鑒納。并將平日較試各槍利鈍情形，另摺開寄，以備考究，統希查入。近日法越有何消息，吴璧山軍門、方照軒鎮軍，分駐何地？各統軍若干？軍中用何利器？尚須便中示及，以擴遠聞。是所至禱。

津防一切如常，兄屯駐海濱如恒粟碌。日惟督率各軍勤加操練。前裁二成隊伍，現已奉文招補，已遣員赴徐、宿招募。不日來防，即可一律訓練。吳清卿星使前奏請，於所部防勇內選撥三千名自行統帶來直，日前到津。繼復請前赴越南駐紮，可謂壯哉。此間已奉旨駐新城，恐來歲仍須他調耳。草泐既頌勳祺。

再，練兵固貴利器，而各省購辦不多。皆因籌款艱難。兄每思欲籌此款，惟有從額兵中撙節。緣各省額兵數雖多而餉不厚，因而訓練亦不能精。則與其多兵而無實際，何若少兵而精練。試以廣東一省論之，刻下防務喫緊，防勇正在增添，自無可省。至額設之兵，則水師一項，合外海內河，聞共有二萬九千人之譜。陸師約六萬八千人之譜。今照兄之愚慮，若裁兵并餉，以四人之餉養一人，內河水師設小火輪六艘，(每艘)設兵四十名，共二百四十名。輔以小舢板二十艘，每艘十二三名不等，約共二百六十名。外海水師擬設兵輪六艘，每艘百人，計共六百人。再陸續購置鐵甲戰艦四艘，每艘二百五十名，計共一千名。統計外海內河水師只須養兵二千一百名，每名以舊額四名之餉養之，亦只合八千四百名即可。省出水師二萬餘名之餉。陸師擬精練一萬二千人，亦以四名之餉養之。亦只合四萬八千名。又可省出陸師二萬名之兵餉。如此則兵少而餉厚，足以自給，始能認真操練。且水陸各軍共省出四萬名之餉，每年約節存銀數十萬兩。全數以之購買利器，必可足用。至鐵甲戰艦，爲價雖巨，然若期以十年陸續籌辦，分年購買，亦必可勉力辦成。海防必可鞏固矣。或謂兵數太少，恐不敷用。要知兵不習練，則百不敵一，習而用之，則一可當百。

又，兄前晤日本國人，備詢彼國兵政，知其從前設兵四十餘萬，而并不能戰，自參用西法，每十改一，共設三萬余人，增加口糧，添置利器，認真操練，勢遂日強。幾欲争衡上國。可見兵在精練，不在多矣。彼以蕞爾小國，尚能如此，何況中國之大乎。即謂陸師過少，不敷分防，或先將水師裁并，亦可省出二萬人之餉。以資添購利器之用。於邊防亦非小補。兄亦明知兵制沿革關係甚重，不易更張，惟念此等創舉，非振帥之遠慮宏謀，統籌大局更無能議及之者。故兄願與吾弟言之。如晋謁帥轅時，略陳一二，或可上邀採擇，亦愚慮一得之效也。

致廣西黄蕙亭軍門

光緒九年十一月初四日

月前詳復一書，由張振帥處轉遞，未知以何時達覽。日昨又由驛接奉惠函，承記注之殷拳，益私衷之銘感。就諗籌邊著績，勳望彌隆，允如私頌。法越戰事，疊承賜示周詳，俾廣見聞。實深紉佩。但劉軍雖捷，終難深恃。愚慮所及，已載前函，諒邀洞察。近日鮮得確耗，實切懸懸。法人自得越京，脅立和約以後，作何舉動？其先後來越，水陸兵數實有若干？北圻人心何若？近聞劉軍退守，嗣又有將進紮之信，未知現駐何地，曾否續與法戰？我軍駐守之地，與法相距遠近若干？有無險要可以扼守？徐中丞自膺新命後，是否仍在關外布置？抑須回駐省垣，均求撥冗詳示是所盼禱。貴軍現在用何等利器？前議士乃得兵槍，曾否定見購買？抑或別處另有大批利器可購，尤以爲念。事變難測，祈從速圖之。茲將敝軍平日較試各槍利鈍情形另摺開寄，即希詧入，以備參考。弟戍守海濱，日形鞅掌。津防諸務壹是如常。前此吴清卿星使奏請於吉林防軍內，抽撥民勇三千人，自行統帶來直。旋奉俞旨允行，日前抵津。復奏請前赴粵東防守。比奉寄諭，暫行駐紮新城，至隨後移節何處，尚未定耳。

致銘軍劉子徵總統

光緒九年十一月

昨差弁回營接奉賜書，具悉，壹是就諗。勳祉增綏，允如私祝。并據差弁述及吾兄詢問吴清卿星使營中諸事甚詳，具見麾下關心時事，隨處考察，欽佩莫名。吴清翁自前月到津，駐紮新城。弟因其曾在傅相幕中，彼此相契，本係舊交，前往相晤，一見甚歡，快談終日。其人勇毅勤明，實當今所罕見。緣自辦海防以來，除津防以外，各省仍多循用舊式槍礮。即間有用洋槍者，亦皆前門，罕用後膛利器。清翁前赴吉林時，所帶將弁，多自敝軍撥用，弟曾以哈治開司槍數十枝，付與所調將弁帶往。清翁一見，深知其利，即鋭意購買。所有裁并勇餉及節省經費，傾囊而出，全以購買軍械。現其營中已有哈治開司步槍三千餘枝，呍啫士得馬槍一千餘枝。通共後門槍五千餘枝。刻又奏請添募礮隊，新買四磅克鹿卜礮十六尊，二磅八尊。此礮仍用克鹿卜子彈。因其分量較輕，可以馱在馬上，以備山路崎嶇，打行杖之用。觀其實意講求，不遺餘力。是其任事之勇爲，不可及也。今世居上位，每專講排場體面，不能以義氣結納豪俊，多致上下相隔，情不能通。清翁則全無此習。即如伊之中軍徐鼇峰名得元者，係由敝軍調往者，其人勇敢，不過中等將才耳，到吉林後捉拿紅鬍匪黨，深入窮山，疊擒悍賊，不辭勞瘁。清帥即待以優禮，每與客宴飲，約與同座，不拘形跡。其綏鞏兩軍統領戴孝侯，劉俊卿二君，亦皆由敝軍調往，清翁皆推誠相待，有布衣昆弟之歡。故能將士一心，樂爲盡力。是其待人之義，爲不可及也。至其練習勤苦，則每日五更即起，料理書札文等件，天明即出練馳馬，練打槍習以爲常，日日不懈。是其勤處爲不可及也。至其識見之明，尤爲加人一等。弟與伊論各營將才，談及駐守海蔘葳之統領郭長雲，清翁謂其多外觀而少實際。弟問其何以知之，清翁謂其所修營牆、道路皆極齊整，號衣旗幟并極鮮明。沿途栽種樹木，安設卡房亦皆井井有條。此皆是其長處。但與之論及操槍等事，則步法手法皆不甚了了。可見其外觀多而實際少。其將才出戴劉二人之次矣。弟思如郭公所長之處，但就外面觀之，孰不稱許？清翁獨從實處考究，可見其明所尤難者。近日名流，品固甚高而於時務未盡深曉。弟於清翁談次，知其與名下諸君交契皆甚厚。而論時事則又極爲通達，足徵識見高出衆人之上。是其明處尤不可及也。具此才識，又加歷練，他日若任封疆，力求整頓，真足挽時局。至其打槍準頭，極爲熟習。光緒元、二年間，敝軍所稟操槍打靶章程內，開陰陽向背，碼號高低，遠近準速等法，清翁一一明晰。上次來弟營中，飯後即出營打靶，敝營哨官除出差外，計在營者六十三人，全赴操場，隨同打靶。清翁十槍能中其八。潎軍哨官中僅有六人全紅，其與清翁之槍相平者，只有十九人。其餘三十多人，則皆不能及。且并有三人脱靶者。弟因常患氣衝之症，端架掛線不能歷多時候，只能舉槍即打，此次十四槍只中二槍，不及清翁遠矣。又聞其平日在營演習，能於百步外以鐵絲懸鴨蛋，持槍擊之，十槍可中二三。弟率將士等照法演打，間有十槍能中三槍者即算上等。次即能中一二槍，脱靶者尤不少。可見其難。清翁以詞林帶兵，而能如此認真講求，文臣中真無敵手。雖其將略之優不盡於此，而即此一端，已足見其苦心一志。但欲兵勇大隊一律如清翁之精熟，則勢有未能，緣淮軍舊章，平日操演用子彈之數，每槍每年只準用一百六十粒。清翁每日率差弁親隨等十餘人操槍，須用四百子，約計每人槍一枝，需用二十子之譜，一日即需六百子。一年計之，每槍須七千二百子。即或有出門等事，耽擱間斷，每年至少照十個月計算，每槍一枝亦須用六千子。清翁軍中共槍五千餘枝，若照此計算，每年只是操演一項，即需用子彈三千餘萬粒。況乎淮練各軍多於吴軍數倍，欲照此操法，何從得此許多子彈？以此知兵勇大隊萬不能如清翁之熟也。即清翁本軍中，聞亦只有鞏軍統領劉俊卿一人可與敵手，其餘將弁均不能及。緣俊卿在潎軍時，打槍最好奇异。能於二十五步打中一槍後，仍照原眼打之，是其槍法本有功夫，再加清翁之陶鎔，自然更好。又清翁督率將弁打槍，尤善於激勵。聞每日操槍，差弁中有全紅者，立將薪水加添。有三次全紅加至二十四兩者。有一差官槍發最好，數次全紅，立升哨官，如此破格，自然人人鼓勵。現又添練礮隊營，即以徐鼇峰領之。刻下業已成軍。惟因天資明決，作事過速，礮營初立，章程業已奏定，其中款項皆甚窄。在清翁之意，原爲節省餉需。處處考實起見，無如礮營之事最爲繁重，費項亦較多。聞外國礮隊，每十尊礮，每年比尋常營隊須多花二萬金，可見用項之繁。今章程既奏定有案，以後如有不敷，再以增加即恐費力。此層不無可慮耳。因我兄詢問差弁，弟恐其稟述不詳，故再縷晰陳之，以資印證。

再，津局製造子藥，在當事者原已極力講求，無如較之外國所造，終不能及。往往有炸火不通門等病，弟因前在局中考校詢問，哈治開司槍子只存數十粒，近日法越之局未定，慮有戰事，不能不早爲籌備。聲請傅相多買外國子彈存儲。乃此文到院後，適清翁亦赴局中較試子彈，間有炸火，遂持赴相轅呈閱，并言其利弊。傅相遂立傳局員大加責備，諄囑格外用心。弟復與唐沅圃弟談及，據云毛瑟槍子，亦有此弊。弟思子彈諸弊如不能除，即平日操演尚恐傷人誤事，何況現在和戰未定，一旦有事，全靠利器應手，如有利器而不能力戰，罪在將士，使器械不利，而驅兵勇以赴敵，吾輩爲將者，何以對兵勇？此事關係國家安危甚大，若顧朋友情面，默而不言，臨時誤事，咎將誰任乎？此等苦衷，非在同袍孰能相諒。故願與我兄談之。至詢相節赴各營看操之説，敝處亦聞此傳言，但尚未確耳。

再，前函繕就未發，適吴清翁又來敝軍，因同至操場打靶，先打六百步遠，清翁打十五槍中二槍，弟打十五槍中五槍。旋命哨官哨長等依次打之，全紅者十餘人，中三四槍甚多。大衆合算，約有七成一分槍。弟思清翁槍法本極有準，此次偶有出入，原是常事，而清翁立加考求，凡碼號高低線路偏正，一一重加推究，復打五槍全紅，足見用心之至。迨哨官等散後，清翁又將靶移八百步遠，打二十槍中二槍。弟亦勉陪十槍，僅中一槍。打槍之道，如此認真，文員中真數罕見矣。想吾兄聞之亦必拍案稱奇也。

再，前聞雪公奉命赴粤，只帶一二營，亦并無著名大將。深慮其兵力太單，無從展布。日前在新城，與吴清翁談及，亦以爲然。并據清翁云，雪公有信與中堂，亦言此去隨身只有一僕，無從措手云云。旁觀無不代爲籌慮。不意近日傳聞更有奇者，聞其作告示二張，準令廣東人殺害法人。并各外國洋貨，亦準扣留以充軍資等語。將此告示寄與張振帥，囑其照辦。幸振帥未貼可以中止。此雖得自傳聞未必盡數無因。論者多驚訝，以爲此公之宿望，何以不明時勢至此？經弟看來，此必另有深心，緣渠雖著勳望，從前只帶長江水師，與海上用兵有别。一遇洋人兵輪鐵艦，則當日長處無從施展。況手下現無良將多兵，自揣不能制勝，與其辦理無效，徒損威名，不如作一驚人之筆。料想告示寄去，振帥萬不能貼，此等辦法，朝廷亦萬不能允。且使政府見其辦理不是，將其撤回，不至在廣東爲難，皮老虎可不破矣。廣東正恨洋人，只苦不能下手，若此信一出，即使不能照辦，廣東人莫不感服。後來無識者亦必深惜此計不用，無以吐華人之氣也。是此公此舉，既可免作難題，又可自得高名，真乃妙法。但自爲謀雖善，而於謀國之道則大覺不然矣。愚魯之見，高明以爲何若？此信得自傳聞，事在疑信。吾兄閲過，幸勿宣揚爲要。又啟。

致銘字親軍劉棟臣統領

光緒十年正月十八日

雲津把晤，快挹清芬，良慰渴想。昨於盧陽會館分袂後，仍行詣謁傅相，叙談之頃，承告令叔祖，今番朝議，仍擬令北來幫辦海疆事物。但事屬幫辦，既不能獨運其權，何得有裨於事。傅相亦知令叔祖未必樂從，且此亦非中旨，衹出臣工之擬議。更有謂吴清翁現奏承山海關一帶防務，清翁未必能久於其任，一旦升遷督撫，則防務需人接替。朝中定派令叔祖專轄其疆，一如前時曾、鮑之例。惟此係得之道路之言，未足憑信。而令叔祖識高慮遠，亦未必措念於此。弟竊以爲國家際此多事之時，所賴勳望重臣出而整理，如令叔祖者，爲天下所瞻仰，朝廷所依賴，東山養望，聞詔則起，當於此時爲宜。且現在經費之告竭，百事之難爲，局面展拓更難於前時。弟亦略聞其細。令叔祖識見過人，自能深知。固無俟弟之多贅。至如人言庞雜，清議播傳，如去冬張中丞之訾議。此在擁虚名而無實濟者聞之，或因而震慴。令叔祖錯節盤根，久經歷練，斷不至爲之動摇。弟初爲之啞然，繼因之喟然。夫吴起之於魏文，功高矣，然功止河西，而生前爲之立祀。管仲之於齊桓，勳業爲何如，而天子禮以上卿。諸侯爲城小穀仲父之名尊，無與比令叔祖。江南立功於前，而捻逆披猖中原，蔓延畿輔，棘手甚矣。而匪徒十數萬之衆，一手掃滅，先後盪平，厥功不在管吴下。而當今外患分乘，各國虎視，又何异於戰國之自處。而偶一息肩，暫韜泉石，遂有謗議之乘。弟且不平則鳴，曾將此論發於張琴生諸君之前。亦冀使前途聞之，或有愧色耳。令叔祖忠勇血性，素肯急人之急，况邊防日警，宵旰憂勤，正臣子枕戈之日，即志士攬轡之秋。倘能推枰而起，壁壘重新，不獨於軍國有裨，即揆之保身之道，似亦有益無損。蓋流水不腐，户樞不蠹。人固宜於勞碌，而不宜過於安逸者。昔温公警枕，陶侃運甓，何嘗一刻忘天下哉！若久戀東山，移情絲竹，恐雄心日減，精力亦漸消磨矣。令叔祖得毋有髀肉復生之歎乎！呵呵。

致宋勇臣

昨家宣來營，詢悉隊伍業已招齊，現紮滄州。具見辦事迅速，甚爲欣慰。又聞棣臺於募勇之暇，親冒風雪至圩進見家母，感謝之至。前棣臺回南時，曾有是説，嗣曹軍門來函，亦提及是事。兄當力爲辭謝。并以兵法奉命不辭家，破敵而後還之言奉告，以爲棣臺此行可止。且棣臺昔日避難在圩時，家鄉子侄患難扶持，本屬尋常之事，舍下相待亦無優异之處。乃猶篤念舊情，不辭跋涉。高誼古道，感且弗諼。兄以防務緊要，傳相堅留，不遑將母。聞麾下之行，益增愧慕矣。敬謝曹蓋臣軍門治兵嚴整，卓然名將。兄久深欽佩。昨聞貴同事中，有辦事不合之處，業經曹軍門懲辦。此可見軍門作事之認真。棣臺事之，可謂得所。務宜振刷精神，力改疲玩之習，專以整頓營規，講求隊伍爲要。非如在右軍衛統領處，家鄉舊人可遇事含容者也。營中之事，終須謹慎。如用人不可太多，請一得力朋友辦事，另有一二幫辦足矣。如人多則薪水必多，公費只有次數，從何開銷？又人多無事可辦，其閑住者必有怨言。甚至撥弄一切，皆爲營中大弊。合、壽諸處之人性情浮，大不甚曉事。尤宜揀擇用之，不可循人情濫收也。

又，近日風氣，多講應酬，或以豪舉揮霍爲英雄本色，往往一酒席饋贈之費多至數十金，最爲惡習。試思此項用度從何而來？若剝削兵勇，軍法具在，豈能姑容。若多扯虧空，日後如何得了。凡在軍之人，皆爲作事，若任意奢華，而貽終身之大累，甚至名聲全失，值乎不值？棣臺隨兄二十餘年，裁撤時并無虧空，足見作事尚有尺寸。近來居津數年，閱歷想益深造，惟願專講實事，不尚虛文。痛戒奢侈之習，庶無匱乏之憂。而益得專心於軍事。此兄之所大願也。營中器械，自以後門槍爲宜，未識貴軍用何器械，是否一律後門槍。如尚未齊，似宜請於藎帥，早爲請領。緣後門槍之與前門，其功用相去懸殊。快勝兩倍，遠勝三倍，準勝五六倍。統計可勝十倍有餘。若比舊式土槍弓箭等，則勝千倍矣！既有利器，尤須講求擦拭乾淨，猶記前在馬廠，初用呍啫士得十三響馬槍時，各營均有此槍。棣臺獨謂所領之槍不甚適用。及兄教以擦拭潔淨，遂與各營好槍無殊。可見用槍一事逐處都須考究。昔人云，有兵無器，與無兵同。有器而不知用，與無器同。真不誣也。

茲將兄前擬《操槍程式》及考究各種後門槍力遠近清摺一并抄送清覽。《操槍程式》係光緒元年二月所上，棣臺想亦知之。其時哈乞開司、毛瑟，各種兵槍，尚未出售，又事逾十年，其中精奥之處，或尚不如現在考究之深入。然後門槍試驗法，已思過半矣。伏祈留心體認，是爲至要。總之，帶兵之道，選器練兵理財用人皆爲切要之事。一有疏失即難補救。惟望精益求精，慎之又慎。以保我淮部令名，兄有厚望焉。近日名將，兄最服楊厚庵宫保，其戰功本蓋一世，而前數年來兄營小駐數日，細閲後門槍礮，極爲歎賞。又絶口不言當日戰功，無一毫虚憍之氣。可見真有本事人，無不虚心也。又，吴督辦通政，講求打靶不遺餘力，雖操練大隊打靶僅屬一事，然其苦心亦不可及。近日所刊《槍法準繩》棣臺想已見過。與兄前上《操槍程式》大致仿佛。亦可見其真能用心矣。楊宫保係宿將，如能出山，必可得力。吴督辦係文人，而能如此。日後事業正未可量，皆兄素所欽佩之人。故告之弟，亦當舉以爲法焉。再，弟現帶營盤，自不能輕易出行，即哨官哨長人等，亦不可派令遠出。緣彼等既帶一哨人，即有責任，萬不可使之在外，轉於本哨之事不能照應。此最要緊。棣臺帶兵有年，凡所説想已深知原無俟兄之瑣瑣，惟相距日遠，不能如前此之聚處一軍，愛之深故不覺言之切。諸惟鑒納是荷。

上李傅相 光緒十年

敬稟者，竊昨卑部來津打靶，荷蒙中堂優加賞賚，凡屬弁勇感戴同聲。伏查此次挑選試打懸靶，係爲振興人材講求實事起見，似宜格外認真。不便稍有寬濫。庶中者得以益事精研，不中者亦將有所觀感。所謂賞一人而三軍勸者是也。卑部官長於二十五日晚打靶，營務處陳鎮連陞，中軍前營管帶李鎮安堂，比蒙中堂均照全紅優獎。其實止中四槍，其一槍僅中靶邊。維時盛傳曾向中堂呈明，原以此等大典，比於軍政，不敢稍存僥倖之心，致干大戾。惟是近日打靶一事，約有數弊。請爲中堂言之。槍在地激土飛起，離靶數丈，遽爾摇旗。一也。靶子之後另眠數靶架，又於靶架側直靠數靶，使左邊右邊以及下面易於受響。二也。靶旁掛鈎每邊約三寸寬，三也。卑部前打之靶每掛鈎約寬二分許，合并聲明。靶子較之弓數，約近十餘步。四也。五槍之外，多發一二子，以冀倖中，五也。内中諸弊以空摇旗後靠數靶之弊爲最，合并聲明。有此五弊，自然全紅較多，成數可核。盛傳匪敢聞善則疑，但以操演之時，萬目共睹，凡屬營中之人，無不從旁默畫細數多少，若稍有不實，何以服人。且西人最爲留心，每届打靶之際必有數西人在側諦視，口指手畫，大有會心。數日之間，必傳登西報。倘有微詞，更成笑柄。爲此不揣冒昧，據實直陳。伏乞中堂於後日試靶之期，將以上諸弊，細加釐剔。專以響聲爲主。并請置一小千里境，隨時審視。可以一目瞭然。庶較試益精，而真材倍出矣。再，以上諸弊，盛傳初聞人言，尚不見信，嗣乘馬往看，適值中堂閱視直字營勇之時。細加審視，確見有敷衍之處。現當海疆有事，大局所關，不忍不密告中堂。伏祈留意細察，如中堂猶有所疑，或請再加覆試，即再調卑部覆打，亦無不可。

致新城張載之守備

頃聞有某星使偕某督撫及統領，道過新城，閱示城垣，礮臺等工，問及製造之意，吾弟以仿照西法答之。此言雖是，而於當日創造深意，實未詳盡也。茲試與吾弟覼言之。

兄之初創此工也，并未訪諸洋人，亦非盡仿洋式，不過默揣敵人所以攻我之具，以求我所以禦敵之方。因而佈置一切。有不覺與洋人暗合者，蓋中西之俗雖殊，戰守之理則一。所以城垣必建二層，而置臺於城内者，誠以西洋礮火之利，無堅不摧，設置礮臺於當衝之地，而不護以重垣，是以孤立之臺當攢擊之礮，倘有不虞，勢必一潰難收。故欲求自固之方，不能不創爲此制。然又非私心自用，而無所取驗於往事也。憶昔辦團鄉里，於上派河涼亭地方，結寨禦賊。既堅築土圩復於圩内多樹木柵，上架木板并蓋厚土，以禦敵礮彈。當日賊中之礮，係官軍守施口之礮船拋下者，極大不過三寸徑，故此柵足以禦之。柵之中間空隙處，皆置槍礮以備擊賊。一日，賊大至，逆焰甚張。外圩有被轟破者，勢幾不保。賴有圩内木柵自固，練勇攢木柵内，以槍狙擊，猝將大股悍賊并力卻退。計禦賊數月之久，斃賊數百，圩中練勇被傷者只數十人。惟郭千總及岳姓先後出圩擊賊，攻其行營礮臺，得礮數尊，因而陣亡耳。其後賊又至，因圩在隔河，雨水過多，糧運不易，潛於圩後三里許，更建二圩，布置既周，始於夜間分兩路徙入。退師之時所得賊礮，均涉水帶回。計圩中之物，秋毫無失。及賊衆追撲，而我後面新立之圩愈加堅固。整隊突出，斃賊甚多。賊衆潰退，賊又因回救安慶故，連營數十座同時全徹。使當日僅恃一層圩牆，豈足禦彼狂寇，而賊勢不愈猖獗乎！聞尊府距上派河圩僅二十餘里，諒必有所見聞。

又官軍圍攻金陵時，李軍門成典，於城外立營，亦建城垣二道。其第一層牆，僅置卒數人，虛設旗幟，而勁兵利器全在内垣。人或疑其無用，其後賊衆以地道潛攻，既破外牆，方擬長驅而進，不料内垣之衆，突然出擊，賊衆驚潰，遂不能支。又聞設僅營牆一道，不已爲地雷所破乎！此皆團勇官軍設立重垣以破賊之明效也。又聞張軍門玉良攻嘉興時，賊亦於城内設木栅自守，官軍既破城而入，賊衆復憑栅力戰衝突而前，官軍六十餘營全行潰退。又淮軍之攻常州也，既并力毁賊營垣，迨入城時，賊衆復自城内衝出，抵死抗拒，勢極險惡。彼時若非淮部全勝之勢，亦幾爲其所乘。此又賊抗官軍多恃重垣爲負嵎之計。在在皆可取證也。凡此各情兄或身所親歷，或目所確睹，或剿賊蘇浙時詳詢於所得賊目。大凡攻堅之衆，一經攻破，無不奮勇争先，奪路而進。若遇重關之阻，不能乘勝直進，則勇氣頓消。乘此時與之猛鬬，必可成功。每綜平昔見聞，行陣閱歷，以求攻守之要，勝負之由，其機括大率不出乎此。兵志有之曰：「以愚克智者命也，以智克愚者順也，以智克智者機也。」洋人精細，迴出尋常，欲求勝算，全在得其機勢。且善戰者，未算勝先算敗。必算至屢挫，而我猶足以自固，乃爲穩著。兄於新城諸工，實體此意以從事。固設礮臺與城中，建重垣以爲護。臨事之時，并擬於内外城之間及礮臺之旁多設木栅，其法略同上派河圩內木栅之制，而更加堅結。蓋彼時賊礮不及今日之利，故以抵禦。今則西洋礮火猛烈异常，所設之栅，亦須格外堅固。擬用丈長尺徑之堅木排列爲栅，周圍用土厚培，以露出三尺餘爲度。上復以堅大之木横盤蓋頂。用螺螄大釘密釘牢固，再加厚土培成中凸外坡之圓式。礮彈炸落必不能穿。其木隙中多鑿小孔，安設洋槍小格林及輕銅群子等礮。栅內窄處，約須丈餘，其地可設洋槍。寬大處必須三丈餘，以安小礮。緣礮之坐力較大，地窄恐不便也。倘洋人登岸，必先攻我外郛，我既力爲抵禦，足以遏彼凶鋒。即使有意外之挫，竟能入我外牆，而我猶憑內城以堅守。又有城旁木栅，伏兵四布，槍礮環擊，使彼四面受敵，必不能支。此即仿古人巷戰之遺意。即使彼有异常之奮勇，再能入我內城，而我城內猶有三座堅臺巍然屹立。憑臺以守，巨礮齊施。彼於攻堅之際兵力必疲，而我守臺之軍以逸待勞，鋭氣方盛。況仍有臺旁木栅如前環擊，首尾呼應。無懈可乘。是彼踰我重垣，無异魚入網羅，獸落坑阱。足使其片甲不回。即謂洋兵精利，斷無連經三層懲創而猶鋭進者。倘彼號令嚴整，入城時不貪搶奪，隊伍不散，而攢聚一處，更便轟擊。況洋人用兵，陣前利鈍最爲明白，見利則進，不利則退，或徹回另思攻法，迨其休息復來，而我有此暇，豈不佈置周密乎？較之設礮臺於城外，毫無障蔽者，功效懸殊。或又謂臺在城中，恐礮路爲重垣遮蔽，無由遠擊。不知創造之初，內外高下自有一定丈尺。查外城高不下二丈，內城高不下三丈。礮臺高處不下五丈，其架礮處亦有四丈六尺，是內高外低，顯然可見。臺上之礮，自可憑高下擊，豈有擋住礮子之事？曾自臺上礮口至城頭皆用平線試驗，將臺上礮口下擊，尚能打城根濠旁之人，并無遮阻。況打遠處，或用平線或用昂度，更何慮遮擋乎？至臺上礮門，皆設隔堆，以資遮蔽。每堆隔十丈有餘。隔堆下皆安木洞二洞，一收隨時裝礮之子藥，并礮上零件。一備放礮之人遇不放時即行躲入，以避子彈。內城角亦皆照此作法，臺之四周，皆甎砌券洞，盤旋而上，以禦礮火。券洞頂上內築素土，外加灰土，海漫斜坡直上，計三丈有餘。兩旁又有護牆厚至五丈。敵人礮子上落旁穿，皆無可虞。計三座礮臺除守臺放礮之兵外，餘皆藏入下層券洞中。每臺可藏千餘人，三臺共計四千餘人，則兵力無虞不足。或以臺上券洞深暗，號令難聞，輪帆莫見爲慮，不知敵艦逼攻全恃巨礮轟擊，兵勇露立則傷損過多。券洞之設，正取深藏不露，足以養我鋭氣，卻彼敵人。至於或進或退或起或伏，自有營官爲之表率，正不必多有見聞，致淆耳目。蓋設洞以藏兵勇，安藥庫以儲輜重。即使敵兵相持，我臺上之兵既有藏身爲之輪換，礮彈火藥儲物又取之不窮。自可有恃無恐。此皆兒創造新城城垣礮臺之深意，實已幾費經營。計自同治十二年三月，興工，九月初暫息，次年三月因興修道路築隄濬河，至四月始接修前工，八月告成，凡不及十月而工畢。所需銀項賴傅相經營，於盛軍欠餉中籌撥。又賴敝軍將士勇夫全力，不辭勞瘁而後成此鉅工。其中猶有自歉者，因款項難籌，料件難備，故工程雖堅，尚有未滿吾意之處。又因地處海濱，鹻氣太重，土性較鬆，難於堅結，尤以爲慮。然實限於地勢無可如何，且創造時已厚立基址，層築層硪，力求堅實。今歲逾十稔，完固如初。亦深賴吾弟隨時修葺，似已足資守禦。或謂洋人器利，不知現在我軍所用亦係外洋極利之器，已足相抵。況彼登岸撲犯，并無遮護，我有三層之厚垣以資障蔽，是得勢處遠勝於彼。彼即能傷我之軍，而彼軍之受傷必數倍矣，又何慮氣之不壯而功之不成乎？至守臺放礮之法，須按照方向測明高低遠近，平日試放數次，較準後立定標識，臨事照礮路施放乃不虛縻子藥。細情另據圖說，寄請詧閱。吾弟駐守此城，責任既專，必須於創造布置之意一一了然於胸。臨敵應變，庶有把握，故不憚縷悉言之。

查守礮臺之法，首貴測量高低遠近以爲準的。平日不經講求，臨事必多倉猝。蓋礮子所及之地，自有一定部位。敵未至而先發礮，則子必不能及，敵已過而後發礮，則子又必落於賊後。徒縻子藥，尤誤事機。惟於平日無事之時詳細考究，某礮裝藥若干，平線打至某處，又，藥有燥濕，裝有鬆緊，則礮子之遠近亦异。果能一一考校真切，於礮子所及之地立定標識，并按方位寫字爲記。如正南則寫午字，偏左右則寫丙丁字，再偏則再换字，鱗次排列如扇面式。再將礮下安一木板，如羅盤式，遥對臺下所立標識。若敵至午字方向部位，則礮口即對準木板上之午字深槽，然後施放，自能取準。雖黑夜倉猝亦不至於錯誤。如慮隔遠標識之字難辨，即自左至右數起，第一標是某字，第二標是某字，各按各礮一一記清，臨時要對第幾涸標識轟打，則將礮口對準木板上之第幾字。如此亦不至誤。又慮敵礮將吾礮打壞，不能施放，則須預備更换之礮與礮架，一有損壞立即補設。仍慮更换之時小有耽誤，則敵即易攻進，又須講借礮打法，如此礮既壞，一面更换，一面即將左右最近之礮挪移斜向打去。今圖上所畫之線，皆係礮路。正面打者畫黑線，斜面打者畫紅線，計算此礮斜打之處，必及彼礮所打之處，則兩礮皆可互相救應。尤須平日將度數較準，臨時方不落空。臺上設礮本多，今此圖因限於紙幅，不能將各礮盡畫線路。以致彼此混淆，有礙閱者之目。故僅畫數礮線路，則由此自可悟彼，幸垂詧焉。

上李爵相書

昨有友人自南中來者，出一編書以贈。且曰是中興之掌故，而兵事大略也。不可以不寓目。其書曰《平捻記》，亟披而讀之，閱數晨夕而畢。不禁啞然而笑，喟然而歎也。曰有是哉，是書之作也，不知其何所依據，而爲此失實之談也。夫平捻之役，當日之見諸奏報者，已不免渾冒濬功。如東捻之平，論功自以劉銘傳爲首，而功不歸之銘傳。西捻之平，則盛傳兄弟戰鬬之苦，不在諸將下，然曾未有以爵賞之故而稍存觖望者，則以同袍諸君子，其志皆在殺賊，不以富貴爲念也。是故异日史家據奏報以作史，已不知屈抑幾人之勞勩。乃作是書者，并奏報而不據，逞一己之私見而漫然操觚，以李代桃，指鹿爲馬，其文雖極華貴，其事則屬虛誣。自古秉筆載言者，顧如是乎？昔人有言：「與我十斛米，當爲爾父作佳傳。」不圖其事復於今日見之。今將其書中之牽合附會迥非情事者一一簽出，僅呈於中堂之前。夫捻勢披猖之日，曾文正以湘軍暮氣不堪再用，故屬淮軍專其役，而淮部諸將亦遂能驅除蕩滌迅成大功者，尤仰賴我中堂發縱指示之力。今日者，甲兵雖洗，而回憶陳師鞠旅，若者立功於何處，若者克捷於何時，軍事之始終，惟中堂深知之。諸將士共喻之。即遺黎故老，昔日之捧壺漿而望雲霓者，亦類能言之。應請中堂趁此文獻足徵之時，別成平捻實紀。不取文章之華美，但求事實之精詳。倘舍此不爲，不十年而諸將老矣，又十年而故卒盡矣。浸假而遺黎故老篾有存焉者矣。雖欲求當年之情狀，烏從而徵之。且吾人出死入生，以立勳名，既不自明其功於奏報之時，亦何必爭勝於區區文字之間，而不能忍耶。不知私家之僞說得行，將以倒置天下之是非，而人皆務攘善以爲名譽，且當聖明之世，乃有穢史之流傳也，豈不大可悲哉！

稟李爵相

同治十年十月十六日

敬稟者，盛傳旋里後肅修寸稟，亮已早達鈐轅。頃有員弁自北洋來，具言劉省三軍門奉廷寄出師新疆，先收復烏魯木齊，再赴伊犁。聞信之下，竊有不敢已於言者，伏查烏魯木齊伊犁兩處，不過癬疥之疾，統中原大勢較之，則征西爲輕，而防海爲重。方今英法諸國挾其兵輪之堅利，器械之精良，虎視鷹瞵。匪伊朝夕所以遲疑未發者，實欲抵我隙而蹈我瑕。若狃於目前之安而不預爲之備，恐難端一發，寖不可制。昔咸豐中葉，彼族乘我內難，聯兵入寇，一陷廣州，再犯畿輔。此其前車也。揆厥事勢，未雨綢繆。似宜奏留銘軍，以爲海防臂助。且近時將帥如劉軍門之身經百戰，謀勇兼優者，寥寥無幾。必欲遣之西征，一旦海疆告警，何處得此勁旅，以資捍禦。即如征西之事，無論沙場萬里轉運維艱，士卒不免病亡，内臣或多掣肘，種種情勢未易成功。就令鼓一戰之威，滅此醜類，於中國亦無大裨益。願憲臺審事勢之重輕，督軍情之緩急，商請軍機處奏留銘軍，即調赴沿海口岸，扼守要隘，以衛門户而厚藩籬。倘征西之師礙難中止，或於銘軍部下酌分馬步三四千，派幹員統帶前往，亦經權互用之道也。愚昧之私，實爲防務起見，不敢稍存偏袒。幸蒙鑒察採擇施行，不勝悚惶待命之至。

祭戰馬文

同治八年正月二十二日，老坐馬死。適余回里之次日也。念其從戰功多，不忍捐棄。命埋於野，并修塔以志其處。意猶未慊，復遣巡鋪官候補參將孔志明以水漿莝豆致祭於塔前，而告之曰：繄古人之論馬兮，不稱力而稱德，故選天驥之材兮，當於牝牡驪黄之外而物色。而汝則力德并稱兮，駕馭馴而銜堅則克。彼名將之愛馬兮，每比於君子。故名馬之依依於主人兮，猶寶劍之於壯士。而汝之爲汝兮，洵不讓驊騮與騄駬。溯汝之初來兮，正粵寇之不臣，載余怒突於鋒鏑之中兮，備嘗萬苦與千辛。種雖不來自西北兮，豈期竟死以壬申。當粵寇之正熾兮，余方辦淝西之團練。不惟以汝代步兮，且迅速而資之乘便。而汝則步伐止齊兮，如精金之經百鍊。迨剿寇於吴會兮，每十盪而十決。余則斬將搴旗兮，而汝則喋敵人之血。及中黠桀之詭謀兮，非汝則幾鄰於絶。平劇寇而論功兮，余則疊膺上賞，旋征賊於齊魯宋豫之郊兮，余誠王事之鞅掌，念汝已竭汗血於吴會兮，遂先遣歸豐三品之料，而付圉人以養。倏染病而伏櫪兮，非曩時之追風逐電志千里而長鳴兮，感深恩而戀戀。必忍死於須臾兮，似待余歸而一面。幸余百戰而生還兮，未用汝革以裹屍。親見汝之老病兮，恨無醫治之上醫。今憐汝之死去兮，特埋汝以敝帷。復建塔以示久遠兮，庶不没於荒田野草而名垂。第念汝馳驅於戰陣兮，屢拯余於顛危。至死猶不捨故主兮，雙淚落而余爲傷悲。爰遺弁致祭以將意兮，汝果有知而無知？

外集卷三　家書

家書

驥、駒兩兒見知：黃金德到營，接閱來字。知高堂精神康健，汝母以次均各清吉，汝等安靜讀書，慰甚。惟我不在家，汝等務宜敬聽母親、先生教訓，庶俾我無挂念。驥兒輪委是否到班？已囑黎九成查問，如有確音，家驥可先到營聽候指示。秋闈伊邇，家駒尤宜加倍用功，是所殷囑。所需書籍等件，燈節後户長旋里，即行帶來。我在外一切平善，毋煩懸挂。癸酉新正初八日父字。

家駒知悉：家發到營，接閱來信，備悉一切。金陵鄉試已畢，何時回家？念念。此番入闈，無論得手與否，均不足介意。但須用心讀書，力求實在工夫，自有樂處。倘由此灰心，安得復有長進耶！在家除讀書外，時在祖母及爾母前侍奉，出以誠敬處以和平，亦盡孝之一道也。我在營中諸凡平善，新城工程大段已就，緣海邊早寒，河冰易合，難以作工，擬出月初旬拔隊回駐馬廠舊防。城工告竣，當在來年。家中一切事宜具克明函中可細閱之。擬將所存典鋪款項三萬餘金，合所置三溝驛田本，計之已有四萬餘金，意欲再挪萬餘金，共得六萬金，存典生息。如辦理盡善，每年可得萬金之利。除敬節堂、義學兩處花費外，仍剩數千金。擬再設育嬰堂、牛痘局，於數十里內貧苦鄉鄰未始無益。此款即永歸公用，私自不抽分毫。家中田屋約略計之，如能勤儉治家，不事奢侈，則衣食兩字大可敷衍，奚必多積銀錢爲耶？且我既居鄉，亦當爲相鄰籌幾件實事。以期實惠及人。雖不能按户周之，但作一分事即盡一分心，此衷可共白耳。憶自兵燹以來，我家艱窘异常，相鄰困苦，尤不堪言狀，不得已築圩禦患，爲保護相鄰之計，稍甦積困。今善後之事，不代爲籌之，則爲善不終，亦甚抱歉。我家雖非甚富，較之前廿餘年，已自不同。爾等時刻提起此心，處今日之安榮，不忘昔年之困乏。師孔聖好禮之言，法周官任恤之義。則保家裕後胥是道也。爾象臣叔，緣與盛化口角，致生魔病，服藥調治似稍減退，終不甚清楚。今因營務處吴嵩峰南旋之便，託其攜帶回鄉，到時送到伊家，囑克明好爲調護。爾可差人時往探問，毋得疏忽。至吴嵩峰雖係在營，到我家時爾等須加禮款待。以尊輩稱呼，不得輕慢。郭鏡潭與我至好，到我家亦當憂禮相待。至囑至囑。家中火燭及一切細務亦宜隨時照應，不過收束此心，不使外放，自不致荒學業，如以讀書之故全行不管，即如後成名人終以書呆目之也。此諭知之。八月二十四日父書。

再，城內昭忠祠須爲修整，聞估費至千金之多，殊未實計。此屋上蓋完好，即使換梁三架，用洋不過數十百元足矣。山牆添甎不多，合計工價統不過三四百千，毋爲工匠所愚弄也。家發娶親之資，可無庸令伊歸還。家梁完姻前，四伯來信，已在金陵代制各件。現仍寄來百金以資添補。家中倘用度缺乏，可寫信到營，再爲設法移挪，不可動用公款。以後各項善舉，業經歸入奏案。即當與圩內劃清界限。義莊添置田地，總在舒城張母橋一帶，已囑琴堂會同春圃經理。買定後，尚須造册繪圖咨送備案。四月十五日。

家駒閱悉：前大和尚暨家密回南，帶去詳細一信，想已收閱。嗣接來信得悉祖母康健闔家平順爲慰。育嬰、敬節堂各項公舉，英宮保業經入奏，并抄原文咨部立案，亟須將田房圖册造齊咨部。舒邑買田一事，前因家亮事煩多病，已囑周琴堂會同發大爺經理。現在圩內已否撥給款項，以資購辦。茲派家宣仍攜湘平銀六千兩，添湊助買。務將此舉趕速辦成，以便按莊繪繕圖册送營核咨。事關奏案，非比一人一家私恩小惠，可以任我行止。且此等善舉，好義者往往欲爲之，而苦於力有不能。今即可勉力支持，豈非人生極快意之事。拘守金錢終於何濟。明年汝師已訂桐城胡子和先生，修金每歲二百元，關書已訂兩年。此公品學俱優，夙著文望，繫桐城名孝廉。著有《綱目條辯》一書，帶來可細閱看。張老先生仍可留教諸甥。或令家澤亦從受讀。來歲正月，可早接胡先生到館也。家事一切，汝無容分心經理，務壹意攻苦讀書，講求些真實學問，斷斷不可騖外紛營謀及瑣屑也。家澤年亦漸長，并須認真督課，勿令曠廢時日，家亮身體現在能否復原，并以爲念。余在軍甚爲健旺，工程亦均順手，汝前稟慮我遇事躬親，欲節勞以養威重，不爲無見，惟軍事不可絲毫隔膜，余與將士相習日久，凡事自能慎重。汝等可無遠念也。六月十三日父書。

駒兒閱悉：前家發到營，接爾來稟，具悉。闔家平順爲慰。聞祖母夏杪偶有違和，四伯由金陵馳回，亦抱病數日方愈，冀幸之余，尤多悚懼。祖母春秋過高，務宜朝夕省問。趨承色笑，以博歡娛，而資扶衛。切囑切囑！克明已愈，家務酬應一切勿容分心。前月程世華由圩來營，云近來爾與衆甥讀書頗尚認真，果能恒心不懈，自能日起有功。但不可鋭進速退耳。家謙亦即日南還，請太湖查墨泉先生到圩教讀，正可彼此觀摩，講求實際也。爾信內云，家門無妻室者甚多，欲在天津一帶，收買女子帶回充配以廣繼嗣。用意未爲不是，但軍營嚴肅之地，與民間素不交涉，豈能昌言購娶民女，致礙軍聲。比年饑歉，南方間有來此娶婦者，多係買賣人，隨娶隨走。今秋大熟，民間亦無鬻女者矣。何巡捕修理周公祠，已否告竣，爲念。八月廿一日父書。

家駒閱悉：昨由驛馳遞一信，係抄十一月二十五日上諭，恩賜祖母匾額、如意、綢緞等物，初四日傅弁自都回營，領到禦書匾額一面，紫檀三鑲玉如意一柄，小卷江綢袍褂料二件，小卷八絲緞袍褂料二件。專差到家時，如值四伯父尚未回圩，汝即偕家謙家粱恭設香案，於外迎接。敕旨，向北行三跪九扣禮，捧奉以入。匾字業經鉤出，可飭匠製成兩面，加龍邊懸掛兩宅大廳，以彰恩賚。此間一切安謐，貞元甥業經到營，其父年底亦可引見出都，大約在營度歲也。十二月初五日父書。

家謙、家駒閱悉：月初連次寄書，想先後均已到圩。發信後數日，忽聞初五日皇上賓天凶耗。海宇清晏之時，忽遘非常之變。震痛之餘，彌增危慮。前史所載凡禦極未久，□□□□□□者□□□□之時，我朝列聖相承皆□□□□□□□□□□□□□□□□□□□□□□□□□□□□矣。十大夫之家，值此國喪，義應守禮。新年門聯，冠纓一概免去。宴會奏樂爆竹均須停止。素服百日不薙髮。茲開簡明定制寄閱，更望查明會典所載，轉告户長房長，遵守禮制。傳諭族中，不得視爲具文，以干憲典爲要。十二月十四日叔、父手書。

家謙、家駒閲悉：疊次寄書想均收到。前閲邸抄，正月廿日上諭舉行建元恩科。來年又係丙子正科，鄉會蟬聯是正途進身之日。汝等既從事制舉業，即宜及時懋勉，奮志青雲。不可以偶有一得，藉以自囿，將來從師北上，如有預結會試公車之伴者，可婉謝之。近日損友甚多，不如早慎交遊也。二月十五日叔、父書。

家駒閲悉：疊接正月杪二月初來禀，知祖母康福，圩内以次平順，爲慰。胡先生到館，本年舉行恩科，爾等務宜及時用功，以備秋闈再試。輯五甥雖不從及門，亦可朝夕領教，以期得益。鵬飛中路斷弦，運甚駁雜。聞遺下小兒女已接回圩，務爲照料周妥。乳嬰失母，甚可憫也。爾三舅聞亦病故，窮約半生，纔脱兵亂未久，遽爾作古，賦命之艱，可勝歎息。其後事，想已妥爲籌備。外祖母前常加勸慰爲要。祠堂義學多有富足之家送來讀書，殊屬不遵定章。除去月費甚是。已函致户長房長，及周琴堂等。嗣後有衣食人家，圖小便宜送子弟來義學者，概不準收。聞學生已有三堂，亦與定章不符。義學係爲長久之計，經費有常，若逐年開廣，款何從出，望即查明緣由。倘族中有餘之家，自願在祠堂公請先生教讀，即宜與義學畫分界限。束脩不能在公項開支也。考費小爲變通，分別等差，事屬可行。三月二十七日父書。

家駒閱悉：兩接爾信，得悉祖母以下平順如常，稍慰遠念。家鄉雨水霑足，新秧插齊，秋收當有可望。院考想已屆期，家梁等能否稍有寸進。以紓遠繫，科場密邇，爾與仲甥亦須及時努力，苦心研究舉業，以備觀場。開歲以來，家鄉之欲來營者，必向祖母求信，其人或嗜好未淨，或一無所長，營盤用一人即有一人之職守，本無閒空之差，何從安置。且凡來營者，皆欲吃現成飯，拿大薪水。一分口糧不足以滿其欲。此等習氣，實屬惡劣。爾可於祖母前婉爲稟明，以後有求信者，概無答應。恐稍一鬆口，則求者紛紛，甚至涕泣哀懇。愈使祖母煩心。非頤養高年之道也。爾等尤不可輕於代人函求，致干詰責。予身膺軍旅重寄，現值興辦海防工程，水利屯田事煩任鉅，勢不能急於脫身，致垂成之業半途阻廢。每念祖母垂邁，望切倚閭，曷嘗不迫切思歸，捧書零涕。擬秋成後，將經手各事粗定章程，然後稟商爵相，量予假期馳回省視，望先於祖母前稟慰爲囑。五月初九日父書。

字付家駒大兒知悉：五月間家宣回南，有手諭一封想早接著。刻下汝當至江寧鄉試。功名一事，得失自有分定。汝宜發憤用功，不可藉會文爲名，招結友朋，作爲無益，尤不可與世家子弟往來，致染紈絝習氣。至要至要！我前因粤撫催我到任，曾兩次請中堂代奏開缺，奈中堂不允。反將我奏調天津總鎮。業於初四日奉旨矣。我意本不願官，然勢已不能再辭，只好於秋冬間乞假省親耳。今夏天氣甚熱，聞天津每日熱死多人，爲數年未有之事。我在此身體甚好，不必記念。汝身子素不強旺，在外宜格外保重要緊。七月二十三日父諭。

家駒閱悉：前家宣來營，詢悉闔門平順，稍慰遠念。嗣復接省中鄒墨賓太守函，敘及在省接晤胡子和先生，談論在圩教讀甚稱相得，惟學生因家務瑣事太繁，不能專意用功等語，又，張甥頗有賭癖，同學難期輔益。先生所説如此，自是切實訓督之意，爾年逾二十，尚在庇蔭之下，衣食用度已自豐饒。本無須親自撑持門户，事事經營。趁此閒暇光陰，正宜壹意用功，刻苦力學。思於此道，出人頭地，乃算有志，若紛心外務，於一切日用瑣屑必躬必親，必至終日擾擾，此去彼來，心地尚能清淨乎？先生之意，欲離開圩內，另擇静地授讀。可以减除酬應。余念來春會試期亦不遠。如先生公車北來，爾可隨侍同行，就近受業。明秋正科，即在北闈鄉試地，山處無師在塾，不如早日入京用功，預備明春一試。商量定議，無論歲内外動身，皆可偕行。如先生不願會試，仍在圩中受學，即宜屏絶一切外務，無論田莊租課，米鹽細碎，蓋不必管。不見咸豐年間，兵戈轉徙，家無斗儲，亦尚敷衍過去。何至今日遭遇安平，成業足守，猶待汝輩瑣瑣計較耶！張甥可以回家讀書，現其父在營，與之面商，每歲仍貼給束脩，渠甚欣願。可於祖母前婉爲稟明，此間平適如常。農工已畢，專事操隊矣。十月廿二日父書。

駒兒知之：前寄一函，想已閲悉。頃接二月二十二日來信，得悉家内一切平安，欣慰之至。爾能用心讀書，不辜予望。亦甚開懷。惟家中細務總不須過問，以致分心。圩内諸人，如果好賭偷安，須嚴加戒飭。若不知改過，一經察出，即稟明爾母，將不安分者攆出不用可也。圩内水火盜賊，須時時防閑。昨聞馬隊馬營官家，在廬江被賊搶掠，想亦疏防所致。慎之慎之！家驥管事亦可勝任，俟唤其來營，與渠面議，再行調取。敬節堂各處公所之事，爾所慮亦未可盡非。但六安晁姓義莊，其章程悉臻美善。惜其後人不能守成，架詞興訟，以致弊端百出。聞其於咸豐年間，晁氏子孫竟有盜賣田地者，所幸有報銷一案，管事者得以藉口，盡將已賣之田贖回。內有未入報銷者，竟無法可贖。可知爲大事者，不惜小費。前人規畫似預知後人必有盜賣等情，而藉官勢以保全義舉也。現在晁氏義莊，日壞一日，皆其子孫所致。庸懦者不安本分，強梁者每思侵吞，前人之良法蕩然無存。主持義莊者，又無有用之人，於是若輩遂得通同爲奸。此亦勢所必至，固無足怪。況晁氏義莊僅爲族間計。我所辦各義舉，兼爲親舊計。現在主持得人有餘，自行擴充不足，自行籌畫亦頗易易。數世以後，子孫未必盡賢，能保其必無吞削乎？一有此弊，愚者甘受其蒙而不敢言，黠者不安於分而搆以訟，無報銷册籍可稽官，懸案不結。其累非淺鮮。可見小費省則累甚重。小費出則累猶輕也。昔范文正公，置義莊，當時雖未聞報銷入官，其後族大丁繁，義田所出，幾至不給，猶賴官爲經理之。至今尚存，此非其明證耶。爾其細思之。

家駒、家驥知之：現在科場將近，家駒想已赴省應試。本科副考官，素與淮軍不合，近來官卷諸人習氣太甚，予深慮啟禍端。家駒可以不必下場。如必欲觀光，亦宜諸事謹慎。不可絲毫沾染是非。要緊要緊！家驥在省候補，亦以自愛爲主，不可妄肆營求，受人愚弄。如實在用度不敷，可在房租上每月抽撥二三十千文添補。亦可敷衍也。七月十四日父字。

家駒知之：北闈榜發，家齊中一百二十九名舉人。王潤雲中第四名，有題名録在四伯父處，可取閱。汝今年文章亦下得去，如其僥倖，自是祖宗餘德。如其不中，自係功夫不到。仍宜加緊用功爲是。不可因人中而生欣羡，亦不可因己不中而懷怨恨。至囑至囑！九月十三日父字。

家駒閲悉：昨接爾自臨淮來信，具知一切。南中得雨，各鄉能否一律插秧？此時計早到圩，務將家鄉雨水年歲隨時稟聞。以慰遠念。聞周家椿犯賭已被李太尊拘押，并勒交周盛化。如此破除情面，認真整頓，實是難得好官。爾到家如見太尊，萬不可代伊乞情。并囑房户長，決不可託情討保。自己族人不能以族規約束，致勞地方官管教，已覺有愧，若再説情求釋，日後必更有所倚恃。愈壞聲名。尚復何所底止乎。五月初一日。

家駒閱悉：前接家發到營，得爾六月來稟，具悉。祖母康佑，家内以次平安，爲慰。五月，蔡錦軒過營時，唐、吴各軍門，亦在營聚談數日。又在津門酬應，精神稍有疲頓。不數日仍即如常。現在身體健爽，可無遠念。營中一切均甚平適。本年各軍所屯之田，皆有收穫。早稻佳者，每畝約四五石。較勝家鄉。汝四伯父聞於六月杪抵金陵，月内當可回圩。六月以後，是否得雨，蝗孽能不大爲災否？家鄉屢遇歉年，農民佃户較苦。租課仍須從寬，以資體恤。城中院試當在秋節前後，圩中應試生徒，能稍有寸進否？無科場年分，汝正好習静用功。俗事務須屏除。不可務外抛廢光陰。來歲西席已另延懷遠許儀亭先生。本科進士，人甚誠篤，爽快，不好酬應。關書已訂，受業學生四名，從看外課一名。汝與家澤、輯五、家鼎四人及門。四甥、家梁，從外課也。家謙約下月出都到營，略住即令南歸。祖母前仍派妥當女僕二三人，朝夕盡心伺候，不可任其疏惰。七月二十八日父書。

駒兒閱悉：家德等到營，接閱疊次來稟，知祖慈以下平順，甚以爲慰。家鄉雨水霑足，歲收可望轉機。許儀亭先生已於二月初十到館，嗣後務當屏除應酬俗務，壹意用功。家德業經留營習練，觀其初到，意氣較上年略平，若肯虛心求益，加以閱歷，或可造就成材。家幹引見指分江西，自應領照前往。改官東省一節，應毋庸議。黃蕙整理者按：蕙原誤作「卉」亭軍門本繫同袍至好，聞其不善經營家計，上年劉省三軍門屢贈千餘金之鉅，不久仍歸烏有。余擬稍遲覓寄二百金，稍資裨助。恐亦不能大濟其窘也。大二六各房歲貼之款，四五月間準即寄去。家修聞已來至馬廠，尚未到此。翰卿接眷亦平安抵營。擬請陳壽山先生授振明讀，尚未定期開學。此間於賑粥散糧以外，又籌萬餘金之鉅款，購買高粱赴交河、阜城、獻縣各處辦賑。除營中文武各願捐助月薪外，仍須自措數千金貼入。餉源日短，領款多不應手，力量實亦竭盡無餘。典中架本如有不敷，祇好就近處設法移挪。今歲地方情形尚不過苦，春當似不多於往年也。家鄉來娶人者，絡繹不絕，皆隨宜酌助，俾其成行。更無法另籌閑款寄回矣。三月初八日父書。

家駒再覽：近日祠堂用費不足，祝三兄在營時，爲籌及，望將城內所買張姓市房及北門外市房一并撥交房户長收租。爲兩祠以及祖祠修理各費。其契紙可謄一張存底，一張交給公處收執。看祠人仍舊照料可也。又書。

家駒知悉：前家幹回里，寄去一函，諒已接到。所買張晏如之房，并北門外暨昭忠祠左右市房，每年共房租若干，望一一查清，交房户長輪流掌管。以作城中祭祀昭忠祠之費。但其款頗鉅，所餘必多。今因祖祠虧空，已稟明户長，將此款挪來爲祠還債。茲將與户長信稿抄予一閲，即知底細。如其將帳還清之後，即催户長與我一信，我當從長計議，將房租餘款設法生息，以備不時之需也。我在營一切平安，望稟明祖母及爾母毋庸掛念。二月十六日父諭。

前在馬廠看操，勞神過度，又發眩暈之疾。當即延醫診視，服藥數劑，今已康健如常。毋庸惦念。又書。

家駒再覽：義學本爲外姓寒士而設，聞族人亦有在彼入學者，殊違定章。今將與户長信稿抄與一閲。向來議定章程，我曾請人寫就，交爾帶回刻石，未知刻成否？刻成之後，多印幾本，令族人知之。自不敢犯規矣。居家之道，節儉爲先，爾去歲在營，我曾一一相告，想未去懷。我現鎮海疆，請假萬難蒙允。而所入之款，僅能敷屯田工程用度。加以直境連年荒旱，設立粥廠，用費頗多。今因交河、獻縣八屬地方死亡枕藉，曾著人去探看其中情形，今又竭力摒擋。加以各統領營官捐資購糧五千石，前往放賑，以期救活三萬人。亦一快事也。我雖無銀錢添置家産，但願爾能體我之心，毅然自立，愈於財富多矣！祖母年高宜朝夕請安，代父行温清之道，以慰親心。爾於照應家務之外，用心讀書，科名本有命運，學問之道當自努力，以爲爾弟之表率也。二月二十一日父又寄。

家駒知悉：吳鵬飛本月十八日到營，接來稟，閱悉種切。甯學道等共送胡光華盤川數十元。我思伊等皆繫親鄰中之寒士，我既派人送他，豈可令伊等花費。望於信到之日，即挫洋付還爲要。近來雨水調和，年歲當轉爲豐稔。趁此時光，大可栽種。務於明春正月開凍後，即派人在山上多種小松樹，栽竹子必能興旺也。我近來身體康健，營務亦静謐。毋庸掛念。十二月二十二日父諭。

字付家駒知之：昨閱新聞紙，見有張統領在金陵縱容家人毆斃委員，現爲沈制軍查辦一事。茲特將此條摘抄付看。可見居鄉之人，凡事總宜斂抑，萬不可任下人滋事。遇有氣性較麤之人，即宜嚴加約束。從前詹啟綸一案，亦因手下人任性而起，不可不深戒也。近聞戴孝侯回鄉，因莊姓來圩行兇，被族人毆擊誤斃。現爲苦主指名控告，尚不知如何了法。以孝侯之居心寬恕，辦事細密，尚有此事，亦可見居鄉之難矣。是則望汝將圩內之人，詳加開導。不許與人爭氣。如有鬬很者，即痛加懲治。斷不可聽其逞血氣之勇，致釀大事也。至囑至囑！九月初七日父字。

再，頃聞賀大漢在外作生意，因於路失去洋槍，問車夫追討，逼出人命，在安慶糾纏一事。查賀大漢係在圩照應之人，本不令其外出，即伊家眷亦曾令其來圩旁居住。此次在外作生意，係何人派往？并聞本錢甚大，或云數百金，或云二三千元之譜。何處有此鉅款？抑係有人與彼合股，可詳細查明稟復。此事如未了，賀大漢係自作自受，只好由他。如已了，此人性情暴詐，且鏢師每同強盜一路。日後強盜有犯案者，賀大漢未必不受牽累。伊久在圩中居住，亦不相宜，可酌送盤川，連伊家眷一并令其回北可也。十五日父又諭。

家駒閱悉：翰卿去世，其子女皆幼。似宜接回圩中，代爲教養。然爾母年力漸在我衰，亦未能多爲料理，致耗精神。且既有孫姑娘在家，若儘行收養義子媳婦，不過不忍抛棄，特恐族間不免閑言。細思翰卿生前，與毓蕖最厚，託孤之責，當毓蕖任之。望爾細勸毓蕖，毋爲推脱。總以將翰卿子女攜回新城以便教養，最爲上策。我已示知毓蕖，赴蕪爲翰卿照料身後事件，謝姑娘於成禮之後，遽爾喪大，其情可憫。然魏姑娘撫孤日久，不爲無功，以後亦當從權，不得以嫡庶之分，過寒魏氏之心。子女長成，迎養謝母，則魏母以次推之可也。所致毓蕖一函，言之最詳，取而閲之可也。我見在精神強健，眠食如常。可以稟慰爾祖母、母親矣。十二月初八日 父書。

字付家駒知之：去年臘月間，在馬廠曾發一信，命汝春間多栽樹木，想已照辦。家澤年已不小，必須加緊用功。可從郭先生讀書，許先生作文章。郭先生處須婉辭商量，家鼎聞汝嬸母有願令其北來讀書之説。此間延師教誨，自較南邊合時。如願來或同家謙一路，或同周琴堂結伴均可，不宜遲也。義學中如盛祺、家貴、行同諸人，察其志向何如，如有力求上進者，可令其來營讀書，并納監下科。然必須能受約束。又，在外疾病之事，不能預料，可與各家説明，願來則來，不勉強也。家驥已定戴心齋姻伯之外甥女粱姓，於二月十二日迎娶矣。營中作事諸從雅静，然大致排場尚有可轉，稟汝母知之。新正二十四日父諭。

家駒閱悉：前由吴教常帶去一函，計已到圩。旋接爾正月來信，得悉祖母康強，闔家平順，至慰遠懷。所需藥物各件，已在京照辦帶來。家鼎於前月二十四日到營地，山兄弟尚未見到。如有嗜好沾染，亦必面加斥責。督令戒除。即各門子侄，均宜以此常自儆惕。有則改之，無則加勉。不宜預存圓融之見，使家政漸歸懈惰也。許儀亭先生想早到館，秋闈不遠，正須用伏案功夫。輯五甥係考民卷，似可即在南闈應試。以免道途往返，有誤課程。昨已代伊加捐指省江西試用，家鄉春雨調匀，年歲當有收成之望。稻價每石如在一元内外，即可多賣。并勸各店，一例出售，免致腐爛。營中平善如常，家德報捐分發道員，叔麐亦於賑務移奬案内議敘北河同知。直境地方大致静謐，糧價平減，中堂於二月二十九日啟節入都，恭扈聖駕。奉安毅皇帝梓宫回津，約在月杪也。三月初五日父書。

再，敬節、育嬰堂租稻生息款内，積年存餘若干？可在舒城界義莊鄰近處添買八九百石租，以補歉收之不足。此款每年出入開銷，營中無可稽考，是否由圩内就近核查，不至浮支。以後來函聲明爲要。據賀鳳鳴面稱，圩中用度浩繁，頗形窘乏。

此間近來營數大減，而工程酬應用項如前，現又添修橋閘多處，料件以備，即日興工。斷難籌措閑款回圩接濟。前數年間已屢加函囑，勿指營款寄作家用，此時惟有逐處設法節省支持，或變賣租稻，暫爲敷衍，營中實不能兼顧也。即將存稻埽數全賣，亦自不妨。縱遇旱荒，圩田公田各處收租散給闔族窮户，亦尚敷用，免存糧盤折霉變之耗。通盤籌算仍無賣空失腳之慮也。帶來銀三百五十兩，可交子宜，以作上年買解府田價之用。即有盈餘若干，亦不必見問也。

字付家駒知之：前接汝來稟已悉一切。家澤府考雖取前十名，仍宜上緊用功。預備院試。汝亦宜以讀書爲事，不可以外務分心。轉瞬即鄉試也。至云寫信謝王太尊，本無私讬，亦無私感，此舉殊可不必。六嬸母處諸事，可幫襯者幫襯之，可照應者照應之，不必稟諸我也。圩中用度總可敷衍。不必在後路用錢，我見在因辦賑屯田各事頗爲窘迫，前借銀一萬八千兩，一萬有利，八千無利，均歸賑務項下，用去祥臣處借銀一千，已還。家修在此經我送至天津請洋醫看視，見已醫好也。不打呃氣，也不手足抽動，惟耳聾如故耳。洋醫送藥水一瓶，鼻中呼吸已通，可辨味矣。僅用去藥資四十元，人并不喫苦。聞家鼎鼻息不通，肺火甚重。此子在汝兄弟中最爲秀穎。宜告知家渠，速醫爲要。家德見已捐三品銜，花翎候選同知。佑三伯於本月初一日晚間，一跌而没，可詫之至。見已派煦亭二伯代理營務，并令家德隨往學習矣。六月二十九日父字。

再，家驥在此甚爲得力，前隨戴孝翁至交河查賑，頗著勤勞，後因孝翁回里，中堂復檄委家驥前往交河散放籽種各事，辛苦兩個月，前後共查交河村莊六百餘處。又爲吴清卿太史約查吴橋村莊二百餘處。見已回營。日前我至天津時，中堂談及甚加嘉賞。見因晋捐局捐項甚爲便宜，已用銀五百餘兩，爲伊過班留在營中辦事。俟過一二年，再爲伊辦引見捐免保舉等事。約尚須銀一千餘兩也。再，管帶步小隊王守備元勝，吸食鴉片。我已將伊徹委，隨唤家德、家驥同至操場考槍，家德一槍未中，家驥中兩槍。當委家驥接管矣。因均繫文員，非稍習武事不能服人，故以中槍多寡定去取也。

再，各善舉如若更改，我昨細想，除非公費生息日廣，置産日多，可以擴充善舉，方好措辭，汝可細查頻年各善舉，生息餘存若干，可以擴充否？

再，聞方家垣牆地方，許姓有田廿餘石，李姓有田四十餘石。共約洋二千元之譜，我想家義等尚屬誠實，大房亦無多産，若買歸伊處，甚屬有益。汝可挪湊洋元，替伊陸續置辦可也。

家駒知之：前接汝來禀，已悉一切。俄事昨聞中堂言及，曾襲侯來信云，大致已經説妥，中國付銀四百萬兩，崇地山前立之約，略有更動。似可不致決裂矣。劉省帥入都，首上請開鐵路一疏，聞者無不佩服。茲將原奏及近日海防各摺稿一并抄給汝看，汝可用心審察，便可略知時事。家鄉亢旱已久，近日已得雨雪否？門户火燭諸宜小心，至囑至囑！十二月初十日父諭。

再，汝前次來禀，云及本年秋冬間亢旱過甚，欲購買稻存儲，預備明歲之用。事屬可行。此時稻價極賤，多購既可以救農人之急，而明年荒歉有備，最爲善策。將來散放時宜防照劉省三姻伯辦法，但借不賑。蓋紳士居家不宜有放賑之名也。如何章程，俟後再説。此時可先購稻，在三河，派河，桃鎮，各處倉房堆存可也。

字付家駒知之：昨奉中堂行來照會，驚悉慈安皇太后於初十日晚間仙馭升遐。其傳説得病情形業已詳致四伯函中，如可閲看。將來哀詔到日，其不薙髮，不嫁娶，不演戲等事，我處須遵照職官定制辦理。不可稍有錯誤，被人説話。茲將左相請將來馬步各隊，在直隸上游興修水利一摺，通政司參議劉錫鴻，參奏中堂原奉諭旨一道，一并抄給汝看。現劉錫鴻已照部議革職。以中堂之勳望，尚有人説閒話，可見世路之難。汝輩在家務須諸事勤慎，不可大意。至要至要！三月十五日父諭。

家駒知之：昨接汝自上海來信，知已渡重洋，至爲欣慰。請假一事，我於十一日赴津賀節，復申前説，中堂以四伯覆信不肯出來，軍事現在無人接統，不能回去云云。我再三陳説，繼以硬吵，中堂但以好語敷衍。如「我亦有老親，不能回去，并我亦年老，須再幫我數年，將來一同回去。凡好漢子須作到底」等語。連見三次，皆係此等話頭，彼時同見者有徐傳宗、吴崙峰二人，見中堂極意挽留，同勸我回來再説。我亦因中堂辦理陵差，啟行在即，未便與之過争，只好暫從緩議，無可如何也。汝到家後，各事仍照章辦理。轉瞬即交冬令，門户火燭務宜小心。至囑至要。八月二十四日父諭。

家駒知之：前聞汝欲買保覺寺一帶田地，係因有陰地在内，此則愚極。我平生最不信者三事，講天文星斗，三煞太歲之災异，一也。堪輿家言，二也。卜卦算命，三也。此等事全無道理，最易受人愚弄，萬不可信。汝仍宜遵照我前次來諭，以不買該處田地爲是。本年秋冬間，聞南中雨水甚足，地土浸潤，一交春令，即可種樹。附近山場每年可種一二十萬樹，數年之後，可有百萬株。其利亦不減於買田也。

十月廿五日父諭。

家駒知之：正月寄來一信，想已收到矣。昨中堂將李禦史原摺及覆奏一并抄稿行知。茲另抄給汝閱看，亦可知世道之艱，人言可畏矣。汝在家宜諸事謹慎，約束大小人等，不許滋事。自己閉户讀書，不管閒事，是爲至要。昨接家幹來信，云已辭差，請假回籍葬親。約二月半間即可到家，此舉甚有識見。我已寫信奬勵，并將與四伯父信一并抄給，汝看便知一切矣。餘不多囑。二月初四日父諭。

家駒即覽：秋闈在邇，七月間，即須前赴窗下作課，益宜認真。省三姻伯之事，我在中堂前已略爲提及，中堂月之十五日動身航海南來，振帥初十午時接印，此間一切情形於致四伯父信中詳述，可取閱之。以見處事之宜求當於理也。藹卿素稱精明練達，今觀其作事直是胡亂，可見明白道理之不易。四月十四日父字。

字付家駒知之：四五兩月，連接汝來稟，已悉一切。家澤等於四月廿外邊到營，在營一月，觀其氣體，尚不過弱，已屢告以此次進京下場，不過藉資學習，諸事總宜謹慎小心，不可沾染外邊習氣。渠唯唯聽受，現已在京中內城租定寓所，於五月廿外動身進京矣。袁崇仁同來，我初意其與汝説明，又念伊繫内親，三舅在日，亦曾出力，下場又係上進之事，故爲伊捐監，令與家澤同行。接汝來稟，所論三害亦切事理。但如來稟日，監已捐好，距下場之日甚近，未便令其獨回，好在有徐左之先生同去，又有阮甥輯五朝夕一處，崇仁一人恐亦未能放蕩。一俟場後，即派人送伊回家可也。汝所論近事頗切時勢，孔禦史奏稿，及張振帥因奏調近臣被議之事，均見京報。但汝於此等事，衹可存之於心，不可宣之於口。轉瞬至金陵下場，遇同鄉同學諸人，尤不可妄發議論，致招人忌。至囑至要。棗林岡所蓋房子已經竣工，昨祖母來諭，云現在房子尚未油漆，并傢夥什具亦未齊全，命趕緊料理。現飭家法回來照料此事，如家法不得閒，可命他人經管。總以早日辦完以慰祖母之心。并稟請祖母，當此天氣炎熱，務宜加意珍攝，不必爲小事勞神也。六月十五日父諭。

字付家駒知之：昨家法回，帶去一信，想已接到。昨聞安盧各屬水災甚重，地方官必有勸賑之舉，我已寫信告知四伯父，請倡捐米一二千石，由圩中倉穀撥給，專賑盧屬飢民。蓋捐款無多，不得不由近以及遠也。汝可稟商四伯父辦理要緊。

六月廿日父諭。

家駒閱：八月十一日，王忠信回營接到來稟。得悉祖母大人康健，汝母親以下均各平安。我欣慰説。捐賑一節，既經稟商四伯，暫挪洋錢二千元，呈交賑局。聞四伯刻已不甚寬展，已由我處函致後路孫焕章，措銀二千兩送交四伯收用。營中捐賑之舉，先經天津司道來函，述及制軍勸捐之意，旋又接到中堂來函，囑令廣爲募集。我捐五百兩，合之各營將領所捐共一千零三十兩，已交籌賑局彙解蕪湖周裁五觀察矣。我於本月初六日接閲初三日邸抄，知已奉恩命補授湖南提督。簡畀之隆，自當力圖報答。惟因祖母大人年高，我於八月初四日已稟中堂請假未蒙批准，今忽得升任之信，殊非意料所及。擬俟奉到行知後，再求中堂力辭。然中堂到津初見面時，即云在家詢知祖母甚爲康健，不准再提告假之説。此次上稟既未答應，以後求其出奏恐亦費力。我前調天津鎮，部札未在營中，想已帶回圩子，將來新札行來，須要交換，可與原領敕書查交王忠信，令其速即送營，是爲至要。裕閬西觀察北來，我久未到天津，不曾晤面，高麗之師仍未徹回，惟李是應久已來津，亂党渠魁亦經正法。日本賠款有議給五十萬，五年償清之説。內外大局已定，似亦無他枝葉。另抄録營務處來咨數件，可向四伯處取閲。汝場事已畢，可即回家，仍走旱道，切不必走巢湖爲要。營中一切平安，我已派令文昌年，到京專接家澤，想二十日內外，總可到營矣。八月十六日父字。

家駒即覽：嘉平月十八日，文差官回至馬廠，接閲來信。得悉祖母暨爾母親能自寛慰，不致以澤兒一逝過於悲痛，慰甚。尚望爾曲體親心，時常從旁解慰。入覲之舉不過一時從緩，來春防務較鬆，仍當親覲。屆時舉動再行信告。鄉間岡嶺之地最易栽植松木，愈多愈妙。不數年間便有出息。此係田間自然之利。見信後即擇高岡低窪空地密爲栽種，是爲至要。日間來馬廠閲操給賞，明日即回新農鎮防次。臘月十八日父諭。

家駒知之：前接汝來稟已悉一切。我於去歲交冬令後，頭暈之病時發時止，迄未痊癒。幸飲食尚好，我亦不以爲意，仍照常辦事。過年之時，已在立春節後，感觸春氣，其發益甚。頗覺不支。於新正初四日，延唐先生診視。唐字静巖，山東濟寧人。候選同知，寄居天津，醫道甚爲高明。脈理極細。據云因積勞受虧，虚火上炎。連進滋陰降火之劑，去其浮火，後服龜鹿二仙膠加减地黄丸，培其根本。自服藥之後，日漸痊可。十八日出門行走如常。現每日仍服丸藥。并加意調攝，以期早日復原。看來此病不過浮火，因前在常州從橋面跌下，腦氣受虚，以致時發眩暈。現已全好。又得唐先生丸藥調治，可望除根。汝可放心。萬不許來營省視，是爲至要。汝母聞前患鼠串之症，不勝記念。現想已全好，眠食若何？汝可詳細寫稟來告知。尤宜在汝母前朝夕承歡，不致稍有鬱抑。前命栽各處樹木，是否照樣栽好？中堂請假歸葬現已奉旨賞假兩個月。北洋大臣仍以張振帥署理。大約月半前後必可動身，月底可抵家矣。中右營管帶因失察營中有煙具，已徹委，命瑞廷叔暫行代理。其中軍一缺。并命衛秩秋代理。二月初四日父諭。

家駒即覽：子度來營，得悉家中諸多平善，甚慰。我頭暈之症較前見好。前赴天津，中堂説有洋醫甚好，囑給洋藥服之。亦屬對症。惟胸前稍覺不舒耳。家義情形拮据，其借款無論能歸於否，可將分龍口田契檢出給伊領去。巢湖盗賊出没慣常，雖見一時安静，仍應不時提防。前閲京報，河南有一盗案，執獄者誤訊以從爲首，臨行呼冤，致有反覆。後被欽差審訊明確，係爲盗僱來，彼實非盗。問官自巡撫河督以及府縣均革職離任。將來劫搶之風仍恐肆行。鄉圩郊村，極宜謹慎門户。火燭亦要小心，不得大意。至家務瑣碎之件，已面告子度，其來圩後，可與商酌一切。越南與法國糾葛，一時恐難平復。大約須俟傅相出來，方有定議。昨直督咨到禦史奏議，抄給閲看。三月廿八日父諭。

陛見之事，款項本不易措，只得從緩計議。前調補天津鎮時，部給劄付，并飭知前時帶至圩内，可細爲檢查。聞説劄付遺失，尚有關係也。徐堯峰現赴吉林爲吴清卿中軍，屢次來信，求由我圩暫行代爲給伊家用，隨後歸還。蓋以路途過遠，恐其家内日用，一時無措，致有缺乏。我已應允彼處如有妥便人，可給洋蚨一二百元，濟其家用。由我轉知堯峰，伊當照數歸還也。又，頃由湖南提標中軍送到劄付，并呈文一并查收。

家駒即覽：子度計不日可以到家。家中想一是安善。傅相奉旨辦理法越交涉。

并節制滇南兩粵三省防軍。聞於十六日由里啟節，或暫駐節上海，或即前赴粵地。一時尚無明文。我軍駐防緊要之地，兵力尚爲孱足。原知不克調赴粵地，然會籌大局，苟有所見，終當進言，非爲身計，實爲傅相計，且爲天下大局計。昨上一稟，繕稿附寄一閲。此稟於十三日專足赴滬投交。二十外當有回信。現在銘軍已奉調前行，不日即由滄州拔隊。蓋緣江陰吴淞武毅兩軍，亦經奉調，其三處之軍，本屬一事。所以均調前往耳。天津爲畿疆緊要門户，我軍專守更行喫重。益恐難以允調。將來傅相駐節何地，法越交涉如何，有無戰事，再行續告。四月十八日父諭。

字付家駒知之：月内連接汝兩稟，已悉一切。泗州廟河改造石橋，係有益於人之事，誠屬可行。惟汝擬造橋面寬五尺，橋空一丈，估用洋七百元。事太苟簡，斷不能持久，亦修不成。我已另估一册，并圖交來人帶回。汝可細看。如欲造石橋，必照估測作法，始能持久。且與水利農田大有裨益。估價共五千餘元。汝之原估，雖説七百元，亦必用至一千余元方能成功。今估較汝所估已多至三倍有奇，然欲作事不能省費也。造橋之石，家鄉石多不可用，緣青石、紅砂石，一壓粉碎，不能層砌，必須米心石方能合式。若在陀羅山等處採買，旱道盤運艱難，不如在巢縣及江南各處購辦。路程稍遠，由水路轉運尚易。從前萬進士造城西橋時，相傳其石從襄陽係伊作襄陽道時運來，亦可見近處之石不能合用。水運勝於旱運也。城西橋我尚嫌其矮小，此橋更多一蘇家陡河水路，不可不求高大結實。家鄉石匠多不可用，手藝既拙，作工又不認真，甚屬淘氣。城内有一魯姓石匠，從前在我處鑿過牌坊，獅子及各樣石工。人甚誠實。不知其人尚在否？可派人打聽，否則亦須覓妥當石匠。不可任人薦託，恐靠不住也。石灰必用塊灰。塊灰較散灰多加兩三倍，且又堅結有力。若塊灰每斤五文，散灰每斤二文，仍是買塊灰上算。一水可通，水大時可以船運，亦不費事。椿木可用山上松木，揀其麤勁可用者，既得力又省費也。松木須直六寸過心，如無合宜松木，即用上派河淨木亦可。淨木須燒糊再用。起造之時，必須工所數間，各項料件，須存放妥當。使看守者易於照應。泗州廟西北有空地一塊，可用價租用，松木周圍作柵，堆放物料。看守人及工匠等，可用泥草篷居住。又須請府縣出示，并派差兩人在工照料。由我處發給飯食。以便彈壓。家鄉作事最爲繁難。常有不安分之人，偷竊料件因而滋事者，防備不可不周。若以做善事而反致淘氣，則不值得矣。此橋地段我意須緊對李包圍南碼頭稍西，北碼頭稍東，緣水從魏張大影而來，此橋正當頂衝。不若稍移以避水路也。券橋下迎水頭作閘板。我意可作兩套閘板閘宜作雙槽口。將來視水之大小而開閉之。附近鄉村想亦無不情願。

汝可酌辦。郡城西門樓，現須修蓋，汝秉云於本月底動工，想已舉辦，自可照行。惟樓係被火藥震壞，城垣甎土必有損傷之處。起造時務囑工人加倍小心。汝明年欲不讀書一層，外事太多，自屬分心。不能專一用功。然外事亦須可問則問必萬不得已或有八九分理者始可一問，不必多問閒事。若地方事尤不宜問。事事干預，地方官必不舒服，又聲名一出，求者必多，有能應之者，有不能應之者。應之者未見感激，不應之者即屬致怨之道。總以謝絶外事，專心用功爲主。汝現重慈在堂，不能分發到省。若不讀書，更作何事？即真不能讀，亦須俟下科後再説。家鼎在此讀書，已請王耕生先生教讀。一時暫難回來。六嬸母來北看視兒媳一節，似可不必。已囑家梁兄弟飛稟勸止矣。汝論外邊局面一事，我已看過，此事只可量才録用，不可徇私。有私則不能服人矣。汝宜深知此意。五月二十六日父諭。

家駒見字：今歲水患甚大山東黄河決口，廿餘州縣竟成澤國。直隸之天津、河間，順天之文安、霸州各屬被災亦十餘州縣。我軍所開之減河，約有八成水，天津低窪之區已經淹遍。傅相署中非築滾壩，亦當上水。今歲水患，不減於同治十年也。山東已經陳中丞遊欽使截留漕糧十餘萬，籌辦賑撫。此處亦經傅相截留漕米數萬。

恐難周濟冬際營中附近之區。目睹哀鴻，籌賑之舉恐不能免。前聞汝欲廣收米石存儲，大合我意。昨有人自南中來，云及梓鄉今歲年成豐稔，穀價甚賤。每洋一元，可買米八斗餘升。汝可稱新穀登場之時，趕緊採辦運存邊水倉中。如此間辦賑，亦可運至接濟。前聞蔡文旭云，汝意在巢縣蓋倉房，以備存儲米石。我想，巢縣荒僻小邑，商賈不到，又兼河道曲小，大船難於暢達，且人情狡猾，遇事刁詐，近來命案疊出，皆由圖騙起釁。不若蕪湖爲臨江要道，輪船益便。可在江邊購地一區，仿照洋式房屋建造倉房，大約所費數千金，可儲穀數萬石。由家鄉購買米石，用巢湖船運往存儲，或濟賑或出售，運道便，銷路自暢。即後路採辦軍米，日後亦可藉以儲存也。八月初八日父字。

家駒知之：昨聞汝和尚舅舅言及，自七月以來，祖母身體不似從前之康健。我聞之馳繫之至。天氣漸涼，祖母年高，只宜勸請加意調理，不宜輕易服藥。緣藥易傷胃氣，有年紀人恐不相宜也。茲特差弁來圩省視。望將近日養攝情形詳細稟知。并諸事小心侍奉爲要。廬郡聞秋收甚好，每洋一元可買米八斗有餘，可爲賤極。屢閱新聞紙，常鎮揚州濱江各圩，近日被風潮冲破殆盡，裏下河亦復歉收。以此觀之，九十月間，米價必漲。趁此可以暢收。三河、派河、桃鎮各倉，均可堆存。最好運至蕪湖。該處繫濱江通商碼頭，出售固屬甚便。即營中偶有缺乏，轉運接濟亦不甚難也。汝可斟酌辦理。八月十二日父諭。

字再付家駒知之：本年直省水災甚廣，飢民甚眾。現在附近村莊稟求賑濟者，已紛紛不絕。轉瞬冬令，更不得了，營中已買高粱數千石，預備尚不敷用。現聞盧郡米糧賤極，若購辦乾潔之好糙子，加以水腳運來，亦尚不貴。較之高粱更爲得濟。惟營中現在無款，昨反復籌思，汜典我處未提多錢，約計當有餘利。現已寫信命鄒振先開清帳，并商知四伯父，除應存當本外，如能撥出兩三萬串錢，購買賑米，則大幸矣。特諭汝知之。十三日父又諭。

字諭家駒知之：前月下旬，袁老和尚回圩，曾寄一函，未知何日收到。入冬以來，祖母身體想稱康健。汝母暨闔家想俱安好，均繫遠懷。營中諸事平順，我身體安健，家中無可懸念。法越之事，自攻下越都，脅和定約以後，尚鮮確信。近見上月二十九日，《申報》，有法人已攻取北甯之說。迄今十餘日未見明文。想係子虛。

昨銘軍有人由彼來，知黄蕙亭一軍駐紮北甯，地勢寬平并無險要可扼，四戰之地，守禦既難，蕙亭來信亦言，駐守北甯以固粤西門户，如果法人進攻，甚可慮也。而槍械精利之器，劉軍固屬無有，即蕙翁一軍亦未聞多備。欲以抵禦器精久練之師，恐無把握。刻下雖無勝負確音，實爲可慮。即內地戰事，將來恐亦難免。昨曾上書傅相，預備戰守數條，另紙録寄，可即收閲。吴清卿星使到津後，暫駐新城。孝侯數營已來小站暫駐。前軍舊壘現已奉旨，來春移紮灤州樂亭一帶。清翁講求利器，勤練打靶，孜孜不倦。其裁并勇餉，節省經費，傾囊而出，全購軍械。現其營中已有哈治開司步槍三千餘枝，吆啫士得馬槍一千餘枝。通共後門槍五千餘枝。刻又奏請添募礮隊，新買克鹿卜礮十六尊，二磅礮八尊。此礮仍用克鹿卜子彈，因其分量較輕，可以馱在馬上，備打行仗之用。至其打槍準頭，極爲熟習。昨來營相較數次，比余稍勝，而尚不及哨官等中槍之多。爲大帥者，固不專以此爲事，而以詞林帶兵能如此講求，文臣中洵不多見。但我軍向章，平日操演用子彈之數，每槍每年只準用子一百六十粒。清翁每日率差弁親隨等十數人打靶，須用子四百粒。則每槍每日須用子二十粒。宜其打靶之有準。吴軍共槍五千枝，若照此計算，每月每槍須用六百子，每年須用七千二百子。即或有事躭擱，每年照十個月計算，每槍須用六千子，合五千枝槍計之，每年操演須用三千萬餘粒。合價約六十萬金。

而兵勇大隊勢不能如此操法。以無從得此許多子彈也。其新開礮隊，即以徐龕峰領之。礮營章程已經奏定款項皆甚窄，异日如有不敷即不免爲難。此事卻稍欠詳審。王子仁素稱驍勇，現經清翁指名借用，謂暫派中軍，隨後添招馬隊，尚擬命爲統帶。亦可見其愛才之至矣。附近營次，窮民告災求賑之稟，絡繹不絕。我擬施粥於馬廠。刻下搭蓋泥棚，安置鍋竈，運送煤米，矗有頭緒。大約本月下旬當可開廠收養饑民。惟綜計需款甚鉅，頗覺爲難，亦只好盡力辦理也。十一月八日父諭。

字付家駒知之：頃接汝稟，已悉一切。來津一事，甚合我意。不獨省帥睽別多年，渴思一晤，即南皮豐潤二公，亦亟思晋謁一譚，以抒胸臆。無如頭目眩暈，仍未盡除。若說話過多，或見客行禮，恐有不能支持之處。以是稍費躊躇耳。明早徐傳宗軍門來津，約先至營中一晤。屆時若氣體清爽，自當結伴同行。汝可往晤劉姻伯婉爲致意爲要。廿三日申刻父諭。

教家德侄：汝年富力強，正發憤有爲之時，但在家日久，恐狃於俗習，未知目前急務。今即來營，余示汝以立身遠大之道，苟能恪遵余言，則前程正未可量。略舉數端，汝謹思之。第一宜學洋人機器。洋人心靈手敏，善於推算。天文地理靡不洞悉。且遇事必窮其理。制器必極其精。理財治軍尤爲擅長。實爲前古所罕見。即以現用之火輪舟車而論，居然有費長房縮地之奇。他如新譯洋書有博物、新編醫學、數學、重學、化學。其中奥妙，益人神智不少，我朝於京師立有同文館，通商埔頭亦立有機器局。汝果有志上進，予即送汝進局學習。一旦成功回家，能巧人所不能巧，能知人所不能知。不獨爲克家之令子，并可爲後學之津梁。其顯榮不亞於科第。此第一要務也。不此之學，或欲就軍營出身，亦未爲不可。則即易服變裝，充當勇丁。有工隨衆作工，無工隨衆操演。無論出差在營，見人説話，胸中不可有少爺二字，口中不可説少爺二字。事上司以謹慎，待同夥以和睦。作事認真，立志堅忍。苦心人天不負，將來由散勇升棚頭升哨長哨官，即營官統領皆可操券而得。此第二立身之法。再求其次，即在余身邊，日則求教師傅授權棒，夜則與親兵進帳值宿，稍暇温習舊讀詩書，臨帖習字。再將一切夷務諸書不時省覽。遇不解者虚心求人指教。將來回家亦不失爲佳子弟。此第三立身之法。再不然，即仍延師讀書，講求八股試帖，以備應試。如能博一衿得一第，亦足自豪。此第四立身之法，何去何從在汝裁酌。若欲侍從滿前，衣輕策肥，移情於金玉錦繡，役志於靡麗紛華，以少爺自居，以紈絝自命，則即迅速出營，趕緊回里，毋以身試予法也。

别集　格物瑣記

格物瑣記

凡萬物中飛者、走者，以及昆蟲鱗介之屬，皆首俯背仰，惟人則昂首向天，行質獨异。鳥獸惟首不能仰，得靈氣較少，故知覺不能如人。人首在上，以吸取靈氣，故聰明勝於鳥獸。

小孩出生時，略無知識，頭頂上顖門一塊頗活動。及十五六歲時，聰明日啟，顖門亦漸長滿。可知人初生時靈氣未來，故無知識，全賴有顖門以吸取靈氣，顖門與靈氣有牽引之力，故人日長則日聰明。今人於小孩十歲以前，作帽必空當中一塊，名曰出火氣，深得吸取靈氣之意。

一日，與郭鏡潭論人之靈氣，郭謂一時同來者，余謂是陸續來者，郭不謂然。余曰：「一時同來，何以小兒知識必俟逐漸增長乎？」郭不能答。郭又口：「人之靈氣既逐漸添來，則無論居於何處，皆可增添，何以深山窮谷之中，終身知識必遜於人？」余謂：「彼之知識固在，但未閱歷學習，故不見長。如一座明鏡放在暗室中，鏡非不明也，而不得外面之光，則無由見。又如火在物中，不遇空中之養氣，亦不能發光，同一理也。」郭乃大服。

凡人成人以後，嗜欲漸生，每有房事，血氣由下提上，過腦、氣、筋以行。積久不已，濁氣日隆，清氣日衰。故人初老則善忘，久則物化，即不死亦如塊然一物，以靈氣日就澌滅故也。

人之靈氣本多，若能於風清月朗或星光燦爛時，露坐中庭一二時許，以受取靈氣，精進不已，必有奇效。至日間及風雨陰晦時則不必，緣氣不清則無益也。大雷電之時尤不可在外，恐爲電氣所觸。狐往往有爲雷擊死者，非必作孽，以本身電氣本重，又在外不知躲避，故易引電氣，不可不知。

修道之人，以打坐爲極功，強爲捺抑，邪火亂行，反致殞命。若遵行露坐之法，清氣日滋，濁火不作，便可絕嗜欲益聰明，并不必素食也。緣食葷則能益血氣，庶露坐中庭時可以擋禦寒氣。若真不肯肉食，上海有老德記鐵丸藥，每日早晚飯後食二丸，亦可助血健身。

狐、黄鼠狼等物，因火氣本重，必須仰首拜月，借清氣以自益。久久不已，遂能吸取靈氣，變幻百出，奇妙不可思議。

一日，與某論狐吸受靈氣之理。某問曰：「狐吸靈氣約須幾時之久方能得益？」

予答曰：「每日夜約三時之久即可受益。」某又問曰：「狐居何處？」答曰：「小狐無知，大半居於窟穴，其有知覺者，則居於高樓古廟爲多。」某曰：「若如此，每日共十二時，狐以三時吸取靈氣，仍有九時居於窟穴，是受炭氣之時多，受靈氣之時少，何能得益？」予曰：「損與益有以异乎？」某曰：「無以异也。」予曰：「今日之吸煙者，每日過癮亦不過兩時之久，因此損身傷命者不知凡幾。是兩時吸煙之人因之受損，豈狐吸取靈氣至三時之久，不可因之得益乎？」某無以對。

鄉間每有狐祟，往往聞聲不見形，或訐人陰私，或肖人言貌，或拋甎擲石，或放火污糞。甚能預知休咎，侈談禍福。鄉愚奉之如神明，且有談虎色變，望而卻步者。余初不信，嗣鄰村有劉姓戴姓之媳，先後爲狐所憑，能肖數十里外已死婦女之聲音言語，且知其家米鹽瑣碎之事。及招其家人來聽，與已死者在生無异。此余所親見，實屬不爽。惟言狐之靈异則可，若畏其氣力，究可不必。蓋狐之身，大不如犬豕，即能搬甎弄石亦重不過數十斤。是其氣力本屬有限，又何足畏之有。至狐之靈异，實因狐本穴居，其鼻常吸土內電氣，故狐毛於黑暗處摩擦常見火星，電氣流行甚速，故數十里外之聲音言語，每因電氣而傳至狐耳。惟狐因電氣而靈，亦每因電氣致害，常見狐被雷殛，實因天空電氣流行，狐身之電氣爲天空之電氣牽引，致狐身不安。遂四處奔突，致遭雷殛耳。

皖南鎮張志邦號彥侯，巢縣人。同治六年二月初六日，因公赴金陵，舟泊棉花地。適風雷水火一時并發，人船俱沒。李閣部以遭風遭火入告，而論者咸謂其有隱惡，爲雷所殛。余竊疑焉，世間惡人不一而足，如贓官污吏訟棍蠹役，與夫盜賊叛黨妒賢嫉能者，種種惡狀何可勝道。即軍興以來，每有身經百戰，萬死一生而偏遭擯棄。亦有未見一賊，未立一功，而驟登顯秩。其冤枉不平之事，尤難盡述。若謂雷殛惡人，則此類何以盡逃天譴？此可疑一也。同治九年春，李閣部任鄂督時，大門外旗杆被雷擊斷。時人皆謂不利，而閣部至今究何損哉？且樹木牲畜，亦時有被雷劫者，豈亦有隱惡乎？或謂雷打前劫，然前世豈其無雷，何以不示顯報，而必於今世降罰乎？此可疑二也。春夏有雷，秋冬無雷，豈春夏有惡人，而秋冬竟同歸於善乎？此可疑三也。天陰有雷，天晴無雷，豈天陰獨查人罪過，而天晴竟毫無覺察耶？此可疑四也。人在露天易遭雷殛，而深居簡出者罕聞，豈出外有惡人，而家居者均爲善人耶？此可疑五也。由此觀之則雷殛惡人，斷無是理。況張鎮軍之父遇春，官至提督，凡同袍澤者，無不欽佩。即鎮軍在淮部中，亦卓卓有聲。余可決其必無曖昧不明之事，必不應遭天譴。嘗究其罹禍之由，聞泊舟處，鄰於別部之火藥船，適風雨雷電交作，舟人施放洋槍致引電爲害耳。蓋萬物中皆有電氣，特多寡不同，與牽引徐疾之各异。其易透電者惟五金，而銅則引電尤速。瞬息可及數萬里，其不透電者，惟玻璃絲棉，雖隔一層如紙之薄，亦决不過。光緒元年，余晤丹國電報公司官，何士克、霍洛司、臘生等，問西國亦有雷擊惡人之事否？渠云從無是事。緣西國知避雷之法也。華人苟明是理，遇陰雨雷電時，手不持五金，身不倚樹木，牆壁家居，則閉窗户與濕氣隔絶，當可免雷殛之禍。非真有雷公電母也！或謂神道設教，王者不廢。似不妨姑仍其説，以警鄉愚。余謂深居民上，當以磊落光明，言坊行表，化民成俗。若專藉神道以嚇人，是引民作僞也。宜乎？僧道女巫，藉虚無寂滅之教，謂能消災降福，以騙取民間財帛。是皆藉神道設教階之厲也。余久蓄此疑於胸中，如骨梗在喉，非傾吐出之則不快。兹故不憚煩瑣，特爲辨明。不獨爲張鎮軍力白其冤，且欲後之人知避雷有法，庶不蹈張鎮軍身後之覆轍，而授人以話柄也。

常見雷電殛死之人，大半皆手持金刃，旁觀者遂指其人已起殺人之心，致獲罪於天而遭雷殛。不知雷電即因所持之金刃而來也。蓋五金皆能引電，而刃尖接電尤易。人身筋絡即爲電路，電路既通，引至人首，首内電氣較足，因上沖頂心而出，與天空之電氣會合，此人被雷傷之至理。不必其人果有殺人之心，致雷由上鑽死也。

回憶髫年時，家中因防盜賊，購借戈矛數件。矛頭摩拭極明，當春夏之交，夜間矛尖時見火星，傭人均疑爲不祥。今由格致之理推之，矛尖火星即電氣也。其近夜乃見者，因夜間有露氣，電因濕而傳至矛尖，又何不祥之有哉。

咸豐八年三月，髮逆踞舒城。余帶練往剿，紮桃溪鎮南三里，挖濠時，見土內臥朽樹一株，徑三尺餘。劈爲柴，近夜，柴片中忽亂發光，其色淡如螢火，衆疑爲不祥。予謂木能生火無足深异。近由格致之理參之，是即燐火之一證也。試看春夏之交，地氣上騰，凡郊原叢葬處，近夜每有燐火發光。間有被人衝突，一火忽散爲數點者。鄉愚不明其理，遂神其説。謂是有鬼物，憑之呼作鬼火。不知木質爲土埋日久，積濕生熱，熱極爲火。特不遇養氣則不明。今一旦掘出，木火之氣勢必發洩。兼遇外面養氣，宜乎近夜則有光也。其色淡如螢者，因内混有淡緑二氣故也。若於夜晚有燐處插標爲記，俟次日日將落時，向插標處探視，每有白氣如煙，俟至日落後，則白日所見之白氣，隨即變爲燐火矣。西人能收燐火蓄聚玻器内，以作路燈。究於災祥何與？

同治四年，今兩廣英西林督部，任皖藩，被圍雉河甚急。六月初，余督師往援，痛剿之，圍乃解。猶憶捻距李家大圩時，我軍攻進，見圩内土窖一所，上窄下寬，眾疑內藏財帛。初，一勇以繩垂入，久無聲息，又入二人亦如之。眾駭异，既疑有怪，復恐有賊。予聞之，用不裝鉛子洋槍向窖內連發數十響，又入二人，將先入之三人，用繩兜繫出窖，則均已死。眾愈疑有怪。且謂怪懼洋槍，故後入者得無恙。維時，余亦不明其故。今由格致之理推之，窖內無水，炭氣必多，先入者因受炭毒，血必變紫，紫血入腦，昏迷不醒，使當扯起時，急以蘿蔔汁與酸醋灌之，再用涷水澆面，大力偪胸前，呼吸通即活矣。惜當時不知解救之法，致三人誤傷性命也。後因火藥之氣沖入，炭氣半被擠出，兼火藥能解炭氣，故後入者得不死。推之，凡燒炭爐所出之氣，曰炭氣。或多人聚處不通風之屋，亦有炭氣。惟無水枯井，炭氣尤重。三者皆能殺人。此後，凡欲浚井者，應先縋火試之，火不息人入不妨，若火入并遽息，則萬不可入也。蓋火遇養氣則愈明，遇炭氣則立滅。

某素講格學，一日余論及夏季星多冬季星少之故，某意以夏天氣薄則見星多，冬天氣濃則見星少。予問：「日星借何光而明？」某答曰：「借太陽而明。」予曰：「地球至冬，距太陽較遠，星不能多見，故星少，地球至夏，距太陽較近，星可以多見，故星多。且人目力所及，遠則見小，近則見大。星之大小，由於光之遠近故耳。氣之濃薄，亦是一見。兩存其說可也。」

一日，與某論寒熱之理，某曰：「熱有物，寒無物，天地間熱散即爲寒。其意以爲，熱有太陽及地上火山，可指實也。」余曰：「冰亦寒中之一物，何謂寒無物乎？」某曰：「冰係結成，不能算物。」予曰：「子謂冰不能算物者，以其有結有化也。若北極之北，海冰亙古不化，有形有質不可謂之物乎？即如空氣最寒，動而爲風，可以散熱。予嘗言夏日氣少，冬日氣多，亦指空氣而言。冬日空氣多故冷，夏日空氣少故熱。人至夏日，以扇摇風而空氣自至，故覺涼爽，此其證也。又，予於天津乘火輪回營，時值盛夏，烈日炎炎，熱如火炙，頗不可耐。偶至輪船門口，覺涼風襲人，暑氣頓盡。推原其理，當由船行甚疾，四圍空氣爲其所逼，聚在一處，一時無路可散，適有門之空氣在旁，自然推擠而入門內，熱氣極濃，空氣大入，故愈覺其涼耳。由此言之，寒熱之理，本相對待，以云有物，則皆有物，以云無物，則皆無物。又何分其孰有而孰無乎！」

一日與郭君論人之噓氣，夏日不見冬日則見何也？郭曰：「夏令距日近則熱而氣薄，冬日距日遠則冷而氣厚，熱則人口噓出之氣，急散布空中以補之。且口出之氣與空氣之熱度相等，故不見。氣厚，則人氣不必急於散布，且冬令氣愈厚則愈冷，口中熱氣遇冷則見凝結如霧，故可見也。」余曰：「子言雖是，而猶未盡也。若僅以冷熱而論，則夏令風雨驟至，氣非不寒，而何以噓氣不見？冬日閉户圍爐，氣非不暖，而何以噓氣亦見也？細推其故，蓋緣夏令氣薄則疏，口中之氣一經噓出，即隨其空隙而散，故無從見。冬令氣厚則密，人氣噓出爲外面空氣抵住，一時無隙可尋，不能驟散，故可見耳。」郭大服。

一日問於郭君曰：「所謂空氣者何氣也？」郭曰：「譬如一百分之空氣中，有七十九分之淡氣，二十一分之養氣，合成則爲空氣。所謂淡氣者，即硝氣也。」余曰：「所謂淡氣養氣之分數，將統地球而一律乎？抑有多少之不同乎？」郭曰：「如果是清淨空氣，則分數皆一律也。」余曰：「淡氣即硝氣，地上之硝即淡氣所化，淡氣之分數既同，則地上之産硝亦應相同，而何以有出硝之地，有不出硝之地，又有硝多硝少之地，則似空氣中之淡氣分數，亦未能一律，即如皖省之潁、亳、壽，蘇省之徐、海等處，以及邊省沿海地方，出硝頗多者，其地之人亦多強悍。意者其人吸空氣中硝氣較多，故易強悍。此亦空氣中淡氣不能一律之一證。至於城市街廛之地，道旁牆角多出硝鹻，而其人反多柔弱，則又何也？蓋人煙稠密之區，炭氣較濃，硝氣不敵，故人亦易弱耳。雖然，淡氣分數之一律，西人既有是説，余固不能無疑，而一己所見，亦未敢自信。擬將所辯各節，寄西國格物家重爲考究，以求定論焉。」

人在深巷高牆內，凡能聚氣之處，偶發聲響，則空中若有應者。緣人口中所出之聲，激動空中之氣，又被迎面牆壁所阻，復折而回，故有是聲。郭一日舉此問曰：「譬如有三面相對之牆壁人立左角發聲，其被阻折回之聲，不知是人立之左角處先聞乎，抑無人立之右角處先聞乎？」余應聲曰：「右角處先聞之。」郭曰：「何以知之？」余曰：「氣之所趨，皆向空處，今人立於左，側右角空虛，故被阻折回之聲，先過於右，此一定之理也。」

一日入市肆，見洋人所制皮人，爲兒童玩藝者，用手一捏則作聲響。推原其故，或謂是氣之出入，而不能言其所以然。予詳閱之，見其股際有一細眼，用鐵片鑲之，乃悟其機竅全在於此。緣皮人既空，其中則氣已塞滿，手一捏則氣從竅出而竅又極細，氣出不暢故作聲響。其用鐵片鑲之者，取其約束之緊也。其屢捏屢響者，因手一鬆則氣又灌滿，故復捏則復響。因執皮人在燈旁，以其眼對準燈光捏之，則其燈閃閃欲滅。是其氣從竅出，愈足信矣。此雖細故，可悟天地空氣之所入，無微不到。雖針尖之隙，亦必充塞。凡宇宙空虛之處，皆氣所到之處也。亦可見物雖至小，而製作之人，必明於物理者乃能成之。人可不隨處留心考究乎？

城鄉街鎮商民常開設浴堂，以便於人洗濯垢污。間有甑裂傷人之事，不知者歸咎於地之不祥，或稱爲臥虎地。又指爲白虎地，因虎能傷人也。種種妄談，益滋鄉愚疑懼。不知鍋下有火，鍋裂則水潑火上，致炭氣全行上升，堂内炭氣既滿，則堂門勢必自閉，雖極數人盡力由外推之，亦不易開。堂内浴澡之人，所吸儘是炭氣，炭氣有毒又兼熱氣過濃，則人安有不死之理。余擬凡開浴堂者，宜於堂之四面，多開窗户，裝以玻璃。則熱氣既不外洩，白晝又極明亮。若遇甑裂之變，即可由外擊碎玻璃，俾炭氣出而養氣進，堂門亦因而易開。而堂内浴澡人之性命可保，是一舉手之勞可救多人之性命。獲益豈淺鮮哉。

同治十三年十一月十八日，試放水雷。轟發時二里外之玻璃窗皆爲震碎。或曰是水雷火藥煙氣驟入，天氣中，氣爲氣擠，直擠至二里外，玻璃本不透氣，故爲氣逼碎。余曰，開花礮子在天氣中炸裂，是礮煙亦驟入天氣中，何以玻璃又不碎？則氣爲氣擠之説必不確。余疑天氣地氣中，皆混有電氣。即火藥中亦隱有電氣，故發火至速。當水雷由地中驟發，藥中電氣驟入天氣，天氣中之電氣傳引至捷，玻璃係不過電氣之物，故爲電氣逼碎，此余懸揣之詞未知確否。

一日，與某同在某軍門處宴集，某命其僕取鍋底飯與予同吃，謂其飯較軟。予曰：「君誤矣！鍋底飯豈能軟乎？」某曰：「水性就下，鍋底最下，水氣聚焉，飯豈有不軟之理。」予曰：「君知其一未知其二，水性就下，火性不炎上乎？鍋底爲火氣所激水氣逼而直上，又爲鍋蓋所壓，不能透出，因散溢於四圍。鍋蓋之氣蒸而爲水，亦散溢於四圍，以此推之，鍋之四圍之飯當較釜底爲軟。人家煮飯必有鍋巴，亦必鍋底厚於四圍，此其證也。」某不服，因相與至廚房親試之。果如予言，坐客皆笑。

一日，與客食松雞，郭君亦在座，因此雞肉鬆嫩，共論其故。郭曰：「凡空中之氣，近地者濁，離地愈遠則愈清，松雞飛甚高得清氣多，是以肉嫩。」余曰：「不然。此物生長松林多食松子，松子質甚輕清，此物食之既久故其肉亦鬆嫩，若徒以飛之高低論之，則鷺鷥鷹雁并青莊等鳥，飛比松雞更高，何以其肉反粗老而不能食之？又徽州所出果子狸，日行地上并不能飛，何以其肉反肥嫩而適口乎？可見物之原質不同，所食之物又不同，故其肉亦不同，非可以高低論也。」

一日郭謂客曰：「人腹中之炭氣固宜吐出，然亦不可盡無炭氣也。如人食煎炒香燥之品，則喜其爽口，以感炭氣多耳。」客曰：「然則鹽何性乎？」曰：「能散熱。」曰：「醃鴨之味子嗜之乎？」曰：「嗜之。」曰：「此物既有鹽以散熱，而又待冷而後食，則炭氣已去，人何爲而嗜此味乎？」郭曰：「物之受炭氣者，其分際不同。是雖有鹽以散熱，或炭氣之分際未盡故耳。蓋是時客方與郭共食，適有此味，故偶舉以相辨論耳。余因謂曰，即此可見物理甚微，雖飲食之細，未可執一以論也。」

予自保定回防，郭來問予曰：「春秋之交犬食物而吐，吾鄉人以之占雨，往往不爽。公知此何理也。」予曰：「犬之爲物，炭氣本重，而天值將雨，地面水氣漲而爲熱，散布空中皆滿，犬所以食物不及入胃，其腹中炭氣已自發漲，又爲外面熱氣所引，其食物欲下不可，所以致吐。因犬之吐，而知地面熱氣上蒸，因地面熱氣上蒸，而知其升至空中，將復爲空氣所壓降而爲雨矣。」郭曰：「然。」又問曰：「投鍼於水無不沉也，若托以竹木或樹葉則不沉。今試以水一碗，投鍼其中，又無所托，而鍼亦能浮，公試言其術。」予遽曰：「取豬油之凍者塗鍼上，投之於水，則不遽沉矣。」郭驚曰：「公曾試此術乎？」予曰：「此不待試。以理推之，蓋無可疑。」頃之，予以二説語坐客。郭又問曰：「氣蒸成雨，理固如此。但未知此時抑有風而雨歟，抑無風而雨歟？」予曰：「無風乃雨，雨由熱氣之所以蒸，風能散熱，熱氣既散，雨從何來？」郭又曰：「然。」

世人皆謂雨從龍風從虎，余謂不然。風雨皆隨天地之大氣鼓盪，豈一物之力所能及。龍雖靈，虎雖猛，亦只一物耳。豈足以致風雨？嘗云，龍從雨至，虎從風至，於理較合。嘗見河畔田中，每值雨後及大霧之時，往往有魚落下，緣魚乘雨氣躍出水外，而力不能及遠，故落田中。夫魚之力甚微，尚乘雨出水。況龍之爲物，雖目未經見，而記於詩書，載於祀典，當必具靈异之性，變化之能。其智力更非魚之可比，自能乘借雨勢，淩空騰躍。虎性雖猛，或喜乘風而出，借風之力飛揚，以逞其咆哮之性。所謂雨從龍，風從虎者，乃雨至而龍從之，風至而虎從之耳。若謂龍能行雨，虎能致風，則其説未敢信矣。

向來南省水災，多云係蛟之爲害。而詢以蛟之形跡，則無一人見者。余嘗督軍至陝西延安府境，駐軍兩山之間，適值大雨驟至，勢若傾盆，歷數時之久。及開霽，見山上之水奔騰下注，頃刻深數丈，水挾泥沙，色較黄河更濁。其勢與南省所傳蛟水無异。數日後拔隊亟行至山后，察看山傍有大洞，方十數丈。在信蛟水者，必説此即蛟之所穿矣。豈知每遇水災，必先連日大雨。群山之中，積水過多，萬流并注，是以由高而下勢極洶湧。江湖驟漲，漂没田廬。至水過後，山傍必有洞口者，緣山中本多空處，故能存水。至水多山中不能容，必尋隙地而出，自有沖開之洞，非必有蛟穿之也。否則水災多矣，而蛟之情形何以從無人見耶。即使水中間露有形之物，不過因大水所至，自有鱗介之族隨之而行。亦物理之常，非必有蛟而後發水也。

今年直境大水，遍地澤國。一日，吴嵩峰軍門來營，余因談及災民之苦，相與嗟歎。崙峰曰，今年水災，聞河中有攔江龍爲患，自大沽至天津即有攔江龍五條之多，是以水勢至此。余問，何所見而云然？崙峰曰，日昨由沽赴津時，係用輪船拖帶并與羅耀亭軍門、劉介山鎮軍，及商友數人同行，實見河中有獨高之水五處，計高出水面約有二尺許，且高處色白，低處甚濁，至平處又甚清。商友皆指謂，高出之水即攔江龍之力也。否則水性就下，何能獨高，又何能忽分清濁乎？余曰，非也。君所見水之高出者，必河中有坐彎之處耳。如水流而岸北轉，則急流之際，忽爲河灣所阻，撞在岸邊倒折回流，是以見高。其色白者，因其水由高漸下如地之有坡坎，迎面望之，自然見白。其低處見濁者，因水自高而下，沖擊泥沙之故，及流至平處，則水安其常，故見清耳。以余測度，只是如此。安有攔江龍之事乎！崙峰聞之悟曰，曩見河道，實有數處坐灣。前聞攔江龍原有所疑，聞此言益知愚民傳説之誤矣。後數日余偕吴獻齋孝廉同舟赴京，沿途見水之高出者，皆在河之坐灣處，其高處色白，低處色濁，而平處色清，亦皆如余之所言。益見攔江龍之説不足信矣。其指視以證前言，獻齋亦大服。

同治十二年冬，余偕徐軍門道奎、周廉訪馥、劉太守含芳，由馬廠大營同赴新城籌看海防。途間積潦成冰，馬多滑倒，幾不果行。因思人物之所以能行者，全賴摩阻之力，凡道路雖極平坦，亦必有凹凸之處，人物之足，遇凹凸則摩阻，摩阻則力生。冰上過於光滑，無摩阻之力，故馬不能行。因飭差弁，用麻布數層，按馬足大小縫成囊，以裹馬足，由是馬得暢行。同人無不狂喜，而製造局龔仰蘧明府聞之，初不甚信，爰仿此法以施之驢足，而驢行冰上亦得得矣。

一日，郭猝然問曰：「凡水中結冰向風者先結乎？抑背風者先結乎？」余應曰：「背風者先結。」郭曰：「其理若何？」余曰：「是無難知。向風者蹙水生浪，勢必撞激浮冰，初起旋結旋開，故不能如背風之處一結便成耳。」郭曰：「然。」

一日，郭問於余曰：「雨非白色，而凝聚成雪則白矣，冰非白色，而研之成粉則白矣，江河之水非白色，而濤頭所至則白矣，洋胰子非白色，而以手搓之則白矣，此何故乎？」余應聲曰：「皆氣爲之也。」

郭一日在船頭，面向西坐。對日光墜落之處，見水中萬點金光蕩漾不定，偶回頭一望則又全無。郭細思其故，因問於余。余應聲曰：「此水接日光爲之也。」郭又曰：「日光所射水面皆同，乃前望則見，後望則不見，又何耶？」余又應聲曰：「眼接水中反射之日光爲之也。君背後之水雖接日光，而君之眼無從見耳。」郭大欽服。余亦深許郭之隨處留心，可以互相考證也。

一日，與郭君閲弁勇打靶，郭曰：「放槍之法無論前門後門皆以槍上碼號爲準。如槍上一百碼則打靶可以及三十丈，二百碼可以及六十丈，餘皆由此類推。倘槍上碼數不及距靶步數，則子應不及靶，倘碼數過於步數，則槍子必越過靶外。由此觀之，是放槍全以碼號爲定，能將碼數與距靶步數對準，放槍之法已得其大要矣。」余曰：「子論甚是。但碼號僅打靶之一端，不知碼號者，故不能打準，徒知碼號者，亦未盡打靶之妙。何也？緣碼號雖準，而功夫正不一端。即如前手無力，托槍不穩，則發槍必有遠近偏正之分，不能中靶。是非平日有端架之功不可也。況槍有新舊、前後門之别，槍管有長短之异，槍膛有滑滯之分，藥有好壞之等，人有氣壯氣虧氣躁氣平之辨，且勇有新舊，眼力亦有不同，槍柄抵住肩窩處，有鬆緊偏正之差，機簧有鬆緊快慢靈澀之别，凡此各節，處處皆須留心講求。確知其所以然之理，而又勤加操練，乃有把握。若只留心於碼號，是仍得其偏而未得其全也。至打槍之法，須避日光，正照則目光被其激射，掛線難準，風力阻滯，則子出亦難免斜引而去，此理已於同治十二年在馬廠與君詳言之，茲不縷述。」

同治五年，余在軍中，見打十二磅開花礮響後，礮身礮架向後驟退丈餘。時有友人素善格物者，據稱火能逼氣，礮響時礮筒中氣全被火力逼出，礮口外之天氣聚入筒中，以補其缺。氣入甚猛至礮身驟退，實氣逼之退耳。余曰：「非也。藥力遇熱則漲，礮筒箍束太嚴，藥力既不能橫施前面，又有礮彈阻遏，當藥力驟長時，藥與礮後信孔相近，因孔小欲出不及，必先向後一掙，然後使由前口轟發，惟藥發太速，似覺礮響後礮身纔退，殊不知藥力必先向後蹬而前發，乃愈有力耳。」

天津機器製造局工匠蕭義，與吴鳳珊者，自稱善造電線水雷。同治十三年十一月十七日到營，當晚演示水雷未響，第二日午前放響一次，第二次又不見響。於是束手無策，歸咎於電線中斷。觀者紛紛議論，終不知其所由。余思熱、光、電乃爲三輕，本連類而及。今該匠所用紅銅白鉛，以鹹沙與鹽和滾，水浸坭片時，逾數刻，藥力爲寒氣所逼，力不能及水雷處所，故試放不靈。因命差弁於電箱下助以炭火，少頃試之，應手轟發。蓋鹹沙與鹽合銅鉛而生濕電，電氣本來不多，又值寒氣過重故必須助以火也，若用磺強水生電，則較鹽沙力大，又不必藉火之力矣。

一日與郭看洋刀，刀背旁皆有凹處。余正欲問郭，此凹有何用處，郭恰亦問余。余應聲曰：「此不過取其易裝易拔耳。凡物容空氣處，即易活動。若兩物擠緊不容空氣，則吸力必大，不易摇動。刀背旁若無此凹處，則與鞘相貼太緊，裝之必不易入，拔之必不易出也。」郭乃大服。

一日郭問曰：「譬如以鋼化爲流質，置盆中，另以鋼一塊，燒至將化未化之際，輕放入已化鋼汁内，沉乎浮乎？」余答曰：「必浮。」郭曰：「然。」又問曰：「譬如以銅與銀化爲流質，另以銅與銀燒至將化未化之際，投之若何？」余曰：「後投之銅與銀亦即隨之俱化。」郭曰：「然其不同若何？」余曰：「是不難知。鋼之質最堅而難化，其變爲流質也托力亦較重，故後投之鋼未能遽化。而盆中以化之汁又有托力，是以浮也。至銅與銀，其質最鬆而易化，其變爲流質者，托力亦輕。故一經投入即爲熱氣所鑠，共即銷鎔耳。」華人但能煉鐵爲鋼，尚未見化鋼之法，惟西人始有此器。

同治八年春，余督師赴鄂，道經里門。偶至書室，見師弟無不病目者，因思樹木藤蘿蔥蒨可愛，其色緑能養人目。余構造新屋尚未落成，而舊居湫隘，村邊樹木又因兵燹斬伐殆盡。師弟終日静坐，室中無一緑色映目。雖郊原草色亦難望見，此病目之所由來。夫村邊種樹，其益有三，不獨助一村之氣象也。一能吐養氣以宜人物，二能將人物所吐之炭氣吸去以自長，三吐緑色以養人目。地方若無樹木，則盲瞽必多。此種樹之萬不可緩也。爾時軍書，旁午不暇家居，且種樹亦難速成。因購芭蕉數本植之書窗之下，并用緑色闌干，不半年而病目者竟少矣。是緑色實醫眼之妙藥也。

凡種柳者，數年後則發生漸緩，若於近根二三尺處，將樹身伐去，以蓄其生氣，則轉益茂盛。余嘗督軍士於馬廠伐樹，有用鋸解者，有用斧削者，其後所伐之柳有盛有衰。一日偕唐俊侯軍門、郭鏡潭大令，閒步柳陰下，因問郭曰：「凡伐柳鋸解者宜乎，斧削者宜乎？」郭思之曰：「宜於斧削。」余深然之。蓋前已歷驗。所伐柳皆鋸解者衰，而斧削者盛也。余因進問其故。郭曰：「樹有微絲管，斧則力猛而時暫，故受傷淺，鋸則力緩而時長，故受傷深。」余曰：「是未盡然。若僅以微絲管言之，則鋸與斧雖有遲速之別，而其樹管之斷則一也，何以異乎？夫木能生火，及摩擦生熱，皆子所素知也。今以鋸解木，往來摩擦，濟以木中之火，熱氣過甚，生氣被鑠而轉微。若用斧削，應手而斷，即間又劈至數斧，亦旋落旋起，無摩擦之熱，故生氣不傷，而樹之發較盛。」郭深欽服。余以斯説有益於鄉農種植之務，故記之。

郭一日問余曰：「假如以玻璃瓶中滿盛水，置魚蟲與水草於其中，而嚴塞瓶口。所置魚蟲能活與否？」客或答曰：「此魚蟲可活數時而不能久活。蓋因初入瓶時魚蟲與草氣俱未盡故耳。」郭曰：「不但此也，蓋魚所吐之炭氣而草受之，草所吐之養氣而魚受之，故魚得草氣而不死，草借魚氣而不枯也。且西人之爲此説者，欲人知種樹之益耳。蓋人得養氣而後舒暢，樹得炭氣而始發旺。人於日間專接養氣而吐炭氣，樹於日間專吐養氣而接炭氣。故人與樹相濟以生，猶之魚與草相藉以生也。」

余曰：「子説誠是，然未可盡拘也。草與魚均置瓶中，與外面空氣不接，故草吸魚氣魚吸草氣，今人與樹均在天地之上，并無物以罩之，人何不吸空中之養氣而必吸樹所吐之養氣，樹何不吸空中之炭氣，而必吸人口中吐出之炭氣，況海灘平曠之地，往往只有人家并無樹木，未聞人不能生也。深山窮谷，向無人煙，而良材巨木參天合抱，亦并不借人口中吐出之炭氣，而自能發生。又何故耶？」郭曰：「人處無樹之地，原有空中之養氣可接，故亦能各自爲生。但不若人與樹近，樹與人近，之尤爲合宜耳。」余曰：「果如子言，只謂人與樹互有益處則可，所謂益者，如大木濃陰，疏風敝日，而葉之緑色尤能養目。是樹有益於人。至於樹亦有一二種栽於人煙稠密之處，則易於茂盛者，亦是人有益於樹之一證，而不可謂凡樹皆然也。若謂人不得樹氣，則人必傷，樹不得人氣，則樹亦必傷，似立論未免稍拘，恐有見偏而不能見全之弊也。」郭以爲然。

少頃余復問於郭曰：「所謂樹有栽於人煙稠密之處，則易於發生者，究是何樹子，能確指其名乎？」郭應聲曰：「椿樹。」余曰：「然又有楝樹亦與椿樹之質相類，多生於村落之旁，鮮生於荒曠之地，蓋以此二樹最吸炭氣，凡民居所聚，炊煙萬户，炭氣必濃，故其發生亦獨盛耳。」郭亦曰：「然。」

余十年夏，患眩暈疾，時愈時發，冬月赴津就醫，經董星齋延一醫士，精推拿穴道之功，頗得异人傳授，凡遇下痿駝背隔食等證，無不立見功效。并謂余證係勞慮所致，刻已氣虛，須噓氣以補之。余思推拿穴道，古有其法，以氣補氣之説，未免近於荒誕。蓋以泰西格學家言，人吸取空中之清氣，吐出腹内之炭氣，方得保無疾病。未聞以炭氣益人之理。姑令診視，亦漸見功效。旋令隨赴馬廠，醫好弁勇民人亦近十人，無不參以噓氣。細爲揣度，乃得其故。蓋血見熱則趨，筋骨借血爲保護，氣足則通體皆熱。血脈周流，筋舒而骨健矣。凡患下痿等證者，皆繫氣不足以行血，以致寒氣入而血凝，百病因之叢生。該醫士於推拿穴道之後，必佐以噓氣之功，殆爲行血之故，比以質之，該醫士亦知其然，而不知其所以然也。

有友人風流自賞，每談閨房之私，輒描寫盡致。殆所謂兒女情長，英雄氣短也。嘗謂情欲之感，人所不免。當於敦倫之中，默寓保身之道。予叩其術曰，洞口尋春，兩情歡暢。若恣其所欲，則玉關不守，精神由此日衰。故當紅潮氾濫之時，可作漁郎之放棹。否則一篙半入，不必到桃園深處，亟應收綸而返。一日遇某，復談是事，某謂此老生慣技也。蓋某以金釵列屋，深恐疲於奔命，故亦作此敷衍了事之術。由是此唱彼和，以閨中適興秘訣，莫善於此。予聞之，深不謂然，然亦未敢遽謂其非。

因友素講格物，深明西醫故也。乃無何而友病矣，其病狀先心煩，隨頭麻，旋發燒。上熱下冷。少頃汗出如漿，日發十數次。屢思病原不解，不得已，延中醫診之。時予在座，醫亦不能道其病之所由。予默爲籌思，忽恍然大悟曰：「今乃知君之病之由，於誤會保身而來也，君以精不泄即可保身，殊不知雲雨之會，欲火既熾，精已動摇不固，不泄則精聚於筋絡之間，重則成爲砂淋横痃，輕亦阻血滯氣。蓋血原於心，血阻故心煩。精屬於腦，精滯則頭麻。且血性本熱，血爲精阻，則血下行不暢，故上熱下冷也。旋即發汗如漿者，因血漸由精聚之處行過，餘熱逼血中之氣外散也。」友聞之，恍若當頭棒喝，不禁五體投地，鼓掌稱快。謂予一言，可值萬金。雖泰西名醫，精識病原，善於格致者，亦不是過。因屬予志其顛末，以示世之欲保其身者，當先節慾。幸勿學某等之私智，而自貽伊戚也。

余於光緒五年八月患痢月餘，詣紫竹林西醫馬根濟診視。既愈，因相與縱談耶穌教，蓋馬固教中人也。余問曰：「子習耶穌教其教有何益於世？」馬答曰：「凡人有功者上天堂，有罪者下地獄，耶穌能救有罪之人，故吾教敬信之。」余曰：「如大夫之施醫濟世，内科外科救人無數，更何罪之有？」馬曰：「不然。蓋人生本有罪不能解。」余曰：「耶穌生時，以罪死於十字架，耶穌一身且不自保，何能救人？

且西儒所談地球皆圓形，余不聞地之上有如樓閣之突起。何爲天堂？地球之下有如口袋懸掛，何謂地獄？」馬曰：「若是何以中國亦有天堂地獄之説。」余曰：「中國所論非此之謂。大抵人之正直光明者，其氣必上升，故猶如天堂。人之卑污苟賤者，其氣必下降，故猶如地獄。非真有天堂地獄也。」馬曰：「既無天堂地獄，則人之靈魂從何而來，從何而去？」余曰：「君謂世人之生，靈魂爲一時所全來耶，抑陸續而來耶？」馬曰：「吾謂人生靈魂一時全來耳。」余曰：「不然。人自生初，知識有限，如小兒食乳，始必待其母與以乳然後食。繼則不與食而啼，繼有食而笑，漸大則知識漸開，所以然者，其靈魂亦漸而來，無待天堂地獄爲之屯聚。」馬又曰：「吾教奉耶穌，中國亦供神，謂耶穌不必供奉，不識中國供神又是何義？」余曰：「中國之供神，皆由其生時有功德，是以民不能忘，儒家奉孔子，武人供關帝，皆以報其功。若如子教之供耶穌，則惑於救人之説。不可與中國相比矣。」馬無以對，惟連稱吾輩本有罪而已。

一日與郭至養病院，西醫馬根濟自外洋購來人形一具，係用紙質製成，人之全體，外則五官百骸，内則五臟六腑，無不畢具。合之則成一人形，分之則内外筋絡骨節皆可拆視。先一日傅相來看，次日余與郭亦至焉。洋人將所作紙人一一剖開指與余視，郭乃悉指出其名目功用，與洋人印證無不符合，洋人大爲驚歎。謂郭於西醫之理，實有講求，非空談之比。并云傅相到時，如有郭君同行，一一指點，傅相必更恍然矣。余聞郭論亦深佩服。適座旁有一顯微鏡，下有一長小方玻璃片，玻片中有一點如粟大，痕跡在隱約間，頗難辨認，適用顯微鏡照之，則宮室、人物、輿馬，無不羅列清疏，纖毫畢具。真有於一粒粟中見大千世界光景，余因問郭曰：「此等細物，當日畫者，究係如何著筆，雖中國奇技曾有於一錢上寫經者，目力以算絶頂。但字與畫不同，字不過點畫而已，目力好者，猶易著手，畫則宮室之間架高低，人物之精神意態，以及衣物之褶皺，皆須摩擬入神。分厘秒忽之間，從何施此妙筆？」郭聞之歎曰：「向但見顯微鏡之妙，而未想及畫者之難，今聞公言愈覺疑團莫釋，不知當日畫者之術，何以神妙至此極也。」郭素好格物，因而大加思索，極費躊躇，迄不能得其故。余曰：「此非畫手所能也，自西洋照相之法出。既能由小放大，亦能由大縮小。此必係取名手畫幅，用照相縮小之法，入鏡中照之，故雖縮至極微極細，而規模神采自在，但人之目力不能見耳。一入顯微鏡中，自覺豁然開朗，一切宮室、人物、輿馬，皆如在目前矣。」郭聞之，拍岸叫絶，服余悟理之速。

附録

詩

雉河大捷賦贈

合肥王映薇紫垣

倒挽天河水，今宵爲洗兵。三軍皆蓐食，一鼓振威聲。刀過頭顱落，槍開霹靂鳴。書生磨盾鼻，露布草先成。直入黄龍府，群情震疊時。未聞雞已駕，不介馬而馳。兔已搜三窟，烏寧占一枝。西陲民重困，翹首盼旌旗。

丁丑初冬津沽旅次拙句奉呈

泰州錢桂森犀庵

旌旗平野駐貔貅，百戰勳名漢降侯。星斗光澄天北極，魚龍氣懾海東頭。季方更濟元方美，上將能成上相謀。細柳營邊金壁壘，風雲長此護神州。

屯田行

丹徒尹恭保彥孫

官兵久戍嗟無事，細柳將軍有深意。但能講武兼訓農，何須劍戟鑄農器。軍尉前致詞，此是斥鹵地。灌溉何堪引海潮，決渠那得漳河利。將軍奮發求遠圖，身先士卒親泥塗。北條自昔有水道，飛檄百里通河渠。屯田既開，烏犍去來。屯田既備，吏士大喜。播種還聞鼙鼓催，勸農時見旌麾至。朝聽秧馬歌，暮引水車軸。春雨荒原洗綠沈，斜陽戰士驅黃犢。吾聞塘濼能限契丹路，非獨東南省財賦。諸將今推趙充國，籌邊誰似何承矩。歲在庚辰秋七月，賤子改官赴南越。親見將軍董督勞，大書用補史臣闕。

津南屯田歌

貴池張秉心耐寒

析津以南歌帡幪，我周統帥真靖共。憂國憂民心忡忡，北直水患歲薦凶。公意治水答宸衷，督兵挑河建偉功。萋斐交起致怨恫，賴公達如塞上翁。爲禍爲福付太空，公部將士皆羆熊。所至挾纊恩惠洪，有時暵乾暑爞爞。驅蝗能濟民力窮，公憫澤野多哀鴻。一勞永逸振疲癃，自古人力勝天工。姒禹治水九河通，播植百穀親厥躬。周稷之德萬世崇，後來效法有遺風。賈讓河策上下中，營平趙侯智且雄。治兵之法寓於農，至與虞集言浮同。元虞集曰，今東頻海數千里淤爲沃壤，宜用浙人之法，築堤岸捍水爲田，聽富民欲耕者，合其衆分授以地，官定其畔以爲限。以萬夫耕，命爲萬夫長，以千夫耕，命爲千夫長，三年而征其稅。如是則東南民數可以衛京師，可以防島夷。國朝列聖圖民豐，講求水利勞神聰。今皇聖相識公忠，公益奮勵慎始終。牙璋起衆鼓鞞鞞，公犒士卒羅豜豵。上口運河值向東，百五十里量以弓。下口西沽海水瀜，減運墾田禾藝穜。甘霖沛處黍芃芃，更建橋閘亙長虹。輔以檉柳成葱蘢，江南圖幅摹玲瓏。碱水利導甜水充，川生蒲葦園韭菘。飲和食德懽轅童，口碑載道儼穹窿。後世將吏知所宗，萬年樂利春蓬蓬。

挽詩

江甯何延慶善伯

羣盜莽風塵，江淮有偉人。异軍真特起，每戰必躬親。底績先吴越，收功極隴秦。馳驅二十載，蹇蹇憶王臣。三輔開雄鎮，籌邊鬢早霜。屯田趙充國，練士戚南塘。上策期安攘，先聲在富強。中興諸將帥，誰敢抗顏行。慷慨談兵事，憂時感不禁。

我於籌筆際，如見藎臣心。太息將星墮，從茲世患深。敬容殘客在，涕淚滿衣襟。

醇賢親王由天津乘輪船赴大沽過新城懷周武壯

一區樓閣擬歐洲，寄跡渾疑縮地遊。人雜華洋屯古渡，船如鷹隼掠高秋。柳營旌旆難兄繼，芳甸町畦上將留。欲起九原英魄告，要知貝錦等蜉蝣。

和作

長白裕祿壽山

倒傾滄海嘯淩洲，驛路皇華寫勝遊。充國謀儲沙磧利，伏波屯老戍門秋。棠遺士卒新陰徧，樹種將軍舊澤留。自是絳侯韜略遠，謗書奚畏刺蜉蝣。

乙未初秋過新農鎮弔周武壯

合肥吴鼎雲錚甫

兜鍪百戰慶功成，海上常懸大將旌。天子素知周勃略，風雲廿載護神京。

馬歸牛放世清涼，佩劍人都佩犢忙。遺澤永思趙充國，千塍秋雨稻花香。

東望扶桑浪影賒，五千貂錦盡蟲沙。北洋勁旅以盛軍爲最，公弟兄相繼殂謝，軍威漸減。去年東征，遂致喪師。若教車騎元戎在，終古燕然屬漢家。

詞

滿江紅

鄭鴻鈺又樵

零落江山，仗名將，從新收拾。興義旅，同心戮力，風雲叱咤。蕩滌掃殘妖毒霧，光華重見堯天日。這一腔熱血報君王，肝腸赤。思往事，愁如織。懷故里，歸難得，扼海疆險要，柳營成幟。分惠徧甦魚轍困，論功已壯燕然色。願北堂，蘐茂子孫賢，酬公德。

貂裘換酒二闋

丹徒李恩綬丹叔

大樹聆清籟，真將軍，甲兵貯腹，蒨侯宗派。更羡弟晜雙節鉞，卓爾天生璘玠。公與海帥世丈，轉戰東南，《淮軍平捻記》中，敘戰功尤多。曾整頓，傾頹世界。公鎮析津新壁壘，有長城威望颺中外。營平策，貽千載，公屯田於潦水套，名其地曰新農鎮。梓鄉捍衛功尤賴。

勝昔年，左丞子隱力殲三害。我聽紫蓬田老語，艷説周家旗旝。喜遍野禾麻䆂䅘，蔭抵成都桑八百。好園林，蘇得蒼生瘵。公在里右搆屋六十餘楹，設牛痘、育嬰、義塾、諸善舉，并藝桑以施貧民之育蠶者。施肥水環如帶。

巍業垂人口，信虞潭，武功清節，教忠有母。百戰歸來重戲綵，博得靈萱永壽。粟太夫人慶八秩時，御賜「恩承燕喜」匾額，所居之莊曰「壽萱」。更錫類推仁獨厚，公搆敬節堂以處死事之婦，及鄰族孀嫠不能自存者，係辛未五月歸省太夫人時爲之。慶積勳門膺睿賞。今歲，太夫人五世同堂，御賜」勳門積床」匾額。卜慈孫孝子，緜悠久科名，草栽盈畝。望雲墮淚霑衫袖，爲頻年鯨濤氛噩，海疆險守。一卷陰符鐙夜讀，時并莪詩在手。想熱血倍人數斗，儒將經綸編巨製，媿書癡，空向風塵走。墨磨盾可能否。

贈聯

沈桂芬

灞上棘門若兒戲耳；
絳侯公瑾乃人傑哉。

吴鴻恩

天生李晟爲社稷；
帝知周勃真將軍。

侯紹瀛

公瑾羣稱大都督；
亞夫自是真將軍。

輓聯

李鴻章

勳業亞涼州，璘玠齊名，一代將材推伯仲；
澂清望渤海，關張無命，幾時神筆會風雲。

曾國荃

涉滄海以奔喪，自古忠臣皆孝子；
有難兄能報國，從茲泉路侍慈親。

麟書

中興將帥幾人存，歎二惠競爽畿疆，又弱一個；
蓋世韜鈐千載仰，望重瀛驚翻波浪，彌慟老成。

曾紀澤

自先君與羣傑佐中興，魁碩蔚湘淮，曠代材逢漢太尉；
惟將軍以全力成美利，廣斥皆沃衍，千秋人頌趙營平。

李瀚章

出能報國，入能報親，遠道星奔，竟赴九原隨阿母；
帝惜良臣，師惜良友，蓋棺論定，始知千載有完人。

孫家鼐

率我子弟別自成軍，公誠壯哉，是江淮間第一名將；
畏此簡書不違將母，臣今歸矣，願泉壤下永侍慈親。

李文田

古名臣忠孝胥純，合壯繆武穆爲一；
真將軍兵農并重，與營平新息而三。

劉銘傳

國步歷多艱，三十年戮力同心，念我平生幾知已；
君恩天罔極，千百載報功崇德，如公忠孝是完人。

劉秉璋

純孝帝先知，假百曰歸期，千里長途泣慈母；
雄才君未盡，幸九重异數，三湘偉節畀難兄。

潘鼎新

茫茫宦海誰知己；
落落晨星憶故人。

倪文蔚

李廣不封侯，世謂其數奇也；
狄梁殷望母，公更以死繼之。

善慶

羨將軍竹帛紀豐猷，登韓信壇，豎伏波柱，上充國策，成賈讓功，二十年王事賢勞，曠代勳名誰與伍？與難兄金蘭聯夙契，仰憑成略，過亞夫營，歆公瑾醪，欽孝侯行，三千里母喪忽至，長途泣血遽歸真。

裕禄

劍氣當年横塞北；將星一夜隕江南。

吴大澂

經血戰數百捷，闢屯田八萬餘，知古名將之用心，兵農并重；縗絰奔三千里，廬居哭十一日，從太夫人以乘化，忠孝兩全。

洪鈞

生平功莫與京，痛志未全申，遽向九原侍慈母；
天下事未大定，想歿而猶視，惟將大任付難兄。

周馥

創屯田練將之規，安不忘危，從古惟吴璘可并；
以盡瘁竭哀而死，忠仍全孝，於今推周處能兼。

胡燏棻

征討時之大將，才優蕩寇，業懋屯田，慟烈烈英雄，倏爾銷沈天地老；
倫常外無完人，生報君恩，死殉母葬，歎茫茫宇宙，如斯忠孝古今難。

龔照瑗

海甸久屯兵，多士願依哥舒翰；
將星忽墜地，三軍同哭武鄉侯。

季邦楨

一代仰完人，星奔盡孝，日捧抒忠，溯當年疆埸宣勞，薄海咸威弧矢利；
九重隆上將，報享千秋，褒榮兩字，悵此日干城凋謝，深宮常感鼓鼙聲。

吴毓芬

自古兵農須并重，與三軍偕作，開萬頃良田，逼觀厥成，始識緣邊資偉略；
勿謂忠孝不兩全，以百戰餘生，灑十日血淚，請從此逝，方知名世有完人。

楊宗濂

百戰佐中興，功高諸帥，才匹難兄，萬轍威名今有幾？
廿年虛返哺，渤海勤王，皖江從母，岳侯忠孝世無雙！

方汝紹

能武亦能文，兵而兼農，將而嫻史；
盡忠還盡孝，出則衛國，歸則殉親。

英 壽

君是先舅故人，記麻鞵親解重圍，生死重交情，地下相逢應雪涕；
我熟廬陽名將，念玉旆迭來上國，鼓鼙同感逝，海南長望不勝悲。

戴鸞翔

只因王事勤勞，痛不能，生侍疾，死送終，匍匐始歸家，急赴黃泉思見母；

共仰壼儀矜式，慘值此，姑既殂，夫又殁，倡隨有夙願，豈爲白首未亡人。公配袁夫人，後公一月卒。

郝同箎

揮戈破敵，息馬屯田，把酒論英雄，淮北淮南公當獨步；

聞訃奔喪，呼天殞命，捐軀全忠孝，皖山皖水人盡傷心。

吴汝綸

夫婦皆以毁終，魂魄有靈，與老母常相守；

昆季迭膺軍寄，勳名未竟，願賢兄好自爲。

唐定奎

忠孝一身兼，武穆當年有兹至性；
兵農兩事并，營平而後幾見斯人。

李長樂

報國建殊勳，中外同覘，十餘年奮武畿疆，記曾聯轡縱觀，深羡軍容追細柳；
事親根至性，孝忠兼盡，三千里奔喪皖水，驚説撫棺痛絶，遽昇仙闕侍靈萱。

宋　慶

旌旗蔽日，蓑笠屯雲，足食足兵，知訓農不在講武以後；

汗馬宣勞，皋魚泣血，報親報國，求忠臣必於孝子之門。

張樹屏

公真忠孝完人，勳在太常銘，論中興壓倒羣傑；
我是患難故友，傷心天柱折，爲斯世痛哭將軍。

黃翼升

如公真忠孝完人，數十年赫赫旂常，恩澤被軍民，闕北寵榮屢錫詔；
是誰能兵農并重，八萬畝畇畇原隰，聲威播宇宙，江南草木盡知名。

郭寶昌

是上將軍，百戰紀太常不朽；

爲真孝子，九原隨阿母同歸。

董鳳高

本來移孝以作忠，幸能籲切九重，詔從遵制，痛絶處，慈萱霜隕，勞王事未報親恩，起賢昆仗節從戎，難弟齊聲悲介弟；

自昔順親斯信友，回憶功成百戰，詩賦同仇，際今茲，細柳風寒，緬遺跡已成終古，看令嗣督師專閫，絳侯接武有條侯。

徐道奎

佐上相以籌邊，屯田充國，練士南塘，祇落落數大端，壓倒中興眾豪傑；

辱相知爲最久，申以婚姻，有如兄弟，忽匆匆成千古，惟期泉路再言歡。

程文炳

寰海識威名，百戰勳勞光簡册；將星歸故里，九原歡笑侍萊衣。

吴殿元

勳業冠淮湘，爲忠臣爲孝子，全受全歸，衹今含笑九原，徒使知音揮老淚；儀型式鄉國，亦名將亦仁人，有爲有守，孰意奔喪千里，竟教哀詔痛長城。

唐仁廉

廿年雲誼感雷陳，歎今朝袍澤同岑，地北天南傷斷鴈；一月星奔痛風木，灑滿腔丹忱碧血，竭忠盡孝跨長鯨。

葉志超

倡義起淮南，髮逆驅除，捻氛盪決，回憶數百戰偉績，卅二載威名，咸欽專閫才高，争向羣英推大樹；

統師居冀北，屯田教稼，作邑籌邊，何期三千里奔喪，十一朝泣血，竟爾撫棺痛絶，從此萬里失長城。

劉盛休

宏濟在艱難，治兵治水，偉績常存，知他年繪像書勳，載筆允光昭代史；

淒涼聞噩耗，一死一生，交情不泯，痛此後青楓黑塞，重來猶憶舊時魂。

羅榮光

三千里遠道星奔，況兼憂瘁沈疴，仙境謁親顔，應慰春暉圖報切；

十四載近依霓節，夙仰德威廣被，海疆昭偉績，溯從慈訓教忠來。

賈起勝

數百戰掃蕩烽煙，更移師畿輔，著績屯防，永奠海疆功不朽；

廿餘載追隨節鉞，痛素旐方歸，哀音忽至，回思恩遇德難忘。

聶士成

軍政飭恩威，遺愛在人歌頌作；

彝倫全忠孝，老成謝世典型存。

楊安典

百戰著豐功，介冑相從，六韜承訓，良箴猶在，噩耗忽聞，未報師恩，粤海津

沽同涕淚；

九重頒鉅典，綵綸疊沛，兩字袞榮，共仰精忠，悉根純孝，若論德澤，淮南冀北共謳謌。

吕本元

公真忠孝兩全，蓋棺定論，痛莫甚廿年汗馬，十日啼烏，遽隕大星，滄海茫茫都咽恨；

我是旌麾久侍，知己感恩，剩衹今萬頃稻秔，千隄楊柳，試循故壘，秋分颯颯總含淒。

孫顯寅

駿績著畿南，久侍節麾，故里忽聞驚失恃；

蜺旌旋皖北，早安窀穸，仙靈何竟并歸冥。

吴育仁

勳業佐中興，忠臣孝子，全受全歸，衹今含笑九原，徒使知音揮老淚；
儀型式僚宷，偉烈豐功，乃文乃武，從此流芳千載，允宜恩詔錫嘉名。

竇從周

武略兵威洵莫比，千里内畿疆永奠，并及農桑，功績邁當時，允令軍民思叔子；
私恩公義兩難忘，十年前鞍馬從征，渥蒙拔識，岍幪失知己，惟將肝膽哭平原。

李安堂

廿年力戰奏膚功，爲籌邊重寄，歸養無期，慟一朝，蔭失庭闈，追侍仙靈從地下；
十載前驅蒙指授，知報國丹忱，始終不替，縱此際，身騎箕尾，猶留光氣照人間。

郭學海

功名辛苦出兜鍪，自持蕩節，簡器練兵，始終夙夜維勤，風雨九天思大將；
歌詠恩膏徧草野，暨歷海濱，明農治水，倉卒人神兩隔，津沽千載著英聲。

鄭才盛

開美利，共樂禾麻，春雨澤懷充國策；
念師恩，空餘楊柳，秋風悲咽亞夫營。

杜萬青

膚功早奏，心簡方隆，數十年統眾，行師百戰久相隨，念儀範難忘，寸草感恩惟我最；
夷患初平，母憂頓遘，三千里還轅，讀禮兼旬纔小別，痛將軍遽隕，同聲飲泣哭公多。

栗萬和

憶昔日旌麾叨侍，鞭鐙相隨，渥荷栽培惟我最；
痛斯時忠孝克全，典型頓杳，何堪涕淚爲公揮。

萬國本

本來是獨具忠肝，自梓里倡義旗，執馘執俘，勳名首出，迨拱衛畿輔，曰治水曰屯田，政兼兵農，卓然古之名將，詎親喪忽遘，泣血星奔，十餘日臺曜遽沈，可謂忠孝兩能盡；
那得不哭乾眼淚，溯椿庭聯交誼，同袍同澤，患難相依，及造就駑駘，爲提攜爲教誨，視猶子弟，方知世有古人，胡噩耗驚聞，傷心雲黯，數千里大聲一痛，從茲山斗復誰依。

萬建勳

戰績獨超羣，數十年拱衛畿疆，方將訓練餘閒，盡心力於屯田、置戍、建牐、開河，爲國爲民資保障；

孝思根至性，三千里甫臨苦塊，遽爾哀號永訣，荷恩榮於予謚、專祠、圖形、立傳，在朝在野仰儀型。

鄭崇義

百戰贊中興，二十年講武屯田，難得人言稱國士；

一朝遭大故，三千里奔喪力疾，竟教仙去覓慈親。

史宏祖

昔叨恩植，昨仰泣容，星奔入室偎慈暉，軍憲痛隨黄髮逝；

詔奉奪情，書徵惟孝，風斷吹篪驚噩耗，我公悲益白眉良。

楊玉書

功襄上相，名競難兄，廿餘年爲國忘家，迴思吴越銷兵，燕齊盪寇，爲中興名將之魁，愧我率偏師，久仰英風瞻大樹；

威懾島夷，惠周畿輔，十萬畝屯田足食，試看嘉禾遍野，細柳連營，著北道長城之略，悲公完大節，常留遺愛媲甘棠。

馬昌勝

邀特賞於儔伍之中，我實不材，言念厚恩何日報；

全至性於忠孝之大，公應含笑，如斯懿行古人難。

周盛忠

知遇荷殊恩，記夙昔，中原轉戰，海甸留屯，廿餘年鞭弭相隨，訓誨諄詳言在耳；
暫離成永訣，想臨行，係念三軍，關懷百姓，數千里風雲忽變，悲思慘切淚沾襟。

周盛長

子弟久成兵，想行閒分任宗支，直以腹心聯手足；
將軍今謝世，以我輩兼承恩義，豈徒部曲哭元戎。

黃瑞蘭

百戰生還，舞卸萊衣成死孝；
壯猷具在，繪登麟閣有餘思。

劉含芳

持充國策以濟艱難，籌海籌邊，安攘正資名將略；
過亞夫營而思勳伐，作忠作孝，哀榮均備大臣風。

李正榮

二十年決盪奇勳，恨隔絶庭闈，返旆已難瞻色笑；
一百日悲哀積悃，追隋從泉壤，寢苫長此別承明。

萬國順

聲威埒漢室條侯，看秋稼連登，長屯細柳；
交誼憶江東公瑾，痛壽萱方謝，又弔柴桑。

鄒增翰

蓮幕昔從征，十載相依，空使參軍揮淚雨；
萱闈新棄養，六珈繼逝，定隨夫子侍慈雲。

戴宗騫

以身許國，以毀殉親，忠孝得全歸之正，溯幕府廿年投分，論天下事，輒熱血同傾，傷哉大樹先摧，顧我尚安歸，横覽九州痛知已；
爲相總師，爲民捍患，勳名由艱苦而成，自中原百戰留防，創營田規，使邊籌永賴，偉矣東畿保障，如公誠不朽，長城萬里惜斯人。

何延慶

鞠躬盡瘁，焦思勞身，公雖名將，有古藎臣風，卓然事功滿天下；
略分言情，推心置腹，我本眾人，蒙以國士待，自慚賓客在湖南。

吴家修

數百戰縱横掃盪，已竟全功，豈知畢世丹忱，更爲邊防勞遠慮；

億萬姓慷慨悲歌，難忘厚澤，試問古來名將，幾人遺愛到窮簷。

阮忠輔

至性報君親，墨絰星奔，素冠雪慘，暫乞得十旬暇日，藉展哀忱，何期痛切萱靈，遽向九原修子職；

宏猷在社稷，彤綸誌悼，青史揚休，更褒崇兩字嘉名，備承曠典，所愧誼叨葭附，遠從三楚弔英魂。

宋春陶　宋春鼈

六七省縱横擊賊，削平南服，鎖鑰北門，復畿疆水利大興，鐘鼎聲華昭令德；
二千里匍匐奔喪，十日伴靈，一朝永訣，更夫婦泉臺同赴，綱常名教盡完人。

戴華藻

合精忠至孝爲完人，數淮上羣英，歷劫不磨同輩少；
創治水營田諸大政，循津東舊蹟，成功孰與古人多。

王金銘　王錦陽

知遇感深恩，憶頻年節鉞常隨，兄弟均沾時雨化；
精忠兼至孝，痛此日泉臺追侍，軍民共悼將星沈。

吴兆祥　吴鸿祺

畿輔重屯防，柱石攸資，冀北幸條侯再出；
勳名震中外，臺星忽隕，江南痛仲父長歸。

張祖良

生不愧良臣，墾屯田設學校，利濟以存心，百戰威名傳國史；
死足稱孝子，涉驚濤冒炎暑，水漿不入口，九泉含笑報親恩。

方其綸

愛民如子，疾惡如仇，數十載轉戰無前，山可摇，此軍不可動；
事君以忠，待士以義，三千里凶聞飛至，天爲泣，舉國亦爲哀。

張清沂

忠孝作完人，數十載盡瘁天家，三錫殊恩榮書錦；
哀毀根至性，卅餘日從親地下，九原血淚濕麻衣。

李東曙

三千里聞訃，南來痛哭庭萱，遽爾星沈大地；
十數載提兵，北戍顧瞻營柳，竟教國失長城。

汪河清

惟盡瘁始是忠臣，凡如治水屯田，築城興學，具有古名將風流，豈徒氛掃地中，迭著勳名光史筆；
以毀終無慚孝子，似此寢苫枕塊，泣血椎心，皆自真性情感發，何遽星沈天上，頓教衢市動悲聲。

郭炳華

國事任賢勞，大難削平，更屯墾築城，卅年來心力俱疲，卓著鴻猷垂史册；
親喪倍哀毁，長途涕泣，極呼天搶地，十日内肝腸既碎，頓悲鶴馭列仙班。

張永貞

廿載播深仁，萬衆謳歌聲震地；
一朝驚永訣，三軍哭踴慘呼天。

袁殿英

卅餘年報國矢精忠，寓兵於農，偉略何慚中尉；
三千里奔喪負深慟，泣血而逝，至性可嗣孝侯。

方有穀

報國盡瘁，泣母殉身，至性獨純，忠孝如斯應合傳；
作邑籌邊，屯田教稼，雄才未盡，軍民從此歎無依。

朱其詔

箕尾黯星躔，憶轉戰功高，千載常欽經世略；
絲綸來帝闕，看飾終典重，九京應慰報恩心。

汪國棟

佐上相以中興，功成百戰，更移師幾輔，竭力屯防，方期邊備常嚴，永仗先聲
威敵國；

感元戎之特賞，拔自稠人，自槖筆軍門，躬承方略，何意節麾纔返，遽聞噩耗失長城。

李恩綬

自淮水數百里注來，磅礴蜿蜒，乃得鍾斯英傑；觀里黨三千人哀弔，咨嗟嗚唈，可想見其平生。

張秉心

以勤勞著績，以哀毀殉親，孝子忠臣當合傳；用嚴毅治軍，用慈祥撫衆，孱黎勁旅總沾衣。

封覲揚

三千里奉命奔喪，湛露正濃，方擬奪情專節鉞；
十一日居廬泣血，大星遽隕，那堪回首話韜鈐。

楊長有

百戰佐中興，更頻年辛苦籌邊，將烈於今推首出；
數句成永訣，念夙昔追隨負弩，師恩回憶益心傷。

初發祥

十餘載置戍宣勞，教寓兵農，景仰恩威咸額手；
三千里奔喪泣血，身騎箕尾，遥瞻壇席倍傷神。

史濟源

三十年仗鉞臨民，百戰成功，細柳重開新壁壘；
數千里歸舟哭母，九原聚首，蟠桃應祝舊春秋。

吴永發

記當年鞭鐙追隨，咸仰功高，百戰勇冠三軍，英俊賢豪齊俯首；
痛此日縗麻匍匐，何期永訣，千秋同聲一哭，兵民僚屬總傷心。

孫吉武

禦眾必推誠，數十稔恩威并濟，教養兼施，噩耗驚聞齊墮淚；
趨公無宿諾，千萬人性命相依，勳名與共，遺型回首更傷懷。

查連標

卅年閒干戈戎馬，績著中原，艱險歷如常，至斯時修築勸耕，將帥功能千古少；
一月內苫塊哀號，駕隨仙境，典型猶宛在，那堪聽悲聲載道，軍民涕淚萬家同。

許登雲

忠孝一身兼，痛將軍奉母生天，未泯丹心昭冀北；
韜鈐三輔重，剩部下招魂何處，空拋淚眼望江南。

李崇高

卅餘年鹿逐中原，戰必克攻必取，濟困扶危，社稷人民同倚賴；
數十日鶴歸華表，外盡忠內盡孝，功成名立，馨香俎豆煥勳猷。

胡光華

從征十數年來，一旅分司，感知遇恩深，方祝公年登大耋；
聞訃三千里外，九天奉詔，慨奔喪痛絶，不教母面隔重泉。

李有仁

戡亂佐中興，百戰勳名堪報國；
飾忠叨异數，千秋事業孰如公。

丁義昌

棣萼慕聯輝，憶昔年奮勇勤王，功埒難兄，汗簡褒忠登上將；
萱闈悲永訣，歎此日奔喪返駕，星沈故里，玉樓垂淚拜慈雲。

張煒

憶陳師克壯其猷，耿耿精忠，卅年來捨身報國；
痛鞠我未終厥養，哀哀至孝，一旬內效死從親。

劉祺

轉戰奇勳，屯防偉略，勇謀悉備，允宜中外知名，傍析津河鼓，星明福曜，常同卿月滿；
鞠躬盡瘁，泣血殉親，忠孝兼全，歷數古今有幾，奠柳幄靈旗，風捲英魂，宜趁暮潮來。

劉振鐸

拊循及萬竈，胥感恩施，回思獎藉輇材，座被春風，細柳營中邀鶚薦；
侍奉在重泉，仍承色笑，想見倡隨瀛島，淚揩秋雨，榑桑枝上聽鵑啼。

唐士成

爲國爲民，一萬里轉戰中原，辛苦備嘗，可渭鞠躬盡瘁；
訓農訓武，三十年獨規遠略，忠孝兼至，允堪青史流芳。

何守廉

報國矢精忠，寬得眾惠及人，廿餘年虎帳談兵，懍懍威風追細柳；
事親真至孝，禮承先書啟後，五十日魚符赴召，哀哀孺慕侍靈萱。

鄒增修

偉績世無儔，三十年盡瘁鞠躬，盪滌鞏氛清海甸；
孝思公不匱，數千里奔喪泣血，追隨老母到蓬瀛。

部下中軍六營弁勇

豪氣壓魚龍，憶當年蕩平南朔，撻伐東西，卅載勤王推上將；

韜鈐藏虎豹，到此日鞏固江山，安全社稷，一朝隨母赴瑶池。

部下前軍二營弁勇

史册紀韜鈐，更稱孝子；

朝廷思將帥，宜享大名。

部下後軍三營弁勇

勘亂佐中興，功名不朽；

飾終膺鉅典，史傳增輝。

部下左軍二營弁勇

馭衆士若兒孫，恩威并用；

撫三軍如子弟，涕淚同揮。

部下右軍三營弁勇

公爲一代完人，克全忠孝；

世仰千秋偉績，卓著勳勞。

部下飛騎五營弁勇

一夜大星沈，三軍皆哭；

九天哀詔下，兩字褒榮。

部下新軍十營弁勇

虺蛇後患敢紓憂，想曩時畿輔屯田，軍實留心，處此不忘他族；
烏鳥私情空乞養，知今日瑤池隨駕，慈雲含笑，庶幾無憾終天。

天津河間十七州縣災民

三十年王事勤勞，征於南戍於北，臣忠可告，更兼恩周眾士，澤及窮人，種種積功多遺愛，應留青史紀；
數千里親喪奔赴，形不見聲不聞，子孝難供，乃競痛切桮棬，悲深風木，奄奄泣血盡真魂，想附白雲遊。

識語

整理者按：此二字原無

昔者，薛簡肅公殁後三十年，其子公期，始收拾其遺文，刊以行世。夫以公期之賢，刊其先人遺文，尚在三十年後，何其遲迴淹忽，而不懼其久而散佚也。抑抱其遺文，而謹守善護之，將有所待而爲之耶？先武壯公，少丁世亂，馳驅戎馬，與諸將共致中興。劉壯肅立銘軍，公與先伯父剛敏公立盛軍，潘琴軒撫部立鼎軍，張靖達公與弟勇烈公立樹軍，時以銘盛鼎樹并稱，號淮上四軍。公又與劉壯肅齊名，有肥水二傳之稱。因先公與壯肅皆名傳也。未遑從事鉛槧。然平髮盪捻，所向克捷。及駐軍海上，拱衛畿畺，講武訓農，足兵足食，凡當日一文牘一教令，靡非當時急務，爲經國之宏謨。固不必屈宋華豔，韓歐高古，而後其文足傳也。

惟公初未計以文字餉遺後人，故疇曩盾墨，輒散棄而不自寶惜。其幸而存者，則西征以後文字文件，檔十或六七，書函則千百之一二耳。抑又聞之，立德，立功，立言，是三不朽。果其言足不朽，則固無取其多。自公見背，家駒檢遺篋彙，録而敬存之，將以壽世。乃遲之又久未克刊行者，徒以繼志述事之義，思得稍遂顯揚如公期，待其既達，而刊其先人遺文云爾。乃蹉跎日月，忽忽已二十年。無以賡續先緒，公之遺稿，遂致久藏。

會甲午庚子兩歲，變出非常，公舊部吕道生軍門本元，過金陵談公已事，相與俯仰今昔，唏嘘感歎，以謂假公尚在，必能威武奮揚。然從此世，當知公之昔日申儆軍實，終日如臨大敵者，實洞燭時事，非鰓鰓過慮也。今家駒落拓淹蹇，遲暮無成。大懼公之遺稿之或佚也，謹編輯而付築氏，以永先人手澤。父書徒讀，其有愧於公期何如耶！

光緒三十一年乙巳仲夏月，男家駒謹識

後記

《周武壯公遺書》初版於光緒三十一年（一九〇五）。此書在周盛傳屯田建鎮（小站）的當年，曾經被地方農商士紳多所收存，因為它是小站人知根溯源的必備文獻。隨著物換星移，時代變遷，特別是歷經十年浩劫，再想於小站尋找這本書，已是蹤跡無覓片紙難求了。幸而少數大圖書館作為善本尚有收藏，才不使渴望一睹為快的讀者有悵惘之歎。

此書雖對小站至關重要，但其內涵所及，絕不僅關乎小站練兵和小站稻歷史，它對中國近代史研究，如太平軍、捻軍、淮軍等冷熱兵器過渡時期的中國軍事，還有中法戰爭、洋務運動等都有實錄闡述。縱觀今之近代史著作，其所引證依據鮮有涉及《周武壯公遺書》的，就連周盛傳原籍安徽省肥西縣政協文史資料委員會、肥西縣地方誌編纂委員會編《淮軍故里史料集》述及周盛傳時，也只依據《周氏宗譜》，並未提及《周武壯公遺書》。可見這本清季軍事、屯墾當事人親歷親聞的著作，由於冷僻也只能塵封一隅而少人問津。

天下萬事，皆有時運，如同齊天大聖五行山下得遇唐僧，《今晚報》副刊王振良先生，業餘主持現代的問津書院，搜剔幽隱，廣徵文化遺珠，發現《周武壯公遺書》的價值，囑筆者略事點校，錄為電子文檔，復請天津歷史博物館專家郭鴻林先生作序，並借重於天津古籍出版社暨唐艦女史，細加核校，鑄版重刊。新版《周武壯公遺書》方始問世，其有裨益於史乘研究，振良先生功莫大焉。

二〇一七年五月三日　津鄙後學劉景周謹記

《問津文庫》已出書目（總計五十五種另三種）

◎天津記憶

沽帆遠影　劉景周著　五九圓
荏苒芳華：洋樓背後的故事　王振良著　四九圓
津門書肆記　雷夢辰原著／曹式哲整理　四九圓
故紙温暖：老天津的廣告　由國慶著　二八圓
沽上文譚　章用秀著　三八圓
百年留踪：解放橋的前世今生　方博著　三九圓
南市滄桑　林學奇著　七九圓
津沽漫記：日本人筆下的天津　萬魯建編譯　三九圓
憶弢盦：來新夏先生紀念文集　焦静宜編　九二圓
與山河同在：天津抗日殺奸團回憶録　閻伯群編　三八圓
楮墨留芳：天津文化名人檔案　周利成著　三〇圓

布衣大師：允文允武的藝術名家閻道生　閻伯群著　三〇圓
口述津沽：民間語境下的堤頭與鈴鐺閣　張建著　二八圓
大地史書：地質史上的天津　侯福志著　二九圓
丹青碎影：嚴智開與天津市立美術館　齊珏編著　二八圓
立憲領袖：孫洪伊其人其事　葛培林著　三〇圓
津門開歲：徐天瑞日記解讀　王勇則著　五八圓
水産教育家張元第　張紹祖編著　三六圓
八年夢魘：抗戰時期天津人的生活　郭文杰著　二八圓
沽文化詮真　尹樹鵬著　四八圓
圈外談藝録　姜維群著　三八圓
記憶的碎片：津沽文化研究的雜述與瑣思　王振良著　三八圓
水産教育家張元第集　張紹祖編　五八圓
應得的榮譽：女醫生里昂羅拉·霍華德·金的故事
［加］瑪格麗特著／胡妍譯　三八圓

◎通俗文學研究集刊

望雲談屑　張元卿著　三九圓

還珠樓主前傳　倪斯霆著　三八圓

品報學叢・第一輯　張元卿、顧臻編　三八圓

云雲編：劉雲若研究論叢　張元卿編　三八圓

品報學叢・第二輯　張元卿、顧臻編　三二圓

劉雲若評傳　張元卿著　三二圓

鄭證因小說經眼錄　胡立生著　七八圓

◎三津譚往

三津譚往・二〇一三　王振良主編　三九圓

三津譚往・二〇一四　萬魯建編　三九圓

三津譚往・二〇一五　孫愛霞編　四八圓

◎九河尋真

九河尋真·二〇一三　王振良主編　五九圓

九河尋真·二〇一四　萬魯建編　五九圓

九河尋真·二〇一五　萬魯建編　八八圓

◎津沽文化研究集刊

《雷雨》八十年　耿發起等編　五五圓

陳誦洛年譜　張元卿著　四八圓

碧血英魂：天津市忠烈祠抗日烈士研究　王勇則著　九八圓

都市鏡像：近代日本文學的天津書寫　李煒著　三八圓

天津楹聯述略　李志剛著　三六圓

口述津沽：民間語境下的西沽　張建著　五六圓

口述津沽：民間語境下的西于莊　張建著　一〇八圓

◎津沽名家詩文叢刊

王南村集　王煐原著／宋健整理　六八圓
嚴範孫先生古近體詩存稿　嚴修原著／楊傳慶整理　四八圓
星橋詩存　蘇之鑾原著／曲振明整理　五八圓
退思齋詩文存　陳寶泉原著／鄭偉整理　八八圓
待起樓詩稿　劉雲若原著／張元卿輯注　四二圓
劉大同詩集　劉建封原著／劉自力、曲振明整理　八八圓

◎津沽筆記史料叢刊

嚴修日記（一八七六—一八九四）　嚴修原著／陳鑫整理　一三八圓
桑梓紀聞　馬鴻翱原著／侯福志整理　四二圓
天津縣鄉土志輯略　郭登浩編　九八圓
嚴修日記（一八九四—一八九八）　嚴修原著／陳鑫整理　一二八圓
周武壯公遺書　周盛傳原著／劉景周整理　一二八圓

◎隨藝生活